더 발칙한 한국학

이 땅에 착륙한
유쾌한 이방인들의
한국인으로
산다는 것!

더 발칙한 한국학

J. 스콧 버거슨과 친구들 지음

은행나무

For Ja-young

거리를 학교로

# CONTENTS

들어가는 글 ● 10

## 1장 _ Outlanders
### 엑스팻들이 들려주는 각양각색의 단막극

내가 외국인으로 보입니까? ● 33

미치도록 소리 질러, 미치도록 사랑해 ● 36

테드와 여왕벌 ● 42

헤엄치거나 가라앉거나 ● 44

협잡의 서커스 ● 47

귀신에 홀린 외국인들 ● 53

어쩌면 소울메이트였을 ● 58

쓰레기들을 향한 메시지 ● 65

서울의 플래시맨 ● 69

양각도 국제 호텔의 목마른 양키 ● 76

낙원에서의 혁명 ● 81

굴러온 돌이 박힌 돌을 빼내다 ● 89

세계화의 경계 ● 93

완벽한 발견 ● 99

새총과 밤으로 무장한 전쟁 ● 104

술 취한 상원의원 나리 ● 115

## 2장 _ Conversations
### 파란만장 엑스팻들과의 솔직한 인생 담화

한국에서 태어나지 않은 한국인 • 123

요가와 영기, 그리고 영혼의 치유 • 144

아나키스트, 블로그를 시작하다 • 167

드라마보다 드라마틱한 인생을 열연하다 • 189


## 3장 _ Contributors
### 엑스팻들이 한국에 남긴 독특한 발자취

악(惡)동, 악(樂)동으로 다시 태어나다 • 215

백 일의 고독 • 249

기탄없이 말하다 • 276

위대한 령도자를 위한 영화 • 299

텐젠, 페르디난도 발디의 최후의 미션 • 320


## 4장 _ Essays
### 문화건달 스콧 버거슨의 더 발칙한 한국학

종로의 이방인 • 351

한국에는 사랑의 여름이 없다 • 424

한국말로 이야기해요 • 430

## 들어가는 글

먼저 존경하는 독자 여러분에게 인사를 드린다. 어느새 내가 가장 최근에 쓴 『대한민국 사용후기』가 출간된 지 2년이 지났다. 그 이후로 내가 어떻게 살아왔는지 궁금해 하고 있을 거라고 생각한다. 한동안 나는 스스로 나 자신의 이미지를 업그레이드해야 한다는 생각을 떨칠 수가 없었다. 마케팅 전문가들이 흔히 말하는 '리브랜드rebrand'를 해야 하는 것이다. 나는 인터넷 등과 같은 다른 매체들의 영향으로 더 이상 사람들이 책을 중요하게 여기지 않는다는 것을 깨달았다. 더하여, 내가 『대한민국 사용후기』를 쓸 당시 내 마음이 다소 피폐한 상태였고, 내 삶의 그런 부분을 버리길 원했다는 점도 알고 있다. 만약 내가 살면서 성공을 거두고 21세기 현대사회에서 '유명한 사람'이 되고자 원한다면 나는 20세기 스타일의 구식 '작가' 이상이 되어야 했다. 그리고 나는 내 남은 생애 동안 '평판이 좋지 않은 작가'로 기억되는 것을 결코 원치 않았다. 한마디로 나는 새로운 '장치'가 필요했던 것이다. 나는 비록 한국인은 아니지만 한국문화와 사회에 관해 논하는 걸 좋아한다. 나는 보다 많은 청중에게 다가가는 최선의 방법은 '미녀들의 수다'에 출연하는 것이라고 생각했다. 어쨌든 한국 사람들이

"외국인들은 한국에 대해 어떻게 생각할까?"라고 궁금해 할 때 가장 먼저 보는 것이 그 TV 프로그램이니 말이다. 하지만 그 아이디어에는 몇 가지 문제점이 있었다. 첫째로 나는 그다지 '아름다운' 사람이 아니고, 더 심각한 문제는 내가 '여자'가 아니라는 점이다. 게다가 여자들이 어떻게 생각하는지도 도무지 알 길이 없고. 마치 야구에서 말하듯 "삼진아웃!"인 것이다.

그렇다, 참 막막한 일이다. 한국에서 '추남들의 수다' 같은 프로그램은 결코 생기지 않을 테니까. 결국 나는 내 꿈을 실현시키기 위해서는 과감한 결단이 필요하다는 것을 알았다. 어느 날 이태원에서 남자로 태어났으나 더 이상 남자이기를 거부한 사랑스런 태국 여자를 만난 후 영감이 떠올랐다. 그래, '그녀'는 예전에 '그'였지. 우리가 함께 길거리를 거닐 때면 모든 사람들이 - 남자든 여자든 - 그녀를 시기와 동경의 눈으로 응시했다. 내 친구가 현대의학의 기적을 통해 '미녀'로 탈바꿈했다면, 나도 가능해! 한국에서 유명세를 탈 수 있는 길이 더욱 분명해진다. 나는 의학의 힘을 빌어 여신으로 거듭난 뒤 유명해진 연예인 하리수를 떠올렸고, 그녀를 나의 롤 모델이자 영감의 원천으로 삼았다. 나의 한국 이름이 '왕백수'이니 아마도 '왕리수'나 미국 태생인 것을 고려해 '미리수'로 바꾸면 어떨까. 여자 유령작가를 고용한 뒤, 되도록 애교를 듬뿍 담은 『미녀가 된 미국 아담』이라는 제목의 책(하리수의 책 제목인 『이브가 된 아담』에서 따온 것이다 - 편집자)을 출간할 수도 있고, 영화 '노랑머리 3'을 통해 스타 대열에 오를지도 모른다. 그리 어렵지도 않은 것이 나는 원래가 금발이니까. 오랜 친구인 이 박사와 함께 '신바람 템테이션'(하리수의 노래 제목 '템테이션'을 연상시킨다 – 편집자)이라는 이름의 앨범을 낼 수도 있겠다. 나는 외국 남자 가운데 최초로 '한국산' 여자가 될 수도 있다. 나는 스타가 될 거야!

하지만 차분히 따져보면 굉장히 어려운 일이다. 이 계획을 생각하면 생각할수록 더 많은 장애물을 발견할 수 있었다. 성전환 수술에는 많은 돈이 들 것이고, 수술비를 모으기 위해서 수년간 일해야 할 것이다. 설령 돈을 마련한다 해도 그때쯤이면 발랄한 아가씨라기보다는 '제3의 성'이라고 불리는 전형적인 아줌마의 모습이 되어 있을지 모른다. 그건 연예계의 생리를 고려해 볼 때, 내 계획과는 상당히 동떨어진 것이다. 심지어 나는 연기 실력 또한 그리 좋지 않다. 내가 '애교'랍시고 할 수 있는 것도 징징대는 목소리로 5분마다 "오빠"를 남발하는 게 최선일 것이다. 그 전에 구역질이 나지 않는다는 전제하에서. 반대로, 여러분도 알다시피, 남자이기 때문에 갖는 이점도 분명히 있을 것이다. 등산을 갔을 때 그냥 서서 화장실 문제를 해결할 수 있다든지. 과연 이런 이점들을 포기할 수 있을까?

그러던 중 나는 큰 깨달음을 얻고 나서 그 계획을 포기했다. 나는 항상 여자들을 좋아했다. 그리고 모든 면에서 여자들이 남자보다 매력적인데, 여자들은 남자의 어떤 면을 좋아하는 건지 이해할 수 없었다. 말하자면 난 절대 남자를 사귈 수는 없다는 뜻이다. 그렇다고 내가 여자 친구를 만나거나 결혼을 한다면, 나는 여자이니, 그럼 내가 레즈비언이 되는 것일까? 나는 레즈비언이 되는 것에 아무 거부감도 없지만, 그쯤 되자 이 모든 시나리오가 너무 복잡하고 혼란스럽기 시작했다. 나는 심각한 정체성의 위기를 맞게 될지도 모른다. 나는 진정으로 아줌마 레즈비언이 되어 야시시한 삼류영화 배우가 되고 싶은 걸까? 막상 내가 준비가 되었을 때 사라져버릴 수도 있는 별 거 아닌 텔레비전 프로그램에 나가겠다고 이 모든 것을 겪어야 하는 걸까? 그 정도로 절실할까? 솔직히, 답은 절대적으로 'No'였다. 그래서 나는 다시 이 이야기의 처음으로 돌아갔다. 적어도 나는 아직까지 산에 올라가서 나만의 특별한 '남자다운' 방법으로 화장실 문제를 해결할 수 있을 것이다.

\*\*\*

그 후에 나는 조금 우울해졌고, 한동안 인터넷에 푹 빠졌다. 인터넷의 가장 좋은 점은 그것이 실제 생활이 아니라는 것이다. 인터넷의 가장 나쁜 점 또한 그것이 현실이 아니라는 것이다. 근본적으로, 인터넷은 하리수이다. 어느 쪽이든 인터넷을 촉진시키는 기회들은 무한하다. 내가 인터넷의 마법을 이용할 수 있다면 '나' 라는 브랜드를 진짜 유명해지도록 할 수 있을 것이다. 온라인을 이용하여 나 자신을 '급속도로 퍼지는 마케팅 열풍' 속으로 이끌 수 있을까? 나는 하나의 '밈$^{meme}$(일종의 유행을 뜻하는 말로 어떤 것이 많은 이들에게 광범위하게 노출되고 신속하게 퍼져나가는 것)'이 되어 한국의 온라인 세계에서 끝없이 복제되고 퍼져나갈 수 있을까? 내가 좋은 의미에서 차세대 '개똥녀'가 될 수 있을까? 그것은 상당한 위험요소를 동반할 것이다. 나는 결코 한국 '네티즌'들의 화를 돋우는 일은 하고 싶지 않다. 한국의 네티즌들이여, 나는 그대들 '키보드 워리어들'이 인터넷 상에서 놀랄만한 일들을 해주고 있다고 생각한다. 그런데 내가 독도를 얼마나 사랑하는지 말했던가?

나한테 좋은 생각이 하나 있다. "독도가 대체 어디 있는 거야?"라는 느낌의 유쾌한 비디오를 만드는 것이다. 42개국의 유명한 명소를 배경으로 말이다. 내가 "독도는 우리땅!"이라고 쓴 피켓을 든 채 뉴에이지 음악에 맞추어 귀엽게 춤을 추는 것이다. 일본에서는 적어도 십여 곳의 로케이션 촬영을 해야겠다. 특히 시마네 현은 결코 빼놓을 수 없다. 나는 내 홈페이지(www.kingbaeksu.com)와 유명 포털사이트들, 그리고 청와대 홈페이지에 그것을 올릴 것이다. 김정일이 이것을 보고 마음에 들어 해서 미국 사람들을 덜 싫어하게 된다면? 내 작은 비디오가 한반도에 평화를 가져오는 데 조금이나마 도움을 줄 수도 있지 않을까? 통일이 가까워지지 않을까? 오, 이런, 미안하다. 마지막 문장은 잊어버려라. 나는 'ㅌ'('통일'을 가리키는 말로, 한국인들은 '우리의 소원은 통일'이라고 하지만 막상 통일에 대한 이야기를 꺼려하는 경향이 있음을 넌지시 이야기하고 있다 — 편집자)를 언급하려는 의도가 아니었다. 나는 분위기 깨는 사람이 되고 싶지는 않다. 단언컨대, 나는 나에 대한 부정적인 이미지를 얻고 싶지 않다. 20세기에 영원히 갇혀 살고 싶지도 않다. 너무나 쿨하지 못하지 않은가! 그런데 내가 독도를 얼마나 사랑하는지 말했던가?

어쩌면 내가 거스 히딩크와 먼 친척이라는 루머로 시작하는 게 나을지 모른다. 모든 백인들의 모습이 똑같다면 이 루머가 먹히는 건 그리 어려운 일은 아닐 것이다. 확실히 한국 문화에 대한 한물 간 책을 아무리 써봐야 나는 '국가적 영웅'이 될 수는 없을 것이다. 그것은 몇 명의 한국 아이들에게 공을 차고 헤딩하는 것을 가르쳐 주는 것보다 그다지 가치 있는 일이 아니고 '문화적 공감대'도 떨어진다. 왜 작가들을 위한 월드컵은 없는 걸까? 만약 내가 한국 젊은이들에게 풍자적인 대중문화를 다루는 방법이나, 더 유용하게는, 경쟁 매체로부터 유행할 만한 이야기나 아이디어를 빼앗는 실용적인 방법들을 가르친다면 남한 정부가 나에게도 (히딩크에게 한 것처럼) 제주도의 별장을 무상으로 선물할까?

확실히 나는 그저 유명해지기 위한 방법들을 꿈꾸는 데 시간을 낭비했던 것 같다. 실제로 뭔가를 하는 대신 말이다. 다른 사람들도 다 그렇겠지만, 나 역시 내가 생각하는 것만큼 나 자신이 실제로 특별하거나 유별나지는 않을 거라고 생각한다. 사람들이 더 이상 책 읽을 시간이 없는 것은 당연하다. 그들은 '사회적 네트워킹'과 '블로깅' 그리고 '업로드와 다운로드'에 매진하느라 너무 바쁘기 때문이다. 나 역시 나만의 블로그를 열고, 한때 작가였던 것처럼 행동하는 것이 더 나은 방법일 수 있겠다. 이 일에 그렇게 많은 노력이 들 것 같지도 않다. 생각해보라. '복사하기'와 '붙여넣기'처럼 쉬운 방법을 놔두고 누가 '꼬장꼬장한 편집자'를 필요로 할까? 내용이 '재미있고 사용자에게 익숙하다'면 어느 누가 '조사'를 하고 '사실 여부'를 확인하느라 시간을 낭비하겠는가? 누구나 작가가 될 수 있는 이 시기에 누가 독자를 필요로 하겠는가?

진실로, 온라인의 이미지가 더 빛나고 그럴 듯한데 어느 누가 '사실'을 필요로 할까? 내가 죽었을 때 포토샵 프로그램에 의해 디자인된 천국을 발견할 수 있을까? 지옥이 어도비 천국으로 내 영혼을 업로드 시킬 수는 없는 걸까? 수개월 동안 나는 온라인 작업으로 거의 모든 시간을 보냈다. 그야말로 '인터넷 폐인'이 된 것이다. 나는 은자 왕국의 은자였다. 내 삶은 '매트릭스'에 나오는 네오의 환상적이고 놀랄 만한 여행과는 정반대되는 것이었다. 나는 빨간 약을 삼키고 사이버 공간의 토끼 굴 바닥으로 떨어졌다. 파란 약을 삼켜야 했던 걸까? 아니면 그 약 중 어느 것도 먹지 말아야 했을까? 누가 그 약을 만들었으며, 그들의 '아젠다'는 무엇이었을까? 내가 더 많은 실마리를 찾기 위해 '매트릭스'를 다운로드해서 한 번 더 봤다면, 그것은 '매트릭스'가 그 자체로 매트릭스의 일부분이었던 걸까? 탈출하는 것은 과연 가능했을까?

때때로 나는 내 두뇌가 '원격 조정'되고 있으며 '좀비 컴퓨터'로 변한 것 같다고 느꼈다. 가끔씩 나는 내가 인터넷을 통해 생각을 한다면, 혹은 인터넷이 나를 통해 생각을 한다면 어떨까 궁금해했다. 때로는 인터넷이 내 생각과 자각의 연장선이 되어, 그것이 없으면 내가 '불완전' 하다고까지 느꼈다. 구글과 위키피디아의 시대에 개인의 기억은 필요하기나 할까? 어떤 것을 '조사하는 것' 자체가 '생각하는 것'을 진부하고 낡은 것으로 만드는 것일까? 때때로 나는 '인간이 되는 것'이 그리울 때가 있고 '현실'이 그리울 때가 있다. 심지어 한국이 그리워질 때도 있다.

되돌아보면 내가 궁지에 몰린 데는 분명한 이유가 있었다. 나는 여전히 이론상으로는 '작가'였다. 오늘날에는 장시간 컴퓨터 모니터 앞에 앉아 있어야 하는 '글쟁이' 나 '작가나부랭이' 라고도 한다. 문제는 '문명의 이기'에 저항하면서 수년을 보낸 후 마침내 굴복하고 집에 초고속 인터넷을 깔았다는 점이다. 이전까지는 나 자신과 나의 '중독성'을 너무나 잘 알고 있기에 집 근처의 PC방에 잠깐씩 시간을 보내기만 했었다. 결국 나 역시 다른 이들과 마찬가지로 현대사회의 생산품이다. 중독은 자본주의아 상업주의의 엔진이며, 오늘날의 세계를 돌아가게 하는 것이다. 내가 초고속인터넷 서비스 설치에 사인했을 때 난 내가 무슨 생각을 하고 있었는지 모르겠다. 아마도 내가 '중심을 잃지 않을 거라' 자신했을 것이다. 인터넷을 맘대로 조절할 수 있을 거라고 생각했을 테지. 맙소사, 한참 잘못 생각한 것이다.

글 쓰는 것이 내키지 않을 때 온라인 세계에 접속해 잠시 동안 '쉬는 시간'을 갖고 돌아보면 어느새 1시간이 훌쩍 지난 후였다. 나는 인터넷상에 퍼져있는 음모론에 흥미를 갖기 시작했다. 9.11 사건은 정말 '내부의 소행'이었을까? 증권시장은 '인위적으로 조작된 것'이었을까? 정말 록펠러 가문의 사람들이 이 일과 연관이 있는 걸까? 정확히 누가 '비밀결사단체' 였을까? '신세계 질서' 라는 것이 명백히 존재했던 것일까? 세계는 진정 다른 세계에서 온 외계인들에 의해 조종되고 있는 걸까? 이러한 음모론들은 사람들을 더 바보같이 만들려는 음모는 아닐까? 사람들의 관심을 여러 군데로 분산시키고 그들을 조종하려고 하는 또 다른 방편은 아닐까? 탈출하는 것은 과연 가능했을까?

슬슬 그런 음모론들이 지겨워지자 이번에는 '유튜브'에 매료되었다. 1980년에 유행했던, 내가 가장 좋아하는 그룹부터 시작해 모든 뮤직비디오와 콘서트 중계를 구경했다. '뉴 오더', '더 스미스', '에릭 비&라킴' 까지. '모리세이' 와 '조니 마르' 가 음악의 천재라는 것을 모르는 사람과 '관계' 를 이어간다는 것은 상상도 할 수 없는 일이다. 유튜브가 나로 하여금 스스로 '늙고' '문화적으로 표류하고 있다' 고 느끼게 만들었을까? 이러한 깨달음은 더욱 나를 우울하게 만들었고, 그런 가운데 금세 몇 주가 지나고 몇 달이 흘렀다.

어쩌면 내가 '더 스미스' 의 노래를 너무 많이 들었는지도 모르겠다. 계속해서 기분전환과 재미를 찾으면서 나는 유튜브가 제공하는 '최신의' 것들을 더 많이 클릭하게 되었고 요즘 새로운 세대의 '아이들' 은 어떤 것에 흥미를 느끼는지 보았다. 확실히 노출증은 '최신 유행' 이었고, 실제로 많은 사람들이 그것을 '보면서' 즐거워했다. 왜 수많은 미국 십대 소녀들이 갱스터 랩이나 아쿠아의

'바비 걸' 노래에 맞추어 속옷만 걸친 채 춤을 추는 자신의 모습을 스스로 비디오에 담아 인터넷에 올리는 것일까? 그들은 이런 행동이 직업을 얻기 위한 더 나은 방법이라고 생각하는 걸까? 아니면 내가 알지 못하는 무언가를 알고 있는 것일까? 그들이 얻은 수많은 방문자 수에 의해 판단 받고 자랑스러워하는 것은 아닐까? 만약 그들이 한국에서 살고 있다면 그들은 '미녀들의 수다' 맨 앞에 앉을 기회를 잡았을지도 모른다. 유튜브는 그저 모든 사람들을 그들의 옷을 벗고 어리석은 행위를 하게 만드는 인터넷의 또 다른 음모 중에 하나일지도 모른다. 유튜브가 '얼간이 튜브 (boot tube)'가 되는 건 아닐까? 탈출하는 것은 과연 가능했을까?

이렇듯 나는 많은 질문들을 가지고 있다. 그렇다고 많은 답을 알고 있는 것은 아니다. 내 머리에 그 많은 정보들을 쑤셔 넣는 게 가능했을까? 평균적인 인간의 두뇌는 한정된 저장 공간을 갖고 있는 걸까? 내가 더 이상 집중하지 못하는 것은 그저 더 이상 생각할 수 있는 '공간'이 없기 때문은 아닐까? 내 머리가 폭발하기까지 얼마나 남았을까? 해답과 충고를 얻기 위해 나는 나의 오랜 친구이자 전인치료사이며, 북촌의 자연테라피 가게를 운영하는 케빈에게 연락했다. 그는 '전자기의 스모그'라는 '독성 오염'에 과하게 노출되어 있는 것이 문제라고 말했다. 나는 내 방을 둘러보고 내가 전기 줄과 각종 무선 장치, 그리고 전기 제품들로 둘러싸여 있다는 것을 깨달았다. 장시간 켜져 있는 컴퓨터 모니터에서 나오는 전자파로 내 두뇌를 절이는 것은 분명 좋지 않을 것이다. 내 머리가 '터질' 지경이라고 느끼는 것이 당연하다. 나는 커다란 전자레인지 같은 내 방에서 아주 천천히 요리되고 있었다! 그러나 내가 할 수 있는 일이 무엇인가? 나는 21세기에 살고 있지 않은가? 내가 현실에서 도망쳐 오사마 빈 라덴처럼 동굴에서 살거나 수염을 잔뜩 기르고 마치 지금이 7세기인양 살아야 할까? 이런 것들은 결코 나 자신의 이미지를 '업데이트' 하는 데 도움을 줄 수 없을 것이다. 어차피 난 수염도 안 어울린다. 차라리 레즈비언 아줌마가 되는 것이 나을 것이다. 적어도 가슴은 있을 테니까. 게다가 현대사회가 그런 나를 좀 더 진지하게 받아들이기 시작할지도 모른다. 우울함과 혼란스러움, 나는 잠시 동안 다시 유튜브를 보기로 했다.

\*\*\*

그 후 나는 이 책을 위해 일하기 시작했다. 말하자면, 그것은 긴 여정이었고, 무척 힘든 여정이었다. 책을 쓸 당시 나는 내가 미칠지도 모른다고 느낄 때가 있었다. 실제로 미쳤다고 느낀 적도 있었다. 하지만 이제와 돌이켜 보면 이 책은 내 삶을 구해준 책이라고 해도 과언이 아니다. 2년 전 처음 이 책을 쓰기로 결심했을 때 든 생각은 단순했다. 그저 '한국에 살고 있는 외국인'에 대해 쓴, 꽤 유명한 책이었던 『발칙한 한국학』의 속편을 만들자는 것이었다. 당시 나는 곧 한국을 떠날 계획을 세우고 있었고 '긍정적인 글' 을 쓰고 싶었다. 나의 최근작은 다소 '자극적' 이었다는 걸 인정한다. 그러나 내가 『대한민국 사용후기』를 썼을 때 결코 악의적이지 않았다는 걸 믿어주기 바란다. 그러나 한국의 몇몇 독자들은 그것을 '이해하지' 못했던 듯하다. 그 책이 출시된 직후, 일부 한국 네티즌들은 온라인상에서 캠페인을 열어 오랜 일자리였던 홍익대학교에서 나를 사직시켰다. 아직까지 진지하게 책을 대하는 이들이 있다는 걸 알게 된 것은 고무적인 일이었다. 하지만 안타까운 것은 그 사람들이 나와 나의 '메시지'를 완전히 잘못 이해하고 있다는 것이다. 어쩌면 내가 그리 좋은 '사회 평론가'는 아니었던 것일지도 모른다. 어쩌면 나는 그저 '한국을 잘 이해하지 못한 외국인'일 수도 있다. 하지만 적어도 한국에 있는 '외국인들'에 대해서는 이해할 수 있다고 생각한다. 나 자신이 오랜 시간 이곳에 머문 '외국인'이기 때문이다. 그래서 나는 이 나라를 떠나기 전에 '한국의 외국인들'에 대한 마지막 책을 만들기로 결심했다. 그저 내가 한국에 조금도 '악감정'이 없다는 것을 보여주고 싶었기 때문이다. 나는 이 책을 '즐겁고' '즐길 수 있는' 책으로 만들고 싶었고, '좋은 감정'과 '더 나은 이해'를 곳곳에 전파할 수 있기를 바랐다.

그러나 나는 애초의 콘셉트가 다소 피상적이고 진부했다는 것을 깨닫게 되었다. 이 책은 단순히 '한국에 있는 외국인들'에 관한 책이 아니다. 이 책은 인간이란 어떤 의미인가에 대해서 쓴 책이다. 이 책은 내가 친구라고 부르는 것이 너무도 자랑스러운, 내 삶에서 매우 특별한 사람들에 대한 것이다. 이 정신없는 현대사회에서 사랑은 왔다가도 사라지는 것일 지도 모르지만, 진정한 우정은 영원히 지속되는 것이다.

내가 '인터넷 폐인'으로 지냈던 '암흑기' 동안 나는 많은 시간을 블로그의 글을 읽고 댓글을 다는 데 시간을 소요했다. 이들 블로그는 남한에 머물고 있는 서양인들에 의해 운영되는 것들로 그 세계에서 유명한 것들이었다. 블로거들의 대부분은 원어민 영어 강사였는데, 이는 그저 그들이 일반적으로 '고등교육을 받았고' 대부분의 '3D' 업종의 근로자보다는 온라인 세계에서 보낼 시간적 여유가 더 많았기 때문이다. 그들 중 많은 이들은 남한 사회에서 자신들의 '위치'에 대해 그다지 행복하게 느끼고 있지 않았다. 그리고 그들의 불만 중 하나는 대중매체에서 그들을 '공정하게' 대하고 있지 않다는 것이었다. 무엇보다 그들은 이곳에서 일하면서 환영받거나 존중 받지 못한다고 느꼈다. 실제로, 지난 몇 년 동안 특정 '밈'이나 전형적인 미디어는 한국에 있는 원어민 영어 강사들에 대한 선입견을 갖고 있었다. 2005년 초에 몇 명의 원어민 강사들이 홍대 앞 클럽에서 있었던 도발적인 '더티 댄싱' 사진들을 웹사이트에 올렸을 때, 한국의 미디어와 사이버 세상은 말 그대로 발칵 뒤집혔다: 한국에 있는 '질이 떨어지는 외국인들'이 '한국 여성'들을 타락시키고 있으며, 그들 중 많은 수가 '자격이 부족하고' '도덕적으로 문제가 있는' 원어민 강사라는 것이다. 2007년 말 이러한 '위협'에 대한 인식은 광주에서 영어를 가르친 적이 있는 악명 높은 캐나다인으로 인해 더욱 굳어졌다. 비록 그는 태국에서 체포되었고 한국에서는 어떤 범죄도 저지르지 않았음에도 말이다. 이러한 영향으로 법무부는 한국에 머무는 원어민 영어 교사들의 E-2 비자 자격요건에 관해 다양하고 엄격한 새로운 규정을 만들어 발표하였다. 범죄경력이나 약물복용 테스트를 포함한 것이었다. 이러한 상황에서 '질이 떨어지는 원어민 영어강사'에 대한 밈은 더욱 강력해지고 확산되었다. 내 생각에는 많은 한국인들에게 원어민 강사들은 그저 새로운 미군으로 밖에 보이지 않게 된 듯하다: 이곳에서 미군들이 한국의 '국익'을 위해 용납하는 '필요악'인 것과 마찬가지로 말이다. 오늘날 많은 한국인들이 원어민 강사들을 똑같은 잣대로 비추고 있다는 생각이 든다. 2차 세계대전 당시 많은 미군들이 동맹국의 입장에서 영국에 머물렀다. 당시 영국인들이 미군에 대해 가졌던 생각이 현재 한국의 원어민 영어 강사들에 대한 한국인의 그것과 같은 듯하다: 과하게 돈을 받고, '성욕 과잉이며, 여기에 있다(Overpaid, Oversexed, Over Here).

한국에 있는 내 비한국인 친구들 가운데도 많은 이들이 이곳에서 영어를 가르친 경험이 있거나 강사직을 위해 처음 한국에 와서 다른 활동들로 영역을 늘려갔다. 나 역시 그러하고. '질이 떨어지는 원어민 영어교사'라는 밈은 내가 몇 년간 스스로 쌓아온 인생에 아무런 고리가 없었다. 캐나다 출신인 매트는 2001년 학원 영어 강사의 자격으로 처음 한국에 왔고, 현재 가장 유명한 영어 블로그 중 하나를 운영하며 한국 문화와 사회, 역사에 대한 글을 올리고 있다. 그는 5년째 활발히 운영하는 자신의 블로그 'Gusts of

Popular Feeling'로 1원 한 푼 벌지 않았다. 그럼에도 그는 한국 문화와 그가 발견한 한국에 관한 모든 것들을 탐험하기 위한 열정 으로 그것을 계속하고 있다. 나의 호주 친구인 케빈은 1996년에 한국에 와서 수년간 서울에서 한국인과 외국인들 모두에게 무료 요가 수업을 진행하고 있다. 그는 한국에 오랫동안 머물렀는데, 그의 사랑을 여기서 찾았고 같이 행복한 가정을 이루어 부인과 아들과 함께 살고 있다. 미국인 친구 시이달은 1996년 이곳에 처음 도착하여 대구에서 8년 동안 영어교사로 일했고, 그동안 합기도 와 태껸, 그리고 공수도 유단자가 되었다. 그녀는 한국을 무척이 나 사랑한 나머지 한국 탈춤에 관한 평생 장학생으로 UCLA에서 박사과정을 밟고 있다. 마찬가지로 미국인인 제인은 미군 부대의 군사정보부에서 복무하기 위해 1981년 한국에 건너오기 전 캘리 포니아에서 1년간 한국어 훈련을 받았다. 따라서 그가 냉전이 고 조되었던 기간 동안 남한의 방어력을 키우는 데 도움이 되었다고 할 수 있겠다. 그 후 그는 한국에서 유명한 시인이자 미술가, 배우 가 되었다. 오랜 유랑 끝에 그는 테솔 자격증을 습득하였다: 따라 서 나는 그가 '자격이 불충분한' 날라리 선생이라고 생각하지 않 는다. 캐나다 친구 존은 사진과 글을 통해 한국 펑크 씬에 헌신한 챔피언이고, 미국 친구 켈리는 1996년 한국에 돌아와 최초의 살 사 클럽을 오픈하였다. 내 호주 친구 브랜든은 5년간 한국에서 북 한 망명자들을 위해 매주 무료로 영어 수업을 가르쳤다. 이런 사 람들을 떠올릴 때면 한국의 방송매체와 사회가 '결백이 증명도기 전까지는 유죄' 라는 듯 그들에 대한 선입견을 갖고 있다는 점이 너무나 안타깝다. 그리고 그들이 한국과 한국 사람들에게 자기 자신을 주었던 것을 깡그리 무시하는 현 사태는 나를 굉장히 괴롭게 만든다.

이 책은 내가 친구라고 부를 수 있어 행운이라고 생각하는 특별한 사람들의 모임에 바치는 축사이다. 또한 나는 한국 사회를 이해하는 도전으로서 이 책을 썼다: 내가 앞에서 언급했던 사람들과 이 책을 채우고 있는 그들의 이야기는 이 나라가 현대 사회로서 성공을 거두었다는 증거이다. 즉 전 세계의 사람들이 한국을 자신의 평생의 고향으로 삼고 이 땅에 자신의 삶을 투자하길 원할 만큼 이곳이 매력적이라는 뜻이다. 이런 이유에서 나는 그런 삶을 살고 있는 그들이 '필요악' 이 아닌 '필요선' 으로 보이길 원한다. 그들은 한국에 사는 모든 사람들이 더 나은 장소에서 나은 삶을 영위하도록 힘을 보탰다.

친애하는 독자 여러분, 이 책을 다 읽은 후에 나는 여러분이 잠깐 동안 하던 일을 멈추고 스스로 질문을 해봤으면 한다: 왜 '한국의 외국인들' 을 끌어들인 두 개의 TV 프로그램인 '미녀들의 수다' 와 '신비한 TV 서프라이즈' 는 '성적 대상' 으로서 가장 매력적인 젊은 외국인 여성들이나 얼빠진 '광대' 처럼 구는 외국인 남자들만 보여주지? 이것이 한국이 할 수 있는 최선인가? 이것이 한국이 '세계를 반기는' 방법인가? 그저 '이국적인 농담' 으로 외국인을 비웃는 것을 넘어서는 TV 쇼는 어떤가? 한국인과 비한국인이 함께, 다양한 연령과 인종, 성별이 어우러져 삶의 의미에 대해 나누는 프로그램은 어떨까? 단순히 물 건너 온 '아름다운 몸'만 부각시키는 것보다 '아름다운 마음'과 '사랑스런 사람들'을 다룬다면 어떨까?

\*\*\*

더 이야기하기에 앞서 나는 몇 사람들에게 감사의 인사를 전하고 싶다. 말했듯이 이 책은 완성되기까지 오랜 시간이 걸렸다. 때문에 나는 그동안 수고해준 은행나무 출판사의 이진희 님에게 기다려주어 고맙다는 말을 하고 싶고, 내 암흑 같았던 시간을 포기하지 않게 지켜준 주연선 대표에게 감사 인사를 드리고 싶다. 사실 이 책은 2008년에 끝내기로 했지만, 나는 광우병 촛불시위로 인해 말 그대로 집을 나와 종로로 향해야 했다. 나는 2008년의 여름 동안 벌어진 그 열광적인 곳을 피할 수 없었다. 모든 것이 끝났을 때, 나는 한국에 다소 실망스러움과 환멸감을 느끼고 몇 달간 글쓰기를 중단해야 했다. 하지만 기분이 나아지면서 나는 광우병 촛불시위에 관한 글을 포함하기로 결정했다. 그것이 내가 생각한 이 책의 특정 주제인 '한국에서의 세계화'와 잘 맞는다고 생각했기 때문이다. 많은 면에서 광우병 촛불시위는 실패한 혁명이었다고 말할 수 있는 반면 이 책의 인물들은 문화적 변화와 심지어 혁명에 대한 보다 긍정적이고 생산적인 접근을 제시하고 있다. 나는 정말 그렇다고 믿는다.

좀 이상해 보일 수도 있지만, 이 책에 생기를 불어넣어 준 멋진 이들을 만날 수 있게 해준 한국 자체에도 감사하고 싶다. 만약 내가 이곳에 오지 않았다면 애초에 그들을 만나지 못했을 테니 말이다. 우리 모두는 현재 혹은 한때 '엑스팻' 이었기 때문에 특별한 유대감을 갖고 있다: 한국어로 엑스팻을 정확히 표현하기는 어렵다. 이 말은 결코 '국외로 추방당한 사람' 이라는 뜻은 절대 아니므로 네이버에 나오는 사전적 의미를 믿지 않길 바란다. 오히려 정반대에 가까운 의미로 일이나 모험을 위해 다른 곳으로 이주해 자유롭게 삶을 영위하는 사람을 뜻하기 때이다. 우리는 실제로 '외국인' 이라는 단어보다 '엑스팻expats' 이라는 단어를 더 선호한다. '외국인' 은 '우리' 와 '그들' 사이의 불필요한 구분을 만드는 어휘 중 하나이기 때문이다. 우리를 갈라놓는 벽을 쌓는 것보다 우리를 가깝게 만드는 다리를 놓는 데 더 많은 시간을 쏟는다면 더 좋은 세상이 되지 않겠는가. 모리세이의 말마따나 "우리는 인간이고, 우리 모두는 사랑을 받아야 한다".

마지막으로 이 책을 위해 글을 기고해 준 친구들에게 고마움을 전한다. 그들은 언제나 내 곁에서 힘이 되어준 좋은 사람들이다. 이 책은 한 사람의 개인적인 창조물이라기보다 한마음인 이들의 공동 결과물에 가깝다. 책을 만드는 일은 결코 쉬운 일이 아니었고, 이번 책은 특히나 길고 긴 여정이었다. 그러나 모든 일이 끝난 지금, 나는 내가 이룬 성과에 대해 꽤 만족하고 있다. 또 나 자신에 대해서도 다시 한 번 만족하게 된 계기였다. 새삼 나는 이 세상에 여전히 책을 중요하게 여기는 곳이 있음을 깨닫게 된다. 적어도 내가 쓴 두 권의 책을 쓰는 동안 나는 사회의 관례적인 필터와 장애물에서 벗어날 공간과 진실로 정직하고 영원한 무엇인가를 창조할 수 있는 힘을 얻었기 때문이다; 또한 좋은 책을 만드는 것은 특별한 종류의 기술이고 농축되고 강화된 형태의 표현 양식이며, 블로그를 만들거나 인터넷 토론에서 재잘거리는 것보다 높은 기술과 노력을 필요로 한다. 실제로 지난 1년 정도의 시간을 돌이켜 보면, 나는 진짜 책은 거의 읽지 않았다. 그리고 솔직히 온라인상에서 읽은 글이 내 '영혼의 확장'에 도움을 주었다거나 멜빌, 도스토옙스키, 콘래드, 셀린느, 또는 아베 고보의 책이 주었던 감동을 선사했다고는 말하기 어렵다. 나는 나의 뿌리로 돌아가야 함을 깨달았다. 즉 삶을 살아가고, 더 많은 책을 읽고 써야 하는 것이다. 나에게 있어 위대한 책은 항상 새로운 세계를 보게 해주는 빨간 약과 같은 것이다. 그것들이 없다면 나라는 사람은 아마도 장님이나 다름없고 죽은 것이나 마찬가지일 것이다.

때문에, 인터넷 회사에는 미안하지만, 내가 초고속 인터넷 계약을 연장할 일은 없을 듯하다. 나는 내 삶을 단순하고 간소하게 하고, 다시 기본으로 되돌아가야 한다. 이미 TV의 선은 뽑아둔 지 좀 되었고, 최근에는 담배를 끊었다. 삶은 소중한 것이고 쓸데없이 낭비해선 안 되기 때문이다. 인터넷은 훌륭한 발명품이지만, 나는 그것을 그저 나를 위해 일하는 일종의 도구로만 사용하고 싶다. 주로 더 많은 책을 창작하기 위해, 그리고 친구와 가족들과 연락을 주고받기 위한 끈으로 말이다. 만약 이 책이 마음에 든다면 나에게 메일(jsburgeson@hanmail.net)을 보내주기 바란다. 그리고 여러분이 어떻게 생각하는지 알려달라. 이 책은 바로 여러분을 위한 것이니까 말이다. 또 내가 하려고 하는 것을 실제로 내가 어떻게 하고 있는지 알고 싶기 때문이다. 혹 내가 바로 답장을 보내지 않더라도 너무 걱정할 필요는 없다. 아마도 어디 높은 산에 올라 시원하게 오줌을 갈기고 있을 테니까 말이다.

2009년 여름, 종로에서,
J. 스콧 버거슨

1장

Outlanders_엑스팻들이 들려주는 각양각색의 단막극

# 내가 외국인으로 보입니까?

### Seoul Don
서울 돈(미국)

한참 전의 일이다. 미스터 T(텍사스 출신으로 아버지는 영국인이고 어머니는 독일인이다)와 세뇨르 R(텍사스-멕시코 국경 지대 출신이다), 그리고 나(내 윗세대들이 어디서 왔는지 제대로 말하는 건 불가능하다), 세 사람은 추석을 맞아 울릉도로 장거리 여행을 가기로 했다. 하지만 불행하게도 배를 타기 전날 밤 태풍이 불어 닥쳤다 (그때 우린 포항에 있는 한 창고의 처마 밑에서 비를 피하고 있었다). 큰 난관에 봉착한 우리는 남은 일정을 어떻게 하면 좋을지 몰라 갈팡질팡 했다. 우리는 어디로 갈지 결정하기 전에 일단 동네의 작은 술집에 들러 마른 목을 축이기로 했다.

자리에 앉은 후 메뉴판을 펼쳐들고 심사숙고한 끝에 우리는 생맥주와 튀김 한 접시, 그리고 약간의 과일을 먹기로 합의를 보았다. 일단 풍성한 상차림을 대하고 나면 지금 절실하게 필요한 계획과 대안들이 쏟아져 나올 거라 기대하면서 우리는 테이블 위의 작은 호출 버튼을 누르고 웨이터를 기다렸다. 그런데 아무리 기다려도 웨이터가 오지 않아 우리는 벨을 누르고 또 눌렀다. 15분 후 간절한 기다림 끝에 찾아온 젊은이는 몸둘 바를 모르겠다는 표정으로 말했다 (물론 한국말로). '미안하지만 자기네 가게는 외국인한테는 장사를 하지 않기 때문에 주문을 받을 수가 없다'는 것이었다. 약간 당황한 나는 웨이터에게 (역시 한국말로) 주문을 받지 않을 거면 왜 애초에 메뉴판을 갖다 준 거냐고 물었다. 그의 대답은 이러했다. 자기가 우리에게 메뉴판을 갖다 준 다음에야 매니저가 우리의 주문을 받지 말라고 지시했고, 우리 테이블로 다시 오기까지 이렇게 오랜 시간이 걸린 것은 그러한 내용을 최대한 '부드럽게' 전달할 방법을 고민하느라 그랬다는 것이다.

나는 이 딜레마를 미스터 T와 세뇨르 R에게 설명해 주었다. 세뇨르 R과 나는 속으로 히죽거리며 말없이 앉아 있었다. 반면, 미스터 T는 – 언제나 온화한 인물로서 언젠가 나에게 죽을 고비를 경험할 기회가 더 많을 거라며 한국 대신 알래스카로 가라고 했다가 나중에는 한국으로 가라고 했던 그 미스터 T는 – 자리에서 일어나 미친 사람처럼 금발머리를 휘날리며, 분노로 이글거리는 푸른 눈을 부릅뜬 채, 해군 복무 시절 단련한 주먹을 높이 쳐들고는 완벽한 영어로 이렇게 부르짖었다:

"Do I look like a foreigner? Do I look like a foreigner to you?"(내가 외국인으로 보여? 내가 당신들한테 외국인으로 보이냐구?)

그는 이 말을 계속해서 반복했다. 아마 '우리 반도'에서 내가 지금까지 목격했던 일 중 가장 웃기는 장면이었을 거다.

결국 매니저가 종업원에게 주문을 받아도 괜찮다고 허락했다 (이 소동을 가라앉히기 위해 매니저가 우리 자리로 와야만 했다). 주문 후 우리(세뇨르 R과 나)는 앉아서 웃고 있었고 미스터 T는 엄청 부자연스럽게 한국식 예절을 갖추며 우리에게 술을 따라주었다. 우리는 술을 마시며 칠포 해수욕장 앞에 있는 호텔로 가서 태풍이 좀 잠잠해지면 수영을 하자고 결론을 내렸다 (실제로 도착했을 때는 쓰레기 수거 바지선이 전복하는 바람에 쓰레기들이 해변에 밀려들어 이 계획 역시 무산되었다).

우리는 그때의 일을 떠올릴 때면 항상 웃음을 터트렸다. IMF 한파가 닥칠 때까지 계속. 그리고 그 후로도 계속해서.

# 미치도록 소리 질러, 미치도록 사랑해

## Naomi Foyle
### 나오미 포일(영국)

아마 서울에 있는 대부분의 엑스팻expat들은 살짝 맛이 가 있을 것이다. 최소한 나는 그랬다. 일주일 내내 수업에서 수업으로 돌진하고, 개인교습을 하느라 널을 뛰고, 버스에서 뿜어져 나오는 일산화탄소를 들이마시며, 먹고 살려고 떡볶이를 쑤셔 넣었다. 주말이면 쉬는 대신 밤새 술 마시고 파티하고, 아침에는 홍대 분식집에서 밥과 김치를 먹었다. 내가 알고 있는 몇몇 ELS 강사들만큼 열심히 일하거나 논 것도 아니었는데 말이다.

이제는 자부심을 갖고 돌아보지만, 내 스트레스 레벨의 척도인 생리통은 서울에서 제일 끔찍했다. 위가 꼬이는 바람에 한 대형문고 화장실에서 꽥꽥 소리를 질렀던 적도 있다. 밤중에 일이 끝나 전철역에 있을 때도 그랬는데, 내가 어디 있는지 들리지도 않았고 짐작할 수도 없었다. 벤치에 앉아 흐느껴 울고 나서야 정신을 차리고 친구에게 삐삐를 쳤고, 친구는 공중전화를 사용해 나를 찾아냈다. 당시는 1990년대 후반이었고 대부분의 외국인들은 '핸드폰'이 없었다.

나는 여행상품권이 걸린 한국의 TV 게임쇼에 나가기도 했는데, 그 경험에 관한 시를 썼다 (그 민망한 이야기 전체를 읽고 싶은 이들을 위해 뒤쪽에 적어 뒀다). 그건 내가 한국에서 얼마나 정신 나간 짓에 푹 빠져 있었는지를 보여주는 것이다.

내가 완전히 맛이 가기 전, 혹은 공공장소에서 스스로를 바보로 만들지 않던 시절에, 나는 뒤로 물러난 채 다른 정신 나간 외국인들이 건강과 안전, 자유를 담보로 벌이는 미친 짓들을 바라보았다. 내 친구 중 하나는 마약을 밀수한 뒤 스쿠터를 타고 그걸 배달하던 남자와 함께 3중 자물쇠를 건 아파트에서 살았다. 마리화나를 피우곤 하던 다른 친구 하나는 어느 날 밤 홍대의 클럽에서 아주 불운한 일을 겪었다. 경찰이 들이닥쳐 그의 레게 스타일의 머리카락 중 하나를 검사했던 것이다. 그는 깨끗하지만 정말 따분했던 감옥에서 6개월간 복역한 뒤 풀려났다. 과연 개심했을까? 의심스럽다.

그럼에도 내가 만난 외국인 중 많은 수는 보다 창조적인 방식으로 맛이 가 있었다. 광화문 지하도에 자리를 잡고 〈버그Bug〉라는 잡지를 팔고 있던 스콧 버거슨부터, 한국에는 퇴비가 없기 때문에 재활용이 필요하다는 이유로 밥을 먹고 남은 음식을 땅에 묻던 활동적인 친구 앤드류 오웬에 이르기까지 말이다. 나는 그들이 자신만의 방식으로 꾸려 가는 삶을 존중한다. 프랑스계 캐나다인인 앤드류는 부산에 있는 캐나다 대사관에 지역 아이들과 함께 벽화를 그리는 큰 임무를 맡았다. 일본에서는 스프레이 페인트를 몸에 뿌리고 연기하는 일로 먹고 살았고, 나중에는 대만으로 가서 장인에게 서예를 배웠다. 스콧은 남한과 북한의 문화적 특성을 이해한다는 단순한 임무를 수행 중이었고, 그의 발견을 영어권 세계에 퍼다 날랐다.

나는 또한 내 일본인 친구 가오리에게서 독립적인 정신을 발견했는데, 그녀는 한국어에 능숙했고 장구를 훌륭하게 칠 줄 알았다. 뉴욕 같은 도시에서는 그게 별 것 아닐지 모르겠지만, 1990년대의 한국, 그러니까 두 민족 사이의 적대적인 감정의 골이 깊었던 곳에서 그건 드문 일이었다. 일본에 '한류'가 불기 전까지는 그녀의 친구들과 가족들 역시 그녀를 전혀 이해하지 못했을 것이다.

한국 여자와 사랑에 빠진, 힌두교를 믿는 캐나다 사람 이야기는 어떤가? 내 친구는 정말로 존경받는 ESL 강사였는데, 키도 크고 얼굴도 잘생긴 사람이었다. 그는 자기 여자 친구와 결혼하고 싶었지만, 그녀의 아버지는 사설탐정을 고용해서 그가 국외로 추방될 수 있는지 조사했다. 그게 잘 되지 않자 그녀의 아버지는 딸을 집에서 내쫓은 뒤에 딸과 인연을 끊겠다고 협박했다. 어떤 이들은 진즉에 포기했겠지만, 사랑에 빠진 우리의 히어로는 포기하지 않았다. 그녀의 어머니가 몰래 음식을 싸다 주게 되고 나서 몇 달 후 나는 처음으로 한국의 전통 혼례에 초대받았다. 나는 내 친구가 관습에 따라 절을 하며 자기 부모님의 발에 입을 맞출 때 제정신이 아니었을 거라고 확신하지만, 한국에서 개고기를 먹어 본 적이 있는 채식주의자라면 누구나 알듯이, 때로 다른 문화와 사랑에 빠질 때는 정말 미친 짓도 하게 되는 것이다.

끝없는 나라


서울은 잿빛이고 무섭게도 추웠다

교통 정보와 매연 농도를 보여주는 전광판

아이들에게 "please"를 어떻게 말하는지 가르치려고

버스와 택시를 타고 동분서주했다


무주는 환상적인 겨울나라였다

뜨거운 욕조와 스키 슬로프들,

난롯가에서 마시는 아이리시 커피

혀끝에 떨어지는 눈송이들


하여 우리는 빙글빙글 도는 의자에 앉아

탁구대에 뚫린 구멍으로

머리를 바깥으로 내밀고

탁구공을 얇은 플라스틱 골대에 넣기 위해

입으로 파티용 호루라기를 불었다

우린 커피메이커와

재도전할 수 있는 권리를 따냈다


우리는 제기차기를 했다

나는 내 제기가 땅에 떨어져

아웃되기 전에

그걸 공중으로 두 번 차올렸다

우리는 대답을 잘못했을 경우

물벼락이 떨어지는 샤워대 아래 서서

김치와 한복에 대한

질문에 대답했다

우린 우산을 갖고 있었지만

그것들 중 절반은

우산살만 남은 것이었다

우리 둘은 흠뻑 젖었다

하지만 우린 CD 플레이어를 따냈고

계속해서 다음 경기로 넘어갔다


우린 젓가락으로

초콜릿을 먹었다

나는 알레르기가 있어서

삼키지는 못했고

빨강

초록

노랑

그리고 갈색으로

코팅된 땅콩 초코볼을

집어 올리기만 했다

하나씩 하나씩

종이접시에서
입으로 가져갔다가
사회자가 "그만"이라 소리치면
그것들을 죄다 뱉어냈다

마지막으로,
우리가 해야 했던 것은
비단 주머니를 고르는 것이었다
빨강 아니면 파랑
우리 팀이 더 잘 하고 있었다
우리는 빨간색 셔츠를 입었다
하지만 우리 팀 짱이 손을 뻗기도 전에
스탠이 뛰어올라
모든 사람을 향해 광란하듯 손을 흔들며
쟁반에서
파란색 주머니를 잡아챘다

우리는 무주에 가지 못했다
우리는 대신 쓸데없는 카메라를 받았다
나는 이미 그 거지같은 카메라가 있었다
우리는 블러 콘서트를 놓쳤다
택시를 타고
한 시간이 걸려 집에 갔다.

# 테드와 여왕벌

## Richard Menard
리처드 메나드(캐나다)

모든 일이 시작된 것은 1999년 겨울, 테드가 일하던 호텔에서였다. 대구에서 온 대니 조는 유학을 온 것이었지만, 비용이 예상을 초과했다. 다음 달 집세를 낼 필요가 있었기 때문에 [그래서 테드의 일을 차지해야 했기 때문에], 그는 우리의 운 나쁜 주인공인 프런트데스크 직원인 테드를 설득했다. "한국에 가서 일해." 그는 가슴에서 소주가 쏟아져 나오고 6피트 7인치(약 198센티미터) 이상 되는 백인이라면 기꺼이 몸을 내주는 처녀로 가득한 환상적인 세상을 묘사했다. "하지만 난 대학 학위도 없어요." 우리의 주인공은 슬퍼했다. 약아빠진 대니가 기쁜 마음으로 모든 문제를 처리해 주었다. 그는 한 달 만에 모든 수속을 끝내고, 여비를 모으고, 테드를 공항에 데려다 주고, "안녕!" 하고 손을 흔든 뒤, 그를 알았다는 사실마저 잊어버렸다.

얼마 후 테드는 일주일에 6일 동안 하루에 6시간씩 'ABC' 노래를 부르며 단어 맞추기를 진행하는 자기 자신을 발견했다.

그가 일했던 교육 기관은 두 자매가 운영하는 곳이었다. 그는 언니에게 반했고 곧 둘은 로맨틱한 분위기에 빠져들었다. 테드는 흥분했다. 대니가 약속했던 것이 현실이 되고 있었던 것이다! 다만 소주는 초록빛 병에 담겨져 나왔고, 1달러 정도였으며, 음악[뽕짝]은 폴카와 비슷했다. 그럼에도 불구하고, 술, 여자, 노래가 그의 뇌를 꽉 채웠고, 환각 상태가 계속되었다. 새로운 역할에 푹 빠져든 테드는 애인이 결혼하고 싶다는 뜻을 비치자 기쁘게 승낙했다.

세 달 뒤의 결혼식 장면으로 화면을 돌려 보자. 모두가 미소를 짓고, 악수를 하고, 축하를 한다. 테드의 부모가 아이다호에서 왔고, 잭 삼촌과 샐리 이모도 왔다. 우리의 행복한 커플은 기뻤고, 또한 흥분했으며, 코 앞에 다가온 부부관계에 대한 축복에 들떠있었다. 모든 것이 완벽했다. 조그맣고 귀여운 한국 여자애가 영국식 트위드 셔츠를 입고 나타나 테드의 턱시도 소매를 잡아당기며 거의 완벽한 영어로 이렇게 말하기 전까지는 말이다.

"아빠, 안녕! 만나서 반가워요."

테드는 이 만남이 뜻하는 걸 알아차린 뒤 너무 놀란 나머지 예식, 사진 촬영, 피로연 사이를 비틀비틀 빠져나갔다. 6년 뒤, 이 불행한 남편은 하루에 10시간씩 '리사의 영어 궁전'에서 일하고 있다. 그는 이마 한가운데에 난 멋진 흉터를 과시하고 있다. 테드 부인의 전 남편이 한국 문화의 훌륭한 점을 깨우쳐 주기 위해 남겨준 것이다. 그는 열한 살 난 민수를 돌보고 있고, 저 멀리 있는 나라에서 호텔 프런트데스크 직원으로 편안하게 살던 시절을 꿈꾼다.

# 헤엄치거나 가라앉거나

## Cedar Bough Saeji
시이달 새지(미국)

한국에서 살기 시작한 첫 해, 사과와 미인들의 도시(잘 모르는 사람들을 위해 말하자면, 그곳은 대구이다)에서 살던 시절, 나는 론과 메리디스와 친구가 되었다. 이들은 당시 대구의 서쪽 끝에 있는 내 첫 번째 거주지에서 걸어서 5분 거리에 있는 학원에서 일하는 멋진 커플이었다. 론과 메리디스는 아주 정상적인 사람들처럼 보였다. 엄밀히 말하면 침대보다 조금 더 큰 원룸에서 요리용 핫플레이트 말고는 아무 것도 없이 살 때 가능한 정도의 정상적인 사람들이었다고 할 수 있지만, 반면 그들과 같이 일하는 데이나는 좀 달랐다. 그녀는 아직 20대 중반이었음에도 불구하고, 적게 잡아도 작은 소 만한 체구였다. 당시 한국에서 그런 몸집의 여성을 본다는 것은 정말 드문 일이었고, 따라서 나는 그녀가 한반도로 오는 동안 비행기 승무원들을 꽤나 곤란하게 했을 것이라고 확신했다. 게다가 데이나는 등에 커다란 전갈 모양의 문신도 있었다. 1996년 당시 한국인들은 거의 문신을 새기지 않았으며 거의 본 적도 없었고 문신 같은 건 깡패들이나 하는 거라고 믿었다. 전갈은, 그 생명체를 무시하려는 건 아니지만, 분명 장미꽃이나 잘못 쓴 한자 문신보다는 지하세계의 사람들이 하기에 더 잘 어울리지 않는가?

데이나는 가는 곳마다 눈에 띄었다. 금발과 푸른 눈이라는 두드러지는 비 아시아적 외모 덕에 아이들은 울거나 손가락질을 했다. 자기들이 나타날 때마다 [주변에] 불편한 분위기가 감돌고 있음을 느끼는 사람들(외국인들)에게 있어, 이는 그녀의 새로운 고향에 대한 부정적인 인상을 심어 주는 것이었다. 메리디스와 내가 한국에 사는 걸 좋아했던 반면, 데이나는 끊임없이 불평을 해댔다. 자기가 좋아하는 음식이나 사람들에 대해서는 아니었지만. 내가 알고 있는 다른 외국인은 그녀보다 더 음식에 대해 절망스러워 했는데, 그는 한국 케첩이 끔찍하다는 이유로 버거킹에서 케첩을 훔치기도 했다 (확실히 그는 케첩에 무척 민감했다). 하지만 데이나 역시 갈비와 소주를 제외하면, 대부분의 한국 음식을 싫어 했다. 그래서 그녀는 대개 프라이드 치킨, 설탕을 듬뿍 묻힌 짝퉁 서양식 시리얼, 그리고 본인이 직접 지진 스팸을 넣은 샌드위치를 먹었다. 같은 아파트에 사는 2명의 동료 직원이 방문한 바에 따르면, 그녀는 상당한 시간을 방에서 혼자 일하고 있었고, 옷을 다리거나(심지어는 브래지어까지!) 먹는 일 말고는 엉덩이를 떼지 않았다고 했다. 한편 메리디스는 하이킹을 시작했고, 나는 무술을 배웠으며, 케첩 마니아는 섹시한 한국 여성과 그다지 성공적이지 못한 데이트를 했다. 간단히 말해, 우린 다들 취미생활이 있었다.

뭔가 좀 해주자는 생각으로, 메리디스와 나는 어느 토요일 아침 데이나를 데리고 목욕탕에 갔다. 요즘 유행하는 찜질방이 아니라 3,000원만 내면 하루 종일 수다도 떨고 온탕과 냉탕을 오가며 목욕할 수 있는 전통적인 목욕탕 말이다. 메리디스, 론, 데이나가 일하는 학원 옆에 3개의 사우나실과 4개의 욕탕이 있는 널찍하고 깔끔한 목욕탕이 있었다.

말할 필요도 없이, 웬만한 아이 머리보다 더 큰 가슴에다 등에 무시무시한 문신을 한 거대한 백인 여자가 나타나자 잡담을 나누던 아줌마와 바삐 때를 밀던 여자들로 꽉 찬 욕실에 어색한 침묵이 내려앉았다. 자신에게 쏟아지는 시선을 불편해 하면서, 데이나는 [씻지도 않고] 달려가 가장 인기 좋은, 따뜻하지만 뜨겁지는 않은 온탕(거기는 여자들이 피부가 쭈그러질 때까지 앉아서 자기 애들과 손자들의 성공을 비교하길 좋아하는 곳이었다)에 곧장 뛰어들었다. 마침 거기서 쉬고 있던 예닐곱 명의 아줌마들은 거대하고 무섭게 생긴 문신녀가 씻지도 않은 채 물로 뛰어드는 걸 보고는 혼비백산하여 소리를 지르며 급히 뒤로 물러섰다. 데이나는 한국인들이 자길 거부하고 있다는 걸 뼈저리게 느꼈고, 몇 달 뒤 한국을 떠났다. 1년 계약의 반도 못 채우고 말이다. 난 그녀가 안됐다고 생각하지만 놀라서 굳어버린 아줌마들의 얼굴을 떠올리며 지금도 웃곤 한다.

www.cedarsphotography.com

# 협잡의 서커스

## Nicholas Johnson
니콜라스 존슨(미국)

1996년으로 돌아가 보자. 안톤, 앨런, 그리고 데이비는 돈을 잘 버는 직업인 영어 강사직을 얻기 위해 미국인인 척 하는 이란 사람들이었다. 나를 제외하면 그들은 내가 다니는 학원에서 한국인이 아닌 유일한 강사들이었다. 나는 한국을 사랑했지만 학원이 있던 공주는 정말로 끔찍한 곳이었다. 결국 나는 한밤중에 버스를 타고 그곳을 떠나 서울로 향했다. 왜냐하면 학원 원장이라는 사람이 주말에도 나와서 일을 하라고 전화를 걸어대고, 내 여권을 훔치고, 급료를 깎고, 게다가 미국인인 척 하는 이란 사람들을 직원으로 고용하는 여자였기 때문이었다.

비록 영어 교육자로서의 의심스러운 자질에도 불구하고, 나는 그 이란 사람들과 일하는 게 좋았다. 그들은 힘이 넘치고 관대하며 얼굴에 제대로 철판을 깐 사람들이었다. 그들은 모두 영어를 한 마디도 할 줄 모르는 원장을 봉으로 삼아 자기네들이 유창한 영어 실력을 갖고 있다고 속였고, 그래서 학원에서의 매일매일은 실로 협잡의 서커스였다. 한국 강사인 박 선생과 또 다른 박 선생은 때때로 이 '미국인'들을 의심의 눈길로 바라보았고, 그들에게 가차 없이, 하지만 예의 바르고 조심스러운 방식으로 질문을 던졌다. 그런 방식이야말로 한국인들을 만만치 않은 존재로 만드는 훌륭한 방식이었다.

원장과 박 선생이 교무실에서 내게 처음 '데이비(나는 나중에 그의 진짜 이름이 '마지트'라는 걸 알았다)'를 소개했을 때, 그는 알 수 없는 이상한 미소를 지었다. 그는 자기가 플로리다에서 왔다고 했다. 나는 플로리다 어디인지 물었다. 마이애미라고 했다. 그는 내가 마이애미 돌핀스를 좋아하는지 물어봤다. 나는 미식축구에는 관심이 없다고 했다. 그의 영어에는 악센트가 없었지만, 우리는 원장이 자기가 거느린 두 '미국' 고용인이 돈을 벌어들이는 언어 [영어]로 말하는 광경을 기쁨에 차 지켜보는 가운데 미국인들의 공통된 화제에 대해 얘기를 나눴다.

나중에, 그러니까 데이비가 나를 믿을 수 있다고 판단을 내렸을 때, 그는 진실을 말했다. 그가 이란 사람이고, 미국인인 척 하고 있으며, 완벽한 영어를 구사할 수 없다는 사실을 말이다. 그는 진짜 미국인들과 만났을 때 필요한 정보들을 조사하고 준비해야 했으며, 마이애미를 고른 것은 자신이 좋아하는 TV 프로그램인 '해상구조대'를 떠올리게 하는 해변과 야자수가 찍힌 사진을 봤기 때문이었다. 그는 처음 만났을 때 내가 자기의 정체를 파악했다고 생각했으며, 그래서 그런 미소를 지은 것이었다. 나는 그에게 잘

했다고 해줬다. 나는 그에게 많은 미국인들이 악센트 없이 말하고 몇몇은 아예 영어를 말하지 않는다고 말해줌으로써 내 잘 속는 성격을 정당화했다. 그를 미국인으로 받아들이자 그에 대한 신뢰도가 높아졌다. 어쨌거나 그는 마이애미 출신이 아니고 미식축구에도 관심이 없었다.

이란 사람들 중 데이비가 영어를 제일 잘 했다. 자기 일이 안정되자 그는 다른 2명의 일자리도 구해줬다. '안톤'은 키가 크고 억세게 생긴 사람이었는데, 서울 경찰의 눈을 피해 잠시 공주에 내려온 것이었다. ("사업에는 서울이 짱. 알죠?") 그는 수상쩍은 사업에서 원장을 도와준 적이 있었고, 그 때문에 그녀는 그에게 불가사의한 약점이 잡혀 있었다. 그는 터키어, 일본어, 페르시아어, 한국어를 유창하게 구사했다. 그러나 영어는 변변찮았다. 그에게 강의는 무척 힘든 일이었다.

안톤은 미국 국기가 찍힌 폴로셔츠를 갖고 있었고, 고등학생들 야구점퍼처럼 보이는 것을 늘 입고 다녔다. 그가 3명 이상의 사람들("셋이 좋아. 알죠? 난 좋아.")에 맞서 자기를 방어하는 방법은 머리로 병을 깬 뒤 소리를 지르는 것이었다. 적대적 종족("태국 사람들. 나 싫어.")은 그의 광적인 절규를 듣고 얼굴에 흘러내리는 피를 보며 자기들이 다른 할 일이 있다는 걸 생각해냈다.

내가 이해할 수 없는 몇 가지 이유 때문에 안톤은 매일 밤 나를 데려가 원장이 우리에게 제공한 아파트에서 저녁을 해줬다. 그는 한국말을 할 줄 알았기 때문에 원장과의 협상에서 내 외교관이기도 했고, 원장은 그에게 안 된다는 말을 못했다. 그는 내가 계약에 따라 급료를 받아야 하고 그녀가 훔쳐간 여권을 돌려받아야 한다고 그녀를 설득했다. 안톤은 언제나 급료를 주고, 요리를 하고, 청소를 했으며, 전염성 있는 활기찬 기분으로 지냈다. 그에게서는 안정감이 줄줄 흘러나왔으며 극단적일 정도로 자기 확신에 차 있었다. 그의 눈은 마치 소 같았으며, 지성의 흔적이라고는 조금도 없었지만, 그는 어떠한 상황에서도 필요한 것을 재빨리 택할 수 있는 능력이 있었다. 그의 영어는 끔찍했지만 10년 동안 영어를 배운 학생들보다 그와 더 나은 대화를 나눌 수 있었다. 그는 내게 몇 마디 말로도 수많은 것들을 설명할 수 있다는 것을 입증해 보였다. 다음과 같은 것들이 우주에 대한 몇 가지 핵심적인 단어들이다: 먹다, 말하다, (알려주다, 알려줬다), 가고, 하고, 섹스하다, (졸라), 필요하다 (이를테면 "졸라 필요해"), 정신 나간, 좋은, 나쁜, 화난, 주다, 돈, 똥, 좋아하다, 싫어하다, 예스, 노.

"나는 서울에 가요. 졸라 좋아요."
"나 원장님한테 말해요. 나는 알다시피 열 받았다. 나는 여기가 필요 없다. 난 서울 간다. 졸라 좋아요."
"서울 사업하기 좋다. 졸라 문제없어요."

안톤은 이란-이라크 전쟁에 3년 동안 참전했다. "맞아요. 나 죽였어." 그는 기관총을 쏘는 흉내를 내며 말했다. 세 번째 이란 사람인 '앨런'은 2년 동안 복무했는데, 무릎에 총을 맞았다. 안톤과 앨런은 둘 다 이란 정부가 젊다는 것 말고는 아무 이유도 없이 자기들을 지옥에 보내는 게 싫어서 조국을 떠났다. 그들은 둘 다 암시장에서 여권을 샀고 하마터면 죽을 뻔했다. 앨런은 아일랜드 여권을, 안톤은 터키 여권을 갖고 떠났다. 이란 여권은 많은 나라에서 받아주지 않았다. 인도와 싱가포르는 이란 사람들의 입국을 허가했고, 그래서 앨런은 처음에는 인도로, 다음에는 싱가포르로 갔다. 그는 싱가포르에서 아일랜드 여권을 들고 나와 아시아 전역을 여행하면서 단기 체류 도장을 찍었는데, 자기가 아일랜드 관광객이라는 걸 증명하기 위해서였다. 그는 일본에서 몇 년 동안 머물며 빨래방을 운영해 돈을 긁어모았다고 주장했다. 그는 결국 잡혀서 싱가포르로 돌려보내졌다. 그는 자기가 돈을 많이 벌 수 있었던 일본으로 돌아갈 돈을 벌기 위해 한국에 있었다. 유효한 여권을 갖고 있지 않았기 때문에 부산에서 일본으로 밀입국하기 위해서는 5,000달러를 모을 필요가 있었다.

안톤은 터키, 일본, 한국에 오랫동안 있었다. 그는 3년 동안 군에서 싸웠다. "알겠지만 난 미쳤어요." 그는 페르시아어 비슷한 언어로 말했는데, 앨런이 통역해 준 바에 따르면 그건 "나는 전쟁 후 몇 년 동안 정신병원에 있었다."는 뜻이었다. 안톤은 계속 말했다. "이란 사람들은 모두 미쳤어요. 우린 착해요."

이란 사람들은 또한 용감하다. 안톤은 영어를 간신히 말하는 수준이었지만 그보다 영어를 더 잘 아는 사람들을 가르쳤다. 물론

이건 그에게 있어 힘들고 만만찮은 것이었고, 그는 매일 내게 불평을 했지만, 어느 날 그가 감당할 수 있는 범위를 넘어서게 되었다. 그가 한국어를 유창하게 했다는 사실을 떠올려 보기 바란다. 이는 그가 학생들에게 자기 매력을 십분 발휘하며 잘 지냈다는 것을 뜻하지만, 동시에 영어 강사로서의 자질에 대한 의심이 피어올랐던 것이다.

그는 'Side by Side'라는 교과서와 'Little Red Riding Hood'라는 책에 나온 연습문제를 가르쳤다. 학생 중 한 명이 'Little Red Riding Hood'가 무슨 뜻인지 질문했다. 그는 머릿속에서 대충 통밥을 굴린 뒤 영어를 한국어로 문자 그대로 옮기려 했다. 그 과정에서 그는 그걸 설명해낼 재간이 없다는 걸 알아차렸다. 그는 화가 나서 일어섰다. 그는 학생들에게 손가락질을 하며 소리를 질렀다.

"넌 하냐? 넌 하냐? 넌 하냐? (Do you can? Do you can? Do you can?)"

한국 학생들은 그가 무슨 말을 하는지 정확하게 이해하지 못했지만, 그들은 쓸데없이 너무 많은 질문을 던짐으로써 평온한 분위기가 망가지는 것은 그리 내키지 않는 일임을 깨달았다.

http://www.bigdeadplace.com/

# 귀신에 홀린 외국인들

## Zane Ivy
유제인(미국)

나는 10여 년 동안 한국에서 살았는데, 그 동안 여기서 살고 일하는 수많은 외국인들이 한국에서 귀신이나 혼령을 만난 경험을 얘기하는 걸 들어왔다. 나는 그게 논리적이라고 생각한다. 한국은 유구한 역사를 가진 곳이다. 사람들이 여기서 수천 년을 돌아다닌 것이다. 무엇보다, 한국은 전쟁 때문에 바람 잘 날이 없었고, 특히나 최근에는 한국전쟁이 있었다. 그러니 당연히 귀신들이 있지 않겠는가.

사실 당신이 믿건 안 믿건 간에, 나는 여기 한국에서 귀신이나 혼령을 너무 많이 봐 왔고, 한국전쟁에 참전했던 우리 아버지 또한 그랬다. 아버지는 볼일을 보다가 귀신과 논쟁이 붙었는데 (거의 싸움이었다고 한다), 그 광경을 다른 군인이 봤다고 한다. 내가 겪은 경험은 그보다는 덜 이상한 것이다. 내가 다니는 학교의 원어민 강사 기숙사 벽에 그림이 있었는데, 그것이 마치 그네를 타듯 앞뒤로 흔들렸다. 옆에 걸린 그림은 시체처럼 가만히 있었는데 말이다. 하얀 소복은 입은 여자가 나를 빤히 쳐다보다가 벽을 통과하는 것을 보기도 했다. 이건 기본적으로 소름끼치는 이야기지만 논쟁거리는 아니다.

나는 약간 거친 경험을 한 외국인을 만난 적도 있다. 내가 알고 있는 한 미국 남자는, 내 짐작에는 30대 초반 정도인데(나는 한국인이 아닌 이상 나이를 묻지 않는다), 교사 계약 기간이 끝나 미국으로 돌아갈 준비를 하고 있었다. 내가 그에게 왜 1년만 가르치고 미국으로 돌아가기로 했냐고 물었더니 그는 밤마다 침대 주변을 서성이는 혼령들과 싸우느라 피곤해서 그렇다고 대답했다. 그는 그들이 그저 '꾸물거리는' 게 아니라 자기 '안으로 들어오려' 한다고 했다. "저는 그렇게 귀신이 많은 곳은 처음 봤어요."라고 말했는데, 솔직히 그가 그런 수상쩍은 상황에 살을 붙여 얘기함으로써 문제를 해결하려 했던 것일 수도 있다. 물론 그것을 비난할 수는 없었다. 누군가에게 서울이란 굶주린 영혼들이 지나치게 많은 곳일 수도 있는 것이다.

여기 살던 또 다른 남자는 강북의 아파트에 살았는데 자기만의 귀신, 혹은 혼령, 아무튼 그런 걸 갖고 있었다. 많은 사람들이 그걸 '봤다' ― 사람 모양의 그림자 같은 형체를 말이다. 그의 귀신은, 만약 그게 귀신이 맞다면, 그의 침대 위 천정을 끽끽 긁어댔다. 때때로 그건 귀신다운 태도로 기꺼이 물거나 긁어대기도 했다. 그는 다소간 그것에 익숙해졌음에도 불구하고, 그가 만성 불면증 환자가 된 뒤부터는 늦은 밤과 새벽에 반가운 친구들을 대동

했다. 그는 그 귀신들린 아파트에서 살게 된 뒤 두 번 이사를 했고, 그의 불면증은 계속되었던 반면 그의 귀신 친구는 그와 함께 이사하지 않았다.

나는 어떤 캐나다 여성도 알고 있는데, 그녀는 한반도의 남부에 내려가 사는 동안 흥미로운 경험을 했다. 어느 국립공원을 방문했을 때, 그녀는 예상치 못한 경험을 했다. 그 경험 속에서 그녀는 옛날 양반 선비가 되었던 것이다. 과거 속에서 그녀의 정체성은 조선왕조 사람이었다. 그녀는 내게 말하길 자기가 죽은 남자의 인생 전부를 겪은 것 같다고 했다. 그녀의 이야기에 따르면 그는 날건달이자 오입쟁이였고, 시인이자 당연하게도 술고래였다고 한다. 그녀의 '피부에 스며들어' 의식을 뚫고 들어온 것이 과연 귀신이었을까? 모르겠다. 그녀가 알고 있는지도 확신할 수 없다. 그건 그녀에게는 큰 경험이었을 테고 인생을 바꾼 사건이었겠지만, 그녀는 자기 인생에서 성적인 측면으로 다소 야한 방향을 탐구하는 시기에 접어들던 중이었다. 그녀는 "아마 그의 업보 중 일부가 작용하는 것 같아요." 라고 말했다. 엄격한 가톨릭 가정에서 자라나 거의 수녀가 될 뻔했던 아가씨가 가진 흥미로운 관점이었다.

몇 년 전에 나는 주한미군의 정보부서에서 일하고 있었다. 그건 첫째, 앵글로 아메리칸 제국의 욕망에 반하여 북한이 남한을 침략하고 통일하는 것을 막기 위해, 둘째, 북한이 똑같은 짓을 못한다는 걸 확신시키기 위해, 셋째, 남한이 정치적으로나 경제적으로나 우리 제국의 작전 계획 안에 머물러 있다는 걸 확실하게 하기 위해, 넷째, 경기 침체에 쫓기고 있는 미국에서 내 경제적 상황에 숨통을 틔우기 위해서였는데, 운 좋게 살 곳을 마련하게 된 동료 군인 하나가 내 방문을 두드렸다.

"웬일이야?"

문을 열었을 때 그는 다소 겁먹은 듯한 모습으로 방의 위아래를 흘끔거렸다.

"들어가도 돼?"

그가 물었고 나는 "물론이지."라고 대답했다.

"좋아. 무슨 일인지 말해봐."

나는 다시 말했고, 그는 들어와 내 방의 빈 의자에 앉았다.

"지난밤에 이상한 일이 일어났어."

그가 말했다.

"난 정말 이걸 누구한테 말해야 할지 몰라서, 너라면 이런 문제에 대해 개방적일 것 같아서 말이지."

내가 부대에서 그에 대해 갖고 있는 이미지는 다소 어벙하고 이상한 친구라는 것이었다.

"음, 지난밤에 내가 막 잠이 들려고 하는데, 사실, 막 잠이 들었는데, 그러니까, 누가 내 아랫도리를 만지는 걸 느낀 거야."

그렇게 말하면서 그는 군대용어로 '총'이라고 하는 자기 아랫도리를 가리켰다.

"어, 알았어. 그래서 어떻게 됐는데?"

"그러니까 누가 날 만지는 느낌이 드니까, 정확히 말해서, 누가 나한테 오럴 섹스를 해 주는 것 같은 거야, 알겠지만 난 혼자였거든."
"그러게."
나는 긍정했다.
"그래서, 뭘 봤는데?"
"여자였어."
그가 말했다.
"머리가 긴 한국 여자. 나는 깜짝 놀라서 소리를 질렀지."
"그래, 알겠어. 그래서?"
나는 물었다.
"그녀는 사라졌어. 마치 담배연기나 안개처럼 변해서……."
음.
"어떻게 생각해?"
그가 물었다.
어떠냐니, 이 에피소드는 너무 뻔하게 들리지 않는가? 만약 그런 게 있었다면 몽정이었던 것이겠지. '내가 어떻게 생각할까? 나는 숙고했다.
"왜 소리쳤어?"
아마 이걸 유머로 넘기려는 작은 시도가 그로 하여금 그 경험을 다루는 데 도움이 된 듯하다. 다시는 그녀를 만나지 못했으니까.

# 어쩌면 소울메이트였을

## Thor May
토르 메이(호주)

알랴는 러시아에서 온 선생님이었다. 좋은 선생님이었고, 그녀를 받아들인 공동체의 변치 않는 상투성[편견]이 그녀를 슬프게 했다. 그녀는 그에 대해 공격적으로 맞서지 않았으며, 이방인에 대한 알 수 없는 경멸을 견딜 수 있었지만, '러시아인+여자+전문교육인' 이라는 인간적 등식의 결과를 계산하지 못하는 한국인 동료들의 일상적인 경멸은 그녀를 절망에 빠뜨렸다.

부산에 사는 러시아 여자의 팔자는 '러시아 구역' 임에도 불구하고 텍사스촌이라 불리는 싸구려 바에 적혀 있다. 부산에 사는 몇몇 러시아인들은 한국 공장의 폐기물로부터 백만 원 정도쯤은 벌 수 있을 거라는 꿈에 부푼 보따리장수들이다. 군인처럼 머리를 짧게 친 싸구려 재킷을 입은 사람들은 저인망 어선 일을 하러 나가거나, 컨테이너 화물선을 정박하러 온다. 커다란 가슴과 근면하고 강한 허벅지, 그리고 짙은 화장 뒤에 종종 슬픈 표정을 짓는 나이든 여성들도 있었다. 이주 러시아인들의 커뮤니티는 수십 년 동안 이 항구도시의 일부였다. 부산의 한국인들은 자기들의 거친 정직성, 거친 사투리, 여자가 자기 주제를 알고 남자는 자기가 마실 소주를 아는 사회적 보수주의를 자랑스럽게 여긴다. 만약 당신이 러시아 여자라면, 모두가 당신을 창녀라고 생각한다.

우리는 왜 알라냐가 부산에 머무는지 궁금했지만, 그녀가 온 곳에 대해서도 별로 알지 못했다. 부산의 한국인들 또한 마찬가지였고. 그러나 한국인들은 러시아의 연해주에 정착한 기나긴 역사를 갖고 있다. 러시아의 잊혀진 동부 지역, 모스크바에서 비행기로 아홉 시간을 날아가야 하는 그곳 말이다. 부패한 명 왕조가 1858년에 그 지역을 러시아에 이양하기 전에 많은 사람들이 거기로 왔고, 그들은 [거기서] 지나칠 정도로 성공을 거뒀다. [그 뒤] 수많은 사람들이 스탈린에 의해 가축용 기차를 타고 중앙아시아로 이동했다.

이런 사건들은 자유롭게 미국의 최신 팝 아이돌에 대해 대화를 나눌 수 있는 한반도 사람들에게는 거의 알려지지 않았고, 기껏해야 북쪽의 인접 지역 사람들과 접촉하는 지나가는 관광객 정도나 그걸 알 뿐이다. 관심을 갖는 소수의 사람들만이 블라디보스톡의 계선소에 가라앉아 있는 녹슨 핵잠수함에 대한 어두운 이야기를 파헤칠 수 있을 것이고, 2001년 겨울, 발전소가 전기요금을 안 냈다고 전력을 폐쇄하는 바람에 얼어 죽은 연해주 사람들에 대한 짧막한 이야기를 파헤칠 수 있을 것이다. 아무도 러시아의 이 구석진 곳에 신경을 쓰지 않는 것처럼 보인다.

모스크바로 돌아온 러시아의 지배자들은 자기들의 편협한 근성 때문에 이곳이 이 행성에서 가장 역동적인 문화[동아시아 문화]로 향하는 정문이라는 걸 결코 파악하지 못했다. 러시아 언론에서는 인구 밀집 경계 지역에 징그러운 중국인들이 정착하고 있다는 식으로 가끔씩 경고성 기사나 싣는 정도였고, 중국 언론에서는 퇴직한 동부 러시아 사람들이 중국 북동쪽의 싼 땅에 집을 사고 있다는 어처구니없는 기사나 싣곤 했다.

아마 동부 러시아 사람들은 어떻게든 일어날 필요가 있었고, 자기들만의 영혼이 있는 보스턴 차 사건을 일으킬 필요가 있었을 것이며, 그들의 진짜 이웃과 타협할 필요가 있었을 것이다. 아마도 그들은 해가 뜨는 동쪽의 장소를 찾을 필요가 있었을 것이고, 창녀와 어부와 잠수함 승무원보다는 돈을 더 벌고 싶었을 것이다. 알라냐가 이 새로운 질서의 상냥한 개척자일 수 있지 않았을까? 아마 그랬을 거다. 우린 그저 짐작만 할 뿐이다. 그녀의 진짜 출신지는 애매모호했지만, 그녀는 확실히 길림성의 북서쪽 중국인 지구에서 교사 일을 했는데, 그곳은 조선족들 천지였다. 우리는 짤막한 힌트들과 지나가는 언급들을 긁어모아 그런 이야기를 구성해냈다.

부산에서 알라냐의 직장은 외국어 고등 전문학교였는데, 그곳은 학문적인 표준이 아니라 외국인 낙오자들을 긁어모은 곳으로 유명했다. 그곳에서 일하는 이들은 거의 존경받지 못했고 임금도 적었다. 그러나 영어에 대한 한국인들의 뜨거운 바람도 전문적인 영어교사들이 자기네 고국에서 하고 있는 괜찮은 수입을 버리고 태평양을 건너오도록 하지는 못했다. 결국 보결 교사들은 대개 손쉬운 돈벌이를 원하는 이들로 채워졌다. 주로 학자금을 갚아야 하는 대학 졸업생이나 백팩을 짊어진 여행자들, 혹은 서양에서의 경쟁에서 도망쳐 온 난민들, 가끔은 알코올중독자들, 그리고 가끔씩은 변태도 있었다. 자기를 진지하게 여기는 사람들은 손에 꼽을 정도였다. 나머지 콩가루 중에 진짜 교사는 거의 없었고, 그들이 모르고 있다는 걸 아는 사람도 거의 없었다. 강의 시간에 교과서의 문장들을 나불거리는 깃으로도 충분히 빠져나갈 수 있었고, 그 뒤 정말 가치 있는 시간에는 외국인 바에서 진짜 삶을 누렸다.

이 잡다한 행렬은 영어 과목을 부들부들 붙잡고 있는 한국인 영어 교사들, 그러니까 자기네가 진짜 프로페셔널이라고 주장하는 사람들과 충분히 이상하게 어울렸다. 정말 소수의 전문 영어 교사들만이 한국인 영어 교사들에게 진정한 위협이 되었다. 아마도 브라이언이 알라냐에게 이끌리게 된 것도 그런 점이었을 것이다.

브라이언 크레인은 별난 친구였다. 그는 대부분의 직업적 삶을 영어권 제국의 식민지에서 보낸 호주 출신의 영어 교사였다. 그는 문화들이 만나는 애매한 장소에서 사는 걸 좋아한다고 말했다. 아마도, 다른 방랑자들처럼 그는 '외국인'이 된다는 것에 대한 묘한 떨림을 만끽했을 것이고, 고향 마을의 평범한 삶은 따분하다는 걸 알았을 것이다. 한국에서 그는 관대한 대접을 받았지만 거의 환영받지 못했다. 그가 유능하고 유머러스한 접근법으로 학생들을 감화시켰음에도 말이다.

이 사업에서 탐나는 직업들은 어리고 젊은 애들이 가로챘다. 반면 브라이언은, 그가 원한다면, 완벽한 스파이가 됐을 것이다. 그는 거리에서 사회적으로 보이지 않는 존재가 될 능력이 있었고, 키도 보통의 한국인 정도였으며, 익명에 특징 없는 옷을 입은 50대 남자였다. 비뚤어진 입술에서 축 늘어진 눈꺼풀까지, 브라이언 크레인에 관련된 것은 어떤 것도 대칭적인 것이 없었다. 알파남이라는 관점에서 보자면, 그는 다소 추했다. 확실히 여성들은 수십 년 동안 그렇게 생각했고, 그래서 그는 알라냐가 그와 동행하고 싶다는 뚜렷한 신호를 보냈을 때 놀랐고 다소 경계심을 가졌다.

알라냐는 매력 없는 여성이 아니었다. 30대 중반에 이르자 소녀 같던 매력이 잘 다듬어진 여성의 매력으로 성숙되었고, 그 매력은 당시 잘 가꾸어져 있었으며 여전히 짓밟히지 않은 상태였다. 그녀는 늘씬했고, 요란스럽지는 않지만 잘 다듬어진 검은 단발머리를 하고 있었으며, 옷 입는 취향도 훌륭했고 자신만만하게 움직였다. 그녀는 포식자가 아니라 양육자였지만, 그녀의 차분한 회색 눈동자는 불행에 굴복하지 않겠다는 의지를 확고하게 보여줬다.

그녀는 5층짜리 콘크리트 기숙사 건물에서 다른 외국인들과 함께 살았다. 학기가 지나가면서 많은 이웃들이 싸구려 소주와 배달 음식과 밤늦게까지 취해 침대로 비틀거리며 기어가는 무절제한 삶으로 빠져들었다.

알라냐는 브라이언과 마찬가지로 슈퍼마켓에 갔고, 신선한 식품들을 산 뒤 그걸 섞어서 공용 스토브로 자기 식의 러시아 요리를 했다. 때때로 서로에게 이것저것 음식을 주는 게 자연스러운 일이었다. 이를테면 신선한 당근과 샐러리 대신 보르쉬(러시아식 수프)를 주는 식으로 말이다.

어느 저녁 알라냐는 지나가는 말로 브라이언에게 진짜 러시아식 코티지치즈를 만드는 법을 가르쳐 주겠다고 제안했다. 그는 별 뜻 없이 고개를 끄덕였다. 코티지치즈는 브라이언의 삶에서 그리 중요한 건 아니었다. 며칠 뒤 알라냐는 코티지치즈가 들어가면서 그의 샐러드가 더 맛이 좋아졌다는 걸 간파했다. 그는 별 뜻 없이 고개를 끄덕였다. 그는 오래 전에 여자와 이야기할 때는 남성적 둔함이라는 보이지 않는 외피를 뒤집어쓰는 것이 유용하다는 것을 배웠다. 그는 알라냐를 인간적으로 많이 좋아했지만 그는 결코 자신을 이해한 적이 없었기 때문에, 여자가 여자로 보이는 순간이 왔을 때는 아시아식 방식을 선호했다. 열정의 물결이 제대로 몰아치지 않았다.

일주일 뒤, 그들이 사각으로 썬 당근을 우적우적 씹고 있을 때, 알라냐는 결심을 하고 브라이언에게 그녀가 신선한 코티지치즈를 준비했다고 말했다. 그녀의 방으로 가서 그걸 먹어보지 않을 이유가 어디 있겠는가?

어쩔 수 없었다. 브라이언은 유순하게 알라냐를 따라 복도를 내려갔다. 그녀의 기숙사 싱크대 옆에 있는 작은 의자 위에 표백하지 않은 천으로 묶은 덩어리가 놓여 있었다. "여기요." 알라냐가 살짝 악센트를 둔 영어로 말했다. "당신을 위해 특별히 만들었어요." 그녀는 솜씨 좋게 포장을 풀고 부서지기 쉬운 덩어리를 꺼냈다. "쉬워요." 그녀는 할 수 있는 한 가장 객관적인 목소리로 말했다. "요구르트를 갖고 이렇게 묶고······."

"고마워요." 브라이언이 말했다. "정말 친절하시네요. 그러니까······." 그의 목소리가 점점 늘어졌다. 이것이 그 순간이었다. 그는 천천히 뒤로 돌아서 조용히 문을 닫았다. 그러나 그가 한 줄기 스치는 고통을 느끼기 전에 알라냐의 차분한 눈이 살짝 촉촉해졌다.

www.thormay.net

# 쓰레기들을 향한 메시지

## Thor May
**토르 메이(호주)**

　외국인 교사들을 위한 아파트 건물 외관은 반짝거리는 알루미늄 창틀에 가짜 벽돌색 합판이 어우러져 있었다. 젖빛 유리로 만든 비싼 앞문이 초대받지 않은 사람들을 내쳤다. 사실상 이 오만한 정문은 얼룩진 콘크리트로 만들어진 축축하고 낡아빠진 내부 계단과 적적하고 작은 아파트 방들을 감추기 위한 것이었다. 그 건물은 도시의 오래된 구역, 그러니까 부산의 구석진 곳에 있는 정착촌에 있었다. 거리는 좁았고 그리 깨끗하지 않았다. 동네 사람들은 다소 가난했고, 자기보다 나은 처지에 있는 외국인들에 대해 분노를 머금고 있었다. 그들은 외국인 교사들을 이해하지 않았다. 사실을 말하자면, 양쪽 다 의사소통에 문제가 있었다.

　밴필드 이야기를 하자. 밴필드는 거진 일흔 살이 다 된 덩치 큰 미국인이었다. 그가 한국인들에 대해 하는 이야기들은 모두 끊임없는 독설의 물결이었다. 오래 전 젊은 시절 군인이었을 때 그는 팔다리가 길쭉하고 튼튼한 골격에 쇠고기를 먹는 백인 미국인의 위협적인 형상을 하고 있었다. 언제나 빡세게 싸울 준비가, 엄청 퍼마실 준비가, 여자를 무릎 꿇릴 준비가 된 남자의 형상 말이다. 수십 년이 지난 지금 햄버거를 먹는 식습관이 한때 팽팽했던 근육과 가죽 벨트 위로 단단하게 잡혀 있던 배를 녹여버렸고, 그는 발 치료를 받는 것에 대한 불평을 늘어놓으며 살아야 했다. 그건 마치 그가 더 이상 자기 발톱을 스스로 깎을 수 없다는 말의 업그레이드 버전처럼 들린다. 친숙한 곳에서는, 그러니까 외국인 교사들의 교무실에서는, 밴필드는 자기 친구들에게 무척 친절했고, 때때로 미군 PX에서 미국산 면도날 같은 것들을 사주기도 했다. 그는 서독과 남한의 국경 지역에서 하사관으로 복무했다. 그는 총을 쏨으로써 군 당국을 당혹스럽게 하지도 않았고 국방부에서 관여하는 통신대학도 수료했다. 어쨌거나 그들은 그에게 아시아 문화 연구 박사 학위를 수여했고, 그래서 밴필드는 학자로서의 삶으로 방향을 전환했다. 그러나 한국에 머무른 지 8년이 지났음에도 그는 한국어라고는 한 마디도 읽지도 쓰지도 말하지도 못했다.

　겨울이 닥치고 하루하루가 점점 더 썰렁해지자, 외국인 아파트 건물의 쓰레기 시스템에 대한 증오가 폭발했다. 한국에서는 쓰레기를 버리려면 비싼 비닐봉지[쓰레기봉투]를 사야 한다. 물론 거의 대부분의 사람들이 자기 동네 이름이 새겨진 비닐봉지를 사기 위해 마지못해 돈을 낸다. 그럼에도 불구하고 매주 외국인 교사들은 환경미화원들이 거둬갈 수 있도록 정문 앞 거리에 의무적으로 쓰레기봉투를 놓는다.

외국인 교사들은 중심가의 바에서 빡센 밤을 보내고 돌아왔을 때 자기네들이 사는 곳 앞에 반쯤 먹은 피자, 과자봉지, 외국인들이 만들어낸 쓰레기로 가득한 독성 벌판이 펼쳐져 있음을 종종 발견했다. 그들은 화가 났다. 밴필드는 그걸 보았을 때 그게 공산주의자들의 위협이라는 걸 알았다. 야간 투시경, 카메라, 그리고 조니 워커 위스키 반 병으로 무장한 뒤, 그는 어느 날 저녁 범인을 잡기 위해 잠복했다. 마침내 그들이 왔다. 말라빠진 아줌마 둘이 사람들에게 들킬까 조심하며 그림자 속에서 황급히 뛰쳐나왔던 것이다. 그들은 재빨리 묶여 있던 쓰레기봉투를 풀어 그 안의 내용물들을 거리낌 없이 길에다 흩뿌려놓았다. 그들이 원했던 건 쓰레기봉투였던 것이다. 밴필드가 나설 때였다. 그는 고함을 지르며 200파운드에 육박하는 육중한 몸을 이끌고 정문에서 돌진해 나왔다. 카메라 플래시를 번쩍거리며 그 빌어먹을 증서를 집은 채 말이다. 적은 그 화력[카메라 불빛]의 의미를 알았다. 그들은 자기들에게 닥친 운명 앞에서 눈을 껌벅거렸고, 몇 마디 한국말을 꼬꼬댁거렸으며, 근처의 벽 틈새로 소리 없이 미끄러져 사라졌다.

임무는 완수되었지만 외국인 교사들은 전쟁에서 이긴 건지 아닌지 전혀 확신할 수 없었다. 다음엔 뭐가 올 것인가? 촉발 기뢰들? 참호 회반죽? 아니면 국제적 제재? 밴필드는 외교적 항의 문서를 쓰기로 했다. 운 없는 한국 학생들을 시켜 만든 것이다. 적들에게는 알려진 공관이 없었고, 그래서 의사소통은 가능한 모든 적들이 알아볼 수 있도록 크고, 화려하고, 확실하게 이루어져야 했다. 밴필드가 영광스런 임무를 스스로 떠맡아 그것을 외국인 본거지의 정문 위에 떡하니 붙여놓았다. 거기에는 외국인들의 쓰레기 봉투를 노리는 아줌마들, 개구쟁이들, 그리고 길거리 똥개들은 한국법에 따라 처벌될 것이라고 한국말로 쓰여 있었다.

얼마 지나지 않아 이 이국적이고 공적인 협박은 몇몇 사람들의 주의를 끌게 되었다. 사람들은 그걸 보며 비웃었고, 그 덕에 밴필드는 동네 주민들의 도덕적 타락에 대한 어두운 성찰에 빠져들었으며 결국 최악의 생각을 갖게 되었다. 외국인이 한국법에 호소한다는 것은 결국 비웃음거리밖에 될 수 없다는 생각 말이다. 그러나 그 노친네에게 현수막을 거꾸로 달았다고 말할 만한 용기를 가진 사람은 아무도 없었다.

**www.thormay.net**

# 서울의 플래시맨

## Andrew Salmon
앤드류 새먼(영국)

살아 숨 쉬는 소설 속 캐릭터를 만나는 특권은 자주 얻을 수 있는 것이 아니다. 나는 이곳 서울에서 그런 경험을 겪었다.

그의 이름은 — 음, 그냥 그의 이니셜을 따 M이라고 부르자. 영국 맨체스터 출신인 그는 연세대학교 한국어학당의 학생이었고, 서울에 있는 유명한 유럽 투자은행의 애널리스트였다. 그는 1990년대 후반부터 여기서 살았다. 당시 M은 30대 초반으로, 검은 머리에 보통 키와 외모, 다부진 체격이었다. 다시 말해 당신을 이끌 타입은 아니었다. 그러나 그는 개성이 확 드러나는 사람이었다. 그는 강한 맨체스터 악센트, 환한 미소, 사려 깊은 매력과 이스라엘 사람들이 '허스퍼chutzpa, 대담무쌍'라 부르는 강한 자신감을 갖고 있었다. 더욱 적절하게도, 그는 조지 맥도널드 프레이저George McDonald Fraser의 신피카레스크 소설(1950년대 영국에서 발생한 소설로, 반사회적 주인공이 등장하는 소설) 캐릭터인 플래시맨Flashman을 숭앙했고 의식적으로 닮고자 했다.

그 시리즈 중에서 『톰 브라운의 학교시절Tom Brown's Schooldays』에 나오는 악당이었던 플래시맨은 빅토리아 시대의 군인이었다. 책 속에서 그는 다양한 역사적 인물들과 교류를 나눈다. 링컨, 카르툼의 고든 대령Gordon of Khartoum, 빅토리아 여왕 등과 말이다. 그리고 위험한 사건 속으로 뛰어든다. 카불에서의 패퇴, 크림 전쟁에서의 빛의 여단의 돌격, 커스터 장군의 최전선 등. 그러나 그는 언제나 큰 상처를 입지 않은 채 궁지에서 벗어난다. 맥도널드 프레이저의 천재성은 플래시맨을 융통성 없는 영웅으로 만든 대신 그를 일련의 코믹한 모험들을 통해 제국주의 시대의 역사를 비추는 일류 겁쟁이에 악당으로 창조한 데 있었다. 비록 정말 운이 좋게도, 플래시는 보통 갈채를 받기는 하지만 진짜 싸움은 남에게 미루는 친구다. 그는 싸움에서 이기기보다는 여자를 자빠뜨리거나 술병을 비우는 인간인 것이다.

M도 마찬가지였다. 그의 인생의 목표는 서울에 있는 동안 가능한 많은 여자를 낚아 그 결과를 눈금으로 새겨두는 것이었다. 그는 다른 사람의 기분 따위는 신경 쓰지 않았고, 정말로 무책임한 데다 모든 걸 비웃었다. 요약하면 그는 비열한 인간이자 쾌락주의자였으며 호색가에 망나니였다.

당연히 그는 훌륭한 말벗이었다. 내 아파트에서 열린 파티에서 그는 정말 즐거운 시간을 보냈고 호색적인 수탉에 대한 눈물 쏙 빼놓는 농담으로 나와 친해졌다. 신통하게도, 그는 자기에 대한 안 좋은 이야기를 하는 것도 좋아했다. 그는 한때 정말 우습고 불필요한 시비가 붙어 길거리에서 싸움에 휘말린 적이 있었는데, 그 덕에 어깨에 이빨 자국이 났다. 그가 그 얘기를 러시아인 친구에게 했을 때, 그녀는 믿을 수 없어 했다.

"전 당신이 그냥 해보는 소리라고 생각하지만, 그래도 당신 정말 바보네요!"

또한 그의 호색적인 탈선행위는 플래시맨 본인이라 해도 될 만했다. 예를 들면, 그가 늦은 밤에 '커피 한 잔' 하자며 자기 아파트까지 꼬드긴, 억지웃음을 짓던 처녀가 있었다. 문 앞에서 그녀는 극적으로 선언했다. "난 섹스하고 싶지 않아요!" M은 좋은 커피를 낭비하는 친구가 아니었고, 해서 그녀를 내치려는 참에 그녀가 속삭이듯 덧붙였다. "사랑을 나누고 싶다구요!" 그는 찌푸린 눈썹을 펴고 그의 트레이드마크인 환한 미소를 지으며 그녀를 정중하게 대할 거라고 약속했다. 5분 뒤—M은 영락없는 영국식 연인이었다—그는 일을 끝낸 뒤 처녀성을 뺏긴 여인을 불만족스럽고 환멸을 느낀 데다 당황스러운 상태로 남겨놓은 채 코를 골며 잠이 들었다.

다른 상황에서, 그는 『자유의 플래시』(1971)의 페이지를 그대로 가져오는데, 이 책에서 플래시맨은 자유를 주겠다며 데리고 나온 여성 노예(이자 연인)를 버림으로써 추적자들에게서 벗어난다. 플래시맨의 모험은 미시시피에서 일어났고, M의 모험은 신촌에서 벌어졌다. M은 장기간 한국을 떠나려 준비 중이었고, 그래서 작별 데이트 세 탕을 뛰었다. 점심때 그는 하나를 처리했고, 다음 장소로 가려 했다. 불행하게도 첫 번째 데이트 상대는 그와 하루 종일 있고 싶어 했다. 그는 멋지게 빠져나갔다. "난 아래를 봤어요. 그 여자는 미니스커트에 굽 높은 부츠를 신고 있었지요. 나는 청바지와 닥터 마틴을 신고 있었고. 그래서 날랐지요!" 그가 도망칠 때 "M, 돌아와요, M!"이라는 외침이 그에게 허무하게 버림받은 여인이 절뚝거리며 따라오듯 그의 귀를 울렸다.

세 명의 흑인 미군이 그가 매력적인 흑인 여군을 꼬드기는 데 성공했다는 사실 때문에 그를 공격한 적도 있었다. 그들 중 한 명의 주먹이 우리의 주인공을 이태원 도랑에 처박았다. 군인들은 M이 꼼짝 하지 않자 자기네들이 그를 죽인 건 아닌지 걱정이 됐고, 그 자리에서 줄행랑을 쳤다. M의 말에 따르면, '거래라도 하듯이' 아마존 연인[여군]을 남겨둔 채 말이다.

그의 가장 빛나는 순간은 어느 서유럽 국가의 국경일을 기념하여 대사들의 거주지에서 열린 파티였다. 나, I. K.라는 저널리스트 친구, 그리고 M이 같이 갔다. (대사관 비서가 대체 무슨 생각으로 우리 셋을 초대했는지는 모르겠다. 다시는 그런 초대를 받지 못했다는 것만 말해두자.) M은 수많은 따분한 대사관 만찬에 대한 경험을 바탕으로 파티가 밤 9시에 끝날 거라고 예측했다. 따라서 그는 가능한 한 빨리 마시고 가능한 한 취하기로 맹세했다. 맥주 따위는 무시하고, 복수심에 불타 (공짜) 와인과 독주에 몰두했던 것이다.

저런. 대사 부인은 자리에 없었고, 그래서 서울에 체류 중인 모국의 대사는 진짜 파티를 열어보기로 결정했다. 미군 기지에서 데려온 재즈 밴드가 연주를 하는 와중에 술 파티가 벌어졌다. 정말 짜릿한 시간이었다. 8시 30분이 되자 M은 완전히 취해서 맛이 갔다.

혼수상태에서 그는 거기 있던 모든 여자들에게 키스를 날리기로 결정했다. 뺨에다 살짝 하는 그런 점잖은 키스 말고, 알겠지만, 아주 찐한 프렌치 키스 말이다. 그는 대사의 응접실 주변을 돌아다니며 키스를 하고 더듬었다. 그가 움직일 때마다 비명 소리가 울려 퍼졌다. 대부분의 여성들은 그걸 외교적으로 받아들였다. 그러나 복수의 여신이 기다리고 있었다. 무척이나 매력적이고 잘 다듬어진 금발 머리를 한 스칸디나비아 대사의 부인이라는 모습으로 말이다. M은 그녀에게 그 짓을 저질렀고, 맛이 간 얼굴 위에 멍청한 미소를 지었다.

죽음과도 같은 영원한 침묵이 이어졌다. 나는 지금까지도 그 광경을 기억할 수 있다. 슬로우 모션이라도 되는 양, 그림자 하나가 발키리(북유럽 신화의 전쟁의 여신)의 뚜렷한 모습으로 드러났다. 그러고 나서, 성적 자유로 유명한 조국의 명성과는 모순되게도, 그녀는 악과 비명 사이의 무언가쯤 되는 소리로 욕을 퍼부었다. 분노 폭발! 잠시 동안 꽃병이라도 날아가는 줄 알았다.

할 수 있는 행동은 하나뿐이었다. 나와 I. K.는 M의 팔을 각각 잡고 그의 반항을 무시한 채 거리로 끌어냈다. 모범택시가 왔다. 우리는 그를 뒷좌석에 태우고 말했다.

"부산으로! 밟아요!"

정말 간발의 차이로 달아날 수 있었다.

플래시맨이 했던 것 중에서 M이 해보지 못한 것은 군대 경험이었다. 그는 주식 애널리스트로 일하러 서울을 떠나 런던으로 갔을 때 그 결점을 치료했다. 시티[런던 금융가]에서, 그는 금융가에서 사람을 구하던 비밀 특수부대에 들어가 아르바이트를 했다.

내가 2005년 런던에서 그를 마지막으로 봤을 때 — 이 M이라는 존재와 나는 시티의 동쪽 언저리에 있는 스트립 클럽에서 얘기를 나눴다 — 그는 자기가 받은 자극에 대해 이야기했다.

"봐요, 본부는 저기 다운타운에 있고, 방들은 정말 싸구려에 더럽다고! 젊은 여자 하나만 끌어온다면 딱인데!"

게다가 그 특수부대에는 신통찮은 럭비 팀도 있어서, M은 거기서 운동도 했다. 말할 필요도 없겠지만, 그의 새로운 군대식 책임감이 그가 좋아하는 걸 하는 데 장애가 되지는 않았다. 북한을 관광객 신분으로 방문하는 것 같은 일 말이다. 이는 거의 비밀 임무에 다름 아니었고, 그의 지휘본부가 그 사실을 알 경우 해고되도 할 말이 없는 짓이었다. 물론 규칙 따위는 M을 방해하지 못했다. 김정일 왕국의 여성들이 즉각적으로 응해주는 타입은 아니었을 거라고 생각하긴 하지만 말이다.

어쨌거나 M의 부대는 2차 대전 이후 군사적 행동을 전개한 적이 없었지만, 그는 '테러와의 전쟁' 덕에 그렇게 되길 바랐다. 그는 자기 일에 따분해했다. 그는 "그들은 우리가 민간인으로서 하는 일에 돈을 줘. 나는 일병인데도 대령보다 돈을 더 받을걸!"라고 말했다. 곧 그 이유가 드러났다. 여왕 폐하가 M을 — 플래시맨처럼 — 아주 빡센 행동에 알맞은 존재로 봐 주셨던 것이다. 그는 1년 동안 중동에 배치되었다. "알라께서 이라크의 여성들에게 자비를 내리셨도다."가 내가 처음 떠올린 생각이었다. 두 번째 생각은 그의 안전에 대한 걱정이었다. (말했듯이, 그는 정말로 좋은 벗이었다.) 그러나 그의 영웅과 마찬가지로, M 역시 억세게 운이 좋았다. 그는 상처 하나 없이 때맞춰 귀국했고 — 그의 지인들이 놀라 까무러치게도 — 지금은 결혼해 살고 있다. 다시 한 번, 플래시맨과 마찬가지로, 유복한 스코틀랜드 여성과 말이다. 결혼식은 성에서 치러졌다.

수에즈 동쪽 지역 '영국 신사'의 명성을 위해 — 그리고 영국에 사는 한국인 친척들을 위해 — M이 더 이상 여기 살지 않는다는 사실은 정말 다행이지만, 그가 없는 서울은 좀 재미가 없어졌다.

# 양각도 국제 호텔의 목마른 양키

## Brendan Brown
브랜든 브라운(호주)

아마 한국에서 겪은 외국인과의 가장 기묘한 조우는 평양에 있는 47층짜리 양각도 국제 호텔에서 일어났을 것이다. 2002년 8월 그곳에 처음 갔을 때 말이다. 무더운 금요일 저녁이었고, 일주일 동안의 독립기념일 관광의 마지막 날이었다. 관광에 참가한 나와 다른 남자들은 양각도를 둘러싸고 있는 강에서 맥주 몇 잔을 마실 예정이었다.

로비 엘리베이터에 나오자마자 덥수룩한 머리의 40대쯤 되어 보이는 백인 하나가 다가왔다. 날 보는 눈이 반짝이는 것 같았다.

"이봐요, 어디서 왔소?"

그가 느릿한 남부 사투리로 말을 걸었다.

"호주요."

매처럼 내 앞에 나타난 사람에 놀라며 나는 대답했다.

"젠장, 다른 백인을 만나니 좋네요."

그는 환영 인사로 손을 내밀며 감격했다. 나는 1층의 호텔 매점에서 맥주 2병을 샀고, 그 중 하나를 이미 따서 한두 모금 마신 상태였다. 남자는 내게 맥주 한 병을 줄 수 있는지 물었다. 나는 그가 평범한 관광객이나 구호단체 직원이 아니라는 걸 알 수 있었고, 따지 않은 맥주를 원한다는 짐작에 그걸 줘야겠다고 생각했다. 하지만 그는 그걸 딸 때까지 기다릴 수 없는 모양이었고, 벌써 약간 마신 맥주가 좋아보였나 보다. 그는 내 손에서 병을 빼앗더니 몇 달 만에 처음 마셔보는 것처럼 내용물을 들이켰다.

맥주를 꿀꺽거린 뒤 그는 내게 감사하며 "젠장, 이게 필요했어!"라고 외쳤다. 그는 자신이 남포의 감옥에서 2주 동안 있었다고 말했다. 그에 따르면 거기는 '지옥'이었다. 북한에는 미국 외교사절이 없었기 때문에 그는 스웨덴 대사관의 도움을 받아 풀려났다. 자세한 내용을 묻자, 그는 자신이 유엔의 세계식량기구 프로그램에서 일하는 수입상이고 평안남도 남포항(우연히도 나는 그닐 거기 다녀왔다)에 쌀을 배달하러 온 것이었다고 설명했다. 원조에 감사하는 뜻으로 북한 당국이 선원들에게 배에서 내려 지역 박물관을 견학할 수 있도록 허락했다. 거기 있는 그림들을 보고 있는데, 멍청한 18살짜리 선원이 서투른 농담을 지껄였다.

"왜 김일성은 이렇게 뚱뚱한데 나머지는 죄다 빌어먹게 비쩍 마른 거예요?"

그의 말에 따르면 북한 관리들은 '광포해졌고' 이 '건방진 이교도'를 찾아야겠다고 다그쳤다. 그들은 사람들을 두 줄로 세워놓고 누가 범인인지 자백하지 않으면 보트로 돌아갈 수 없다고 말했다. 젊은 선원은 거의 바지에 오줌을 지릴 것처럼 겁을 먹은 채 침묵을 지켰다. 아무도 나서지 않은 채 서먹한 분위기가 계속되었다. 누구도 고자질을 하지 않고 그 젊은 선원도 자백하지 않을 것이 분명해지자, 그리고 이 분위기를 깨지 않는다면 자기 선원들에게 무슨 일이 일어날지도 모른다는 걱정이 들자, 선장이 다 덮어쓰기로 결정했다. 그는 자기가 범인이라고 나섰다. 그는 엉덩이나 걷어차인 뒤에 즐겁게 돌아갈 수 있을 거라고 생각했다. 대신 그는 북한 감옥에 들어갔다.

"어떻든가요?"

나는 북한 감옥과 강제수용소의 형편없는 상황에 대해 읽은 적이 있었다.

"끔찍했어요. 북한 죄수랑 다를 바 없었지요."

그는 행복하게 맥주를 들이키며 대답했다.

"맞았어요?"

"아뇨." 그는 마시면서 고개를 저었다.

"감옥의 일반적인 상태가 어떻던가요?"

"에, 어느 날 밤에는 내 위에 쥐가 올라타는 바람에 감방에서 깨어난 적도 있었어요."

그는 너무 큰 목소리로 말했다. 내가 그와 1미터 정도밖에는 떨어지지 않았는데도 말이다.

"빌어먹을, 정말 배가 고파서 심지어 내 팔이라도 뜯어먹고 싶었다고요!"

그는 자기가 내일 아침에 미국 당국자를 만나러 베이징으로 떠난다고 설명했고, 우리에게서 몇 미터 떨어져 있는 검정색 점프슈트 차림의 무서운 남자 3명을 가리켰다. 그가 자신의 '감시원' 이라고 말한 이들은 우리를 위협적으로 노려보고 있었다. 나는 그가 대화를 계속하고 싶어 한다고 믿었지만, 감시원들이 우리 둘에게 얼굴을 찌푸려 보이자 약간 겁을 먹기 시작했다. 북한을 홍보고 반국가적 농담을 호텔 로비의 절반이 들을 수 있을 정도로 크게 말한다는 건 확실히 좋은 생각이 아니었다.

"정말 굉장한 일을 겪었군요. 하지만 저는 일단 가던 길을 가는 게 좋을 것 같네요."

나는 그렇게 선언한 뒤 그와 악수를 하고 좋은 일이 있기를 빌어줬다. 그 순간 그의 표정은 굴욕과 불신이 뒤섞인 것이었고, 그의 눈은 마치 "나는 지옥에서 2주를 견뎠는데, 당신은 이 5피트짜리밖에 안 되는 망할 자식들이 날 협박하도록 내버려 두겠다는 겁니까?"라고 말하는 것 같았다. 그래서 나는 그를 프런트데스크로 데리고 가 그 징그러운 감시요원들이 보지 못하게 가려준 뒤 그의 어머니에게 전화를 걸 수 있도록 해 줬다.

서울로 돌아왔을 때 나는 신문에서 그 남자에 대한 기사를 읽었다. 그가 한 말은 다 사실이었다. 그는 2003년 제작된 BBC 다큐멘터리인 '악의 축에서의 휴일' 에 출연했다. 그 다큐멘터리는 위장 잠입한 두 명의 BBC 기자가 찍은 것이었는데, 그들은 우연히 그와 함께 베이징으로 가는 비행기를 탔던 것이다.

여전히 화가 나 있지만 자기 마음을 표현하기에 훨씬 자유로운 조건에서, 그는 북한에 대한 자기의 진짜 생각을 말했다. 카메라 앞에서 분노에 들끓은 채 그는 '노동자의 천국'에 대해 또박또박 과소평가했다.

"저는 북한에서 빠져나온 게 정말 기쁩니다. 거긴 나쁜 곳이에요. 미국과 세계식량기구는 공산주의의 개에게 먹이를 주는 걸 그만두고 굶기는 편이 훨씬 나을 거예요. 내가 그들에게 이해시키고 싶은 건 그저 하납니다. 배가 고프면 나무라도 뜯어먹겠지요!"

나는 내가 어떤 방식으로든 그를 도울 수 있었다면, 그러니까 평양에서의 마지막 저녁에 맥주라도 몇 명 더 사주는 작은 일이라도 해 주었다면 그가 그런 식으로 반응하지는 않았을 거라며 후회하고 있다. 그러나 나는 알려진 '국가의 적'과 엮이는 게 무섭기도 했던 것이다. 북한은 뒤틀린 곳이고 그곳을 찾은 사람들에게 정말 심각한 영향을 미치는 곳이기도 하다. 어쨌거나 그곳은 원조식량 화물을 싣고 온 데 대한 감사의 표시로 당신을 감옥에 처넣는, 현대 세계의 유일한 국가일 테니까 말이다.

# 낙원에서의 혁명

## Johannes Schonherr
**요하네스 쇤에어(독일)**

나는 1980년 이후 크리스티안을 드문드문 알아왔는데, 당시는 우리가 동독 예나의 전복적인 무정부주의 히피 단체의 일원이었던 시기였다. 당시 그는 마오$^{Mao}$라는 별명으로 알려져 있었다. 비록 중국의 위대한 영도자와는 조금도 닮지 않았지만 말이다. 그는 빗질하지 않은 장발에 아무렇게나 자라노톡 내버러둔 검온 턱수염을 하고 있었다. 그게 그때부터 그가 유지하고 있는 스타일인데, 어딘지 모르게 라틴아메리카의 혁명가 같아 보이기도 했다. 하지만 그는 당시 마오쩌둥에 대해 얘기하는 걸 좋아했고, 마오의 『붉은 책$^{Little\ Red\ Book}$』을 집중적으로 공부했으며 심지어는 사전의 도움을 받아 한자와 혁명적 슬로건까지 혼자 배웠다. 우린 다들 별난 버릇들이 있었고, 그건 그의 버릇이었다. 그러나 우리의 주된 정치는 파티('party'에는 '정당' 이라는 뜻도 있다–편집자) 정치였다. 그러니까 술 마시고 노는 '파티' 말이다. 크리스티안은 파티를 쿨하게 만들 수 있는 훌륭한 것들을 한 무더기씩 집어던져줬다. 수

많은 레드 와인, 시끄러운 음악, 그리고 마침내 파티를 박살내러 몰려드는, 그럼으로써 즉시 그 파티를 전설의 반열에 올려놓는 경찰 부대까지.

나는 1983년에 동독을 떠났지만 프라하에서 크리스티안을 우연히 만났다. 내가 거기서 그를 마지막으로 봤을 때, 그는 자기가 예나의 구시가지 주변에 반정부 유인물을 은밀하게 뿌리고 다니느라 바쁘다고 했다. 당연하게도 그는 체포되어 감옥에서 4년을 살았다. 나는 바우첸의 악명 높은 슈타지Stasi(동독 비밀경찰) 수용소에 수감된 그에게 검은 잎담배를 보냈다. 1년 후 그는 감옥에서도, 그리고 동독에서도 풀려났다. 죄수 호송 버스가 그를 서독으로 보내버렸던 것이다.

그는 바바리아 주 뉘른베르크에 있는 내 집에서 몇 주 동안 머물렀다. 그러다 루르 발리Ruhr Valley에서 온 무정부주의적 공산주의자들을 만난 뒤 그리로 갔다. 그후 뚜렷한 목표도 없이 동예루살렘으로 흘러갔다. 거기서, 그는 가끔씩 마오주의자 PFLP(The Popular Front for the Liberation of Palestine, 팔레스타인 인민해방전선)의 멤버들과 어울렸는데, 그들은 하이재킹과 군사행동으로 널리 알려진 그룹이었다. 때때로 그는 구 시가지에서 술에 쩔어 있기도 했다. 아랍 총잡이들은 그를 자기네 갱단에 집어넣는 데 별로 관심을 보이지 않았다. 그러나 이스라엘 비밀경찰은 이 독일인 민중선동가에 대해 제법 신경을 썼고 그를 재빨리 추방했다.

독일로 돌아오자마자 그는 '인티파다의 음악'을 연주한다고 하는 팔레스타인 포크 밴드의 투어 매니저가 되었다. 그들은 버진 레코드사에서 음반을 발매했지만 투어는 재정적으로 재난을 맞이했다. 특히 크리스티안은 음악 전도 사업을 한다며 진 빚을 청산하기 위해 몇 년 동안 뼈 빠지게 일해야 했다.

팔레스타인 시절 이후, 크리스티안은 잠시 동안 혁명적인 열정을 상당수 잃어버렸다. 나는 그가 베를린에서 살고 있었고 몇몇 좌파 활동에 관여하고 있다는 정도만 알 수 있었다. 1990년대가 되자 그는 크로이처베르크에 있는 자기의 커다란 아파트 소파에서 대개의 시간을 보냈는데, 복지기관이 집세를 내 줬고 그는 책과 신문을 읽었다.

나는 1999년에 그를 일으켜 세웠다. 그때 나는 북한 대사관과 협력하여 북한 영화를 유럽에서 상영하기 위해 정기적으로 베를린을 오가던 중이었다. 그는 자기가 북한, 최후의 '공산주의자들의 낙원'에 간다는 데 정말 흥분했다. 그는 김정일이 정말로 '위대한 영도자'라는 걸 믿은 건 아니었다. 그는 그저 그 저주받은 곳을 보고 싶었을 뿐이었다.

나는 2000년 가을, 그를 평양에서 열리는 영화제에 데리고 갔고, 그는 그곳을 정말로 싫어했다. 그는 자기 안내원을 싫어했고, 모든 제한을 싫어했으며, 그가 북한을 돌아볼 개인적인 자유가 전혀 없다는 사실을 싫어했다. 북한 사람들이 그에게 영예의 징표인 김일성 뱃지를 줬지만 그는 그걸 고려 호텔에 있는 자기 방 쓰레기통에 거칠게 내던졌다.

내 생각에 그는 한반도의 남쪽을 더 좋아하지 않았을까? 2001년에 서울과 부산을 함께 여행한 일은 그의 인생을 크게 바꿔놓았다. 그 여행은 충분히 세속적으로 시작된 것이었는데, 그는 서울의 친구 집에서 머물면서 소주를 엄청 마셔댔고 롯데월드에서 젊은 한국 여성과 데이트도 했다. 보호자 역할로 말이다. 그게 베테랑 혁명 전사에게 얼마나 당황스런 일이었을까. 그러나 우리가 영화제 때문에 부산에 도착하자마자, 한국과 그의 관계는 급격하게 기어를 밟게 되었다. 영화제 파티에서 그는 정말 귀여운 여인을 만났다. 그는 취한 채 잘 하지도 못하는 영어로 그녀에게 공산주의적 횡설수설을 늘어놓았는데, 그녀는 놀랍게도 자기도 그 영원한 투쟁의 편에 서겠다고 선언해버린 것이다. 그는 순식간에 사랑에 빠졌다. 다음날 밤 다른 곳에서도 파티가 있었다. 한국의 예술영화감독이 바로 그 여성에게 손을 내밀었을 때 크리스티안이 현장에 나타났다. 크리스티안은 그쪽으로 다가가 주먹다짐을 하려 했다. 그 감독은 영화에서 수많은 폭력 장면을 찍었는데, 분명 이런 상황에서 빠져나올 방법도 알았을 것이다. 그는 자기가 어떤 상황에 처해 있는지 쉽게 상상할 수 있었다. 짧지만 강렬한 눈싸움 뒤에 감독은 그곳을 빠져나갔다. 여자는 감동받았다. 그녀가 자신을 '동지'라 부르자 크리스티안은 천국에 있는 기분이었다. 그러나 그녀가 정말로 뜻했던 것은, 남성에 의한 억압이라고 간주되는 모든 것에 대한 투쟁이라는 의미에서 그를 동지라 부른 것이었고, 그 이상은 아니었다.

제어할 수 없는 상태에서 크리스티안은 베를린으로 돌아갔고, 아파트를 포기하고 전 재산을 팔아치운 뒤 2003년 초 훌륭한 투쟁에 참여하고자 서울로 돌아왔다. 그의 꿈은 컸다. 여자! 혁명! 세상을 바꾸자! 더불어 가능하면 독일의 좌파 저널에 글을 써서 약간의 현금이나마 벌 수 있기를.

사실 그는 '이보다 더 좋을 수는 없다'고 할 만한 시기에 왔다. 네팔과 방글라데시에서 온 좌익 이주노동자들이 명동성당에 농성 천막촌을 세워 놓았는데, 거기서 그에게 공짜로 머무를 곳과 공짜 음식과 소주에, 더 나아가 시끌벅적한 급진적 시위까지 제공해 줬으니 말이다. 동시에 미군 장갑차가 두 명의 여중생을 친 사건에 대한 한국인들의 분노가 여전히 들끓고 있었다. 그리고 그로 인해 거리에 수많은 사람들이 몰려나왔다.

좌파는 자기들만의 저항의 경제학이 있나: 만약 당신의 조직이 내가 조직한 데모에 많은 사람들을 보내준다면, 나는 그 보답으로 우리 동료들을 당신들의 데모에 내보낼 것이다. 이주노동자들이 정확히 그렇게 했다. 그리하여 크리스티안은 모든 형태의 시위에 참여했다. 미국과의 FTA에 반대하는 농민 시위에, 지역 미군기지 확장에 반대하는 농민 시위에, 임금 인상을 요구하는 노동자 파업에 말이다. 어떤 이유건 좋은 이유였다. 언제나 확고한 행동들이 있었고, 공짜 음식과 음료와 집회 뒤풀이가 있었다. 크리스티안은 결국 낙원을 발견한 것이었다! 서사적인 거리 시위, 투석전, 공공장소에서의 삭발, 자기희생, 공통의 목표를 향하여 나아가는 대중들. 군중들이 마르크스주의 슬로건을 하나 되어 외쳤다! 문화 축제에서는 무대에 선 가수가 'Fucking U.S.A.' 같은 곡들을 불러 제꼈다. 크리스티안은 마침내 1968년 혁명 당시의 파리를 찾아내고야 만 것이다. 그는 혁명의 일부였다. 인생이 이보다 더 낭만적일 수 있겠는가?

크리스티안은 언제나 어떤 전투가 벌어지건 간에 맨 앞에서 싸웠고, 언제나 가장 크게 소리 질렀다. 한번은 경찰 방패가 그의 머리를 세게 내리찍는 바람에 얼굴에 피가 흘러내렸다. 시위 주도자들이 그를 시위에서 빼낸 뒤 병원으로 갈 차가 준비되었다고 말해 줬다. 크리스티안은 그들의 제안을 거절한 뒤 다시 왁자지껄한 전투 대열로 돌아가 행진을 했다.

또 다른 폭력적 시위에서는 시위 진압 경찰이 그를 제압해서 그를 전경버스에 끌고 가 경찰서에 구류시키기도 했다. 기적적으로, 그들은 그를 출입국 관리소에 넘기지 않았다. 아마 그의 독일 여권이 그를 구해줬을 것이다. 그들은 그저 "2주 안에 나라를 떠나라"는 말만 한 뒤 그를 풀어줬다. 크리스티안은 몇 시간 뒤 동지들에게 돌아가 신나는 얘기보따리를 풀었다. 말할 필요도 없이 그는 추방 명령을 무시했다. 그건 썰을 풀기에 좋은 혁명적 도전의 자랑스러운 행동이었으니.

아, 그 한국 여자는, 비록 가끔씩 집회에서 마주치기는 했지만, 우리의 용맹스런 영웅과는 깔끔한 거리를 유지했다. 독일 잡지에 쓴 글의 원고료는 드문드문 들어왔다. 문제될 건 없었다.

크리스티안은 관광 비자를 갱신하기 위해 나라 밖으로 여행할 돈이 없었고 얼마 안 있어 불법 체류자가 되었다. 그는 그걸 좋아했다. 그게 그를 그와 함께 사는 불법 이주노동자들과 같은 처지로 만들어 버렸으니까.

그는 완전한 혁명적 황홀감 속에서 약 1년을 보냈다. 그러나 이주 노동자들이 그 모든 행동주의에도 불구하고 아무 것도 얻은 게 없다는 사실을 깨닫게 되면서 결국 텐트촌을 철거하기로 했다. 실망스럽게도 말이다. 크리스티안은 이제 그가 몇 달간의 영광스러운 투쟁에서 만난 친구들의 소파 위에서 지내는 신세가 되었다. 그의 전망은 날이 갈수록 어두워졌다.

그는 모든 희망을 이주 노동자 TV에 걸었다. 그가 참여한 그 방송은 전부 자원봉사자들로 이루어진 비디오 프로덕션 회사로, 격주로 작은 위성방송을 통해 짧은 시간동안 방송되었다. 사실상 누구도 그 방송을 보지 않았고 그럼으로써 크리스티안의 선택권 또한 제한되었다. 아마 그가 거기서 만든 비디오 작품은 진정한 혁명적 저널리즘으로 연결될 수도 있었을 것이다. 그게 존재하지는 않았지만.

2005년의 어느 여름밤, 하루 종일 촬영을 한 뒤, 그는 그의 임시 거처에서 가장 가까운 곳에 있는 지하철역에 도착했다. 그가 원했던 것은 동네 슈퍼에서 싸구려 소주를 산 뒤 취하는 것이었다. 갑자기 사복을 입은 여러 명의 출입국관리소 직원들이 그에게 달려들었다. 의심의 여지없이 그들은 그를 기다리고 있었던 것이다.

둥그런 눈의 이 시끄러운 민폐 혁명가를 제거하는 것은 분명 그들이 해야 할 일들의 목록 중 맨 위에 있었을 것이다. 크리스티안은 너무 놀라서 싸움다운 싸움도 못해봤다. 몇 번 허공에 주먹을 날렸지만 땅바닥에 내팽개쳐졌다. 몇 분 뒤 제복 경찰이 도착해서 그를 데려갔다.

마침 그때 나는 리얼 판타스틱 영화제에 참여하려고 서울에 와 있었다. 이주노동자 조합에서 전화가 와서 크리스티안이 어디에 있는지 알려줬다. 그는 목동에 있는 출입국관리소 본부의 구치소에 있었다. 면회 일정을 잡기는 쉬웠다. 면회실의 투명한 플라스틱 칸막이 너머에서 크리스티안은 다소간 낙관적인 이야기들을 장황하게 늘어놓았다. 부당한 한국 정부와 잔인한 구치 시설을 '온 세상'에 어떻게 폭로할 것인지, 그리고 한국 정부당국이 왜 그를 추방하지 못할 것인지에 대해서 말이다. 그는 그들이 결코 자기를 내쫓지 못할 것이라고 확신하고 있었다.

며칠 뒤, 그러니까 인천국제공항에서 벌어진 최후의 폭력적인 발작 뒤, 그는 베를린으로 돌아갔다. 물론 복지시설에서 제공하는 그 아파트로 말이다. 현재 그는 블로그를 운영하며 또 다른 황홀한 '혁명'의 시간에 대한 꿈을 꾸고 있다. 서울에서, 만약 그가 그 나라로 돌아갈 수 있다면, 보다 더 나은 시간을 보낼 꿈 말이다.

## 굴러온 돌이 박힌 돌을 빼내다

### Blig S
블리그 S(미국)

피터는 키가 크고 균형 잡힌 몸매를 가진, 붉은 곱슬머리의 아이리시계 미국인이었다. 그는 부산 출신의 농담을 모르는 한국 여성과 결혼했다. 그들은 이태원에 있는 서울 센트럴 모스크 Seoul Central Mosque의 눈에 띄지 않는 뒷골목에서 헌책방을 운영했다. 그 가게는 2000년, 그러니까 피터가 수많은 책이 든 컨테이너를 미국에서 한국으로 옮긴 뒤 문을 열었고, 얼마 지나지 않아 온갖 종류의 몽상가와 부적응자들의 만남의 장소가 되었다.

피터 본인은 호감이 가는 사람인데다 책도 많이 읽고 사교적인 사람이었지만 급한 성격 때문에 좀 고생하곤 했다. 그는 어떤 것이 진짜건 그저 자신이 오해한 것이건 간에 사소한 일로도 쉽게 화를 냈다. 어느 여름날 우리가 그의 가게 앞거리에 서 있었을 때, 한 한국인 아저씨가 우리 옆을 지나가며 큰 소리로 침을 뱉었다. 피터는 순식간에 화가 터져서, 심지어는 자기 가게 앞이었는데, 그 행인에게 버럭 소리를 지르며 모욕을 주고 말았다. 그는 자기네 종족의 방식으로 사람들의 분위기에 민감했다.

아무튼 2층 무당집 아래에 위치한 피터의 헌책방은 이 시끄러운 도시의 작은 피난처였다. 진짜 작가들과 독자들, 온갖 보헤미안들과 형형색색의 괴짜들이 와서 수다도 떨고 담배도 피우는, 일종의 집합소이자 하수구 말이다. 예를 들자면 거기에는 안에 조끼가 있는 해진 트위드 정장을 입은 영국인 은행가도 있었고, 나중에 알기로는 치명적인 병에 걸려 죽은, 안색이 끔찍할 정도로 녹색을 띠고 있던 남자도 있었다. 방문객들은 들어오자마자 공짜 커피나 차를 대접받았고, 프런트데스크 옆에 있는 고풍스런 하얀 소파는 그 장소의 전반적인 매력과 포근함을 돋워줬다. 여기서 피터와 그 친구들, 그러니까 '까치'라 불리는 국적 없는 사람들은 절대 실현하지 못할 계획들을 꿈꾸곤 했다. 그러나 이 프로젝트가 시작하기도 전에 기묘한 질병이 피터를 덮쳤고, 모르는 새 발병했으며, 그의 인생을 영원히 바꿔놓았다.

헌책방에 자주 들르기 시작한 단골 중에는 푸른 눈과 헝클어진 금발 머리를 한 '의사'라고만 알려진 중년의 미국인이 있었다. 이 의사라고 추정되는 인물은 기괴한 에너지를 내뿜었는데, 그로 인해 가는 곳마다 주목을 끌었다. 그의 말에 따르면 그는 세계를 여행하고 있는 중이었는데, 병원을 방문하여 그들이 실수하고 있는 의학적 처치들도 바로잡고, 그가 들고 다니는 커다란 슈트케이스에 꽉 차 있는 약초 처방을 바탕으로 의사들이 '독성' 처방을 그만두도록 설득하는 중이라 했다. 나는 예전에 한 번 그 안을 들여다 본 적이 있었는데, 허브, 각종 뿌리, 이파리, 그리고 별의별 종류의 이상한 가루들이 가지런히 정돈되어 있었다. 자연스럽게 그는 대부분의 사람들에게서 무시당했지만 그게 그의 신념을 거두게 하지는 못했고, 그는 사람들의 건강을 해치는 세계의 도덕적 부패에 대한 망상적인 열정을 토해 냈다. 이를테면 AIDS를 일으키는 동성애의 '사악함' 같은 것에 말이다. 간단히 말하자면 그 '의사'는 정신 나간 사람 취급을 받았다.

책방의 소유주인 피터는 이 이상한 의사를 내치고 싶어 하기는커녕 그의 존재가 불러일으키는 이국적인 분위기를 음미하는 듯 보였다. "그 미친 사람에게 꼼짝 못하겠다"고까지 고백했으니 말이다. 그리고 결국 그가 파멸하게 된 것도 이 자그마한 호감 때문이었다. 그 미친 의사에게 있어 정신이 나갔다는 것은 의지할 데가 없다는 것을 뜻하기도 했다. 그는 피터에게 잠시 동안 그의 집에서 머무를 수 있는지 물어보았다. 피터는 좋다고 했고, 얼마 안 있어 그 이상한 의사는 피터의 집에 안착했다. 그는, 남편과 아내가 먹고 사느라 바쁘게 움직이는 동안 주인의 개인 도서들을 읽어 내려갔다. 그리고 그렇게 책을 훑어보다가 그 의사는 피터가 몰래 숨겨둔 여자들 사진을 발견하고 만 것이었다. 질투심 강하고 소유욕도 센 한국인 아내의 코앞에서 저지른 불륜 상대들의 사진 말이다. 자기에게 은혜를 베푼 사람의 도덕적 타락의 증거 앞에서 분개한 미친 의사는 지체 없이 남편의 불성실함을 나타내는 증거를 아내에게 알렸다.

말할 필요도 없이 난리가 났다. 분노에 들끓어 오른 그녀가 피터의 거짓말과 속임수를 알게 된 뒤, 그녀는 피터를 내쫓고 책방도 빼앗은 뒤 사업 명의를 그녀 쪽으로 이전했다. 이상한 의사는 종적을 감췄다.

그는 모든 걸 다 잃게 되는 바람에 영원히 한국을 떠나게 되었다. 완전히 맛이 간 피터는 위로를 구하고 자기가 겪은 잔혹한 이야기를 들려주기 위해 날 찾아왔다. 모든 게 그 미치광이와 인연을 맺은 탓이었다. 그는 금속탐지기를 들고 우리 집 앞에 나타났고, 우리는 그걸 남산으로 가져가 오래된 성벽 주변에서 두서없이 휘저었다. 행인들은 우리를 의심스러운 눈길로 바라보았다. 나는 내가 뭘 찾고 있는지는 몰랐지만, 그는 미친놈에게 도둑맞은 자기의 행복을 정신없이 찾고 있는 것 같았다.

# 세계화의 경계

## Zane Ivy
**유제인(미국)**

김영삼 정부가 이름붙인 대로, 1990년대야말로 세계화 — 'globalization' — 의 시대였다. 한국이 세계를 품에 안던 시기 말이다. 한국의 외국어 정책이 개편되어 심지어는 초등학교에서마저도 외국어로 영어를 가르쳐야 했다. 그 결과 전국 초등학교 교사들의 영어 실력뿐 아니라 교실에서 영어를 가르치는 능력도 업그레이드 될 필요가 있었다.

당시 나는 달러에 대한 한국 원화의 평가절하로 인한 나름의 IMF 시기를 겪게 되었다. 개인적 파탄과 더불어 일어난 경제적 위기는 10년 이상을 지속해 온 내 결혼생활을 붕괴시켰고, 연쇄적으로 한국에서의 내 한 달치 수입과 맞먹는 아이들 양육비를 지급해야 하는 큰 문제를 일으켰다. 나는 대구에서 일하고 있었지만, 상징적으로나 지리적으로나, 밥을 배불리 먹고 구멍 난 양말을 바꿀 만한 급료를 벌기 위해 서울로 이사할 수밖에 없었다.

나는 다행히도 서울에 있는 유명한 개인 회사에 취직할 수 있게 되었는데, 그곳은 영어 교재를 개발하고 교사들을 훈련하는 곳이었다. 회사에서는 한국의 공교육 시스템을 교육부가 새롭게 정한 수준으로 올리기 위해 노력하고 있었다. 여러 의미에서 거기는 좋은 직장이었다. 강의시간도 많지 않았고, 언어 학습(과 교육)에 대해 조사할 기회도 있었으며, 내 교육적 배경(테솔)과 관련된 글도 쓸 수 있었다. 급료도 괜찮았다. 불리한 점 — 시작할 때부터 가장 현저했던 것인데 — 이 있다면 아무래도 회사원처럼 정장을 입고 출퇴근 시간을 지켜야 한다는 것이었다. 전 세계를 돌아다니는 나 같은 사람들에게는 그리 끌리지 않는 요구였는데, 정장을 입는 회사원 모양을 내는 건 중학교 지나서 다 관뒀기 때문이다. 하지만 뭐, 할 수 없는 일.

내가 일한 부서는 충분히 우호적이었다. 그곳은 나름의 세계화를 이루고 있었는데, 고용인들은 모두 한국인들이었고 우리 중 약간은 미 대륙에서 온 사람들이었다. 내 직속 상사는 원래 캐나다 출신인데 몇 년 동안 폴란드에서 일하다가 막 한국으로 건너온 사람이었다. 그는 40대 후반이었고, 똑똑했으며, 책도 많이 읽는 사람이었는데, 가끔은 소설도 썼고 저녁마다 헬스장으로 달려갔다. 그는 대화를 나누기에 재미있는 사람이었고, 국제적 견해를 갖고 있었으며 위트도 있었다. 유럽에서 체류한 뒤 한국에 온 그가 이곳에 적응하는 모습을 보는 건, 그리고 그의 문화적 유연성을 보는 건 흥미로운 일이었다. 그 나이와 경험을 갖고 있는 다른 사람들이라면 스무 살짜리 폴란드인 '파트너(그는 그녀를 그렇게 불렀다)'가 겨우 고등학교를 졸업하고 중급 정도의 영어 실력을 가진 애송이 주제에 서울에서 개인 (불법) 과외로 자기보다 2배나 더 많은 수입을 거둔다는 사실은 짜증나는 일이었을 것이다. 물론 그도 그랬다. 그는 한국에서 긴 금발머리에 푸른 눈, 긴 다리와 멋진 몸매가 문학 학사와 대학 수준의 영어 교육 능력보다 우위에 있다는 걸 재빨리 이해했다.

"별 거 아냐. 인생이란 본래 모순으로 가득한 것이니까."

그는 오랜 여행 경험과 다소 기묘한 철학적 관점으로부터 이런 결론을 이끌어 냈다.

그의 상사이자 전체 부서의 장은 멕시코와 캘리포니아 양쪽에 뿌리를 둔 히스패닉계 미국인이었다. 다른 나이든 캘리포니아 히스패닉과 마찬가지로 그 역시 올드 멕시코와 스페인까지 가는 자신의 혈통을 자랑스러워했지만, 자기 세대의 다른 사람들과는 달리 자신의 인디언 혈통 또한 자랑스러워했다. 그의 이름은 로메로였고 60대 초반이었다. 그는 교육학 박사 학위가 있었고 미국 교육부에서 관리자 일을 한 모범적인 이력을 갖고 있었다. 그는 보통 히스패닉 남자보다 키가 컸고, 독특한 넥타이 매듭 묶는 법과 더불어 멋진 스타일로 옷을 입었다. 그를 처음 보면 아마 라틴계 숀 코너리 비슷한 인상이 떠오를 것이다. 그는 에너지 넘치는 인물이었으며, 일이 끝나면 서울에 있는 괜찮은 호텔에서 식사를 하고 춤을 추는 걸 좋아했고, 말도 정말 잘 했다. 나는 로메로를 좋아했다. 그는 같이 일하기에 무척 긍정적인 사내였다. 아시아 문화에 대한 경험 부족은 태도와 조직 기술로 커버했다. 그리고 그는 한국과 한국인에 흥미가 많았다. 그러나 적어도 우리의 고용주의 입장에서 보기엔 좀 지나치게 흥미가 많았나 보다.

문제가 시작된 것은 그가 호텔에서 만나 정말 신나게 놀았던 서른여섯 살 먹은 한국인 이혼녀 때문이었다. 그와 그녀는 훌륭한 저녁 식사를 마친 뒤 필리핀에서 온 밴드가 연주하는 라이브 음악을 듣고 있었다. 로큰롤 말이다! 끌림이 일어났다. 나이와 문화적 차이에도 불구하고 그들은 서로에게 끌렸는데, 이 모든 차이 때문에 정말 섹시해 보였을 수도 있었을 게다. 우주적 차원에서 보자면, 진짜 문제는 로메로나 그의 한국인 연인이 아니라 그녀와 함께 데이트를 나간 로메로를 보는 우리 고용주의 태도에서 야기된 것이었다. 회사는 로메로의 회사가 임대한 아파트의 경비실에서 '전화를 받았고', 경비실에서는 그가 '젊은 한국 여자'와 자기 아파트에 머물렀다고 회사에 알려줬다. 정확히 말하면 그저 '머무른' 게 아니라 '밤새 있었다'고 말이다.

즉시 이 일은 카카(caca, 정말 난처한 상황)로 번졌다. 말하자면 똥이 선풍기로 튄 것이다. 회사 사장과 부사장이 동시에 로메로가 그 관계를 끝내고 사과문을 써야 한다고 요청, 혹은 명령했다. 회사 피라미드의 맨 꼭대기에 있는 그분들의 고귀한 입장에서 헤아려 보건대, 그건 그들이 보기에 부적절한 로맨스여서 그랬거나, 그도 아니면 그저 질투에 차 벌인 일인지도 모르겠다. 나는 회사 사장과 그의 측근들이 실제로 로메로와 그리 나이 차이가 난다고 생각하지 않으니까. 어쩌면 섹스가 적절한 맥락에서 벌어지지 않았다는 사실 때문인지도 모르겠다. 아시다시피 업무상의 의무가 주는 압박으로부터 해방되는 아주 좋은 공간이나 그 비슷한 것[룸살롱]이 있지 않느냐 말이다. 경우야 어쨌건 간에, 또한 좁고 어두운 마음 한구석에 무슨 감정적인 먼지가 쌓여 있는지 간에, 그들은 그들이 '위반'이라 간주하는 것을 끝내는 것이 그들의 권리라고 느꼈던 모양이고, 어쩌면 의무라고 생각했을지도 모른다.

한국식 사고에 그리 익숙하지 않은 로메로는 우리에게 정말 많은 질문을 했다. 그는 회사가 이런 결정을 내린 것이 그리 근사하다고 생각하지 않았다. 비즈니스라는 것이 사생활까지 통째로 바치는 것이란 말인가? 게다가 그녀는 어엿한 성인이고, 자기 학생이나 부하직원도 아니었다. 우리는 그에게 조언을 했고, 그는 결정을 내렸다. 우리의 바람과는 반대로, 그는 굴복했다. 그는 사과문을 썼고 다시는 그녀와 밤을 보내지 않겠다고 했다.

우리들은 그의 결정에 특별히 기뻐하지는 않았다. 나는 이 사건 전체가 우리들에게, 그리고 우리들의 사생활에 선례로 남지 않기를 바라는 마음에서 그가 총을 총집에 꽂지 않기를 바라고 있었다. 여러분의 생각이 어떨지 알 수 있을 것 같다. 우리 외국인 노동자들 중 누구도 성적으로 금욕하는 사람은 없다. 우리 중 몇몇은 정말 상대를 가리지 않으며 — 물론 합법적으로, 윤리적으로 — 인간 경험의 장 속에서 다른 이들과 마찬가지로 우리의 다양한 문화 사이에 있는 벽을 무너뜨리려 최선을 다한다. 그게 진정한 의미의 세계화 아닌가. 최소한 그게 그 문제를 보는 우리 방식이다.

사과문으로는 충분하지 않았다. 사장은 그에게 사직을 권고하기로 결정했다. 그러니 이젠 이것이 사실 그가 36살짜리 한국 '소녀'와 성적 관계를 맺어서 그런 건지 아니면 그들이 지나치게 많은 연봉을 받는 중견 간부를 자르기 위해 하는 짓인지, 누가 알겠는가? 어쨌거나 그들은 그가 회사를 나가길 원했다.

우리들 나머지는, 다시 한 번, 그가 '짱'과 싸워야 한다고, 그리고 나가서 이 잘못된 해고 사건에 대해 우리 회사와 맞설 수 있는 좋은 변호사를 고용해야 한다고 확고하게 생각했다.

"이건 좋지 않은 선례야."

우리 모두가 이에 동의하는 것 같았다. 그러나 안타깝게도 그런 일은 벌어지지 않았다.

"나도 이따위 회사 필요 없어."

그가 선언했다.

"난 미국에 돌아갈 수 있고 거기서도 잘 살 수 있다고."

그의 경우에는 그게 사실이었고, 그는 원한다면 자기의 한국인 여자 친구를 데리고 갈 수 있었다······. 그리고 실제로 그랬다.

나는 이게 우리 모두에게 좋은 교훈이 되었다고 생각한다. 한국인들은 정부에 의해 세계화라는 개념을 포용하도록 압력을 받는 동안 어디까지 '포용해야' 하는지 한계를 설정한 것 같다. 직장에서 짤리기 싫다면, 최소한 그 경계의 최소한이 어딘지 알아둬야 하는 것이다.

# 완벽한 발견

## Johannes Schonherr
요하네스 쇤에어(독일)

1980년대 서독에서 우리는 어디서나 그들을 만났다. 사악한 남자들과 기타 치명적인 역병으로부터 세계의 자유를 지키기 위해 투쟁하는, 짧게 머리를 친 음울한 얼굴의 여인들 말이다. 그들은 스스로 선언한 사명을 지지하고자 지나치게 활동적인 방향으로 기울어졌는데, 남성과의 섹스를 소리 높여 비난했으며 보동 그것[남성과의 섹스]과 잘 지내는 데 어려움을 겪었다. 오늘날 그들은 드문 종족이 되었지만 완전히 멸종 위기에 처한 것도 아니다.

오늘날 한국의 ESL 강사들 사이에서 그들 중 하나와 만난다는 것은 다소 있음직하지 않은 일이긴 하다. 그러나 토이플Teufel이라는 이름을 가진 급진적 정치에 속해 있는 독일 친구를 통해 2002년의 서울에서 바로 그 종족을 만났다. 그녀를 안드레아라 부르기로 하자. 그녀는 토론토에서 왔고, 거기서 불법 점거운동을 활발하게 했으며, 이제는 서울의 학교에서 영어를 가르치고 있었다. 짧은 갈색 머리에, 입에서는 급진적 정치에 관한 것 말고는 나오질 않앉다. 나는 서울 어디에서도 그녀와 같은 사람을 소개받을 생각이 없었다. 도로에 예쁜 아가씨들이 넘쳐나는 이곳에서 말이다.

우리 셋은 동대문 운동장 근처에 있는 푸근한 느낌의 우즈베키스탄 레스토랑에 갔다. 메뉴는 많지 않았지만 러시아 느낌이 나는 중앙아시아 음식들이 맛있는 곳이었다. 토이플과 안드레아가 최근 집중하고 있는 관심사는 한국의 이주노동자였다.

"당신도 자기가 이주노동자라고 생각하지 않나요?"

그녀가 물었다. 내가 부정적으로 대답하자 그들은 자기들끼리 따로 계획을 짰다. 그녀의 말에 따르면 그녀는 자기가 속한 캐나다인들의 모임을 통해 한국의 이주노동자들을 위한 집회를 하도록 할 수 있었다. 만약 토이플이 자기 한국인 동료들을 '빈곤에 반대하는 온타리오 연합'과 연대하여 데모를 일으킬 수 있게 한다면 말이다. 그들은 점점 더 그들의 '국제적 연대' 행동에 심취했다. 나는 지루해졌고 일찍 자리를 떴다.

몇 달 뒤 나는 정체가 모호한 좌파 웹사이트에서 데모 사진을 봤다. 10명쯤 되는 지저분한 좌파 운동가들이 토론토 시내에서 한국의 이주노동자들의 권리를 외치는 사진이었다. 그러는 동안 서울에서도 캐나다의 무정부주의자들을 지지하는 조그만 집회가 열렸다. 나는 이런 괴상하고 아무 의미 없는 집회가 어떻게 열릴 수 있는지 궁금했지만, 그것들이 서울에 있는 조그만 간이식당에서 우즈베키스탄 음식과 한국 맥주를 놓고 2명의 외국인 행동주의자들이 짠 계획의 결과라는 걸 알기 때문에 정말 웃기기도 했다.

1년 뒤, 나는 부천 판타스틱 영화제가 열리는 곳으로 갔다. 토이플과 나는 해방촌에서 열리는 외국인들을 위한 작은 파티에 갔는데, 거기 있던 미국인 주인이 우리에게 옥수에 버려진 집들이 있는 넓은 지역이 있다는 말을 했다. 그는 거기가 호전적인 점거자들에 의해 점령당했다고도 했다. 그는 소주를 3병 넘게 마셨고 그가 침을 튀기며 하는 얘기는 더 이상 알아들을 수 없었다. 그때 우리는 술김에 "가보자!"라고 했다.

다음날 오후, 나는 옥수역에서 토이플을 만났다. 그는 자기 휴대폰을 만지작거리며 다른 사람에게 연락을 하고 있었다. "안드레아도 온대." 그가 설명했다.

우리 셋은 파티에서 받은 약도를 따라갔고 곧 최근에 버려진 건물로 꽉 찬 지역으로 들어갔다. 그것들은 산허리 전체에 퍼져 있는 중산층 가정집들로 무척 넓었고, 1970년대쯤에 지어진 것 같았는데, 여전히 완벽한 모양을 하고 서 있었다. 커다란 규모의 재개발 프로젝트가 이 지역에서 실행될 예정이고, 전에 살던 거주자들은 돈을 받고 다 떠난 모양이었다. 점유자들의 흔적은 어디에도 없었다.

우리 모두는 그 조용한 동네에 있었다. 좁고 가파른 길을 돌아다니고, 빌딩에 마음대로 드나들었다. 창문들이 깨져 있었고, 마루는 쓰레기들로 넘쳐났다. 그러나 그런 장소에서는 우리가 보물이라고 간주할 만한 것들을 건질 가능성이 있었다.

커다란 김장독들이 작은 마당에 꽉 차 있었다. 어느 집에서는 결혼사진 앨범이 마루의 먼지 속에 남겨져 있었다. "별로 행복하지 못한 결혼이었네요." 안드레아가 말했고 나는 처음으로 그녀에게 동의했다.

우리는 파편들을 샅샅이 뒤지며 이미 가버린 가족들의 원치 않는 기억들을 파헤쳤다. 나는 금박을 입힌 특대 액자 속에 들어 있는 한국 포병대 트럭이 찍힌 컬러 사진을 발견했다. 그걸 벽에 매단 남자는 분명 군대 팬이었을 것이다. 그런데 왜 이걸 남겨줬을까? 대답할 수 없는 질문이었다. 액자 유리는 깨져 있었고 나는 깨진 파편을 제거했다. 사진은 내 백팩에 집어넣기엔 좀 괴상했다. 사실 난 지금도 그걸 갖고 있고, 이 글을 쓰면서 그걸 보고 있다. 왜 이게 마음에 들까? 아마 너무 이상해서 그럴 것이다.

잠시 뒤 안드레아가 커다란 달걀 모양의 사기 단지를 발견했고 그녀는 즉시 그것에 반해버렸다. 그건 하얀색이었고, 표면에는 파란색과 녹색으로 채색된 꽃 모양이 장식되어 있었으며, 우리 가방에 넣기에는 너무 컸다. 사실 그녀는 그걸 양손에 꼭 붙들어야 했다. 우리는 그 단지의 용도가 도대체 뭔지 알 길이 없었다. 설명할 수 없는 이유 때문에 그건 정말 흥미로워 보였다. 안드레아는 그걸 갖고 가기로 했다.

우리는 오후 내내 그 버려진 집들에서 시간을 보냈고, 사람들이 자기들이 살게 될 주상복합 아파트로 가져가고 싶어 하지 않았던 아름다운 옛 가구들 앞에서 놀라움을 감추지 못했다. 우린 그걸 들고 갈 방법이 없었다. 그러나 안드레아는 자신이 옛 한국 문화의 한 조각을 구원해냈다고 느꼈다. 그 단지는 물론 그녀의 것이었다. 우리는 역에서 헤어졌고 그녀는 혼자 지하철을 타고 갔다.

며칠 뒤, 토이플은 안드레아를 또 다른 모임에 데려갔다. 그녀는 특별한 얘깃거리가 있었다. 집으로 가는 지하철에서 모든 한국인들이 자신을 이상하게 바라보더라는 것이다. 그녀는 왜 그러는지 이해할 수 없었다. 그러나 그녀가 자기 아파트로 돌아오자, 그녀의 한국인 친구가 그녀를 깨우쳐 줬다. 그녀가 도시 전체를 가로질러 들고 온 단지는 요강이었던 것이다.

지하철을 함께 탄 승객들은 짧은 머리의 하얀 백인 여자가 똥단지를 들고 있는 괴상한 광경을 믿을 수 없다는 눈길로 바라봤던 것이다. 심지어 그녀는 자랑스럽게 웃으며 그 단지를 어루만지기까지 했으니……. 안드레아는 정말 완벽한 발견을 한 것이었다.

## 새총과 밤으로 무장한 전쟁

# J. Scott Burgeson
J. 스콧 버거슨(미국)

2008년 10월 초의 화요일 저녁이었다. 수송동에 있는 서머셋 팰리스에서 열린 로열 아시아틱 소사이어티the Royal Asiatic Society에서의 강연이 끝난 뒤, 우리 중 몇몇은 늘 그렇듯이 맥주나 한두 잔 하기로 했다. 제인, 팀, 그리고 마이크는 모두 약삭빠른 친구들이었고, 오랫동안 미군 부대에서 주둔한 덕에 한국말도 유창했으며, 온 씨는 팀의 예전 학생 중 하나였다. 제인은 최근에 무어정교회 Moorish Orthodoxy(이슬람, 수피즘, 기독교를 혼합한 종교)로 개종했고, 그래서 발목까지 내려오는, 시선을 확 잡아끄는 회색 토브thobe에 쿠피 모자를 썼지만 마이크에 비한다면 눈에 띄지 않는 편이라 할 수 있었다. 마이크는 갈색과 베이지색 개량한복을 입은 백인 거인이었으니까. 청진동길을 따라 종로로 한가롭게 걸어가면서 우리는 놀라움에 찬 눈길로 고개를 이리저리 돌리며 우리 앞에서 쫙 갈라지는 술 취한 직장인 무리들을 지나쳤다.

부드러운 저녁 공기가 막 땅에 떨어지려는 참이었고, 자주 가던 호프집은 화요일 저녁임에도 꽉 차 있었지만, 우리는 피맛골에 있는 호프집 창가에 자리를 잡을 수 있었다. 우리는 생맥주와 기름진 모듬닭요리를 주문했고, 곧이어 그날 저녁의 강의에 대해 이야기를 나눴다. 그러나 얼마 지나지 않아 맥주가 [우리 머릿속에] 침투하기 시작했고 대화는 점차 덜 심각한 것이 되었다. 나는 마이크가 훌륭한 이야기꾼이며 경쟁심이 강하다는 걸 알고 있었고, 그래서 나는 그를 좀 야시꾸리한 이야기로 자극해보기로 했다. 내가 말을 끝내자마자 그는 의자를 앞뒤로 움직였고, 등을 곧게 편 뒤 테이블을 장악했다.

"좋아. 나도 하나 해 주지." 마이크가 구수한 롱 아일랜드 액센트로 말을 꺼냈다.

"1982년인데, 송탄에 살던 시절이야. 거기가 내 첫 근무지였고 나는 정보과에서 근무하고 있었지. 부대에서는 내가 부내 밖에서 살아도 좋다고 했어. 그래서 나는 부대 밖, 그러니까 다방 위층으로 이사했어. 그때만 해도 거긴 예쁜 건물이었지. 근데 아무도 몇 달 동안 살지를 않았던 거야. 난 생각했지. '씨발, 왜? 어떻게 그럴 수 있지?' 그래서 난 복덕방에 갔고 복덕방 주인이 나한테 방을 보여줬어. 내가 말했지. '와, 이거 좋은데요!' 방은 도로 맞은편에 있었어. 소방도로라 부르는 널찍한 도로 앞에."

그는 말을 하면서 팔을 쭉 뻗었다.

"정말 넓은 도로였고, 도로 맞은편에는 시장이 있었어. 그때만 해도 내가 채식주의자였거든. 그래서 이렇게 말했지. '정말 대단하네요. 매일 신선한 야채들을 살 수 있겠네요.' 난 계약서에 서명했지. 그렇게 해서 이사를 했는데, 그날 밤 밖에 나와 산책을 하다가 깨달은 거야. 거기가 밤에는 윤락 거리로 변한다는 걸. 시장 쪽 뒤편에는 창녀촌이 있었는데 거리에 4, 50대쯤 된 아줌마들이 있었어. 그 사람들이 말 그대로 널 이렇게 붙잡는다고."

그러면서 마이크는 팀의 옷깃을 붙잡으며 낮고 공격적인 거슬리는 목소리로 말했다.

"'일루 와, 와, 오라고!' 이런 식으로 말이야. 노골적으로 말이지. 두세 명쯤 되는 아줌마들이 널 골목으로 잡아끌려고 한다니깐! 그런 일이 하루에 대여섯 번은 일어났어. 내가 집을 나설 때마다! 집에 연탄보일러가 있었는데, 밖에서 술을 마실 때마다 시계를 봐야 했어."

갑자기 그가 시계를 봤다.

"'오, 벌써 12시네. 연탄 갈아야 해요. 곧 돌아올게요.' 그리고 집으로 돌아가는 길에 아줌마들에게 붙잡혔고, 그 사람들이랑 싸워야 했고, 그러고 나서야 집으로 돌아가 연탄을 갈 수 있었어. 그러고 나서 집 밖에 나와 다시 그 사람들이랑 싸우고, 그러고 나서 술 마시고……."

마이크는 맥주를 홀짝거리기 위해 잠시 말을 멈추었다.

"내가 창녀들이나 윤락업소와 직접 싸운 건 아니지만, 아무튼 내 집 앞에서는 안 되는 거였다고. 내 이웃에서도 안 되는 거였고. 뭔 말인지 알지?"

"내 뒷마당에서는 안 된다는 거지(Not in my backyard)!" 팀이 크게 웃으며 말했다.

"한국에선 어려운 일이야!" 나도 끼어들었다.

"이런 일이 몇 달 동안 계속됐어. 계속 밀쳐내고 뭐 그런 것들. 점점 스트레스가 쌓이더라. 내 친구는 '그냥 이사가, 그럼. 거기서 나가라고.' 라고 했지. '씨발. 내가 왜 이사 가야 하는데? 난 그 건물이 좋아. 기지에서도 가깝고. 그 창녀촌 빼곤 다 좋다고. 잘못된 건 그 거지같은 거 하나뿐이야.' 그리고 잠시 동안 내가 그 사람들을 계속해서 거절한다면 결국 나를 혼자 놔둘 거라는 생각이 들었지. 그래서 이런 한국어 욕들을 배우기 시작한 거야. 난 사람들한테 물어봤어. '누군가를 정말 화나게 하려면 어떻게 말해야 하나요?' 하고 말이야."

마이크는 제인에게 고개를 돌리더니 으르렁거렸다.

"'이 망할 년아, 이 미친 년아.' 이런 식이라더군. 그래서 나도 그렇게 욕을 했고, 그러니까 다들 가더라고. '하하하, 와, 정말 한국말 잘하시네요! 하하하.' 그 사람들은 그렇게 말하면서 나한테 이따위 짓들을 하더라고."

마이크의 손가락은 이제 날 정면으로 가리켰다.

"그리고 '와, 저 아저씨 온다, 하하하.' 그러고 나서 저쪽으로 간 다음에 날 보고 '예쁜 아가씨 있어, 예쁜 아가씨.' 그러는 거야. 그럼 난 정말 열이 뻗쳤고. 내 말은, 내가 온갖 노력을 했다 이거지. 난 사람들을 모아서 — 그러니까, 외국인 5명 — 물총을 장전한 다음에 거리를 걸어 내려가서 그것들을 다 쐈어."

그는 오른손을 총을 쏘는 것처럼 들어 올렸고, 두 번째 손가락을 재빨리 까딱거렸다.

"그러면서 우리는 갔지. 바, 바, 바, 바, 바! 하면서 물총을 쐈다고. 하지만 그것도 잘 듣지 않았어. 별걸 다 해봤단 말이야. 침도 뱉고 밀쳐도 보고……."

"경찰은 안 불렀어?" 내가 물었다.

"경찰은 아무 것도 안 하더라. 신경을 안 써. 나쁜 짓을 안 하니 불법적인 것도 없다 이거래. 그래서 한국인 친구들한테 물어봤어. '밤에 돌아다니는 그 아줌마들 알지? 네가 거리를 걸어가는데 그 사람들이 와서 널 붙잡고 끌고 들어가려 하면 어떻게 해?'"

마이크가 경멸적으로 눈살을 찌푸렸다.

"그 사람들은 '아, 난 죽여 버릴 거야. 내 집 앞에서 그러면 두드려 팰 거라고! 엉덩짝을 걷어차 버려야지!' 라고 하더라. 어느 날 내가 기지로 가고 있는데 ― 도서관에서 공부를 하려고 했거든 ― 그 사람들이 달려 나와서는 또 날 붙잡는 거야. 내가 말했지. '됐어요.' 그러면서 난 그 아줌마를 붙잡고 말했어. '이봐요.'" 그는 무표정하게 말했다.

"'이 얼굴 잘 봐두는 게 좋을 거요. 외국인들이 다 비슷하게 보인다는 건 알지만, 제대로 봐 두란 말이야, 왜냐하면 당신이 한 번만 또 나한테 말을 걸면 머리통을 두드릴 거니까. 두 번 말 안 해. 머리통을 부숴버린다 했어. 그러니 조심해. 말 걸지 마. 내 눈앞에서 꺼지라고.' 그리고 난 기지로 가서 공부하고 책 몇 권을 대출했어. 그러다 집에 돌아왔지. 이젠 됐겠지 하면서 거리를 걸어가는데 '이봐요, 예쁜 아가씨 있어!' 이러는 거야."

우리는 그의 말에 웃음을 터트렸다.

"'뭐?' 나는 어이가 없어서 물었어. '예쁜 아가씨, 예쁜 아가씨!' 내가 말했어. '이리와 봐요.'"

그리고 그는 그녀를 한국식으로 다뤘다.

"난 책을 집어 들고 탁 쳤어." 그는 손을 허공에 치켜들고는 갑자기 홱 내리쳤다.

"머리를 두드려 팼다고. 할 수 있는 한 세게. 내 말 알겠지? 아줌마는 새된 소리를 질렀어. 정신이 나간 아줌마는 손으로 자기 머리를 붙잡고 소리를 질렀고 '저 사람이 날 때렸어!' 라고 외쳤어."

마이크는 빠른 어조로 말했다.

"'맞아. 또 말 걸어봐. 또 말 걸어보라고.' 그리고 난 집에 돌아와서 혼잣말을 했지. '난 방금 40살 먹은 여자의 머리를 이 씨발놈의 책으로 때렸어. 뭐 잘못된 거 있어? 뭐 잘못된 거 있냐고?' 이런 식으로 6, 7개월이 흘렀어. 난 밖에 나가서 그 사람들 머리채를 잡고 집어던지고 – 다 했어. 마침내, 그러니까 내가 그 사람들을 발로 차고, 밀고, 찰싹 때리고, 침을 뱉고, 욕을 하고 나니까 더 이상 말을 붙이지 않더라."

"그 사람들 너 엄청 좋아했구나." 내가 농담을 건넸다.

"그러니까, 내가 물어봤어. '왜 외국인들만 붙잡고 한국인들은 안 잡아요?' 그러니까 말하길 '아, 미국인들은 개야. 한국인들은 신사고.' 그 말 들으니까 정말 열 받더라. 난 그 사람들이랑 말해보려 했다고. '봐요, 우리 같이 잘 지낼 수 없는 거요? 난 당신들이 여기서 뭘 하든 신경 안 써요. 그냥 나한테 말만 걸지 말라고요.' 난 다 해봤어. 하지만 때리고 발로 차고 나서야 그 사람들은 관두더라고. 그러고 나서 한 달 쯤 지나서 추수감사절이었어. 한국인 친구랑 미국인 친구 몇 명을 초대했어. 비록 내가 채식주의자이긴 했지만 칠면조 요리도 하고 다른 요리들도 다 했어. 준비를 끝내고 시장에 밤을 사러 갔어. 밤을 사고, 캔디랑 뭐 다른 것들도 샀어. 그러고 나서 돌아가는데 내가 개구리 여자라고 부르는 여자가 있는 거야. 왜냐하면 개구리처럼 생겼거든. 입술이 이랬어."

마이크는 자기 아랫입술을 뒤집어 보이면서 윗입술을 혀로 덮었다. 그러고 나서 그는 눈을 까뒤집더니 요다 같은 끽끽거리는 목소리로 느릿하게 말하기 시작했다.

"나이스 걸? 나이스 걸?"

"영어로?" 내가 물었다.

"영어로. 그날 말이야. '나이스 걸?' 난 말했어. '좋아. 전쟁을 하고 싶다 이거지? 전쟁이야, 이젠.' 난 집으로 돌아가 내 물건들을 뒤져서 새총을 찾아냈어. 사냥용 새총 말이야. 알지?" 그는 그걸 손목에 묶는 시늉을 했다.

"그걸 한국에 가져왔어?" 내가 놀라며 말했다.

"사실은 내 친구가 가져와서 나한테 준 거야. 그가 떠날 때 돌려

받고 싶어 하지 않아서 그냥 내가 갖게 된 거지. 봉지에 들어있던 밤들을 꺼내서 거기 넣었어."

그는 밤을 새총에 장전하는 모습을 흉내 냈다.

"난 3층에 살고 있었거든."

그는 새총을 당겨 창문 너머로 쏠 것처럼 조심스럽게 겨냥했다.

"그리고 쐈어. 찰싹! 날아가게 말이야. 등에 맞게."

"푹. '아야!'"

그는 다시 겨냥하고 쐈다.

"쌔액! 푹. '아야!' 쌔액! 그렇게 몇 번이고 쏘고, 쏘고, 쏘고……."

사실 그는 빗맞혔을 테지만.

"그러니까 그 사람들이 내가 어디서 쏘는지 본 거야." 그는 허공을 가리켰다.

"'저 위다, 위야!' 그 사람들이 올려다보고 그녀가 말했지. '퍼유! 퍽유!' 나도 말했지. '퍽유!' 다시 장전하고 쐈지. '슉!'"

마이크는 미친 듯이 팔을 들어 올렸다 내렸다.

"그 사람들 모두가 그 거리에서 달려 나와서 시장 구역으로 나온 거야. 난 거기 서 있었지. 내가 거기 서 있자니까 내 손님들이 다가오네? 첫 번째 손님은 내 친구인 임 씨였고. 다가오더니 묻더라. '뭐 하는 거야?' 나는 '저 사창가에 있는 아줌마들한테 쏜 거야. 그 사람들이 날 열 받게 했거든!'"

그의 말투는 성미 급한 남학생 같았다.

"'도대체 뭐요?'" 마이크는 분개했다.

"'난 아무도 쏘지 않아요. 이건 그저 씨발, 원칙 문제라고.'"

"그저 개구리 아줌마를 쏘고 싶었던 게지." 누군가 빈정거렸다. 제인은 몸을 굽히며 머리를 흔들더니 웃었다. 그래서 그가 그랬을 거라고는 생각할 수 없었다.

"그저 그 거지같은 아줌마들을 쏘고 싶었던 거지!" 마이크가 계속 말했다.

"내가 쏘고 있는 것은 40, 50살 먹은 아줌마들이었다고, 알겠어? 완전히 정신이 나갔던 거야. 그러더니 다른 사람들도 오기 시작하더라. 내가 말했지. '봐요. 난 모든 외국인들을 보호할 겁니다. 이 망할 추수감사절을 치르는 모든 외국인들이 골목을 자유롭게 지나다닐 수 있어야 한다고요. 만약 그들이 사창가에 들어가서 창녀들을 찾고 싶어 하면 그럴 수 있어요. 하지만 난 오늘만큼은 외국인들이 붙잡히지 않게 할 거에요. 난 이 망할 창문에 서서 하루 종일 쏴 댈거라고.' 그렇게 말하고 난 한 시간쯤 거기 서서 계속 쏴 댔지. 누가 나타나더라. 슉! 그러니까 많이는 못 나오더라고."

마이크가 흥분해서 창문을 가리켰다.

"우린 거의 10시간동안 거기 서 있었고, 정말 늦은 밤이 된 거야. 시장은 양철 지붕으로 덮여 있었는데, 양철 지붕에다 밤을 쐈어. 내가 거기 있는 걸 알려주기 위해서 말이야. 봄, 봄, 봄, 봄, 봄, 봄, 봄. 밤이 지붕에 튕겼지. 아무도 안 나오기에 '그 사람들 잡으러 갈 거야!' 하면서 계단을 내려와 사창가로 갔어. 다들 골목에 모여 있더군. 내가 볼 수 없는 데 말이야. 날 보니까 아줌마들이 그러는 거야. '야, 이 개새꺄! 못된 놈! 너―' 그래서 내가 말했지. '그래, 내가 당신들을 쐈어! 망할 밤으로 말이지! 이번엔 밤과 사탕이지만, 다음번에는 진짜 망할 총을 사서 니들 망할 머리를 다 날려버릴 거야! 난 합리적으로 굴려고 했어. 당신들이랑 살고 싶었다고. 하지만 이젠 아냐! 여긴 내 망할 거리야. 내 거리라고. 당신들 거리가 아니라 내 거리. 만약 당신들의 망할 상판때기가 보이면 진짜 총을 살 거라고."

마이크는 총을 쥐고 아줌마 무리들을 겨누는 흉내를 냈다.

"쏴 죽여 버릴 거야. 죽여 버릴 거라고. 머리통을 날려 버릴 거야!"

"영어로 했어, 한국말로 했어?" 내가 물었다.

"한국말로. 그리고 내가 하겠다고 한 건 모두 했어. 때리고, 후려치고, 물건을 집어던지고 ― 죄다 말이야. 다음날이 되니까 사창가 사람들이 반대편으로 이사하더라. 시장 건너편 거리로. 그래시 내가 기본적으로 한 건 외국인들이 500야드 정도를 자유롭게 걸어 다닐 수 있는 '프리 존'을 넓힌 거지. 근데 그 '열심히 일하는' 아줌마들이 어디서 나타났는지 알아? 사창가 사람들이 알바 아줌마들한테 말하길 '야, 외국인이 나타나면 가서 붙잡아. 그 사람들은 어떻게 해야 할지 잘 모르거든. 알았지?' 라고 하는 거야. '그리고 만약 그들이 좋아하지 않걸랑 지지 말고 계속 해.' 그러고 나서 거의 1년 뒤에 ― 어떤 망할 인간들도 나한테 말을 안 걸었어. 내 거리는 아줌마로부터 자유로운 거지 ― 그러다가 다른 쪽 골목으로 갈 일이 생겼어." 그는 왼쪽 팔로 테이블을 싹 쓸었다.

"그런데 이 아줌마가 날 한 번도 본 적이 없는 것처럼 달려 나오는 거야. 난 그 아줌마를 단숨에 알아봤고 말이지. 그래서 내가 이렇게 돌아서서," 그는 재빨리 머리를 왼쪽으로 돌렸다. "그녀가 나타나자 말했지. '나이스 걸?'"

갑자기 마이크는 아랫입술과 혀를 뒤집으며 눈을 크게 뜨고 두려움에 손을 흔드는 제스처를 취했다.

"뒤에서 다른 여자가 얘기하더라. '아냐! 아냐! 그 남자 말고!!!'"

마이크는 의자 뒤에 기대어 맥주를 홀짝이며 승리의 웃음을 터뜨렸다. 우리가 아무 말 없이 앉아 이 마지막 장면을 음미하는 동안 그는 순수한 기쁨에 차 다시 외쳤다.

"'아냐! 그 남자 말고!!!'"

# 술 취한 상원의원 나리

## Brendan Brown
브랜든 브라운(호주)

2003년 추석은 목요일이었는데, 그 덕에 수요일부터 다음 월요일까지 5일 동안의 휴일이 생겼다. 일과 공부에서 해방된 연휴를 맞아 내 형 케빈과 나는 브라이언, 짐과 함께 화요일 오후 10시부터 이태원에서 추석 연휴 전야제를 열기로 했다.

이태원의 한 술집에서 두어 시간 동안 맥주를 마시며 농담 띠먹기를 한 뒤, 우리는 분위기를 바꾸기 위해 다른 술집으로 갔다. 연휴 저녁 때문인지 거기는 텅 비어 있었고, 우리는 이태원의 시끌벅적한 거리가 내려다보이는 창가 테이블에 자리를 잡은 뒤 2차를 뛰기 시작했다. 몇 분 지나지 않아 옆 테이블에 앉아 있던 외로워 보이는 친구 하나가 우리 쪽으로 와 혀 꼬인 말투로 물었다.

"합석해도 됩니까?"

그는 40대 중반이었고 연한 금발 고수머리에 70년대 포르노 스타 같은 콧수염을 기르고 있었다. 그는 대답도 기다리지 않고 의자를 끌어당겨 앉아 자기소개를 했다.

"데이브 제이요, 전직 미시간 상원의원이외다."

그는 그렇게 말하며 우리 넷에게 손을 흔들었는데 그 모습은 선거운동을 하는 정치가의 모습이었고, 혹은 그보다는 말주변 좋은 중고차 판매상에 더 가까웠다. 그는 그러면서 동시에 우리에게 명함을 하나씩 건넸는데 어쩐 일인지 짐에게는 주지 않았다. 그는 정말 머리끝까지 취해 있었고 자기가 7시쯤부터 바에서 술을 마시고 있었다고 했다.

"젊은이들은 어디서 왔는지?" 그는 뭉개진 중서부 지역 액센트로 계속 말했다.

우리는 호주와 미국에서 왔다고 대답했고, 그는 우리가 한국에서 뭘 하고 있는지 몇 분 동안 질문을 던지고 난 뒤 자기가 바 뒤 언덕에 있는 '큰 집'에서 살고 있다고 허풍을 떨면서 대화를 독점했는데, 그 과정에서 그가 한국인을 그리 좋아하지 않는다는 것과 예의를 모르는 남자라는 게 분명해졌다. 우리는 그에게 잘 대해주고 예의 바르게 경청하기 위해 최선을 다했지만, 그럼에도 불구하고 잠시 뒤 나는 브라이언이 의자에 기대 앉아 멍하니 따분한 표정을 짓고 있는 걸 봤다.

좀 더 얘기를 한 뒤, 그 '상원의원'은 갑자기 브라이언을 가리키며 그 자리에 있던 나머지 사람들에게 "난 당신네들이 좋아. 하지만 이 친구는 정말 재수 없어!"라고 선언했다. 6피트 4인치(약 190센티미터)에 100킬로그램이 넘는 거구의 전직 고등학교 축구선수에게 말이다.

"당신부터 그 지랄 맞은 입 조심하는 게 좋을 걸요."

브라이언이 세게 맞받아쳤다.

"맞아요. 우리 친구한테 그런 식으로 모욕주면 안 되죠."

짐이 말했다. 그는 키가 크고 재능 있는 운동선수였다. 그가 기독교를 열렬히 믿는 덕에 그 쓰레기 같은 소리를 지껄이는 허풍선이에게도 용서를 베풀 것이기는 하겠지만 말이다.

"에, 난 네놈도 등신이라고 생각해!" 그가 짐을 노려봤다.

"네놈들 다 병신들이야!"

훌륭하군. 우리는 서로 조용히 마주보았다. 그는 바에 있는 사람들 중 유일하게 맛이 간 사람이었고, 그는 우리에게 찰싹 달라붙어 있었다.

"데이브, 당신은 여기서 더 이상 환영받지 못하고 있어요. 그러니 가주시죠." 나는 그렇게 요구했고 그는 떠났다. 그럼으로써 우리에게 닥쳤던 모욕과 욕설도 사라졌다.

"저 아저씨가 전직 상원의원이라니 말도 안 돼. 아무나 명함에 뭐든 새길 수 있잖아." 나는 그의 명함에 굵은 글씨로 인쇄되어 있는 '전직 미시간 상원의원'이라는 글자와 서울의 어느 유명한 대학의 '경영학과 교수'라는 글자를 바라보며 말했다.

"저 아저씨는 완전히 맛이 갔어." 케빈이 끼어들었다. "나한테 묻는다면 난 저 아저씨가 소름끼치다고 할 거야."

우리의 분석은 그가 화장실에서 나오는 바람에 끊겼다. 그는 바에서 생맥주를 주문했던 모양이었는데 그건 벌써 반이 비어 있었다.

"무례하게 굴어 죄송하오." 그가 우리 테이블에 다시 합석하며 말했다. 그는 브라이언을 빼고 모두와 악수했다. 그는 "이거 봐요, 난 당신네들한테 저지른 짓을 보상하고 싶어요. 우리 집에 미국에서 막 건너온 사슴고기가 있는데 가서 같이 먹읍시다."라고 제안하며, 자기가 미시간에 있을 때는 꽤 열렬한 사냥 애호가였고 자기가 잡은 걸로 언제나 파티를 벌였다고 덧붙였다.

"괜찮아요, 데이브." 우리 모두 말했다.

"우린 여기서 그냥 몇 잔 더 할래요."

"너희들 정말 바보야?" 그가 분노에 찬 목소리로 외쳤다. "진짜 사슴고기라고. 한국에 딱 하나밖에 없을 사슴고기를 니들이 거절해?"

"아무튼 난 당신들을 초대하고 있는 거요." 그는 브라이언을 가리켰다. "너만 빼고."

자기네 집으로 우리를 끌어들이려고 하는 감언이설과 노력은 그 뒤 몇 번 더 계속되었고, 우리는 케빈이 채식주의자라는 이유까지 포함해가며 계속 거절했다. 그러나 초대의 노력과 더불어 브라이언에 향한 경멸적인 언사들도 더불어 되풀이되면서, 우리 친구의 인내심은 마침내 바닥을 드러냈다. 그는 의자를 박차고 일어나면서 테이블 너머로 몸을 구부려 정말 우리가 원치 않던 손님에게 주먹을 꽉 쥐고 다가갔다. 짐이 그 상원의원을 브라이언의 분노로부터 몸으로 막아 구해냈다.

사슴고기와 신통찮은 농담과 상식으로 우리를 자기 집으로 꾀어내는데 실패했음에도 불구하고, 우리의 상원의원 나리는 자기가 정말 훌륭한 새 친구들을 사귀었다고 생각하는 것처럼 보였고 그래서 다른 술집에서 같이 밤을 보내자고 주장했다. 우리는 그가 화장실에 간 틈을 타 술집을 뛰쳐나왔다. 그러나 아직 우린 자유가 아니었다. 믿을 수 없게도, 그는 우리가 술집에 없는 걸 보자 계단 아래로 우리를 쫓아 내려와 흐리멍덩한 미소를 지으며 말했다. "그럼, 젊은이들, 우리 이제 어디로 가는 거지?" 브라이언이 단순하지만 무척 효과적인 두 개의 단어[fuck you]로 그에 답했고, 그로써 마침내 우리는 거기서 벗어날 수 있게 되었다.

미시간 주 상원의원 나리와 만난 다음날, 나는 그런 우둔하고 어릿광대 같은 인간이 자기의 과거에 대해 진실을 말할 리가 없다는 것을 증명하고 싶어졌다. 나는 그의 이름을 검색했다. 세상에나, 그는 거짓말을 한 게 아니었다! 비록 절반의 진실이긴 했지만. 그는 정말로 미시간 주 상원의원이었다. 162년 역사에서 처음으로 퇴출당한 상원의원 말이다. 그의 바보 같은 무절제함에 대한 이유가 분명해졌다. 알코올 문제였던 것이다. 음주 상태에서의 반복적인 공격적 언행 때문에 3건의 형사처벌을 받고 수감 생활을 했으며, 결국에는 상원의원직에서 쫓겨났던 것이다.

백인 인종주의자에다가 자경단원이라는 의심을 받았던 그는(미시간 주 공화당 당원들은 심지어 그를 '나치'라고까지 했다) 어떤 종류의 정치인이건 간에 공통적으로 갖고 있는 위선적인 면모 또한 드러났다. 복지 수혜자들을 매도하고 정부의 복지 정책에 강경 노선을 취했던 그가 상원에서 퇴출당한 뒤에 맨 처음 했던 일이 뭘까? 바로 실업급여 신청이었다! 하지만 그게 그리 잘 되지 않았고, 그리하여 극동으로 오는 비행기를 타게 된 것이다.

　불행히도 이태원에서의 그날 밤이 내가 그 전직 상원의원을 마지막으로 본 밤은 아니었다. 6개월 뒤 어느 맑은 월요일 아침, 나는 덕수궁 돌담길을 지나고 있었다. 나는 내 쪽으로 걸어오는 크림색 셔츠를 입은 형상을 즉시 알아보았다. 첫 만남의 상태로 보아 그가 나를 기억하고 있을지는 의심스러웠지만 말이다. 가볍게 고개를 끄덕이고 미소를 지으며 "안녕하세요." 하며, 우리는 점잖게 서로에게 인사한 뒤 제 갈 길을 갔다. 분명히 그는 액체[술]로 된 이른 점심을 먹고 나온 길이었을 것이다. 아니면 덕수궁에서 사슴 사냥이라도 하길 바란 것인지도 모르겠다.

　다행히도 나는 그에게서 더 이상의 초대를 받지 않고 빠져나갔고, 세계의 그 수많은 장소 중 한국에서 끝을 보게 된 몇몇 인물들을 생각하며 키득거렸다.

## 2장

Conversations _ 파란만장 엑스팻들과의 솔직한 인생 담화

## 한국에서 태어나지 않은 한국인

### Cedar Bough Saeji
시이달 새지(미국)

만약 라라 크로프트Lara Croft(영화 '툼레이더'의 주인공)에게 여동생이 있다면 내 친구 시이달과 많이 닮았을 것이다. 그녀는 세계적 수준의 모험가로 아시아 여러 지역을 여행했고, 2006년 여름에는 티베트를 가로질러 라사Lhasa에 이르는 2,600킬로미터의 순례여행을 떠나기도 했다. 더불어 합기도와 태껸, 공수도의 유단자로서 직접 라라 크로프트에게 적의 엉덩짝을 걷어차는 기술도 한두 가지 가르칠 수 있다. 그녀는 또한 되바라진 유혹자이기도 하다 (순례여행 도중 산기슭에서 누드 사진을 찍은 뒤 몇 개의 도발적인 사진을 홈페이지에 올려놨다). 시이달은 한국말을 유창하게 할 뿐 아니라 한국 전통 연희극의 전문가이기도 하다 (2006년 연세대학교 국제대학원에서 봉산탈춤패와 송파산대놀이패를 비교한 논문으로 석사학위를 받았다). 대구에서 영어를 가르치며 8년을 보낸 뒤 (술을 한두 잔 걸치면 대구 사투리가 새어나온다), 석사과정을 마칠 때까지 몇 년 동안 중국과 서울을 오갔고, 2007년에는 UCLA에서 박사과정을 밟기 위해 미국으로 돌아갔다.

나는 어느 무더운 여름날 연세대학교 한국어학당에서 그녀를 만났

다. 그녀는 고향 로페즈 섬에서 가족과 함께 3개월간 머무르다 미국의 사회학 교사들을 인솔하여 한국에 왔고, 잠시 있다 또 다시 돌아가 버렸다. 그러나 나는 그녀가 앞으로도 한국에 자주 올 것이라 믿어 의심치 않는다. 전 세계를 돌아다니는 이 슈퍼스타에게 한국은 언제까지나 마음의 고향이기 때문이다.

버거슨 : UCLA에서 박사과정을 밟기 시작했다. 왜 UCLA를 골랐나?

시이달 : 사실 8개 학교에 원서를 냈는데, 대부분 붙었다. 하지만 UCLA 과정이 가장 뛰어났다. 사실 내가 이수할 과정인 '세계예술과 문화' 프로그램에는 한국 전문가가 한 명도 없어서 다소 고민했지만, 대신 한국사, 한국불교, 한국언어학 분야에서 미국 최고의 전문가들이 포진해 있다. 때문에 한국 분야에 대한 많은 자료를 얻을 수 있고 도움도 받을 수 있을 것이라고 느꼈다.

버거슨 : 집중적으로 연구할 주제는 무엇인가?

시이달 : 한국 전통 연희이다. 특히 탈춤. 크게는 세계화가 한국의

국가 정체성에 미친 영향과 세계화가 전통 연희와 유리하게 된 과정에 대해서 연구할 예정이다. 가장 큰 관심사는 어떻게 하면 전통 연희가 그저 '보여주기'나 '박물관의 전시'에 그치지 않고 '살아있는 문화'의 일부로 지속될 수 있는가 하는 점이다.

버거슨 : 얼마 전까지 미국에 있었는데, 아시아에 상당히 오래 머물다 돌아가면서 어떤 생각이 들었나?

시이달 : [웃음] 아이러니랄까. 나는 미국 문화와는 잘 연결되지 않았다는 느낌이 들고, 그것에 흥미도 없다. 미국 사람들이 '자기 자신을 계발하는 것'이나 '세계를 더 좋게 만드는 일' 대신 오로지 '나, 나, 나'에 에너지를 쏟는 것도 실망스럽고.

버거슨 : 수도 시설이나 전기 시설 없이 로페즈 섬에서 자랐다. 부모님께서 히피였나?

시이달 : 아니. 부모님은 히피 이전 세대였다. 아버지는 정말 강인한 성격을 지니신 분이었는데, 미국 개척민의 삶을 무척 낭만적으로 생각하셨다. 그런 삶에서는 모두가 스스로 뭘 해야 할지 알고 있고, 다른 사람에게 도움을 받거나 다른 사람이 걸었던 길을 걸을 필요가 없다. 아버지는 모든 걸 혼자서 하는 법을 알고 싶어 했고, 그렇게 하셨다. 우리는 소와 양을 키우며 치즈와 버터 같은 것도 만들 줄 알게 됐다. 양털 깎는 법은 물론 염색법까지 배워 직접 만든 옷을 입고 다니기도 했고.

버거슨 : 아버님께서 전부 다 맡아 일하셨나?

시이달 : 땅에 관한 거라면 모두. 집에는 트랙터와 풀 베는 기계, 파종기, 씨

어린 소녀 시절의 시이달.
자신의 앞니가 빠진 것을 보여주고 있다.

뿌리는 기계 등 농부에게 필요한 것이 전부 있었다.

버거슨 : 그럼 아버지께서 농부였나?

시이달 : 그렇다. 하지만 곡식을 기르거나 동물을 사육해서 돈을 벌었다는 게 아니라 자급자족했다는 뜻이다. 아버지는 다른 농지에서 일을 해 현금을 벌었다. 알겠지만 누구나 커다란 트랙터나 농기구를 갖고 있는 것은 아니니까.

버거슨 : 로페즈 섬에 사는 인구가 많은 편이었나?

시이달 : 내가 태어났을 때는 4백 명쯤? 지금은 2천 명 정도.

## "고향이 생겼어요."

버거슨 : 1996년에 한국에 처음 왔다. 왜 한국을 택했나?

시이달 : 사실 우연이었다. 해외로 나가보고 싶었는데, 당시 사귀던 사람이 외국에서 가르치는 게 자기 경력에 도움이 될 거라 생각했다. 한국에 온 뒤 내 목표는 주말마다 나가서 한국 문화를 배우는 거였다. 작은 나라니까 금세 모든 걸 볼 수 있을 거라고 생각했다. 또 한국말도 배우고 싶었다. 내 전공이나 취업과 관련해서 한국어가 유용할 거라고 생각했기 때문이다. 그때는 한국어가 그렇게 어려운지 몰랐다. '1년 안에 한국어를 다 배울 거야.' 라고 생각했으니. [웃음]

버거슨 : 그럼 첫 번째 직장이 학원이었나?

시이달 : 전형적인 학원 이야기이다. 매달 15일에 월급을 주기로 했는데, 하필 월급을 줄 때가 되면 '우연히' 폐업하는 바람에 돈을 못 받고, 뭐 그런 것들. 내가 다녔던 학원은 다소 무질서하기 했지만, 그래도 좋은 사람들이었다. 그러다 학원이 갑자기 문을 닫아버렸다. 더 체류할 줄 알고 물건도 이것저것 사 놨는데. 정말 충격이었고 한국에 대

해 배신감도 컸다. [웃음] 아무튼 미국으로 돌아갔고, 너무 갑작스런 일이라 기분이 좋지 않았다. "된장찌개를 줘! 이런 바보 같은 음식 말고!" 뿌리가 뽑혀나간 느낌이었다. "미국에 살고 싶지 않아. 내 고향은 한국이니까. 고향에 대한 생각이 바뀌었어." 내가 원하는 건 한국으로 돌아가는 거였지만 또 다른 학원에서 쓰라린 경험을 하기는 싫었다. 괜찮은 직업을 철저하게 찾은 끝에 대구에 있는 여중에서 일하게 됐다.

2000년 광주에서 있었던 합기도 대회 당시 경기 모습

**버거슨** : 처음 한국에 왔을 때 어떤 인상을 받았는가?

**시이달** : 한국에 대한 첫인상은 김포공항에서였는데, 좀 초라한 공항이었다는 것? 그런데 함께 대구행 비행기를 기다리는 사람들이 "대구는 사과로 유명해요!"라고 했고, 몇 분 뒤에 또 다른 사람들이 "대구 가요? 거기가 사과랑 미인으로 유명한 건 알아요?"라고 했다. 그래서 도착하기도 전에 대구에서 유명한 게 사과랑 미인인 걸 알았다. 대구에 도착한 뒤 시내를 드라이브했는데, 죄다 똑같은 아파트, 사람들로 꽉 찬 거리……. 약간 겁을 먹고 압도당했다고 할까. "내가 이런 데서 살 수 있을까? 난 일생을 아름다운 자연 속에서 살았는데."

**버거슨** : 지내고 보니 대구가 어떻던가?

**시이달** : 무척 좋았다. 좋은 사람들을 많이 만났다. 만약 내가 서울에 살았더라면 한국말을 배우지 못했거나 배웠다 해도 금방 잃었을지 모른다. 서울은 외국인들이 한국어를 배우지 않아도 되는 환경이거니와 외국인 커뮤니티도 많다. 대구에는 그런 게 없었다.

버거슨 : 처음 대구에 살 때 여가 활용이나 뭐 그런 것들을 하러 어디로 갔나?

시이달 : 근처의 산에 오르곤 했다. 그러다 얼마 안 있어 부산이나 서울, 안동, 경주 같은 곳에 가기 시작했고. 하지만 합기도를 시작하게 되면서 합기도가 내 생활 전체를 차지하게 됐다.

버거슨 : 합기도는 몇 단인가?

시이달 : 아, 4단 자격시험을 볼 준비가 됐다. 하지만 제시간에 한국에 있어야 하고 대련 상대와 연습을 좀 더 해야 한다. 얼른 승단 시험을 보고 싶지만 시험이 자주 있지 않아서.

## 외국 여자, 한국 남자를 만나다

버거슨 : 대구에 8년이나 있었다. 왜 그렇게 오래 머물렀나?

시이달 : 무술 때문이다. 태껸과 합기도에 푹 빠져 하루에 최소한 7시간은 체육관에서 있었으니까.

버거슨 : 합기도와 태권도 중 어느 게 더 좋았나?

시이달 : 음. 내 생각에는 합기도가 태권도보다는 호신에 더 적당하다. 이건 "당신이 한밤중에 거리에서 치근대는 남자를 만나면 어쩌죠?"에 관련된 문제이다. 합기도는 나를 공격하는 남자에게 어떻게 해야 할지 가르쳐주지만 태권도는 그럴 수 없다. 태권도는 "이건 하면 안 돼요. 저것도 안 돼요. 허리 아래는 가격하면 안 돼요." 하기 일쑤니까. 거리에서 싸움에 말려들었을 때 제일 먼저 하는 것은 그 남자의 불알을 걷어차는 거 아닌가?

버거슨 : 실제 상황에서 무술을 써야 했던 적이 있나?

시이달 : 딱 한 번. 집 근처 식당 주인과 친해진 덕에 그 무리와 자주 어울려 놀았다. 어느 날 같이 술을 마시고는 식당 앞에 택시를 세우고

내렸는데, 다른 일행 하나도 같이 내렸다. 식당 주인 말로는 그가 가끔 식당 안에서 자곤 했다는데, 나는 그걸 몰랐다. 그가 투정부리듯 "갈 데가 없어요."라고 말하기에 – 나 역시 취해 있고 판단력도 흐려져 있었던 터라 – "좋아. 방이 2개니까 다른 침실에서 자." 하고는 그를 우리 집으로 데려가서 빈 방에 남은 요를 깔아주었다. 하지만 그 남자의 속셈은 그게 아니었다. 그는 곧장 날 덮치려 했고, 나는 그를 문밖으로 끌어내느라 실랑이를 벌였다. 합기도에서 배운 대로 말이다. 아마 그 남자는 "취해서 기억이 안 난다."고 말할 생각이었겠지. 힘겹게 그 남자를 쫓아내고 문을 걸어 잠갔다. 근데 불행하게도 이 남자가 벽을 타고 발코니 쪽으로 들어왔다. 냉큼 침실 문을 잠그고 경찰을 불렀는데, 112가 아니라 119에 전화를 했다. 소방서에서는 내가 왜 전화한 건지를 몰랐고, 나는 경찰을 기다렸지만 오질 않았다. 그 남자는 집안의 물건을 때려 부수다가 내가 있는 침실 창문을 깨려고 시도했다. 다행히 경찰이 왔고 사이렌 소리를 들은 남자는 달아났다. 웃긴 건 그 사건 후 얼마 뒤에 경찰 남자친구가 생겼다는 거다.

**버거슨 : 그 사건으로 만난 건가?**

시이달 : 그렇다. 2년 정도 데이트했다. 하지만 그는 나와 사귀는 걸 숨기려 했다. 나에게 전화해서는 "오케이. 7분 뒤에 거기로 차를 몰고 가면 차 안으로 뛰어들어요!"라고 말하는 식이었다. 외국 여자를 만난다는 게 난처했던 거겠지. 그는 부모의 성화에 선을 보았고, 결국 잘 알지도 못하는 여자와 결혼했다. 이른바 '적당한' 여자였겠지.

**버거슨 : 대구에 있던 시절에는 이른바 좀 '날렸던' 것 같은데.**

시이달 : 뭐, 어쩌면.

**버거슨 : 중국집 배달원과도 사귀었다고 하지 않았나?**

시이달 : 잠깐 동안. 학교로 배달을 왔었다. 학생 중 하나가 그에게 전화번호를 물어봐줬는데, 자기 이름을 '천둥'이라고 썼다. [웃음] "이 이름은 대체 뭐지?"라고 하니까 학생들이 "별명 같은 거예요. 늘 배달 오토바이를 타고 돌아다니니까."라고 했다. 정말 이상해!

버거슨 : 그래도 그 남자가 맘에 들어서 전화번호를 알아와 달라고 한 거 아닌가?

시이달 : 잘생기긴 했다. 하지만 그 남자와 만난 건 정말 어리석은 일이었다. 지독한 마초에 멍청이였으니까.

버거슨 : 얼마나 사귀었나?

시이달 : 3달 정도 참아냈다.

버거슨 : 한국 남자랑 데이트하던 시절에 제일 마음에 들었던 게 뭐였나?

시이달 : 그들이 나와 다른 점이 좋았다. 그리고 한국 남자들은 자기 자신을 잘 돌보는 편이다. 자기 외모에 신경을 많이 쓴다고 할까. 매일 샤워를 하고 세수한 다음에는 로션도 바르고. 나는 그런 모습을 긍정적으로 본다. 자기 자신에게 충분히 신경을 쓴다는 건 자기를 충분히 사랑하고 존중한다는 거니까.

버거슨 : 그럼 한국 남자들에게서 일반적으로 싫은 점은?

시이달 : 음. 내가 결혼까지 할 수 있는 좋은 남자를 만나보지 못했다는 사실이 싫다. 생각이 깊고 지혜로우며, 희망과 꿈을 가졌으면서 대학, 군대, 대학, 직장생활 2년, 결혼과 같은 정해진 패턴을 따르지 않고, 하루하루를 그저 견디며 보내지 않는 남자 말이다. 틀에 박힌 생각을 거부할 줄 알고 지적인 데다 재미있고 나와 함께 세계를 보고 싶어 하는 그런 남자와는, 아쉽게도, 만날 수 없었다. 자기 전통 문화를 자랑스러워할 줄 아는 남자를 몇 년 동안 찾았다. 나는 많은 한국 남자들을 만났지만, 언제나 잘못된 만남이었다. 하지만 내 좋은 친구

들, 물론 외국인 여자들, 그들은 정말 훌륭한 한국 남자와 결혼했다. 내가 한국 남자들에게 가장 화가 나는 점은 왜 내가 만난 남자들은 그런 남자들이 아니었냐는 거다. 만약 그런 일이 나에게도 벌어졌다면 나는 지금쯤 한국 가족의 일원으로 행복하게 지내고 있을 텐데.

버거슨 : 많은 한국 남자들이 당신처럼 극도로 자유로운 사람과 함께 있기가 힘든 게 아닐까?

시이달 : 음. 그것도 사실이겠지만, 나는 정말 훌륭한 한국인 남편과 결혼한 정말로 자유로운 여자들도 많이 알고 있다. 오히려 나는 주말에 가족과 놀러 나가길 좋아하는 여자란 말이다. 그리고 시어머니와 김치도 담그고, 제사일도 돕고 싶고. 이른바 "당신의 소중한 아들을 데려가 미국인으로 만들겠습니다." 같은 여자가 아니다. 나는 한국 남자와 결혼해서 여기에 머물고 싶었다. 그래서 한국 남자에 대해 내가 제일 후회하는 건 이런 거다. 왜 나는 그런 남자를 못 찾았지?

버거슨 : 운에 달린 거겠지. 안 그런가?

시이달 : 알고 있다. 한국에 온 지 한 달 만에 결혼한 사람도 있다. 어떻게 그럴 수 있는 거지? 이건 정말 불공평하다. 나는 늘 주변을 탐색했는데. 무척 개방적이었다. 어쩌면 너무 개방적이었을지도 모르고.

## 한국 여자, 외국인과 사랑에 빠지다

버거슨 : 남편인 카르잠은 어떻게 만났나?

시이달 : 2000년 9월 안동국제탈춤축제에서 만났다. 다른 외국인 여성 한 명과 도착해서 구경하는데 중국에서 온 공연자들이 있어서 그쪽으로 갔다. 알고 보니 중국인이 아니라 티베트 사람들이었는데 기대 이상이었다. 입이 떡 벌어졌으니까. 춤이 끝나고 영어 통역 자원봉

2000년 안동국제탈춤축제에서 춤을 추고 있는 카르잠. 아직 시이달과 만나기 전이다.

사자가 우리에게 만약 춤추는 사람들이 잘생겼다고 생각하면 — 사실 그때 생각하던 게 바로 그거였는데 — 우리더러 무대 뒤로 가보라고 했다. 나는 거절했지만, 그녀는 계속 권했다. 아마 방금 만든 새 친구에게 뭔가 재미있는 일을 선사하고 싶었나 보다. 그녀는 중국어 통역을 맡고 있던 나이든 남자에게 상황을 설명했다. 그러자 그는 무용수들이 있는 곳으로 가서 "외국인 여성과 사진 찍을 잘생긴 젊은이 좀 나와 봐요."라고 했다. 정말로 남자 하나가 나왔고 우린 건물 뒤로 가서 사진을 찍었다. 보디랭귀지로 대화를 했는데, 미친 짓이었지만 서로 뜻이 통했다. 그렇게 사진을 찍고 나니까 그 남자가 내 이름이랑 전화번호를 물어봤다. 난 내 명함을 줬고, 그는 2시간 뒤에 나한테 전화를 걸어서 "사랑합니다."라고 했다. 그가 알고 있는 유일한 영어였다.

**버거슨 : 그의 출신 배경이 궁금하다.**

**시이달 :** 티베트 유목민이다. 중국 서부와 티베트 지역에서 야크와 양떼들과 함께 컸고, 하루 벌어 하루 먹는 삶을 살았다. 그는 가족 중에서 교육을 받겠다고 고집을 부린 유일한 사람이었다. 고등학교 교육을 혼자 힘으로 마쳤는데, 그건 그가 도시에 있는 작은 방에 홀로 지내며 모든 걸 혼자 해결하면서 살았다는 뜻이다. 그러고 나서 그는 티베트 춤을 상연하는 전통 연희단에 들어가 노래와 연기 같은 것들을 했다. 중국에서 가장 유명한 티베트 문화 연희단으로 정부 후원을

받는 곳이다.

**버거슨**: 두 사람이 만난 것은 그가 한국에 온 지 얼마나 됐을 땐가?

**시이달**: 겨우 2주 정도.

**버거슨**: 의사소통은 처음에 어떻게 했는지?

**시이달**: 말로는 못했고.

**버거슨**: 그냥 보디랭귀지로?

**시이달**: [웃으며] 그렇다.

**버거슨**: 이제는 중국어를 할 수 있나?

**시이달**: 주로 중국어로 대화한다. 내가 어린애 수준의 티베트어도 할 수 있어서 기본적인 것은 티베트어로 말하기도 하지만 좀 더 복잡한 이야기를 하자면 중국어로 말하게 된다. 덕분에 중국어 실력이 제법 유창해졌다.

카르잠과 시이달은 처음 만난 지 1분도 안 되어 함께 사진을 찍었다.

**버거슨**: 그 남자와 결혼해야겠다고 결정한 건 언제였나?

**시이달**: 음. 그는 꽤 여러 번 청혼했다. 처음 청혼한 건 2000년이었다. 2001년에도 했고, 2002년에도, 2003년에도 했다. 2003년에는 한 번 더 했고, 나는 이걸 심각하게 고려하기 시작했다. 이야기가 좀 복잡하긴 하다. 2002년에 나는 티베트 남자에게 중국어를 하려고 애쓰면서 같이 사는 게 우스꽝스럽다고 생각했다. 그리고 남은 생을 한국과 한국인과 더불어 살고 싶었고, 그가 좋은 남자가 아니라서가 아니라 그가 한국인이 아니었기 때문에 망설인 거다. 그래서 나는 그를 떠났다. 완전히 끝냈던 건데, 막상 6개월 뒤에는 내가 그를 잊지 못한다는 걸 깨달았다. 그게 또 정말 웃기는 일이었다. 나는 나를 사랑하는

카르잠과 시이달은 남편 카르잠의 부족 전통에 따라 결혼식을 올렸다.

티베트 남자에게 푹 빠져버린 거다. 결국 2003년 4월, 중국으로 날아갔다. 우리는 닷새 동안 아무 것도 안하고 얘기만 나눴다. 그 남자와 얘기하는 게 정말 좋았고, 그가 날 정말로 위하고 사랑한다는 걸 알았다. 그는 정말 지적이었고, 예술적이었고, 재능이 많았다.

버거슨 : 그래서 어디서 결혼했나?

시이달 : 그의 가족이 있는 초원에서. 아웬상Ahwencang이라는 곳이다. 티베트 자치구역에 있다. 우리는 그의 부모님이 결혼한 것과 똑같은, 검정 야크털로 만든 텐트에서 결혼했다.

버거슨 : 티베트 식으로?

시이달 : 그렇다. 티베트 전통 혼례.

버거슨 : 시부모님께서 당신을 어떻게 받아주셨나?

시이달 : 처음 그곳에 간 게 2001년이었는데, 그의 형은 날 보고 정말로 좋아했다. 2003년에 중국에 갔을 때는 유목민들과 함께 밖에서 겨울을 났는데, 그때 그들에 대해 제대로 알기 시작했다. 그는 부모님을 설득해야 했지만, 그리 어렵지는 않았다. 결혼하고 나서 그분들을

네팔에서 인도까지 가는 티베트 불교 순례여행에 모셔갔다. 중요한 불교 유적지도 돌아보고 달라이 라마도 뵙고. 우리 넷이 매일매일 돌아다니면서 여행을 했으니 이젠 돌아가실 때까지 날 사랑해 주실 거다.

카르쟘은 비록 한국인은 아니었지만 시이달의 평생의 사랑이 되었다.

버거슨 : 그를 당신 부모님과도 만나게 했나?

시이달 : 물론. 그는 지금 로페즈 섬에 있다. 나는 여기 있고, 그는 거기 있고. 아버지가 얼마 전에 이메일을 보냈는데 재미있었다. "오케이, 그 친구 좀 까다롭게 굴긴 한다만 괜찮은 녀석이야."

"해내고 말 테야."

버거슨 : 라사까지 가는 건 누구 생각이었나?

시이달 : 나다. 사실 카르쟘의 고종사촌이 순례여행을 했다. 처음에는 꼭 삼보일배를 하면서 가야 하는지 고민했는데, 카르쟘의 사촌은 그냥 걸어서 갔다고 했다. 그래서 "그냥 걷기만 하는 거라면 나도 할 수 있어요! 하고 싶어요!"라고 했다. 하지만 시간을 내기가 불가능할 거라는 생각이 들었다. 그런데 우연찮게도 석사학위를 끝낸 후 박사학위에 지원했을 때 수강 신청 상의 문제로 지원할 수가 없었다. 그래서 "좋아. 올해는 이걸 못하겠구나. 그 말은 1년 동안은 시간이 난다는 말이렸다."라고 생각했다. 남편에게 전화를 걸어 "좋은 생각이 떠올랐어. 라사에 가자." 그러니까 그가 "좋아."라고 했다. [웃음]

버거슨 : 여행이 어떤 식으로 결혼생활에 도움을 주거나 변화를 주었는가?

시이달 : 그의 문화, 위대한 티베트의 문화를 감상하고, 티베트 불

135

교의 수행에 대해 이해하게 된 것이 정말 좋았다. 우린 대부분의 시간 동안 그저 걷기만 했다. 당시 우리는 따로 떨어져 지냈기 때문에 한두 달 같이 지낸 다음에 4달 넘게 헤어져 지내는 생활이었다. 순례여행에서는 같이 있었지만 한발 한발 나가는 것 말고는 달리 할 일이 아무 것도 없었다. 그래서 우리는 계속 이야기를 했다.

**버거슨 : 순례여행 중 힘들었던 게 있다면?**

**시이달 :** 오. 몸이 너무 힘들었다. 아침마다 온몸이 유리 조각에 찔리는 느낌이었으니까. 배도 고팠다. 먹고 싶은 음식이 장난 아니게 많았다. 상당히 무리가 되는 여행이었다. 떠나기 전에 사람들이 "2,600킬로미터를 걷는 거니까 하루에 31킬로미터씩 걸어야 해."라고 하기에 "그게 가능해?"라고 반문했는데, 우린 35킬로미터씩 걸었다. 하루는 45킬로미터를 걸은 적도 있다!

**버거슨 : 누드사진을 찍자는 건 누구 아이디어였나?**

**시이달 :** 남편 생각이었다. 내가 보기에는 사진이 그리 썩 잘 나온 것 같진 않은데, 사진 속 나는 빼빼 말라 있다. 평소보다 절반 정도밖에 못 먹었으니까. 갈비뼈와 엉덩이뼈가 툭 튀어나왔다. 하지만 남편은 살이 빠졌다고 좋아했다.

**버거슨 : 그 여행에 대한 책을 썼는데?**

**시이달 :** 그렇다. 제목은 『순례여행』이다. 순례의 개념에 대해 소개하고, 준비 과정, 순례여행에 대해 썼다. 우리의 첫 만남이나 남편의 고향 마을 방문기도 쓰고.

**버거슨 : 책을 쓸 때 오리엔탈리즘이라는 문제를 생각했나? 카르잠은 남편이지만 동시에 당신은 문화인류학자로서의 훈련을 하고 있는 셈이고, 그러니 그와 그의 문화를 그런 관점에서 바라볼 수도 있지 않나?**

시이달 : 아, 그렇게는 생각하지 않았다. 그것은 그저 나에 대해 얘기하는 것이지, 서양인의 시선에 어떻게 보이는지 말하는 건 아니니까. 이 책은 오로지 나에 관한 거고, 내가 보는 것, 내가 느끼는 것에 관한 것이다. 티베트 사람들을 낭만적으로 묘사하는 사람들이 많긴 하다. 하지만 나는 그렇지 않다. 티베트 사람들이 다른 세계 사람들보다 훨씬 더 '특별하고' '계몽된' 사람이라는 것도 아니고. 내가 한국문화를 사랑하는 것만큼이나 한국문화의 문제도 알 수 있는 것과 마찬가지이다. 나는 이 문화를 숭상하겠다는 게 아니다. 그저 티베트 사람과 결혼했고 그를 무척 사랑하는 것뿐.

순례여행 당시 시이달의 모습. 커다란 배낭을 짊어진 그녀의 뒤로 야크 떼가 풀을 뜯고 있다.

순례여행 당시 시이달은 티베트 복장으로 위장한 채 필요한 허가나 공식적인 가이드 없이 다니곤 했는데, 남편인 카르잠의 도움으로 지역 경찰을 무사히 통과하기도 했다.

## 한국에는 내가 필요해

**버거슨 : 한국문화에 대해 전문적인 경력을 쌓기로 한 건 언제인가?**

시이달 : 나는 한국에 내 자신을 많이 투자해 왔다. 그러니까 한국인조차 노력해야 알 수 있는, 장벽이 있는 문화들 말이다. 대중문화가 아니라 한국문화. 그건 한국인들에게도 어려운 일이고, 그러다 보니 나는, 외국인으로서, 정말로 많이 노력해야 했다. 어떤 측면에서는 내

순례여행 중 길에서 한 무리의 가족을 만났다.

가 한국에 대해 많이 알고 있다는 생각이 들었지만, 누구도 나의 지식에 대해서 알려 하지 않는다. [비음으로] "아, 이웃집 남자애 말이야, 걔 한 2년쯤 한국에서 선생노릇하다 왔어." 정도나 말하는 게 다였으니까. 아무도 한국에 대해 특별한 생각이 없었고, 내가 그 사내들보다 한국에 대해 더 많이 알고 있다는 걸 믿지 않더라. 그래서 나는 "좋아. 난 여기 있고, 내가 바라는 것보다는 많이 알지 못해. 마침 연세대학교 한국어학당에서는 영어로 한국학 과정을 가르쳐주니까."하고 생각했다. 한국에는 한국학을 가르치는 곳이 거의 없었고, 한참 뒤에야 연세대학교 한국어학당을 알게 됐다.

나는 한국을 쉬운 방식으로, 공감을 얻을 수 있는 방식으로 설명하는 사람이 되고 싶다. 그리고 할 수 있을 거라 믿는다. 사람들이 한국에 대해 알아야 하는 좋은 것들이 많다. 물론 해외에 나가 '한강의 기적'에 대해 말하는 사람이 되고 싶은 생각은 조금도 없다. 그건 내가 할 일이 아니다. 대신 많은 한국인들도 더 이상 중요하게 여기지 않는 것들, 내가 다른 나라에서도 좋아했던 것들, 음악과 춤과 즐거운 문화적 산물들에 대해 공부하고 이야기하고 싶다. "이 음식은 왜 만든 거지? 왜 그런 식으로 상을 차리는 거지?" 같은 것들.

버거슨 : 어학당의 프로그램은 어떤가?

시이달 : 그곳에는 한국 경제에 대해 공부하거나 정치, 혹은 북한에 대해 알고 싶은 사람도 있고, 종교에 대해 공부하는 사람도 있다. 그러니까 기본적으로 딱 재단된 것 같은 프로그램으로는 사람들을 만족시키는 게 불가능하다. 학당 측에서 할 수 있는 것은 기본적인 정보들을 제공할 수 있는 강좌를 개설하는 것이고, 그런 면에서 학당이 잘한다고 본다. 하지만 한국의 전통탈춤에 대한 수업은 없어서 전통연희에 대해서는 혼자 공부했다.

버거슨 : 그럼 탈춤이나 전통연희에 대한 강좌는 못 들은 건가?

시이달 : 그렇다. 하지만 탈춤을 어떻게 하는지에 대해서는 배웠다. 물론 전문가 수준은 아니지만, 만약 계속 공부했다면, 언젠가는 꽤 재능 있는 춤꾼이 되지 않았을까. 송파산대놀이와 봉산탈춤을 추는 사람들은 나를 반갑게 맞이했다. 그 점에 대해 감사한다.

버거슨 : 그럼 외국인으로서 그런 탈춤패에서 활동하거나 끼어드는 데 아무 문제가 없었다는 건가?

시이달 : 그들이 내가 진지하다는 걸 알기까지는 시간이 좀 걸렸지만, 내가 거기 있는 것에 대해서는 정말 기뻐했다. 잘해주었고. 언젠가는 미국에서 탈춤을 가르칠 수 있으면 좋겠다.

버거슨 : 송파산대놀이패와 봉산탈춤패 둘 다 당신을 반겼나?

시이달 : 처음에는 송파패가 더 반가워했다. 사실 봉산패 쪽이 배우

송파산대놀이의 한 장면

러 오는 사람이 더 많았기 때문에 그쪽 사람들은 다소 냉소적으로 "반 년이나 1년쯤이면 관두겠지."라고 생각하는 경향이 있다. 그래서 그들은 전문적으로 할 사람들이 아닌 사람들에게 가르칠 것과 단원들에게 가르쳐줄 것을 구분했다.

버거슨 : 그럼 당신이 외국인인지 아닌지는 문제가 아닌 건가?

시이달 : 내 실력이 좋아지기만 하면 내가 배우러 온 걸 기뻐했을 것이다.

버거슨 : 요즘 한국의 비보이 브레이크댄스 현상에 대해 어떻게 생각하나? 가치 있는 행위예술이라고 생각하나?

시이달 : 물론이다. 하지만 그게 '한국적'으로 특수한 장르라고는 보지 않는다. 아마 그걸 많이 보는 누군가는 그게 한국에서 어떻게 달라졌는지 설명해 줄 수 있을 테지만, 나는 그저 사람들이 자기가 좋아하는 걸 할 수 있다는 게 기쁘다. 쿨하지 않은가.

버거슨 : 한국을 '마음의 고향'이라 불렀는데?

시이달 : 세상 어디보다 여기 있을 때 편안하다. 아마 나머지 인생은 한국인으로 보내지 않을까 싶다. 다음 생에서도 그리 되면 행운이고.

버거슨 : 한국이나 한국문화 중에 가장 좋아하는 건?

시이달 : 음식. 한국 음식이 주는 것과 똑같은 만족감을 주는 게 아쉽게도 없다. 아무리 고급 서양 음식이 나를 유혹해도 기꺼이 된장찌개를 선택할 것이다.

버거슨 : 그러면 한국이나 한국문화 중에 가장 싫어하는 것은?

시이달 : 한국 사람들이 자기를 외국인에게 맞추려 하는 게 좀 거슬린다. 나는 사람들이 자기 성씨를 '박Bak' 이라고 하는 대신에 '팍Park' 이라고 하는 게 정말 싫다. 한국 음식을 바꾸려 노력하는 것도 싫다. 미국에 갔을 때 한국 음식점에 갔는데, 매워야 할 음식들을 죄다 달게 내왔다. 사람들이 외국 사람에게 영어로 말해야 한다고 생각하는 것도 싫다. "한국이라고, 그냥 한국어로 말해요!" 사람들은 "제 이름은 현수예요. 하지만 뭐라고 불러도 좋아요."라고 하는데, 그건 웃긴 일이다. 완벽하게 훌륭한 이름이 있는데! 그냥 자기 이름 써야지, 왜 그걸 바꾸는가? 외국인에 맞춰 바꿀 필요가 있나? 왜 "한국말은 배우기 어렵죠? 그냥 영어 써요. 우리가 영어 배울 테니!"라고 할까? 자기 유산에 대해 좀 더 자부심을 가져야 하지 않나? 외국인들이 똑바로 따라 할 때까지 자기 이름을 25번 정도 반복하면 되는 것이다. 그 사람들이 그걸 말할 수 없다는 건 변명 아닌가? 한국인들은 그 사람들을 가르칠 책임이 있다. 다른 누구의 책임도 아니라.

버거슨 : 한국이 최근 10년간 변한 게 있다면?

시이달 : 정말 많이 변했다. 처음 왔을 때 여자들은 짧은 옷을 입지도 못했다. 남자랑 손도 못 잡고 돌아다녔고. 이제는 지하철에서 키스

하는 남녀도 볼 수 있으니! 또 예전에는 여자들이 '감히' 담배를 피우지 못했지만 요즘에는 여자들도 불붙인 담배를 들고 걸어 다니고. 또 뭐가 있으려나, 처음 왔을 때 한국은 빚을 지고 사는 사회가 아니었다. 이제는 많은 사람들이 빚을 지고 살고, 매일매일 카드를 사용한다. 그것도 큰 변화이다. 예전에는 사람들이 분수에 맞게 살았다. 설령 자기 아이가 이웃집 애들보다 좀 덜 차려 입어도 말이다. 이젠 바뀌었다. 개인 채무를 통제할 수 없는 것 같기도 하고. 그리고 요즘 젊은이들은 몇십 만 원짜리 휴대폰을 들고 돌아다녀야 하는가보다. 그것도 최신 모델로. 옷도 비싼 거 사 입고. 그런 걸 보면 "대체 부모님이 빚에 허덕이는 건 알고나 있는 거야?" 같은 생각이 든다. 내가 아줌마가 됐다는 또 다른 증거일지도 모르지. 세대가 얼마나 변하게 될지 궁금하다. 다음 세대는 자식을 위해 모든 걸 희생하는 부모 세대의 태도를 물려받지는 않을 것이다. 아마 아이들에게 "혼자 할 수 있는 방법을 찾아 봐. 50만 원 짜리 휴대폰이 필요하면 스스로 벌라고. 너희한테 휴대폰 사주려고 빚을 질 필요는 없으니까."라고 말할지도 모르지.

**버거슨 :** 그럼 한국이 '좋은' 방향으로 나가고 있다고 생각하나?

시이달 : 어떤 면에서는, 그렇다. 나는 한국에서 여성의 지위가 몇 년 사이에 극적으로 상승했다고 느낀다. 하지만 다른 면에서는 예전보다 더 물질주의로 바뀐 듯하다. 그게 좋은 것도 있지만 나쁜 것도 있지 않은가. 또 사회 전체 규모나 대학생 전체 규모가 아닌 사회 운동이 일어나는 것도 보고 싶다. 왜 이런저런 일에 대한 작은 규모의 운동은 없을까? 물론 있기는 한데 아직 미미한 수준이다. 얼마나 많은 사람들이 진정으로 사회를 바꾸려고 하나? 얼마나 많은 사람들이 환경운동을 하는가? 입양아들을 위한 운동을 벌이는 사람들이 있나? 물

론, 나아졌다. 하지만 여전히 나는 지금의 운동을 운동이라 불러야 하는지 모르겠다. 그냥 노력 수준이랄까. 괜찮은 노력. 누군가는 거기에 열심히 투신하고 있지만 많은 사람들은 그냥 무심히 직장에 가고 스타벅스에서 커피를 마신다.

**버거슨 : 앞으로도 계속 여기에 살 건가?**

시이달 : 그랬으면 좋겠다. 내 꿈은 한국에서 살고 일하는 것이지만, 어떻게 될지는 봐야겠지. 어찌 보면 한국 안보다는 한국 밖에서 한국에 대해 가르치는 게 더 효과적인데, 개인적인 행복을 위해서는 여기 사는 게 낫다 싶고.

**버거슨 : 아시아를 많이 여행했는데, 한국만의 특징이 있다면?**

시이달 : 한국 사람들. 정말 다르다. [웃음] 공기도 좋고. 공해는 빼고. 숨을 깊게 들이쉬면 고향에 있는 느낌이다. 어떻게 다르냐고······. 음. 태국도 좋고, 미얀마도 좋고, 라오스도 좋다. 그래도 거기 살고 싶지는 않다. 잠깐 동안 시간을 보낼 수는 있겠지만, 누군가 한국을 지지할 필요가 있다고 생각한다. 다른 누군가가 한국을 옹호하고 그곳의 문화가 가진 흥미로운 점과 독특한 점을 알려야 한다. 태국은 날 필요로 하지 않는다. 태국 밖에 사는 백만 명의 사람들이 태국이 얼마나 재미있는 동네인지 말하고 있으니까. 하지만 한국은 좀 더 많은 목소리가 필요하지 않을까? 나는 여전히 한국 사람들이 날 필요로 한다고 생각한다. 무슨 말인지 알 거라 믿는다. 한국에는 내가 필요하다.

http://www.cedarsphotography.com

# 요가와 영기, 그리고 영혼의 치유

## Kevin Brown
케빈 브라운(호주)

케빈 브라운은 한국에서 내가 가장 가깝게 지내는 친구이자 내가 알고 있는 사람 중에서 가장 침착하고 안정된 영혼을 가진 이다. 10여 년 전 그를 처음 만났을 때, 그는 한국인과 외국인을 대상으로 하는 요가 수업에 열과 성을 다하고 있었다. 최근에는 영기靈氣 reiki를 전하고 가르치는 일이 그의 최대 관심사인 듯하다. 영기요법은 손을 통해 에너지를 발산하는 치유법으로, 개인적인 경험을 근거로 말하자면 아주 좋은 것이다. 영기요법을 받고 나면 놀랍도록 편안하고 원기를 회복할 수 있다. 몇 년 전 내가 중요한 면접을 볼 때 그는 나에게 영기를 보내주었고, 나는 면접을 통과했다. 케빈은 영기요법과 요가 외에도 광범위한 범위의 홀리스틱 힐링holistic healing(전인치료, 몸과 마음을 조화시켜 질병을 치료하고 예방하는 대체의학)에 관심이 많다. 그는 필리핀에서 심령 수술psychic surgery(맨손으로 환자의 몸을 수술하여 치유하는 방법)을 받았고, 하링 바칼Haring Bakal이라는 영성 협회에 입회하여 치료사로서의 능력을 키웠다. 몇몇 용어들이 익숙하지 않다고 걱정할 필요는 없다. 이제부터 케빈이 차근차근 설명해 줄 것이다.

맑은 가을 오후, 서울 계동에 있는 그의 집에서 케빈을 만났다. 그는 수년째 이곳에서 아내 은경, 아들 마이런과 함께 살고 있다. 그날은 제자인 매튜와의 두 번째 훈련 수업 며칠 후였기 때문에 우리의 대화는 그것으로 시작되었다.

**버거슨 : 매튜와의 수업은 어땠나?**
브라운 : 좋았다. 한달 전 그가 수업을 청했을 때 나는 그가 '우수한' 학생이 될 거라는 것을 알았다. '우수하다'는 것은 부지런히 영기를 배우고, 그것을 존중하고 경외하며, 계속해서 동행할 거라는 뜻이다.

**버거슨 : 간략하게 영기요법의 효과를 설명해 달라.**
브라운 : 영기요법의 효과에 대해서는 논쟁의 여지가 있다. 하지만 그것은 모든 레벨 – 즉 우리의 신체, 정신, 감성, 심리, 영혼의 질을 높인다. 영기는 스스로 그것이 가장 필요한 곳으로 향하기 때문에 우리가 그것을 지배할 수는 없다. 영기는 가장 절실한 곳으로 가서 받아들인 자를 최상의 레벨로 끌어올린다.

버거슨 : 영기요법에는 3단계의 레벨이 있다고 들었다. 지금 매튜는 레벨1을 마친 것이고, 간단히 단계에 대해서 설명해 달라.

브라운 : 처음 단계는 근본적으로는 자기 자신을 위한 것이지만, 다른 사람에게도 적용할 수 있다. 자신을 정화시키고 영기에 머물면서 긍정적인 생활방식을 개발하는 것이다. 삶의 모든 부분을 새롭게 정비할 수 있다. 2단계에 이르면 전통적인 영기의 3가지 상징을 배운다 – 집중, 조화, 연결이 그것이다. 일단 이러한 상징을 갖게 되면 어느 곳으로든 영기를 보낼 수 있다. 미래에 존재하는 것에 영기를 보낼 수 있고, 물론 과거로도 보낼 수 있다. 비록 과거를 바꿀 수는 없지만, 과거의 영향을 줄일 수는 있다. 3단계는 마스터 레벨로 다시 2파트로 분류한다. 일단 영기요법의 마스터가 되면 다이코묘$^{daikomyo}$라는 상징을 하나 더 알게 된다. '위대한 광명' 이라는 뜻으로 그것이 바로 영기이다. 그리고 마스터 상징이고. 일반적으로 자신의 삶에 그 상징의 에너지를 받아들이는 데만도 여러 달이 걸린다. 두 번째 파트는 교육이다. 스승에게서 조율$^{attunement}$(영기의 상징과 에너지를 경락 등 몸 안에 자리 잡도록 하는 기법) 하는 법과 학생을 가르치는 법 등을 전수받는다. 일단 영기 마스터가 다른 이에게 조율을 해주면, 그들은 스스로 더 많이 공부하고 연구해야 한다. 매일 매일 명상을 계속하고, 나와 남을 치료하고, 깨어있는 상태로 살아가는 것이다. 마스터 레벨을 '하나의 체계로 터득해야 한다' 고 하는 이들도 있지만 나는 두 파트로 나누어 습득하는 것을 선호한다. 나는 스승으로서 영기를 갖는다는 것은 학생에 대한, 그리고 영기 자체에 대한 책임과 명예를 갖는 일이라고 생각한다. 때문에 스스로 연습을 통해 그것에 익숙해지고 확신을 가지며 유능해져야 하는 것이다.

버거슨 : 내가 2005년 홍익대학교의 강사직을 위해 면접을 보기로 한 날, 인터뷰 시간을 묻고는 영기를 보내준다고 했는데.

브라운 : 그렇다. 원격치료 Absent healing라고 한다.

버거슨 : 정확히 어떤 일을 한 건가?

브라운 : 간단하게 말하면, 당신의 모습을 떠올리고 작게 만들어서 [가슴 높이에서 두 손을 포개어 그릇 모양으로 만든 후] 이곳에 담았다. 그리고 영기가 당신을 감싸도록 한다. 당신이 면접을 치르는 모습을 형상화한 뒤 적절한 대답을 하고 좋은 인상을 주어 결과적으로 일을 얻는 장면을 그렸다.

버거슨 : 결과적으로 나는 그 일을 얻었다.

브라운 : 그 일을 얻도록 돕겠다는 목적에서 행한 일이니까.

버거슨 : 치료나 수업 후에 흥미로운 반응을 보인 사람들이 있나?

브라운 : 물론이다. 단절의 벽을 무너뜨린 자들은 에너지와 감정의 장애물이 사라지는 놀라운 경험을 한다. 이들이 느끼는 해방감은 '카타르시스'라는 단어로는 부족하다. 육체적 질병을 앓고 있던 이들 가운데 20년 넘게 고통 받고 있다가 단 한번 영기를 받고 깨끗이 나은 이도 있다. 물론 모든 이들이 이런 놀라운 일을 경험하는 것은 아니나 분명 경험할 수 있는 일이다.

버거슨 : 특별한 사례가 있었나?

브라운 : 음, 나는 어떤 사람을 보는 순간 모든 것을 기억해 낸다. 지난번에 어디까지 했는지, 우리가 어떤 것을 해야 하는지 기억하고 알 수 있다. 마스터 상징을 통해 이런 일이 가능하다고 생각한다. 한 사람의 아카샤 기록 Akashic records (과거에 일어났거나 앞으로 일어날 모든 사건, 행동, 사상, 감정에 대한 기록)에 접근하는 것이다. 순간적으로 모든

것이 나에게 쏟아져 들어온다. 허나 나와 영기를 받는 사람과의 관계는 신뢰를 바탕으로 해야 한다. 때문에 나는 다른 사람들에 대한 말을 아낀다. 그러나 나는 정말로 심오한 경험들을 했다. 과거에 겪은 끔찍한 일들을 기억하고 있는 사람들을 만나곤 하는데, 심지어 어떤 이들은 자신의 아픔을 아주 깊이 묻어두어 기억하지도 못한다. 하지만 영기는 진실한 상태로 인간을 이끌기 때문에 그러한 상처를 끄집어낸다. 그것을 불러내어 극복하는 것이다. 그러나 모든 이들이 같은 과정을 겪는 것은 아니다. 대부분의 사람들은 영기를 받았을 때 매우 편안하고 행복해 한다.

## 살아있는 시간

**버거슨 :** 호주 멜버른Melbourne이 고향인가?

**브라운 :** 멜베른에서 두어 시간 떨어진 버칩Birchip이라는 곳이다.

**버거슨 :** 집이 대식구였다고 들었다.

**브라운 :** 3남 4녀이다. 우리 형제는 모두 방랑자 기질이 있었다. 우리의 발자취를 분석해 보면 세계 모든 곳을 누비고 다녔을 것이다.

**버거슨 :** 대학 졸업 후에 일본에 잠시 머문 것으로 알고 있다. 왜 일본을 택했나?

**브라운 :** 당시 선종禪宗(불교 종파 중 하나)에 관심이 있었다. 점차 예술, 영화, 일본문학 등으로 관심사가 확대되긴 했지만 어쨌든 그 시작은 '선' 이었다.

**버거슨 :** 단순한 여행이었나? 아니면 일을 했었나?

**브라운 :** 친한 친구와 함께 갔는데, 처음 몇 달 동안은 일을 하지 않아도 괜찮았다. 게다가 여동생이 일본인과 결혼해서 도쿄에 비빌 언덕이 있었다. 하지만 동생의 말에 따르면 나는 '너무 오래 머물러서

미움을 살 정도'였다. [웃음] 동생의 시부모님이 "아직도 살 곳이 정해지지 않았나?"라고 물어보곤 했다. 사실 그들은 나를 매우 좋아했고 몇 달 뒤 내가 나갈 때 아쉬워했다.

**버거슨** : 일본에 대한 전반적인 느낌은 어땠나?

**브라운** : 일본에 있을 때 일왕 히로히토가 죽었는데, 아주 흥미로운 일이 일어났다. 나는 사람들이 그렇게 비탄하게 애도하는 모습은 처음 봤다. 특이한 점은 당시 많은 사람들 – 특히 노인들 – 이 스스로 목숨을 끊었다는 것이다. 어떤 사람들은 히로히토 없이는 살 수 없었나 보다.

**버거슨** : 멜버른으로 돌아온 후에는 어떻게 지냈나?

**브라운** : 처음 몇 달 동안은 '역逆' 문화 쇼크로 상당히 고생했다. 몇몇 가까운 친구들이 보여준 발전된 모습에 무척 당황했고, 그래서 나 자신의 개발을 위해 시간을 투자했다 – 책을 많이 읽고, 갤러리에 가고, 특별한 일 없이 공원에서 시간을 보내기도 하고. 나는 그저 살아 있었다. 나는 진심으로 내가 살아 있는 시간을 감사하게 생각했다. 사람들은 이런 모습이 어리석은, 그리고 사치스러운 것이라고 생각할 수도 있다. 하지만 나에게는 중요한 것이었다. 나는 그저 '존재하는' 자체로 행복했다.

**버거슨** : 나도 졸업 후에 1년 동안 베를린에서 아무 것도 하지 않으면서 지냈다.

1988년 여름, 일본의 명절인 '오봉'에 도쿄의 한 사당을 방문했다. 왼쪽부터 케빈의 사부인(여동생의 시어머니)인 키리야마 부인, 케빈, 친구인 존 무어.

케빈이 가장 즐거운 한때, 즉 무언가를 먹으며 시간을 보내고 있다. 키리야마 부인이 두 외국인을 향해 재미있다는 표정을 짓고 있다. 1988년 일본 니코에서.

브라운 : 좋은 일이다. 나는 모든 젊은이들의 인생 교육에 필수적인 요소라고 본다.

버거슨 : 하지만 그런 말을 한국인들에게 한다면 그들은 고개를 저을 것이다.

브라운 : 오, 그들은 어리석게 인생을 낭비하고 있다고 생각할 것이다.

버거슨 : 나는 학생들에게 "앞으로 40년 정도는 일을 해야 할 테니, 6개월이나 1년 정도 쉰다고 해서 큰일 나는 것은 아니다."라고 하지만, 그들은 "아니, 우리는 지금 시작해야 해!" 하는 듯한 표정을 짓는다.

브라운 : 그들은 심지어 2주 정도의 휴가도 쓰지 못하지. [웃음] 조금은 가볍게 생각했으면 한다. 나는 '아저씨 훈련법'에 대해서도 부정적이다. 젊은이들을 그렇게 틀에 맞추어 빚어간다는 것 자체가 끔찍한 일이다.

버거슨 : 병역 문제를 말하는 건가?

브라운 : 나는 그것이 끔찍한 시스템이라고 생각한다. 제대한 이들 중 일부는 군대의 영향력에서 벗어나지만 영원히 헤어나지 못하는 이도 있다.

버거슨 : 젊은이들이 2년간 여행을 간다든가 하면 이곳은 완전히 다른 나라가 될지도 모르지.

브라운 : 그렇겠지. 하지만 한국에서는 모든 것이 어떻게 돈을 모을 수 있느냐 하는 문제로 종결된다. 요가를 배우면서도 "어떻게 하면 이걸 배워서 돈을 벌 수 있을까?" 하는 것이다. 그저 그걸 하는 것으로 끝나지 않고.

버거슨 : 어떻게 요가에 흥미를 갖게 됐나?

브라운 : 20세에 심한 자동차 사고를 당했다. 사고 후에 등의 통증이 커 온갖 종류의 물리치료를 받았지만 효과가 없었다. 그러다가 누

군가 척추 치유를 전문으로 하는 요가 강사를 소개해 주었다. 괜찮을 듯해서 찾아갔다가 '정말로' 그것을 좋아하게 되었다. 이후 집에서도 열심히 연습하기 시작하고, 요가의 철학에 깊이 파고들기 시작하면서 인도 행을 간절히 원하게 되었다.

### 영혼의 여행

버거슨 : 약간의 운이 따랐다.

브라운 : 그렇다. 복권에 당첨됐으니까. 멜버른의 채플 거리나 시장에 가면 몇몇 노인들이 자선기금을 위한 자동차 복권을 판다. 마치 "자선기금을 위해 1, 2달러도 못내는 거요?"라고 하는 것 같아 매번 복권을 샀는데, 친구들은 그걸 보고 비웃었다. 내가 "당첨되면 그걸 팔아서 여행을 갈 거야."라고 하면 "그래, 맘대로 해라."라고 놀렸다. [웃음] 마침내 당첨이 되었지.

버거슨 : 가장 먼저 어디로 갔으며, 거기서 무엇을 했나?

브라운 : 여자 친구와 함께 일단 델리에 도착한 뒤 로사$^{Losar}$(티베트력에 따른 설날)에 맞춰 다람살라$^{Dharamsala}$(인도 히마찰프라데시 주에 있는 티베트 망명정부가 들어서 있는 마을)로 갔다. 그리고 그곳의 매력에 푹 빠져서는 견디기 힘들 정도로 추워질 때까지 머물렀다.

버거슨 : 다람살라에서의 생활은 어땠었나?

브라운 : 환상적이었다. 지금은 예전보다 상업적으로 변했다지만, 1995년에는 무척 아름다운 곳이었다. 우리는 티베트인 거주 구역에 머물지는 않았다. 굉장히 완고한 유럽 출신의 불교도들을 많이 발견했기 때문이다. 나는 정말 그들의 에너지가 싫었다. [웃음] 그래서 그들이 대체로 깔보는 경향이 있는 인디언 지역에서 지냈다. 웃긴 것은

그들이 모든 것에 까다롭기 그지없고 '모두' 채식주의자라는 점이다. 오히려 티베트 사람들은 태생적으로 유머러스한 사람들이고, 긴 세월 거리낌 없이 고기를 먹어왔는데. 그래서 어느 레스토랑에 가면 우울한 표정의 독일인들이 말라mala(염주)를 가지고 기도를 하고 있는 반면 그 옆에는 맛있게 닭고기를 뜯고 있는 티베트 수도승이 앉아 있었다.

버거슨 : 티베트 불교를 공부했나?

브라운 : 매일 두 차례 강의가 있었다. 그곳에는 두 사람의 게셰Geshe(티베트 불교에서 상급 수준까지 공부를 마친 승려에게 부여하는 명칭)가 있었는데, 그들은 말 그대로 모든 것에 대해 이야기한다.

버거슨 : 게셰는 티베트 사람들이었나?

브라운 : 그렇다. 사실 게셰의 수업보다 더 힘들었던 것은 개인 명상이었다. 티베트 불교는 굉장히 도전적이다. 스스로 갖고 있는 믿음, 세상에 대한 사고방식을 묵상하고 나서 그 모든 것을 깨뜨리고 허물어뜨린다. 그리고 그것을 헤치고 나아가야 한다. 굉장히 어려운 과정이지. 당시 우리에게는 여정을 도와준 친구가 있었다. 돈을 받거나 보상을 요구하지도 않고 그저 친구로서 호의를 베풀었고, 후에 그가 호주에 갈 때는 반대로 우리가 도와주었다. 그는 게셰였고, 그를 만난 후 우리는 수업에서 해방되어 스스로 공부했다. 그를 만난 것은 정말 큰 행운이었다. 그 친구가 얼마나 침착하고 특별한 사람이었는지 알 수 있는 사건이 있다. 어느 날 그는 조카에게서 편지를 받았는데, "친애하는 게셰님! 당신의 어머님이 돌아가셨어요."라는 내용이었다. 하지만 그는 아무런 흔들림도 보이지 않았다. 적어도 그 순간에는. 표정 하나 변하지 않았다. 그저 나를 향해 "케빈, 거기 펜 좀 주겠나?"라고 말하듯 일상적으로 말을 건넸다.

버거슨 : 다람살라에서 지낸 후에 바라나시로 옮겨갔다.

브라운 : 그렇다. 특별히 요가를 하기 위해서였다. 바라나시는 5천 년의 역사를 지닌 세계적으로 가장 오래된 도시이다. 그리고 요가로도 아주 유명한 곳이고.

버거슨 : 인도에서 만난 첫 번째 요가 스승이 수닐 쿠마라고 들었다.

브라운 : [고개를 끄덕이며] 수닐 쿠마 이간 Sunil Kumar Jhingan. 도시의 뿌려진 광고지를 보고 그를 찾아갔는데, 처음에는 좀 이상하다고 생각했다. 하지만 '좀 더 지켜보자!' 라는 생각이 들었고, 첫 수업이 끝났을 때는 "딱 내가 찾던 사람이야!" 라고 했지.

버거슨 : 그와 얼마동안 수련했었나?

브라운 : 음, 그와 수련하면서 요가 학위를 따려고 했지만 몇 달간 중단했다. 한국에 갔다가 돌아와서 끝마쳤지.

이른 새벽 갠지스 강 위의 배에서 스승인 수닐이 명상에 잠겨 있나. 그에게 요가를 배우는 동안 매일 접했던 익숙하기 그지없는 아침 풍경이다.

버거슨 : 학위를 따는 데 얼마나 걸렸나?

브라운 : 1월에서 3월까지 있었고, 10월까지 멈췄다가 다시 10월에서 다음해[1997] 9월까지 다녔다. 상당한 노력이 필요한 일이다. 아침 5시에 수업을 시작해 갠지스 강의 먼 둑이나 배 위에서 프라나야

수닐 쿠마를 보면 가끔씩 영국의 유명한 록 밴드인 퀸의 리드싱어이자 영국 최초의 록 스타인 프레디 머큐리가 떠오른다. 더욱이 정말 독특한 억양을 갖고 있었다. 그러나 이런 겉모습과는 별개로 그는 정말 훌륭한 스승이었다.

마pranayama(호흡법)를 배웠다. 그리고 수닐과 함께 2, 3시간 동안 따로 공부를 했지. 마치 시간이 존재하지 않는 듯했다. 그 후 직접 수업을 진행했다. 처음 그가 "이 반을 가르치게."라고 말했을 때는 "오!" [놀라 숨을 들이마심] 하고 말았다. 굉장히 긴장했지만 사실 그럴 이유가 없었다. 그곳에서 나만의 수업방식을 개발하기도 했다. 나는 종종 수닐과는 상반되는 방식으로 가르쳤는데, 그가 너무 빠르고, 때로 여기에서 저기로 훌쩍 뛰어넘는다고 느꼈기 때문이다. 누구나 선생님을 보면서 어떤 것은 받아들이고 어떤 것은 버리고 하지 않나. 나 역시 수닐과는 꽤 다른 형태의 교습법을 익혔다.

**버거슨 : 바라나시에서의 삶은 어땠나?**

브라운 : 그곳은 참으로 냉혹한 곳이다. 사람들은 기본적으로 죽기 위해 그곳에 가기 때문이다. 사람들은 돈을 더 많이 지불하더라도 바라나시에서 화장되길 원한다. 그래서 늙거나 병들면 바라나시로 와서 죽음을 기다린다. 시체가 끊임없이 밀려 들어왔다. 화장터의 불은 지난 수천 년간 꺼지지 않았다. 심지어 우기에도. 화장은 바깥에서 이루어지기 때문에 누구나 볼 수 있다. 머리카락과 피부가 타들어가는 냄새. 그 냄새를 맡고 나면 세상의 어떤 냄새도 평범하게 느껴진다.

**버거슨 : 1997년에 영기요법을 배웠다.**

브라운 : 그렇다. 인도에서 처음 접했다. 설명을 하자면 이렇다. 나는 1996년 한국에 갔을 때 은경을 만났다. 내가 인도로 돌아온 후 그녀가 델리로 왔고, 우리는 1주일간 타지마할 등을 여행했다. 그녀는 한국으로 돌아가면서 내게 500달러를 주려고 했다. 나는 받지 않으려 했지만 그녀는 고집을 꺾지 않았고, 결국 나는 그 돈을 받아야 했다. 대신 이 돈을 허투루 쓰지는 말아야겠다고 생각했다. 다음날, 부러진

이를 고치러 가던 중에 영기요법 광고지를 발견했고, "그래, 영기요법 수업을 받으러 가야겠다."라고 생각하고 그를 찾아갔다.

**버거슨** : 인도 사람이었나?

**브라운** : [고개를 끄덕이며] 라케시 초울라Rakesh Chawla라는 사람이다. 결국 나는 은경의 돈을 영기요법 수련과 치과 치료에 썼다. [웃음]

**버거슨** : 그래서 그에게 수업을 듣고 마스터가 되었나?

**브라운** : 아니, 그와는 1단계만 수련했다. 며칠 후에 바라나시로 돌아가야 했기 때문이다. 그 후로 나는 매일 영기요법을 하게 되었다.

때때로 인도는 이렇게 위 아래가 바뀐 각도에서 바라볼 때 더욱 이해하기가 쉽다. 뒤편으로 인도의 유명한 관광지인 타지마할이 보인다.

## 한국으로 걸음을 옮기다

**버거슨** : 처음 한국에 오기 전에 인도에서 한국인 남자를 만났다고 했는데, 그를 계기로 한국과 인연을 맺은 것인가?

**브라운** : 그렇다. 한국 한의학계에서는 꽤 유명한 인물로 본명은 김홍경인데, '금오'라고도 한다. 암리차르Amritsar(인도 펀자브 주에 있는 도시)에서 그를 처음 만났는데, 시크교Sikhs의 신성한 도시로 유명한 황금사원이 있는 곳이다. 그 당시 펀자브는 무서운 곳이었다. 당시가 시크교인 대학살 직후였기 때문이다. 그 후 몇 년 동안 펀자브에 많은 테러가 있었다. 지금도 황금사원 벽에 난 총알 자국을 볼 수 있다. 나와 일행이 호텔을 정한 후 나왔을 때 한 무리의 릭샤rickshaw(동남아시아에서 흔히 볼 수 있는 이동수단)가 웬 남자를 둘러싸고 있는 걸 보았다. 나

는 그들에게 달려가며 "샨티, 샨티!"라고 외쳤다. "평화!" 뭐, 그런 뉘앙스였다. 그 순간 모든 사람들이 웃어대기 시작했다. 그들은 그저 호객 행위를 하고 있던 거였다. 무슨 일이냐고 묻자 호텔을 찾고 있다고 하기에 "우리가 잡은 호텔에 가보겠어요?"하고 권했다. 결국 우리는 같은 호텔에 방을 잡았고, 우리는 그날 밤새 얘기를 나누었다.

말했듯이 그는 한국에서 꽤 유명한 한의사이다. 인도에서도 그는 사람들에게 무료로 침을 놔주었다. 우리는 다람살라에서 다시 만났는데, 그가 무엇을 하는지 궁금해서 찾아가 보았다. 거기에는 많은 사람들이 모여 있었는데, 그 중 10년째 입을 다물지 못하는 남자가 있었다. [입을 벌리며 흉내 내고는] 금오는 곧바로 그를 치료해 주었다. 그저 평범한 침술로 말이다. [검지로 4번 침놓는 동작을 하며] 꽤 아플 것이다. 어쨌든 그 사람의 입은 닫혔지. [웃음]

**버거슨 : 그는 몇 살인가?**

**브라운 :** 40대 초반 정도? 그는 전형적인 한국 남자처럼 보이지는 않는다. 한국에 갔을 때 처음 며칠간 종로에 있는 여관에 투숙했는데, 무척 실망스러웠다. 그곳에 있던 사람들 때문이다. 욕심 많은 원어민 영어 선생 같은 타입의……

**버거슨 : 미국 사람들?**

**브라운 :** 북미인들. 나는 금오에게 전화를 걸어 "이봐, 나 한국에 왔네."라고 말했다. 그는 곧바로 "원한다면 이쪽으로 오게."라고 했다. 나는 빨리 그곳을 빠져나가고 싶었다. 여관방은 너무 작고 낮아서 요가도 제대로 할 수 없었다. 재회한 우리는 그날 밤 거하게 취했고, 다음날부터 함께 여기 저기 다니며 구경을 했다. 경주와 부산, 여러 사찰들……. 경기도 천마산에 가서 한 달간 머물기도 하고.

버거슨 : 한 달 동안 천마산에서 뭘 했나?

브라운 : 명상, 요가, 산책……. 금오와 이런 저런 이야기도 나누고, 살아가고. [웃음]

버거슨 : 그럼 이 여행에서 은경을 만난 건가?

브라운 : 그렇다. 천마산 여행 후에 치과에 가려고 지하철을 탔는데, 왠지 가기 싫다는 생각에 인사동의 한 찻집에 갔다. 거기에서 그녀를 만났다. 그녀는 근처 병원의 약사였는데, 종종 그곳에서 쉬곤 했다. 그녀를 처음 보았을 때는 한국 사람인지도 몰랐다. 많은 일본인들도 그녀가 일본인이라고 생각할 정도니까. 심지어 택시 운전기사가 "와, 정말 한국말 잘 하시네요."라고 한 적도 있다. 그녀를 처음 봤을 때 나는 그녀가 어느 나라 사람일까 알아내려고 했는데, 그녀가 내 시선을 느끼고 약간 불편해 하는 듯해서 바로 고개를 돌렸다. 여자를 유혹하는 것은 소질이 없어서. [웃음] 그래도 그녀에게 말을 걸었고 우리는 이야기를 나누면서 자연스럽게 어울렸다.

버거슨 : 얼마동안 한국에 머물렀나?

브라운 : 3개월 비자였기 때문에 홍콩에서 1주일가량 머문 후 다시 돌아와 또 3개월을 보냈다.

버거슨 : 그때 은경과 결혼할 거라는 것을 알았나?

브라운 : 아니, 은경이 인도에 와서 함께 여행을 했을 때 깨달았다. 우리는 캘커타에서 만나 주변을 여행하고 나서 네팔과 동남아시아를 방문했다. 그러고 나서 나는 호주로 돌아가 요가를 가르쳤다.

버거슨 : 그녀는 한국으로 돌아가고 당신은 호주에서 가르쳤다는 건가?

브라운 : 그렇다. 1997년 12월 말에 가서 다음해 9월 이곳에 오기 전까지 각자의 나라에서 따로 지냈다.

버거슨 : 결혼하기 위해 온 것인가?

브라운 : 아니, 그저 함께 있으려고 왔다. 내가 왔으니 같이 있을 수 있잖나.

버거슨 : 하지만 그때 이미 결혼해야겠다고 마음먹은 상태였나?

브라운 : 맞다. 카트만두에서 깨달았지. 그녀는 작은 한국여성이지만 강하고 다부졌다. 나는 정말 그녀와 함께 있는 것이 좋았다.

버거슨 : 그래서 1998년 9월에 이곳에 완전히 정착했나?

브라운 : 아니, 전혀. 사실 나는 1년 정도 머물다가 호주로 돌아가려고 했다. 하지만 은경이 몇 번 호주를 방문한 뒤 나는 그녀가 호주를 '별로'라고 생각한다는 것을 알게 됐지. [웃음] 종종 사람들은 "다들 서양으로 가길 원하잖아?"라고 오해하지만, 호주에서의 생활이 그녀에게는 그다지 좋지 않았다.

버거슨 : 그럼 언제 결혼했나?

브라운 : 1998년 10월말에 했다.

버거슨 : 그럼 1998년부터 여기에서 정식적으로 요가를 가르치기 시작한 건가?

브라운 : 한국에 도착하자마자 요가를 가르치기 시작했다. 신문에 광고를 내서 한국인과 외국인 학생들을 얻었지. 한 달쯤 지나 웬 한국인 여자가 와서는 "내가 적당한 장소를 알아요."라고 했다. 그곳은 한 NGO 여성 단체였고, 나는 그곳에서 학생들을 가르쳤다. 명상 도중에 팩스가 울기도 하는 등 최적의 장소는 아니었지만 좋은 사람들이 있었기 때문에 만족했다. 그러다가 뉴질랜드에서 온 또 다른 여자가 "우리 집에서 요가를 가르쳐도 좋아요."라고 했다. 그녀는 연희동에 굉장히 큰 집을 갖고 있었는데, 아주 좋은 곳이었다. 수업은 무료였다.

버거슨 : 처음 당신이 가르치기 시작했을 때는 한국에서 요가가 유행하기 전이었나?

브라운 : 물론이다. 내가 여기 왔을 때 서울에는 대략 4명의 요가 강사밖에 없었다. 천만의 도시에 4명의 강사. [웃음]

**버거슨 : 그럼 언제서부터 한국인들이 요가에 많은 관심을 갖기 시작했나?**

브라운 : 2001년이나 2002년쯤? 가짜 '웰빙'과 함께 도입되었다. 갑자기 TV나 다른 매체에서 요가를 다루기 시작하더니 '유행'으로 번졌다. 그리고는 순식간에 요가의 상업화가 이루어졌다. 광고가 나오고 가격 경쟁을 벌이고. 나는 그 점에 대해 비판하거나 내가 개입하지 않은 일에 대해 이러쿵저러쿵 하고 싶지는 않다. 길 아래쪽에 한 곳은 5백만 원에 5일짜리 인도 여행을 제공한다. 정말 나와는 맞지 않는 일이다. 그들이 하고 있는 요가는 진정한 요가 수행 같지가 않다.

**버거슨 : 지난번에 만났을 때 요가 붐이 점점 쇠퇴하고 있다고 말했는데?**

브라운 : 그렇다. 선생의 재량 문제랄까. 스스로도 적절한 훈련을 받지 못했기 때문이다. 그들은 그저 '다이어트' 혹은 '몸매 관리'를 위한 것이라며 요가를 포장해서 팔고 있다. 당연히 이런 수업에 요가의 정신과 본질은 담겨 있지 않지. 그들은 기계적으로 수업을 진행하고 학생들은 점점 지루해한다. 나는 몇 번인가 사람들이 "요가는 재미없어."라고 하는 걸 들었다. "하지만 '내' 학생들은 지루해하지 않아요. 나도 한 번도 지루하다고 생각해본 적이 없고요. 왜 재미가 없었을까요? 당신을 가르친 선생은 요가 공장에서 '한 달' 정도 훈련 받은 게 전부이기 때문이에요."

**버거슨 : 요가 공장?**

브라운 : 실제로 그런 곳이 있다. 한 달 동안 훈련을 받으면 선생이 될 수 있지. 결국 요가가 쇠퇴하는 이유는 여기에 있다 — 상업화되면서 질을 떨어뜨리고.

버거슨 : 좀 전에 '가짜' 웰빙 현상에 대해 말했는데…….

브라운 : '진짜' 웰빙에 대해 이야기하면 한국은 구석기시대 수준이다. 하얀 빵에 인스턴트 햄과 치즈를 넣고 마요네즈를 잔뜩 뿌리고선 '웰빙'이라고 쓰면 사람들은 그것에 속는다. 하기사 여기는 '웰빙 소주'가 나오는 곳이니. [웃음] 대체 그게 뭐란 말인가?

## 마스터의 길

버거슨 : 필리핀에서 2, 3번째 단계의 영기요법 학위를 수료했다. 그곳에 간 이유가 그것 때문이었나?

브라운 : 두 가지 이유에서였다. 하나는 '프라닉 힐링Pranic Healing(생명의 호흡인 프라나를 환자에게 불어 넣어주는 요법)'을 배우기 위해서였다. 예전 마스터 조곡쉬Choa Kok Sui가 쓴 프라닉 힐링에 대한 책을 접한 뒤부터 배워야겠다고 생각했는데, 몇 년간은 요가와 영기요법에 심혈을 기울이다가 그 책을 다시 읽게 되었다. "그래, 시작해야겠어. 난 바로 '그'에게 배우고 싶어." 그리고 '나는 영기요법의 2단계를 배울 준비가 됐어.'라고 생각했다. 사실 나는 '한참 전에 준비된' 상태였지만 한국에서는 도무지 배울 방법이 없었다. 결국 나는 '필리핀에 가서 프라닉 힐링을 배우면서 영기요법 스승도 찾아야겠어!'라고 생각했다.

버거슨 : 누구에게 2단계와 3단계 영기요법을 배웠나?

브라운 : 조 빌라사노Jo Bilasano라는 불리는 필리핀 치료사였다.

버거슨 : 그 과정은 얼마 동안 이루어졌나?

브라운 : 2단계에 며칠이 걸렸다. 하지만 그건 '시작'에 불과하다. 일반적으로 마스터 조는 제자들이 2단계에서 마스터 레벨로 넘어가기까지 적어도 2년은 매일 연습을 하도록 한다. 나는 사람들을 마구

재촉하는 것보다 그 방법이 더 좋았다. 2006년 3월, 내가 좀 더 심도 있게 프라닉 공부를 하기 위해 다시 필리핀을 방문했을 때 마스터 조와 재회했다. 당시 나는 그녀가 마스터 레벨을 배울 수 있도록 받아줄 거라고 기대하지 않았다. 그래서 다른 마스터에게 배우고 싶다고 이야기했는데, "기다려야 한다."고 답했다. [웃음] 나는 괜찮다고 했고, 마스터 조에게 "정말 기다려져요. 나는 매일 수련과 명상을 하고 열심히 노력하고 있거든요."라고 했다. 그러자 그녀가 "그렇다면 지금 시작하겠나?"라고 했다. 나는 그녀가 농담하는 거라고 생각했다. 그때부터 다시 수련에 들어갔다 – 영기요법의 마스터 파트 말이다. 그리고 2006년 11월에는 교육 파트를 마무리했지.

**버거슨 : 필리핀에서 심령 수술도 받았다. 상당히 논쟁의 여지가 있는 치료법인데.**

브라운 : 음, 내 생각에는 대부분 진짜이다. 물론 의심하는 이들도 많이 있다. "오, 그거 손에 닭의 내장을 쥐고 있잖아." 속임수라는 거시. 하지만 나는 안다. 두 눈으로 직접 보았으니까. 그의 손이 내 몸속에 있었다. 그건 속일 수 없는 것이다.

**버거슨 : 어디서 수술을 받았나?**

브라운 : 마닐라에서도 극빈층이 살던 동네인 파사이에 작은 사원이 있었다. 사실 내가 직접 받을 거라고는 생각 못하고 그저 구경삼아 찾아갔다. 그러다가 나중에는 "그래, 여기 있는 동안에 ……."로 바뀌었다. 나는 나와 은

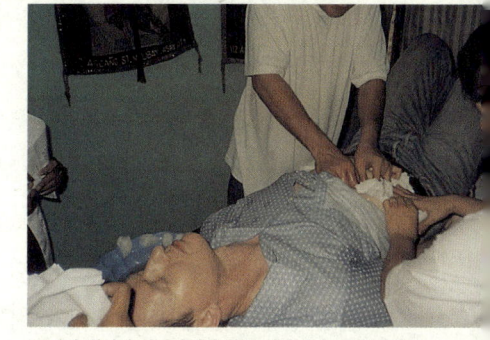

2006년 필리핀 마닐라에서 받은 심령 수술, 혹은 4차원 수술 당시의 모습. 칼이나 장갑 같은 도구를 전혀 사용하지 않고, 마취나 소독 등의 준비도 없다. 하지만 아무런 고통이나 감염이 없는 진정 놀라운 경험이다.

경, 아들의 이름을 여사제에게 건넸다. 그녀는 최면 상태로 들어가 어떤 말을 했는데, 그건 필리핀어가 아닌 다른 말이었다. 그리고 누군가 그 말을 필리핀어로 해석했고 다른 사람이 다시 영어로 설명해주었다. 내용은 대부분 상당히 정확했는데 몇 가지는 완벽하게 맞지는 않았다. 그들은 나에게 심령 수술을 할 것이라고 말했다. 나는 "오늘? 오늘 받으라고요?" 하고 되물었고 "그렇다."는 답변을 받았다. 나는 약간 긴장했지만 그 후에 한 남자가 수술 받는 것을 보았는데, 그의 얼굴이 얼마나 평화스러워 보이던지 덕분에 긴장감이 다소 풀렸다. 게다가 이틀 전에 하링 바칼Haring Bakal(필리핀 영성 협회) 입회식을 치르느라 칼로 6번을 맞았는데, 그것보다는 괜찮을 거라고 생각했다. 조엘 알케인젤Joel Archangel이 수술을 해주었는데, 나에게 "당신의 간을 깨끗하게 하고 있습니다. 괜찮은가요?"라고 물었다. 눈을 감은 채 "네."라고 대답하자 계속해서 "지금 담낭 주위를 깨끗하게 하고 있습니다. 괜찮은가요?"라고 물었다. 나는 결국 "네."라고 대답하며 눈을 떴다. 나는 속으로 "오, 맙소사!"라고 소리쳤다. [오른손으로 왼쪽 손목 바로 위를 잡으며] 그의 손이 내 몸 속에 이만큼 들어가 있었다. 그야말로 굉장한 경험이었다. 장갑 같은 것도 끼지 않았으니 각종 박테리아와 세균 투성이겠지만, 그들은 4차원의 영이 시술자의 손을 인도한다고 믿는다. 필리핀 사람들의 믿음은 굉장히 강하다.

**버거슨 : 하링 바칼에도 입회했다고 했다.**

브라운 : 그렇다. 덕분에 나는 더 강하고 좋은 치료사가 되었다. 그곳은 상당히 신중할 필요가 있기 때문에 필리핀 사람들에게 매우 엄격하다. 입회한 후 마스터 조의 치료 센터에서 사람들에게 영기를 보내면 그들은 정말로 영기를 받았고 후에 다른 식구들도 찾아와서 "저 사람에

게 영기를 받을 수 있을까요?" 하고 물었다. 입회 후 내 손은 마치 화덕처럼 뜨겁고 진정으로 강한 에너지를 뿜었다. 대단히 놀라운 일이었다.

**버거슨 : 입회식에 대해서 설명해줄 수 있겠나?**

**브라운 :** 나를 비롯한 3명의 후보자가 앉아 있고 뒤에서 제스 형제가 30분 정도 기도를 하면서 우리의 기를 모으고 강화시켰다. [손을 뻗어 앞에 앉은 사람의 머리 꼭대기를 쓰다듬는 듯한 행동을 취하며] 이 모든 것은 검으로 나를 내려치기 전에 에너지를 강하게 만들기 위해서이다. 우리를 일으켜 세운 뒤 검으로 힘껏 [검을 휘두르는 동작을 하고] 배를 내리쳤다. 날이 선 부분으로 말이다. "쟁, 쟁, 쟁!" 그리고 다시 의자에 앉힌 뒤 이번에는 허벅지를 때렸다. "쟁, 쟁, 쟁!" 나는 아직도 그 소리를 생생히 기억한다. 나중에 다시 필리핀에 갔을 때 나는 2번째 입회식을 할 예정이었는데 결국 하지 않았다. 가장 큰 이유는 그 소리이다. 그 소리는 마치 정육점 주인이 고기를 내려칠 때 나는 소리 같다. 만약 그것이 '당신의' 살이라면 당신도 그 소리를 잊지 못할 것이다. [웃음] 검은 몸에 부딪히고 다시 튕겨나간다. 때리기는 하지만 실제로 옷을 베거나 하지는 않고 대신 멍이 든다. 그때 생긴 멍자국 중 하나는 아직까지도 남아 있다. 일종의 성흔이라고 봐야겠지. 이를 견디고 나면 'Utol' 즉 '형제' 라고 불리게 된다.

**버거슨 : 그들이 후보자의 전과를 왜 확인하나?**

**브라운 :** 그건 필리핀 사람들에 대해 특히 엄격한데, 마피아들이 이런 힘을 얻으려고 하기 때문이다.

**버거슨 : 어떤 능력을 말하는 건가?**

**브라운 :** 철에 의해 상하지 않는 능력. 전해 내려오는 이야기로는 2차 세계대전 당시 일본군들은 총알을 튕겨내는 필리핀 사람들을 보

2006년 필리핀에서 가진 하링 바칼 입회식 중 한 장면. 검으로 세차게 6차례 가격하는 의식이 행해지려는 순간이다.

고 무척 두려워했다고 한다. 많은 사람들이 "말도 안 돼. 어떻게 그럴 수가 있지?"라고 하지만, 실제로 그렇다.

### 현재에 머물다

버거슨 : 진정한 요가 수도자가 된다는 것은 어떤 의미인가?

브라운 : 일단 요가를 단순한 운동이라고 보는 데서 벗어나야 한다. 요가는 일치이다. 신과의 일치. 신의 이름은 중요치 않다. 그것은 나의 영혼과 그것을 일체케 하고 요가의 가르침에 따라 살도록 노력하는 것이다. 너무 욕심을 부리거나 너무 많은 것을 원해서는 안 된다. 평화주의자이어야 하고 항상 정결해야 한다. 21세기의 도시에서 요가 수도자로 살아가는 것은 무척 어렵다. 그렇다고 우리가 애쉬람ashram(수행자의 마을)이나 히말라야 동굴에서 살아야 한다는 것은 아니다. 하지만 요가 수도자가 된다는 것은 삶을 이끌어 주는 근본적인 우주의 가르침을 따르는 것이다. 나 역시 그렇고.

버거슨 : 영기요법에서는 우주의 기운과 모든 이들, 그리고 모든 사람들 간의 조화가 이루어져야 한다고 말한다. 거리게 나가보면, 특히 서울 중심가 같은 곳에 가면, 사람들이 '결코' 다른 사람과 조화를 이루고 있지 않은 듯하다. 서로에게 무관심하지. 사람들이 그 점에 대해 좀 더 신경을 써야 한다고 생각하지 않나?

브라운 : 한국 사람들은 모르는 사람과 있을 때와 아는 사람과 있을 때, 상당히 차이를 보인다. 만약 당신이 모르는 사람이라면, 당신은 거의 존재감이 없다고 봐야겠지. 하지만 지인과 가족들이라면 그들은 가

장 따뜻하고 친절하며 부드러운 사람들이다. 결국 이들은 이 2개의 간극을 없앨 방법을 생각해야 할 것이다. 나는 아직도 나에게 돌진하는 사람들에게 익숙하지 않다. 똑바로 걸어와서 부딪혀놓고 아무 말도 없다는 건 내가 거기 존재하지 않는 사람이라는 뜻 아닌가?

**버거슨 : 그런 행동을 한다는 것은 주변과 조화를 이루지 못했다는 뜻이고, 어떤 점에서는 세계와 소원해졌다는 뜻 아닌가?**

브라운 : 어느 정도는. 실제로 한국이 이런 면에서 경미하게 영혼의 병이 있다고 생각한다. 대부분의 사람들은 인생에서 정말 중요한 것, 너 영적인 것에 대해서 깊이 생각하지 않는다. 물론 한국 사람들이 그런 것에 아무 관심도 없다고는 할 수 없다. 그저 사회 구조상 일을 해야 하고 일을 하다 보니 시간과 에너지를 많이 빼앗겨 스트레스를 유용하고 긍정적이며 건설적인 방법으로 풀지 못하는 것이다. 그저 술만 마시지. 자기 자신과 영혼을 개발하기에는 너무 바쁘다보니 모든 이들이 서로 연결되어 있지 않고 길거리에 떠다니는 것처럼 보인다.

**버거슨 : 외국인이라는 위치에서 본인과 한국과의 '조화' 는 어떤가? 여전히 '외국인' 이라는 느낌인가? 아니면 점점 다른 이곳에 속하게 되었다고 생각하나?**

브라운 : 양쪽 모두이다. 아무리 오랫동안 머문다 해도 나는 결코 한국인이 될 수는 없다. 하지만 한국인들에게 받아들여지고 인정을 받을 수는 있고, 지금 많은 이들이 나를 그렇게 대해준다. 나는 한국이 기본적으로 동족의 문화이고 사회라는 것을 알고 있기 때문에 그다지 불쾌함을 느끼지 않는다. 그냥 있는 그대로 받아들일 뿐. 게다가 한국의 강인함의 일부분이 그러한 동질감에서 나온다는 것도 사실이다. 즉 나는 한 번도 내가 한국인이라고 느껴본 적은 없지만 나는 진심으로 한국의 일부분이라고 느낀다.

버거슨 : 한국의 에너지는 무엇인가?

브라운 : 흠, 이른바 '빨리 빨리' 같은 것? 나는 전혀 그렇게 느끼지 않는다. 오히려 '천천히' 에 가깝다. [웃음] 천천히 가는 거지.

버거슨 : 바람을 거슬러서?

브라운 : 그래, 바람을 거스르는 거지. 사실 우리는 한국인이 아니기에 잘 정돈되고 분류된 한국 사회에서 벗어나 있고, 진정으로 그 안에 속하지 않았다. 그것이 우리에게 자유를 준다.

버거슨 : 한국 사람이 문화적 '문명화' 가 매일 매일 힘겹게 살아가는 물질만능의 현실보다 한 단계 높은 것임을 깨달을 것이라고 보나?

브라운 : 그런 날이 올 것이다. 그렇게 되어가고 있고. 말했듯이 한국은 지금 다소 어려운 상황에 처해 있다. 그러나 분명 그렇게 될 것이다. 그리고 다른 것들이 그랬듯 젊은 세대로부터 시작될 것이다. 내 생각에는 지구 온난화가 사람들로 하여금 자신의 삶의 방식과 진정한 가치에 대해 재평가하도록 할 거라고 본다. 한국은 아직 그러한 문제에 대해 너무 무심하다. 세계의 연안도시들이 점점 바다로 가라앉고 있고, 지난 20년 사이 자연재해는 4배로 늘어났다. 도대체 무엇 때문에? 이러한 문제는 우리가 어떻게 사느냐 하는 것에 큰 영향을 미칠 것이다. 결과적으로 여러 가지를 바꿔야만 하고 큰 변화와 자각이 필요할 테지. 한국인들은 다른 어느 나라의 사람들과 마찬가지로 좋은 사람들이다. 그저 지금은 "너는 부자가 되어야 하고 일을 열심히 해야 해."라는 것을 강요당하고 있을 뿐이다. 다른 나라도 마찬가지고. 깨달을 때가 오겠지. 언제가 될지는 모르겠지만 반드시 그럴 것이다.

www.reikianahataconnections.com

# 아나키스트, 블로그를 시작하다

## Matt VanVolkenburg
**매트 밴볼켄버그(캐나다)**

여러 해 전부터 낯선 외국인들이 한국의 사이버 세상을 침략하기 시작했다. 그들의 정체를 파악하기는 어렵다. 자신을 숨기는 법을 잘 알고 있는 사람들이기 때문이다. 하지만 그들에게는 몇 가지 특징이 있다: 대체로 미국이나 캐나다처럼 영어권 국가에서 왔고, 자연히 영어가 제1언어이다. 또한 압도적으로 남자가 많고 대부분 컴퓨터를 끼고 사는 블로거들이다. 그들은 한국의 어두운 구석구석을 탐험하고 별로 알려지지 않은 분야를 공개하고 서로의 정보를 공유한다. 그들은 곧 'K-블로거(한국의 엑스팻 블로거expat bloggers in Korea'의 줄임말)'로 알려졌다. 그들이 생산해내는 텍스트와 이미지는 빠른 속도로 복제되고 퍼져나가 온라인을 장악하고 있으며, 누구도 그 촘촘한 그물을 쉽게 빠져나갈 수 없다. 수백 개의 블로그들이 밀집한 K-블로그 영역에서 으뜸으로 꼽히는 블로그는 'Gusts of Popular Feeling'이다. 이곳은 캐나다 출신의 원어민 영어 강사 매트 밴볼켄버그의 영지로, 서울 방화동에 위치한 작은 빌라가 그의 요새이다. 그는 2005년 5월 블로그를 만든 이후 2006년 3월 '대단히 방어적으로 변명하는 사람들'이라는

글을 통해 주목을 받았다. 그 글은 친일적 성향이 강한 한 블로그에서 일본의 식민지화를 긍정적으로 포장하려고 한 것에 대한 비판이었다. 현재까지 그는 한국 사회와 문화에 관한 수백 개의 깊이 있는 글을 온라인상에 축적하고 있다. 그의 논지는 날카롭고, 그의 무기는 유머라고는 찾아볼 수 없는 혹독한 비평이다. 하지만 그는 논쟁에서 상대방을 신랄하게 비평할 때도 한 번도 무례하게 군 적이 없다.

매트 같이 헌신적인 K-블로거들은 보다 나은, 더 정의로운 한국 사회를 이루기 위한 노력에 기꺼이 참여하길 원한다. 진실보다 중요한 것은 없다. 누가 진실에 맞서 대항할 수 있겠는가?

**버거슨 :** 최근 읽은 글 중 특히 인상적이었던 것이 1995년에 있었던 '지하철 폭행 사건'에 대한 것이다. 왜 그 글을 쓰기로 결심했나?

**매트 밴볼켄버그 :** KINDS(한국 통합 뉴스 제공 서비스 시스템)에 관한 조사를 하던 중 그 사건을 접하게 됐고, '흥미로운데.'라고 생각했다. 특히 진정한 희생자인 한국 여자가 벌금을 물었다는 점에서.

**버거슨 :** 그녀는 50만 원의 벌금을 내야 했던 것으로 기억하는데?

**매트밴 :** 그렇다. 무슨 일인가 하면, 한 무리의 미군들이 여자 친구 혹은 부인과 함께 지하철을 탔다. 한 남자가 부인의 엉덩이를 토닥거렸는데, 갑자기 웬 한국 남자가 다가와 싸움을 걸었다. 그가 그녀에게 성추행을 했다고 하면서. 그때 '그녀'가 "이 사람은 제 남편이에요."라고 했고, 그는 갑자기 그녀를 때리기 시작했다. 당연히 남편은 화가 났을 테고 그 남자를 때렸을 테지. 갑자기 다른 한국인들이 우르르 일어났고, 미군들도 나서서 싸움이 일어났다. 하지만 한 지방 방송에서 묘사하기를 미군들이 폭력을 휘두르고 돌아다니며, 한 한국 남자가 지하철에서 한국 여자를 '성추행'으로부터 지켜냈다고 보도했다. 결국 그 한국인은 '불쌍한 희생자' 이자 진정한 '영웅'이 된 거다.

**버거슨 :** 그 사건에 관한 한국 미디어의 보도는 한국에 있는 외국인들, 특히 미군과 원어민 영어 강사들을 악당처럼 만들었다. 이 주제를 조사하는 동안 반복되는 상황이나 고정관념 같은 것들이 있었나?

**매트밴 :** 특히 섹스에 관한 것들이다. 미디어는 외국인들이 얼마나 '성욕과잉' 인지를 보여준다. 외국인들이 한국 여성에게 위험하다고 하면서. 예전에 원어민 강사들에 대한 보도는 마약 사건 정도였다. 그러다가 2005년 한 외국인 커뮤니티 사이트에 몇몇 영어 강사들이 파티 사진들을 올리면서 문제가 불거졌다. 일부 한국 네티즌들이 그것을 자신의 블로그와 카페로 가져와 글을 썼고, 한 신문에서 이를 기사화하면서 심각한 스캔들이 되었다. "외국인 강사들은 한국 여자들을 쫓아다니는군!"하고 생각하게 된 것이다. 결과적으로 한국 미디어는 원어민 강사들에 대해 이전과는 다른 시각을 갖게 되었고, 이들이 미군과 비슷하다고 결론지었다. 미군에 대한 묘사 역시 '성욕이 지나친'

원어민 영어 강사들에 대한 안티 카페에 올라왔던 만화의 일부. 주인공인 헨리는 고향인 미국에서는 별 볼 일 없는 하류인생이었지만 한국에 오자 영어 강사라고 떠받들어주는 한국 여자들에게 둘러싸여 행복한 시간을 보낸다. 이어지는 내용에서는 홍대에서 파티를 벌이던 헨리가 결국 한국 남자들에게 흠씬 나고 만다.

아니면 '매우 폭력적인' 이었다. 그리고 주둔군 신분 협정 때문에 미군이 어떤 상황에서도 빠져나갈 방법이 있다고 주장했다. 많은 미군들이 실제로 체포되어 감옥에 갔다는 사실은 가볍게 무시하면서.

버거슨 : 1995년 지하철 사건과 비교했을 때, 방송이 보여주는 제노포비아xenophobia(외국인 혐오)나 외국인을 희생양으로 삼는 상황이 더 심해지고 있다고 보나?

매트밴 : 점점 심각해지는 것 같다. 한번 외국인 강사와 섹스라는 문제를 연결한 후로 모든 관점이 이동한 것이다. 상관 없는 일을 마치 관계가 있는 일처럼 엮어 낸다. 가령 한 영어 강사에 대한 기사는 그가 자신이 일본과 중국에서도 가르친 경험이 있으며 중국과 일본의 학생들이 한국 학생들보다 예의바르다고 생각한다는 내용이었다. 기사는 말미에 "우리는 한국 학생보다 중국, 일본 학생이 더 예의 바르다고 말하는 이들을 선생으로 데리고 있다. 한국에서 강사 생활을 한 캐나다인이 소아애호증 범죄자로 체포된 이 시점에 말이다."라고 맺고 있다. 한국의 외국인 강사들에게 유감을 표한다. 도대체 둘 사이에 어떤 관계가 있는지? [낄낄]

버거슨 : 정부의 새로운 비자 방침은 그 캐나다 외국인 사건에 대한 반응이라고 볼 수 있겠지. 하지만 아이

러니하게도 그는 한국에서는 어떤 불법적인 행위도 하지 않았다. 그러니 이런 사건이 정부와 매체가 희생자를 비난하는 한 예라고 할 수 있지 않나? 실제로는 아무 상관 없는 영어 강사들에게 덮어씌우는 것처럼.

매트밴 : 새로운 법규가 나쁜 것만은 아니다. 단지 너무 급하게 발효되었다는 것이지. 내 생각에는 '파티 사진' 사건이 일어나면서 상황이 최고조에 달한 듯 보인다. 가장 큰 아이러니는 그 캐나다 사내는 새 규정을 통해서도 쉽게 비자를 얻을 수 있다는 것이다. 이곳에서 아무런 범죄경력이 없으니까. 정부는 그런 부분은 미처 생각해 보지 않은 것 같다.

버거슨 : 한국에 있는 원어민 강사들의 질을 향상시키기 위한 대안을 제시한다면?

매트밴 : 새로운 규정들은 바른 방향으로 가기 위한 첫 걸음이겠지만, 지극히 일방적이다. 오히려 학원계의 부패나 학원 원장들에게 초점을 맞추는 것이 좋을 텐데. 또 새로운 규정들은 한국에 오랫동안 머물렀던 외국인에게 불리하게 작용한다. 그들이 계속 머물러 있기를 원하면 비자를 연장하기 위해서 한국을 떠났다가 다시 돌아와야 하니까. 원래 있던 이들에게 유리한 조건을 제시하기 위해 처음 오는 외국인들에게 엄격한 규정을 적용한다면 그것은 납득할 수 있다. 하지만 신입에 대한 규정이 까다로워지면서 동시에 기존 사람들까지 불리하게 만들고 있으니까 문제이다.

버거슨 : 소위 한국의 세계화를 향한 열망이 이런 경우에는 한풀 꺾인다고 할 수 있겠다. 이건 자신의 문제를 파헤치기보다 다른 사람을 희생양으로 만드는 부정적인 형태의 민족주의 같은데.

매트밴 : 맞는 말이다.

## 더 넓은 세상으로

버거슨 : 대학에서 역사를 전공했는데, 이때 이미 정치적 급진파였나?

매트밴 : 아마 고등학교 때부터일 것이다. 어떤 잡지를 읽던 급진파 사람들의 인터뷰는 하나도 빼놓지 않았다. 내가 자란 곳은 꽤 보수적인 동네인데, 내가 다니던 대학의 학생 신문은 꽤 급진적이었다.

버거슨 : 그런 사상적 발달의 시초가 되는 어떤 특별한 사건이 있었나?

매트밴 : 특별히 그렇진 않고 단계적이었다. 대학 졸업 후 유럽을 여행하면서 스페인 시민 혁명과 무정부주의의 역사에 대해서 공부하고, 내가 진정한 무정부주의가 무엇인지 몰랐다는 걸 깨닫긴 했지만.

버거슨 : 정치적 도구로서 폭력을 행사한다는 것을 개인적으로 어떻게 생각하나?

매트밴 : 흥미로운 질문인데. 10만 원 권의 인물로 김구가 선정되었던 것이 떠오른다. 그는 일본의 입장에서 본다면 암살자에 불과하지만 한국인들에게는 위인이다. [냉소적으로 낄낄거림] 나는 어느 정도의 정의로운 정치적 폭력은 허용된다고 생각한다. 가령 거리로 나가 아무나 죽인다면 그건 '살인자'겠지만, 대통령을 죽인다면 '암살'이고 정치적인 사건이 되겠지. 사람들이 명백한 살인자를 어떻게 다른 방향으로 차별하는지 흥미롭지 않나?

버거슨 : 불균형적인 권력구조가 있다면 정당화될 수 있다는 것인가?

매트밴 : 상황에 따라서 달라지겠지만, 많은 사람들이 그렇게 믿는 경향이 있다고 생각한다. 많은 미국인들이 알카에다 우두머리들이 암살되는 것을 보면서 '좋은 일'이라고 이야기하지 않는가.

버거슨 : 암살자를 10만 원짜리 지폐에 담는다는 것이 정말 흥미로운 일이지.

매트밴 : [웃음] 만약 다른 사람을 꼽으라면, 나는 신채호를 택하겠다. 그는 '민족'의 개념을 세운 사람이고, 이를 단군신화로 결합시킨

인물이니까. 그는 단일 혈통이라는 개념의 한민족 공동체를 만들었다. 오늘날에도 이것을 가르치고 있고 많은 사람들이 인정하고 있다. 아이러니하게도 그는 이후 '조선혁명선언문'을 쓴 무정부주의자가 됐고, '동방무정부주의자연맹'에 합류했다. 1928년 대만에서 연맹의 자금을 만들기 위해 화폐를 위조하다가 잡혔고, 결국 감옥에서 사망했다. 흥미롭지 않은가? 한국 민족주의의 창시자라 할 만한 이가 무정부주의자가 됐다니.

**버거슨** : 아마도 지폐에 들어간 인물이 암살자라는 것이 무정부주의자라는 사실보다는 덜 '논쟁거리' 겠지, 안 그런가?

**매트밴** : 글쎄, 난 오늘날 이 땅의 사람들이 어떤 정치적 색채를 띠었든지 상관없이 독립 혁명가들을 인정하고 받아들이는 경향이 있다고 생각한다. 박열 같은 무정부주의자 역시 보이지 않게 노력했다고 존경받으니까.

**버거슨** : 어떻게 한국에 오는 것에 흥미를 갖게 됐니?

**매트밴** : 한국계 캐나다 친구 한 명이 한국에 가서 영어를 가르친다고 하면서 "너도 한국에 와 봐. 재미있는 것도 많고 흥미로운 곳이야."라고 했다. 솔직히 한국에 대해서 그리 아는 것은 없었지만, '집에 눌러앉아 있는 것보다는 흥미로울 거야.'라고 생각했다.

**버거슨** : 한국의 무정부주의자들과 관계를 맺게 된 계기는?

**매트밴** : 대학 동기인 제이미는 나보다 더한 '운동권 학생'이었는데, 그가 인터넷을 뒤지다 '아나클랜'이라는 사이트를 발견했다. 한국 무정부주의자들이 조직화되어 있는 곳으로, 무정부주의자 무료 학교를 운영하여 몇 명의 외국인이 영어를 가르치고 있었다. 그들이 중요시하는 것 중 하나가 이주노동자들을 위한 운동이었고, 제이미는 열

이주노동자들이 명동성당에서 시위를 벌이고 있다.

심히 그 일에 참여했다. 나는 그 모임을 적당히 알고 지냈지만, 몇몇 이주노동자 운동에는 참여했다.

**버거슨**: 이주노동자들을 위한 시위에 참여했을 때 가끔 명동성당을 방문했을 텐데?

**매트밴**: 그렇다. 2003년에 6개월 정도 집에 갔다가 돌아왔을 때, 그들은 불법 노동자들에 대한 대규모 추방에 반발해 명동성당에서 시위를 벌이고 있었다.

**버거슨**: 그 운동의 영향력에 관해 어떻게 생각하나?

**매트밴**: 어느 정도 성공적이었다고 본다. 대법원에서 그들이 결성한 연합을 인정해야 한다는 판결을 내렸으니까. 정부는 절대 이를 인정하지 않았고 리더 3명을 구속해 추방할 예정이었다. 불법 이주노동자들에 관한 정부의 옵션은 그저 '추방시키거나 체포하거나' 뿐이다. 하지만 밑 빠진 독에 물붓기이다. 어차피 또 새로운 사람들이 올 테니까. 물론 그들이 불법으로 지내는 것은 부당한 일이지만, 그들은 이곳에 오기 위해 돈을 지불했고 그것을 갚기 위해 좀 더 일을 하다가 돌아가려는 것뿐이다. 하지만 정부는 그들이 더 오래 머무를 수 있는 법

적인 방향을 모색하고 있지 않다.

버거슨 : 외국인 노동자의 역할에 대한 정부의 양면적인 입장을 볼 수 있지 않나? 그들이 필요하다는 것을 인정하지만, 동시에 심하게 규제하며 이곳에 있기 힘들게 만든다. 세계화를 이루자는 주장과 다소 모순된 점이 있다.

매트밴 : 맞는 말이다.

## 다양한 연결고리를 맺기 위해

버거슨 : 2005년 5월에 블로그를 열었다. 광주항쟁 기념일 경인데, 어떤 연관성이 있나?

매트밴 : 한 블로그에서의 논쟁이 큰 원인일 것이다. 광주항쟁이 누구의 잘못이었나에 대해 많은 사람들이 '시위자들의 잘못'이라고 댓글을 달았다. 그에 대해 의견을 제시하려고 했는데, 너무 길어질 듯해서 나만의 블로그가 필요하다는 생각이 들었다.

버거슨 : 미국의 관여에 관한 생각은 어떤가? 미국에 책임이 있다고 생각하나?

매트밴 : 미국은 아마 미리 전두환에 대해서 어떤 조치를 취할 수 있었을 것이다. 1979년 12월의 쿠데타 같은 일이 벌어지기 전에 말이다. 하지만 당시 그들이 선택할 수 있는 것은 기본적으로 경제적 제재나 군사적 제재뿐이었고 한미 관계를 따져볼 때, 특히나 냉전 중이었으니, 불가능한 일이었다. 미국이 남한을 약화시키는 일을 할 가능성은 낮았고, 결국 미국은 전두환이 원하는 대로 내버려두어야 했다. 종종 오해되곤 하는 부분이 광주로 간 낙하산 부대에 관한 것이다. 그들의 폭력적인 행태가 항쟁을 폭발시켰다고 하는데, 미국이 그들을 조종한 것은 아니었다. 낙하산병들은 박정희가 죽기 직전 부산과 마산에서 같은 목적으로 이용되었다. 당시 그들은 조금 폭력적이었을 수

는 있지만 누구도 죽이지는 않았다. 그러나 전에 없던 잔혹한 사건이 광주에서 일어났다. 근본적으로 전혀 다른 명령 때문이었다. 부산과 마산에서는 사람들을 해산시키라는 명령을 받았지만, 광주에서는 시위자들을 잡아 체포하라는 명령을 받았고, 이것이 사태를 잔인하게 만들었다. 미국은 꽤 오랫동안 광주에서 어떤 일이 일어나는지 알지 못했고 며칠간의 그 극악무도한 일을 알지 못했던 듯하다. 실제로 미국은 공동 지휘 아래에 있는 군인의 투입에 대해 승인할 필요가 없었다. '승인' 혹은 '비승인'에 관련된 권한 자체가 없었다. 단지 '제안' 할 수 있었을 뿐. 그들은 군사 이동에 대해 미리 보고는 받았지만, 그것을 승인하거나 비승인할 수 없었다. 그 후의 문제는 미국 대사인 글레이스틴William H. Gleysteen에게 있다. 그는 이런 용어 사용에 관해 제대로 이해하지 못했다. 그래서 그는 '승인'이라는 단어를 사용했고, 미 국무부에 있는 일부 사람들이 매체를 상대로 이 용어를 늘어놓았다. 대한민국 육군은 5월 16일, 즉 광주항쟁 이틀 전, 한미연합사령부에 20사단을 이동하겠다고 통지했고, 이에 대한 답변은 "당신의 요구는 승인되었다."였다. 내가 읽은 책은 이에 대해 "이로써 미국은 모든 것을 승인해야만 했다."라고 쓰고 있다. 미국이 20사단의 광주 투입을 승인했고 이는 결국 항쟁으로 이어지게 됐는데, 모든 것은 전두환 측에서 교묘히 사실을 왜곡한 것이다. 요점은 20사단이 이미 5월 16일에 이동했는데 전두환은 여전히 광주로 군인들을 보내는 것이 괜찮겠냐고 요청하고 있었다는 것이다. 이미 자신의 지휘권 아래 그들을 부리고 있었는데. 나는 그가 굳이 허가가 필요한 것처럼 '보이게' 행동했다고 생각한다. 당시 미국은 지면을 통해 '양측의 화해'를 바란다는 미국의 입장을 표명하길 원했지만 전두환은 미국이 초기 진압을 위해 낙하산부대의 사용을 승인했다고 발표했다. 이런 이유로 나는 미국이 광주항쟁과 관련하여, 혹은 항쟁의 출발점에 군대를 보낸 만행에 대해 비난 받는 것은 옳지 않다고 생각한다. 나는 그 비극의 가장 큰 책임은 전두환에게 있다고 본다. 미국은 좀 더 한국을 압박하지 않았다는 점 때문에 비난 받을 수도 있다. 그러나 당시 전두환이 방송 매체를 통제하고 광주에서 흘러나오는 모든 정보를 장악했기 때문에 "총은 든 폭도들이 도시를 장악했다."는 군부대의 주장을 그대로 믿었는지도 모른다. 물론 미국이 완전히 이 비극에서 발을 뺄 수는 없다. 특히 그들이 항쟁 후에 전두환에게 우호적이었다는 점에서. 안정을 최우선으로 했기에 미국은 전두환을 지지하기로 결정했다. 이런 점에서 미국이 비판에서 완전히 자유로울 수는 없다는 것이다. 호레이스 언더우드Horace G. Underwood가 "전두환은 성조기로 자신의 몸을 감싸고 있다. 만약 미국이 그것에 대해 아무 조치도 내리지 않는다면 미국은 미래에 그에 따른 값을 치러야 할 것이나."라고 한 것처럼.

**버거슨 : 블로그란 무엇이라고 생각하나?**

매트밴 : 인터넷을 통한 자기표현의 한 방법? 꾸준히 업데이트되고, 최근 순으로 정렬되며, 올라온 글에 대한 논의가 가능한 개인 웹사이트? [웃음]

**버거슨 : 그렇다면 블로그의 '이상적인' 역할은……**

매트밴 : 물론 주요 미디어에서 말하고 있지 않은 무언가를 보고 비판하는 것 – 그것이 '이상'이지 않을까.

**버거슨 : 한국 인터넷의 독특한 구조적 특성을 꼽는다면?**

매트밴 : 외국인들에게 조선은 '은자의 왕국'으로 알려졌었다. 스스로 세계로부터 고립시켰기 때문에. 오늘날 한국의 인터넷도 비슷하

다. 외국인이 한국 사이트에 가입하려면 대체로 외국인 등록번호를 입력해야 하고, 실제로 이 나라에 거주해야 한다. 따라서 언어장벽은 차치하고, 이곳에 거주해야 한다는 조건은 다른 모든 국가를 배제시키는 것이다. 이것이 가장 먼저 떠오르는 특징이고, 다음으로는 권력의 집중화. 대부분의 웹 서치는 대형 포털을 통해 이루어지고, 결과 역시 한국의 사이버 공간에 기초한 페이지들을 보여주는 데 치중한다. 한국 웹사이트와 다음 카페, 네이버 블로그 같은 것들, 그리고 아주 극소수의 외국 웹사이트들 정도? 심지어 영어로 검색을 해도 그렇다.

**버거슨**: 다른 특성이 또 있나?

**매트밴**: 사이버 공간과 실제 도시 공간이 시위와 관련하여 이용되는 방법이 흥미롭다. 세계 어느 곳을 가도 시위는 있기 마련이지만 이곳은 특히 많은 곳 중 하나이다. 그들은 종종 특정 장소를 '차지하기' 위해서 노력하곤 한다. 온라인에서도 같은 현상이 일어난다는 점이 재미있다. 가령 2006년 월드컵 때 한국이 스위스에 패한 후 그들은 스위스의 골이 오프사이드였다고 주장했고, 진위 여부를 떠나서, 많은 네티즌이 FIFA 웹사이트를 공격했다. 이런 일은 종종 목격된다. 악플도 그렇고. 잔인할 정도의 댓글을 남기곤 하는데, 이런 악플을 비관해 자살한 연예인도 있으니까.

**버거슨**: 생각이나 행동, 양식 같은 문화 구성 요소들이 온라인상에서 얼마나 빠른 속도로 번지는지 보면 놀라울 때가 있다. 특히 이곳은 규모가 작은 나라이다 보니, 특정한 반응이나 민족주의적 혹은 파시스트적 대응까지도 이끌어낼 수 있다.

**매트밴**: 미디어가 이런 면에서 어떻게 결탁했는지 역시 흥미롭다. 앞서 말한 한국-스위스 전의 경우 영국 BBC 방송에서는 정면 각도에서 문제의 골 장면을 보여주며 "주심의 판단이 맞고 선심이 틀렸

다."고 했다. 반면 한국의 미디어는 조금 다른 앵글에서 보여주었는데, 그 앵글에서는 마치 오프사이드처럼 보였다. 그래서 많은 사람들이 이를 믿게 되었고, 그 후 "수만 명의 사람들이 FIFA 웹사이트에 들어가서 탄원하면 재경기를 할 수 있다."는 루머가 퍼졌다. [머리를 흔들며] 터무니없는 일이다. 절대 그런 일은 일어나지 않으니까.

버거슨 : 인터넷이 소위 냄비문화를 가속시키는 연료가 되고 있다고 볼 수도 있나?

매트밴 : 그렇다고 생각한다. 한국에서 많은 이들이 온라인에 뛰어든 까닭에 상황은 점점 더 빨리 돌아가고 있다. 이른바 '시민 참여'를 가능케 하는 거지. 게다가 네이버 같은 거대 포털 사이트 등의 탄생으로 더욱 심화되었다. 만일 검색어 1위가 되면 더 많은 사람들이 그것을 보게 되고, 이런 식으로 정보가 빠르게 유통된다. 이를 통해 '냄비문화'라 할 만한 현상이 가속화되는 것이다.

### 무엇을 위해서인가?

버거슨 : 또 하나의 주요 관심거리는 서울의 도시 개발이었다. 왜 그런 문제에 관심을 갖게 됐나?

매트밴 : 특히 서울의 역사적인 사진들을 보면서였던 듯하다. 그리고 한 블로그에서 식민지시기에 진행된 서울의 개발에 대해 논쟁을 벌인 후 그것에 대한 글을 쓰면서 더욱 구체화되었다. 나는 서울시에서 발행한 『사진을 통해 본 서울』 같은 역사적인 사진책 분야에 관심이 있었다. 당시 비슷한 종류의 책을 여러 권 읽었다. 이런 간접적 관심 위에 여기 방화 지역에서 재개발이 시작된다는 사실이 더해졌다.

버거슨 : 7년 전 이곳에 온 이후로 서울은 어떻게 변했나?

매트밴 : 굉장히 빠르게 변하고 있다. 수많은 사업들이 쏟아져 나오

2002년 청계천 개발이 이루어지기 전과 2006년 새로운 모습으로 다시 태어난 후의 청계천

고, 하루아침에 새로운 빌딩이 세워진다. 대체로 빌딩이 들어서기 전의 모습이 더 흥미로운 편이지. 나는 자연스럽게 뉴타운 계획에 흥미가 생겼다. 그것은 청계천 개발과 더불어 서울의 가장 큰 사업이다. 애초에 뉴타운 개발은 강북을 살기 좋은 곳으로 만들어 강남의 부동산 가격 폭등을 상쇄한다는 것이었다. 강북 지역들을 대규모로 재정비한다는 것이지. 이 개발 계획은 2007년까지 마무리할 예정이었는데, 나는 당시 이명박 서울시장이 사업의 성과를 대선에서 활용하려고 하지 않았을까 생각한다. "내가 이룬 것을 보십시오. 정말 멋진 뉴타운 아닙니까?" 불행하게도, 사업은 예상보다 천천히 진행되었다.

버거슨 : 뉴타운 개발의 처음 목적이 강남으로 집중된 불균형을 해소하려는 것이었다는 건가?

매트밴 : 그렇다. '대안'을 제시해 부동산 가격을 내린다는 거였지.

버거슨 : 하지만 그 부분에 대해 그다지 동의하지 않는 듯한데?

매트밴 : 그렇다. 그저 뉴타운 지역의 가격을 올리는 데 그치지 않을까? 개발이 어려움을 겪는 주요 이유 중 하나가 그것이 아닐까 싶

(좌) 2007년 길음 뉴타운 공사현장에 이웃을 모두 잃은 집 한 채가 외롭게 서있다.
(우) 재개발 지역의 건물들을 모조리 부숴버린 굴삭기가 자신의 업적 위에 당당히 올라서 있다.

다. 뉴타운으로 지정된다는 소식이 전해지면 땅값이 갑자기 치솟는다. 개발업자들은 그 정도로 보상액을 지불하고 싶어 하지 않고, 사람들은 그 정도는 받아야 한다고 주장하지.

**버거슨** : 그렇다면 뉴타운에 이점이 있다고 생각하나? 아니면 대부분 손실이 크다고 보나?

**매트밴** : 뉴타운은 한 번에 대규모의 중심지역을 짓는 것이다. 일반적으로 조금씩 개발이 진행되는 것과 다르게 말이다. 나는 작은 형태의 개발을 '소규모 개발'이라고 부르고 싶다. 이는 낙후된 동네의 작은 구역을 정리하는 방식이다. 새로 아파트가 지어지기는 해도 그것은 원래 있던 동네의 한 부분이 된다. 반면 정부에서 대규모의 구역을 새로 만들고 나면 그곳은 마치 강남의 한 지역처럼 보일 것이다. 문제는 이 새로운 강남은 진짜 강남처럼 정비된 교통망 등을 갖추지 못했다는 것이다. 뉴타운에 이점에 대해서는 – 글쎄, 사람들이 아파트에 살고 싶어 한다면, 더 많은 아파트를 짓는 것이 좋은 소식이겠지. [웃음]

**버거슨** : 신도시 계획으로 인해 많은 사람들이 추방당했다.

매트밴 : 그렇다. 길음 뉴타운의 한 구역에서는 원래 거주하고 있던 사람들 중 고작 36퍼센트 정도만 머물 거라고 본다. 나머지는 떠나야겠지. 새 아파트를 살 여건이 되지 못하니까. 이런 모습이 1960년대부터 꾸준히 이루어진 전형적인 서울의 재개발 형태이다.

**버거슨 : 이곳 방화동의 재개발에 대해 상세한 내용을 글로 썼다. 가령 제일주택 건이라든가. 이러한 일에 대한 주요 관점은 무엇인가?**

매트밴 : 역사적인 기록 같은 것이다. 무슨 일이 벌어지고 있는지 글로 보여주는 거지. 친구 중 한 명이 그곳에 살았기 때문에 나는 그곳을 찾아 사진을 몇 장 찍었다. 그리고 근처 빌딩의 옥상에 올라가서 몇 장을 더 찍었다. 이후로 거기서 공사가 진행되는 것을 보곤 했다.

**버거슨 : 한국의 전반적인 개발 형태에 대해 어떤 의견을 갖고 있나? 이곳에서는 개발이 나라의 발전에 '좋다' 거나 '이롭다' 는 식으로 맹종되는 경향이 있지 않나?**

매트밴 : 전속력으로 달리는 기차라고나 할까. [가볍게 웃으며] 가령 청계천 공사는 2년 만에 해냈지. 대체로 심미적인 감각에 대해 고심하지 않은 채 개발을 위한 개발을 진행하는 것처럼 보인다. 이들이 아름다운 건물을 짓고 있나? 아니, 그저 지루한 고층 건물을 또 하나 올릴 뿐이다. 종로1가처럼 역사적인 동네조차도 그저 '새로운' 것이 좋다는 듯 밀어버린다. 콘크리트로 만든 거면 다 좋다는 듯. 대부분의 사람들은 오래된 것에 별로 관심이 없다. 강남에 사는 많은 사람들에게 피맛골 같은 곳은 그저 '더러운 동네'에 불과할지도 모르지. 그들은 그곳이 애초에 존재하지 않았던 것처럼 잊어버린다. 마치 자신들은 결코 가난했던 적이 없었다는 듯, 가난한 나라가 아니었다는 듯.

**버거슨 : 도시 개발에 대한 글에 인간 개발 – 가령 성형 수술 같은 – 에 대한 글을 링크해 두었던데, 그러한 두 가지 현상이 한국의 미래 목표와 열망을 반영하는**

더 큰 패러다임이라고 보는 건가?

매트밴 : 그렇다. 문제는 무엇을 위해 하느냐는 것이다. 왜 사람들이 오래된 동네에 새로운 아파트를 지으며 끊임없이 개발하려고 할까? 그건 '진보'의 표시이다. 하지만 그것은 매우 번잡하고 성가신 일이다. 특히 쫓겨나는 사람들에게는. 그것은 실제적인 파괴행위이지. 성형수술도 그런 면이 있다. 언젠가 블로그에서 글을 읽었는데, 성형수술 과정에서 멀쩡한 이를 뽑기도 한다는 것이다. 그리고 빈자리에 새로운 치아를 박아 넣는 것이지. [고개를 저으며] 어떻게 그럴 수가 있는지. 나는 그저

세일주택을 비롯한 저층 빌라들이 헐린 뒤의 모습과 그 자리에 완공된 아파트의 모습

"맙소사, 끔찍하군."이라고 했을 뿐이다. 사람들이 자기 자신을 '팔 수 있는' 것으로 만드는 것이 놀랍다. 특히 몇몇 연예인들은 완전히 예전의 얼굴을 부숴버리고 '이상적'으로 새롭게 짓는다.

버거슨 : 결국 이상적인 미의 기준이 있다는 것이지. 아파트 역시 그런 기준이 있고. 참으로 유사하지 않은가?

매트밴 : 좋은 지적이다.

버거슨 : 이 두 가지 경우는 많은 한국인들이 있는 그대로의 모습에 만족하지 않는다는 걸 보여주는 듯하다. 또 결과를 지금 '당장' 얻고자 하고. 그들은 미래로 가는 지름길을 원한다. 한국에서 벌어지는 미칠 듯 날뛰는 개발 패러다임과 다시 연결

되는 면이다. 기본적으로 서울은 꽤 발달된 도시이다. 그러니 앞으로의 개발이 좀 더 천천히 진행되어도 괜찮지 않을까? 대신 삶을 좀 더 즐기면서.

매트뱁 : 하지만 사람들은 그렇게 하지 않을 것이다. 뉴타운 계획들을 살펴보니 목동의 서쪽 지역과 대부분의 화곡동 지역이 모두 해당되었다. 거대한 규모이다. 어마어마한 넓이의 땅이 사라지는 것이다. 게다가 용산 역시 한강을 중심으로 한 개발이 진행되고 있다. 이촌동의 아파트 재개발에서 한남 뉴타운까지. 용산의 75퍼센트가 밀릴 것이다. 그리고 다시 새롭게 지어지겠지. 굉장하지 않나. 국민의 돈으로 그들의 공동체를 파괴하는 것이다.

버거슨 : 생활환경 면에서 보는 서울은 어떤가?

매트뱁 : 나는 여러 면에서 서울을 좋아한다. 에너지를 갖고 있지. 대중교통 환승 시스템이라든가 하는 작은 면들도 매우 편리하다. 그러나 공원과 나무가 부족하다. 시각적으로도 아파트가 펼쳐진 풍광보다는 좀 더 오래된, 빌라들이 늘어선 경치가 더 좋다.

버거슨 : 도심 대신 다소 시골 분위기가 나는 지역에서 살기로 결정한 이유가 무엇인가?

매트뱁 : 이곳은 무척 흥미로운 곳이다. 꾸준히 소규모 개발이 일어나고 있고, 지하철 9호선 공사도 진행됐지. 게다가 인천공항으로 연결되는 공항철도도 생겼다. 마곡동도 상당한 규모의 개발이 진행 중이라고 할 수 있다. 나는 이러한 개발을 그다지 환영하지는 않는 사람이다. 근처에 산들이 있어서 산악자전거를 타곤 했는데 아쉽다. 한강도 가까워서 자전거를 타고 돌아다니는 걸 즐겼는데. 이곳은 서울의 끝자락이라 도심과 변두리의 경계 정도의 분위기가 있었다. 서울에서 대규모 경작이 이루어지고 있는 마지막 지역이라고 할 수 있다. 사방

김포공항에 인접한 마곡동은 서울에 남은 마지막 대규모 농작지라고 해도 과언이 아니다. 그리고 이러한 시골풍경이 매트가 이곳에 오랫동안 거주한 이유이기도 하다.

이 도시로 둘러싸인 일종의 오아시스라고 할 수 있지. 그나마도 이제는 사라질 예정이다. 이렇게 오랫동안 미개발지역으로 남아 있던 것이 이상할 정도 아닌가? 작년 여름 어느 날 밤에 나는 들판에서 개구리가 우는 소리를 들었다. 나는 '몇 년 지나면 이런 풍경도 사라진다니 너무 아쉽군.' 하고 생각했다. 하지만 몇 달 후에 내가 틀렸다는 것을 알았다. 공항철도 노선을 위해 땅을 파느라 개울 위쪽이 모두 헤집어졌고 벽이 놓였기 때문이다. 결국 몇 년이 아닌 몇 달 만에 사라진 것이지.

### 항상 새롭고 흥미로운 것들

버거슨 : 블로그를 운영한 지 여러 해가 지났는데, 삶에 어떤 영향을 끼쳤다고 생각하나?

매트밴 : 글쎄, 블로그에 글을 쓰지 않았다면 관심거리가 생겼을 때 그저 대략 훑어보고 말았을지도 모른다. 그러나 나에게는 창구가 있고, 그것은 나에게 더 파고들어 살펴보고 더 깊이 생각하도록 격려했다. 그리고 다른 블로거들처럼 새로 알게 된 사람들도 있고.

버거슨 : 사이버 공간에 존재하는 자아를 계속해서 구성하고 다듬어 가기 마련인

데, 온라인상의 자아와 오프라인상의 자아 사이에 다른 점이 있나?

매트밴 : 아, 나에게 그것은 실용주의 같은 거다. 나는 내 블로그에 평소보다 유머를 많이 담지 않는다. 내가 온라인상에 구축한 성격은 하나의 단면에 불과하다 - '학구적인 비평가' 랄까? 시간이 지날수록 '약간의' 유머를 가미하긴 하지만.

버거슨 : 예전보다 오늘날 한국의 엑스팻 블로고스피어blogosphere(커뮤니티나 사회 네트워크 역할을 하는 모든 블로그의 집합)가 더 강해졌다고 보나? 혹은 이 모든 것들이 그저 일종의 유행으로 점차 시들해질 것으로 생각하나?

매트밴 : 음, 그럴 수도 있지. 적어도 지금은 의사소통의 매체로서 인기가 높다.

버거슨 : 한국과 관계된 엑스팻 블로그와 한국어로 된 블로그가 공유하는 부분이 많지는 않은 것 같은데, 이유가 무엇이라고 생각하나?

매트밴 : 음, 일차적인 문제점은 언어장벽이다. 하지만 나는 구조적 요인들도 작용하고 있다고 본다. 한국의 인터넷과 서양 인터넷은 근본적으로 다른 식으로 이루어져 있다. 즉 한국은 다소 폐쇄적이다. 포털 사이트의 검색 결과나 다른 모든 것들이 기본적으로 한국어 블로그와 밀접하게 이루어져 있어서 엑스팻 블로그를 발견하는 것이 어렵다. 어떤 블로그는 대부분 한국어로 글을 쓰는데도 한국인보다 외국인이 많다. 결국 한국 블로고스피어의 전반적인 문제점은 서구 블로고스피어와 연결되어 있지 않다는 것이다.

버거슨 : 그런 점이 실제 대한민국과 이곳에 있는 엑스팻 커뮤니티 간의 거리를 반영하거나 묘사하고 있다고 보나? 한국의 엑스팻 블로고스피어는 이태원이나 해방촌 같은 외국인 밀집 지역이 실제로는 별다른 영향력을 미치지 못하는 것처럼 이 사회에 큰 목소리가 되지 못할 거라는 건가?

**매트밴** : 아마도. 해박한 블로거들의 경우 이곳에 여러 해 이상 머문 이들이 많다. 결혼을 한 이도 있을 거고, 한국인 친구들도 많이 있겠지. 한국어도 제법 유창할 테고. 하지만 한국에서 그들의 이야기가 영어로 되어 있는 한 그것은 그다지 영향력을 갖지는 못할 것이다.

**버거슨** : 이를 테면 그것은 일종의 사이버 게토 ghetto (유대인 강제 거주 구역 같은 특정 집단의 거주지)인가? 한국인들에게 닿지 않는다면 아무리 지식이 해박한들 별로 중요하지 않다는 말이다. 한국 사회의 문제점에 대해 역설해도 그들의 귀에 닿지 않는다면 시간 낭비일 뿐이니까.

**매트밴** : 그렇다. 이곳의 엑스팻 커뮤니티는 그야말로 파편 조각들이니까. 그러나 미국에서 한 무리의 한국인 블로거들이 한국어로 글을 쓴다면 같은 처지가 될 것이다 - 사회 전반에 영향력을 행사하기는 어려울 테지.

**버거슨** : 제법 오래 한국에 있었는데, 매번 한국에 더 머물고 싶으냐고 물으면 확실하지 않다고 대답한다. 늘 유동적인 상황인 건가?

**매트밴** : 단기적인 면에서는 가늠할 수가 있다. 가령 한국과 관련된 연구로 석사학위를 받는다든가. 하지만 주저되는 부분도 있다 - 내가 그만큼 학교로 돌아가길 원하는지 잘 모르겠다고 할까.

**버거슨** : 그렇다면 블로그는 당분간 계속 유지하게 되겠다.

**매트밴** : 그렇다. 그것들을 한데 모아 다양한 주제를 묶은 책을 쓰고 싶다는 생각도 있다. 하지만 지금만 해도 아직 마무리 짓지 못한 긴 포스트들이 10개나 남아있다. 언젠가는 끝내야 하는 것들인데, 양이 만만히 않아서 주춤거리게 된다. 게다가 이야기할 가치가 있는 새로운 일들이 끊임없이 일어난다. 나는 그저 앉아서……. [컴퓨터 타이핑하는 흉내를 내며 웃음]

버거슨 : 모든 연결고리를 추적하려면 언제 끝날지 모르겠다.

매트밴 : [고개를 끄덕이며] 그것이 나의 문제이기도 하다. 나는 상당히 '완벽주의자' 적인 경향이 있어서 "정확히 무슨 일이 일어난 거지?" 하며 파고든다. 그러고 나서 30분 동안 가만히 앉아 이 작은 조각을 찾아 헤매곤 한다 - 그 기사에서 내가 놓친 듯한 작은 진실들 말이다.

버거슨 : 인터넷은 정말 무한한 분야로군······.

매트밴 : [웃음] '도道' 라고 할 수 있다. 빈 잔을 계속 채우는 거지.

www.populargusts.blogspot.com

# 드라마보다 드라마틱한 인생을 열연하다

## Zane Ivy
### 유제인(미국)

　유제인은 그동안 한국 텔레비전에 종종 등장했다. 2002년부터 2007년까지 그는 '신비한 TV 서프라이즈'의 고정 멤버였고, 또한 '명성황후', '올인' 등의 드라마에도 출연했다. 하지만 그는 브라운관 속에서 연기했던 자신의 캐릭터보다 실제 생활에서 더 흥미로운 삶을 살고 있는 사람이다. 체로키 족Cherokee(아메리카 인디언 부족)의 피를 물려받은 제인은 1975년 한국에 처음 와서 1995년에 완전히 정착했다. 그 사이에 그는 영어를 가르쳤고 사우디아라비아나 미크로네시아 같은 먼 나라의 비밀스런 종교에 굉장히 심취해 있었다. 한국에 정착하면서부터는 서울의 엑스팻 커뮤니티에서 행위 예술가와 화가, 시인으로 유명세를 얻었다. 여러 해 동안 그는 이태원에서 열린 '서울 아티스트 네트워크'의 공연에서 사회를 봐왔다. 만약 그가 아직까지 전설적인 인물이 아니라면, 감히 말하지만 그건 시간문제일 것이다!

　2007년 제인은 무어정교회Moorish Orthodox Church에 합류하면서 더 커다란 삶의 변화를 맞게 됐다. 그는 북아프리카 스타일의 쿠피 모자를 쓰고 갈라비야galabiyya(긴 원피스처럼 생긴 아랍 전통 의상)를 입거나 이

슬람의 전통 의상인 긴 가운을 두르고 다니기 시작했다. 그에게는 인생 자체가 재미있는 드라마였을 것이고, 그가 그 삶을 연기하는 모습은 꽤 행복해 보였다. 나는 서울의 석관동에 있는 그의 빌라에서 긴 이야기를 나눴다. 그는 2000년에서 2005년까지 몸을 담고 있었고 2007년 봄부터 다시 시작한 고려대학교의 신학기 수업을 준비하고 있었다. 그 사이에 그는 세종대학교에서 아시아학 박사과정을 마쳤다. 내가 제인을 알고 지낸 지는 10년이 넘었고, 그는 이 어지러운 세상에서 믿고 지낼 수 있는 가장 친한 친구 중 한 명이다. 더하여서 그는 나의 전우이자 혁명의 동지이다.

**버거슨 :** 이 지역에서 4년 넘게 살았는데, 이웃들과는 잘 어울리나?

**유제인 :** 그다지 어울리지는 않지만 앞집의 할머니나 그 옆집에 사시는 할아버지 등 몇몇 사람들과는 잘 지내고 있다. 처음에는 조금 힘들었다. 아마 사람들은 외국인이 생소했을 것이다. 내가 드럼을 연주했을 때는 경찰이 오기도 했지. 1년쯤 지나니 서로 익숙해졌다. 물론

드럼은 더 이상 치지 않는다. 경찰이 오는 건 반갑지 않으니까.

**버거슨 : 2007년에 무어정교회로 개종했다. 이웃 사람들은 새로운 모습을 보고 어떤 반응을 보이던가?**

유제인 : 뭐, 그다지. 자기들끼리 이야기할 수는 있겠지만. "저 외국인이 이번에는 또 뭘 하는 거지?" 많은 사람들이 나를 '서프라이즈 아저씨'라고 부른다. [웃음] 몇몇 사람들이 나를 '쳐다보긴' 하지만 한 번도 "왜 옷을 그렇게 입고 다니지?" 하고 물어본 적은 없다.

**버거슨 : 어떻게 무어정교회에 관심을 갖게 됐나?**

유제인 : 나는 한 번도 현대사회에 확실하게 뿌리를 내린 적이 없다. [웃음] 반쯤은 마술사 같은 가족과 함께 자랐으니 어쩔 수 없지. 어린 시절 우리 집은 오순절 교회파(Pentecostal)였다. 할아버지와 할머니가 1900년대 초 오순절 성령부흥회에 참여한 후 기독교인이 됐기 때문이다. 할머니는 굉장히 신실했지만, 할아버지는 진정한 의미에서 종교인은 아니었을 것이다. 그는 부랑자였고, 2명의 아내와 2개의 가족이 있었다. 결국 할머니 혼자서 아이들을 돌보다시피 했지 - 무려 12명의 아이들을. 내 생각에 할머니는 '악마를 물리쳤다'고 할 수 있다. 어쨌든 영성靈性은 가족사에서 큰 부분을 차지하고 있고, 그 때문에 나는 무언가 색다른 일을 시도하고 파고들며 긴 여정을 걸어왔다.

**버거슨 : 어렸을 때는 오순절 교회 신도였다는 것이군.**

유제인 : 그렇다. 내가 선택한 건 아니지만. 일주일에 3번은 교회에 끌려갔다. 그러다가 십대에는 무술에 빠져들었다. '아시아의 것'을 새롭게 경험하는 계기였지. 특히 오키나와 형식의 가라테를 시작했고, 얼마 후에는 일본 검도도 배우게 됐다. 이는 선종, 특히 명상에 대한 관심으로 이어졌다. 가라테 수업 때 짧게나마 명상 시간이 있었기 때

문이다. 또 14세 때 대학에서 수업을 듣기 시작했는데, 그때 그러한 주제의 이야기를 접하게 되었다. 그 후로 본격적으로 선종에 대해 흥미를 느끼기 시작해 개인적으로 명상을 시작했다. 물론 교회도 계속 다녔고. 19세에 일본으로 건너가서는 '바가바드 기타Bhagavad-Gita(힌두교 3대 경전의 하나)'를 접하게 되었고, 힌두의 세계관을 알게 됐다. 도쿄 기독교 대학의 한 일본인 교수가 우리에게 바가바드 기타를 알려주려고 노력했기 때문인데, 그는 교수라기보다는 힌두사상을 전파하는 선교사였다. 이렇게 나는 힌두에 대해 조금씩 흥미를 느끼게 됐고, 일본 불교에 대한 관심도 커져갔다. 그 후 일본에 머물면서 카스타네다Carlos Castaneda(페루 출신의 문화인류학자이자 작가로 샤먼들과 마법사들을 가르치기 위한 목적으로 마술에 대한 글을 썼다-편집자)에 대한 공부도 했다. 이렇게 나는 다채로운 세계에 몸을 담갔다. 하지만 많은 종교인들은 꽤나 상호 배타적이다. 기독교인들만 해도 상당히……

**버거슨 : 독단적이다?**

유제인 : 동의한다. 불교인들이 조금 더 열려있다고 할 수 있지. 하지만 그들도 기본적으로 불교의 틀을 강요한다. 그 후에 미국으로 돌아갔는데, 알래스카에서 모든 짐을 내려놓고 나만의 비전을 가지고 돌아오게 되었다. 그 직후에 놀라운 경험을 했다. 예수를 만났던 것이다. 적어도 내 생각에는 예수였다. 그 경험 덕분에 나는 좀 더 기독교에 머물렀다. 하지만 이후 작은 기독교 단체를 만나면서 다시 비주류 기독교인이 되었다. 거기에는 4명의 리더가 있었는데, 각각 로마 가톨릭 신자, 하나님의 성회 신자, 이교도, 그리고 루터교 신자였다. 덕분에 나는 마틴 루터의 '십자가 신학'과 '보다 깊은 삶(Deeper Life, 초기 신비주의 기독교를 재해석한 느슨한 형태의 기독교 운동)', 마틴 루터의 신비

주의 등에 대해 많이 배울 수 있었다. 물론 로마 가톨릭 같은 것들도.

버거슨 : 정확히 언제 일어난 일인가?

유제인 : 1970년대 후반쯤? 어쨌든 나는 거기서도 뛰쳐나왔다. 군에 입대한 뒤 한국에서 시간을 보내다가 미국으로 돌아왔지. 군대를 마치고 애리조나에 있을 때는 다시 명상에 심취했다. 이후 사우디아라비아를 거쳐 1989년 일본으로 건너갔을 때 나는 일본 전역에 퍼져 있는 지하 비밀 기독교 운동을 접하게 되었다. 사우디아라비아에서도 이를 접했었다. 그곳의 지하 교회에도 갔었고. 그곳에서 매일 2시간씩 명상을 했고, 신기하고 흥미로운 경험들을 할 수 있었다. 이후 다시 한국에 왔을 때는 영적인 교리로 되돌아가야 한다고 느꼈고, 나 자신을 훈련하고 싶었다. 그러다 하킴 베이Hakim Bey의 책 『T.A.Z: 일시적 자율지역』을 읽게 되었다. 그는 무정부주의자로 수피교Sufism(이슬람교의 신비주의적 경향을 띤 종파로 금욕과 고행을 중시하고 청빈한 생활을 이상으로 한다-편집자)와 신이교주의Neo-Paganism(로마 가톨릭의 확장으로 크게 위축된 다양한 이교들을 재정립하고자 한 부흥운동으로 르네상스 시대까지 거슬러간다-편집자), 그리고 샤머니즘에도 관심이 있었다. 나는 그의 책을 통해 무어정교회를 알게 되었고, 인터넷을 통해 그들과 관계를 형성하기 시작했다. '꽤 흥미로운 그룹이군, 그들은 많은 면에서 개방적인 듯해. 좋아. 해보자.' 이렇게 해서 나의 새로운 옷차림과 행동양식이 만들어진 것이다.

버거슨 : 역설적으로 사우디아라비아에서는 이슬람과 연계하지 않았군. 거기에서는 비밀 지하 교회에 다니는 교인의 신분이었으니까.

유제인 : 나는 항상 이슬람과 연관되어 있었다. 이슬람이 무언인가? 사우디아라비아에서는 이슬람은 와하비즘Wahhabiyyah(18세기 중엽 이슬

람 복고주의 운동이자 사회·정치 운동으로 사우디아라비아의 건국이념이며 철저한 근본주의 정신을 표방한다-편집자)이다. 이상하리만치 내가 만난 사우디아라비아 사람들은 특별한 오라aura를 갖고 있었다. 누구나 그들이 특별하고, 사랑스러우며, 상대를 기분 좋게 한다는 걸 알게 될 것이다. 이슬람에는 무언가가 있다. 학교에 교직원만 출입이 허용되는 비공개 도서관이 있었는데, 살펴보니 그 안에는 수피즘과 관련된 책들이 있었다. 가령 이븐 아라비Ibn Arabi(수피즘의 대표적 사상가이자 유명한 이슬람 신비 사상가)라든가, 잘랄 앗 딘 알 루미Jalal Al-Din Rumi(이슬람 신비주의 사상가이자 시인)라든가. 책을 읽으면서 나는 친밀함을 느낄 수가 있었다. 내가 기독교에 소속되어 있었음에도 말이다.

**버거슨 : 무어정교회의 기본 교리들은 무엇인가?**

유제인 : 공식적인 교리는 기본적으로 무어학Moorish Science(이슬람 신비주의에서 말하는 고대 무어인의 정신세계)에서 채택되었다. 바로 사랑, 믿음, 자유, 평화, 정의, 그리고 아름다움이다.

**버거슨 : 그럼 그런 교리들을 어떻게 본인의 삶에 적용하나?**

유제인 : '명상'을 한다. 생각의 흐름에서 나 자신을 자유롭게 하고, 나 자신을 인지하도록 노력하고, 인지 그 자체를 깨달으려고 한다. 그저 자기 자신을 분별하도록 노력하고 그 자각을 깨달았을 때, 그것이 바로 '알라와 함께' 인 것이다.

**버거슨 : 무어정교회가 무어학 사원Moorish Science Temple(아프리카계 미국인들의 근본 혈통이 이슬람에 근거하고 있다고 주장하는 종교 조직)에서 비롯된 것으로 아는데, 설립자인 노블 드류 알리Noble Drew Ali는 어떤 사람인가?**

유제인 : 그는 좀 불가사의한 인물이었다. 노스캐롤라이나의 체로키족 거주지에서 성장했다고 알려져 있다. 그는 흑인의 피를 갖고 있

었고 그의 부모는 노예였지만, 그는 자기 자신을 'black'이라고 칭하지 않았다. 그는 "당신이 아프리카계 미국인이라면 당신은 '흑인'이나 '니그로Negro', '에티오피아Ethiopian' 혹은 다른 어떤 종족도 아니다. 당신은 '무어인'이다."라고 주장했다. 그는 열정적이고 매력적인 인물이었는데, 비밀 기독교에도 조예가 깊었고 예언자로서의 능력을 갖고 있었다.

**버거슨 :** '무어 수피교 성결 교단Noble Order of Moorish Sufis(무어학 사원에서 파생된 교단으로 무어정교회의 시초)'은 또 무엇인가?

유제인 : 무어학에서 파생된 다양한 교파의 하나일 뿐이다. 지금의 나 역시 속해 있고.

**버거슨 :** '정교'라는 용어를 붙이는 게 좀 아이러니하지 않나? 일종의 역설처럼 들린다.

1990년대 후반에서 2000년대 초반에 걸쳐 제인은 서울의 엑스팻 예술가 그룹에 속해 있었다. 사진은 1998년 인사동에서 모임을 가졌을 때의 모습이다. 거대한 제인의 얼굴 위로 예술가인 엘리자베스 젠데크의 제랄드 루이스가 차례대로 솟아 나고 있다.

우제인 : 무어정교회가 태동하기 시작한 1960년대 초에는 기타 가톨릭이나 정교회의 사제들 가운데 본래의 길에서 벗어나 이쪽으로 발을 담근 이들이 분명 있었다. 일부 사람들은 이러한 정교가 뿌리의 역할을 했다고 생각했고, 그 때문에 '정교'라는 꼬리표가 붙은 것이 아닌가 싶다. 정교의 정통적인 시각에서 보자면, 어느 정교든 간에, 무어정교회를 결코 정교라고 받아들이지는 않을 것이다.

**버거슨 :** 무어정교회가 사실상 이단이라고 할 수 있다는 뜻인가?

유제인 : 뭐, 다소 이질적이긴 하지.

### 가족의 뿌리

버거슨 : 1955년 텍사스 휴스턴에서 태어났는데, 가족들에 대해서 좀 설명해 달라.

유제인 : 유전적 경향으로 볼 때 우리 식구는 유럽의 피가 강하고, 다양한 미국 인디언을 조상으로 갖고 있다 - 미국의 토착인들은 아메리카 원주민이었으니까. 아마도 중동의 흑인 혈통과 사하라 사막 이남 아프리카계의 유전자도 갖고 있을 것이다. 아버지는 '사생아' 였기 때문에 친가 쪽은 알 수가 없지만 외가 쪽은 족보가 있다. 이쪽도 그리 정확한 것은 아니지만, 우리는 족보에서 그의 선조를 찾았고 그가 '유색의 자유인' 이었다는 것을 확인했다. 지금의 럼비 족Lumbee(미국 인디안 부족 중 하나) 영역의 중심인 노스캐롤라이나 쪽에서 온 듯하다.

버거슨 : 선조의 이름을 알고 있나?

유제인 : 루벤 아이비(유제인의 본명은 제인 아이비이다). 우리 아이비 가문의 시조이다. 미국에는 4개의 주요 아이비 가문이 있는데, 그 중 둘은 아프리카-아메리카 출신이고, 하나는 북부 영국에서 비롯된 것으로 추측된다. 우리 가문에 대해서는 누구도 정확히 어디서 파생되었는지 알지 못한다.

버거슨 : 아버지가 체로키와 촉토의 피도 이어받았다고 했는데?

유제인 : 노스캐롤라이나에서 아래 조지아에 이르는 지역과 그 아래 남쪽 지역의 일부까지가 체로키 족의 영토였다. 하지만 체로키는 점차 쇠퇴해갔다. 여러 차례의 전쟁과 침략을 겪으면서 산산 조각났지. 게다가 1830년의 인디안 추방령 같은 일이 발생하면서 체로키의 여러 부족들은 다른 지역으로 이주했고 많은 사람들이 텍사스에 정착했다. 정확하지는 않지만 텍사스에 적어도 12개 이상의 다양한 부족이 있었다 - 샤니, 체로키, 촉토, 치카소, 알라바무, 크릭 등. 자연히

종족간의 혈연관계가 이루어졌을 테고. 아버지 쪽 가문의 경우 할아버지가 체로키 족 언어를 사용했다는 것밖에 모른다. 그의 친족들은 오클라호마에 거주하고 있는 인디언이며 오랜 전통을 따르고 있다. 할머니가 돌아가셨을 때 할아버지는 아버지에게 원한다면 오클라호마의 인디언 보호 구역에서 살 수도 있다고 했다.

**버거슨 : 자기 자신의 정체성을 정의할 단 하나의 부족이나 국가를 선택한다면?**

유제인 : 그렇다면 아마 체로키족일 것이다. 우리 외할머니는 내가 어릴 때부터 항상 "네가 인디안 혈통이라는 것을 잊지 말아라."라고 말씀하셨다. 할머니는 아메리카 인디언의 뿌리에 대해서 무척이나 완고하신 분이셨다. 반면 우리 어머니와 이모들은 이민족과 이문화에 대한 미국 정부의 동화정책이 최고조에 달했던 1950년대에 고등학교를 졸업하고, 보다 아메리카 인디언 문화 환경의 영향을 받지 않고 성장한 편이라 꽤 '동질적'이었다. 아마 할머니는 이런 점에 대해 죄책감을 느꼈던 듯하다. 그래서 나에게는 아메리카 원주민 인디언의 뿌리와 그 중요성에 대해서 철저하게 주입시켰다.

**버거슨 : 아버지에 대해서 이야기해 줄 수 있나?**

유제인 : 아버지는 190센티미터 정도 되는 거구였다. 그는 정말 파란만장한 삶을 살았다. 11세에 할머니가 죽고 얼

체로키 족의 역사를 다룬 드라마의 한 장면. 체로키는 집단 추방령으로 인해 고향을 떠나 '눈물의 길'을 걸어야 했다.

제인은 예술가적인 면에서 아버지와 비슷한 길을 걸었다. 텍사스 출신의 컨트리뮤직 밴드 활동을 하던 당시 아버지 칼의 모습

마 못가 할아버지마저 세상을 떠났다. 고아가 된 아버지는 13세부터 텍사스에서 카우보이로 일했고, 16세에 군대에 들어갔다. 광활한 사막과 덤불뿐인 곳에서 힘든 삶을 살던 아버지는 그 탈출구로 군대를 택한 것이다. 막상 입대한 후에 텍사스로 배정받긴 했지만. [쓴웃음] 그 후 한국전쟁이 일어나자 아버지는 그곳으로 갔고 1년 정도 여행을 했다.

버거슨 : 한국에 대한 그의 생각은 어땠나?

유제인 : 내가 처음 한국에 갈 때 아버지는 "한국에서 싸움에 휘말리게 되면 머리를 조심해라. 그들은 박치기를 좋아해."라고 했다. 한국에 대해 말해 준 첫 번째 충고였다. 하지만 항상 한국이 발전하는 것을 보면 행복하다고 말했다.

버거슨 : 그럼 한국전쟁에서 돌아왔을 때는 당신이 태어나기 전이었나?

유제인 : 그렇다. 2살 때 부모님은 이혼했고, 어머니가 나를 데리고 당시 외가 식구들이 살던 워싱턴 주로 옮겨 갔다. 조부모님의 집에 나를 맡겨 두고는 시애틀에서 일을 했고, 주말이면 내려와 나를 만났다.

## 아시아로 향하다

버거슨 : 대학 생활을 상당히 빨리 시작했다.

유제인 : 음, 난 꽤 똑똑한 아이였고, 호기심이 많았다. 당시 고고학과 인류학에 관심이 많았는데, 양할머니가 그 점을 알고는 그린 리버

대학에서 교수로 있던 친척에게 나를 소개시켜 주었다. 그 후로 고등학교 수업과 대학 강의를 병행했고, 다음 해에 고등학교 2학년에 진급하는 대신 바로 그린 리버 대학으로 진학했다.

**버거슨 : 1974년에 교환학생 자격으로 일본으로 갔는데, 왜 그런 결정을 내렸나?**

**유제인 :** 그린 리버 대학에 다닌 후 워싱턴 대학에 진학했는데, 그 당시 교환학생으로 가는 것이 쉽지 않았다. 전공하는 것이 좀 특별한 분야라면 교환학생으로 가는 것이 훨씬 쉬울 것이라고 하기에 "아시아학은 어떻습니까?"라고 묻자 "OK."라는 대답이 돌아왔다. 2년 동안 워싱턴 대학을 다니고 나서 일본어와 동양사, 가라테 연습에 열중했다. 그리고 진짜 아시아는 어떨지 가보고 싶다는 생각을 하게 됐다. 당시 중국은 상당히 폐쇄적인 공산주의 국가였기에 가장 쉽게 갈 수 있다고 생각한 곳이 일본이었다. 최종적으로는 기독교 대학을 선택했는데, 어머니가 더 쉽게 허락해 줄 것이란 걸 알았기 때문이다.

**버거슨 : 19세에 도쿄로 갔는데, 좀 어릴 때 아니었나?**

**유제인 :** 그때까지 난 한 번도 도시에서 산 적이 없었다. 그래서 비행기에서 내렸을 때 모든 것이 문화적 충격으로 다가왔다. 공항에서 학교로 가는 모든 길 역시 너무나 복잡하고 좁았다. 마치 거대한 도시가 나를 삼켜버리는 듯했다.

**버거슨 : 1970년대였는데도 그 정도로 번화했나?**

**유제인 :** 물론, 그때 이미 현금인출기까지 있었을 정도니까.

**버거슨 : 다니는 학교는 어땠나?**

**유제인 :** 도쿄에 있는 작은 규모의 사립대학이었다. 약간은 엘리트주의 대학이었지, 사실상.

**버거슨 : 그때 한국 여자 친구를 만났다고 들었다.**

유제인 : 맞다. 이화여대에 다니던 교환학생이었는데, 시청각 교육 학위 과정을 밟고 있었다.

버거슨 : 그녀가 한국인 중에서는 처음 만난 사람이었나?

유제인 : 아니, 그보다 먼저 알고 지내던 한국인 친구가 있었다. 내가 미국에서 지낼 때 만났는데, 그녀는 부모의 뜻에 따라 워싱턴 주에 있는 사립 고등학교에 입학했다.

버거슨 : 어떻게 그녀를 만났나?

유제인 : 교회 행사에서 처음으로 만났다. 나중에 한국으로 돌아갈 건지, 미국에 남을 건지 물어보자 한국으로 돌아갈 거라고 했다. 당시 나는 아시아에 관심이 많았기 때문에 한국으로 돌아가게 되면 펜팔을 하자고 했다. 그녀가 좋다고 했기 때문에 우리는 펜팔을 시작했다. 불행히도 로맨틱한 관계는 아니었다. [웃음]

버거슨 : 요즘도 그녀와 연락을 하고 있나?

유제인 : 아니. 일본에 간지 2년째부터 연락이 끊겼다. 다소 흥미로운 이야기가 있는데, 당시 그녀의 언니가 재일교포와 결혼해 일본에 살고 있었다. 그들이 가끔 나를 저녁식사에 초대해서 만나기도 하고 내가 한국인 여자 친구를 만날 때는 함께 어울리기도 했다. 그러다가 갑자기 그들이 사라졌다! 그 일은 굉장히 이상했고 걱정스러웠다. 내 여자 친구도 상당히 불안해했는데, 당시 KCIA(한국 중앙정보국)가 일본에 있는 한국 유학생들을 감시했기 때문이다. 그들이 사라지고 나서 몇 달 후에, 그 남자가 북한 공작원이었다는 기사가 신문에 실렸다. 그가 남한 정부에 자수했고, 그래서 남한에서 새 국적과 살 곳을 얻었다나. 사실 어떤 일이 일어난 건지 자세히 알기는 어렵다. 그 후 나는 이리저리 돌아다녔기 때문에 자연스레 그녀와 연락이 끊겼다.

버거슨 : 한국인 여자 친구와는 얼마간 사귀었나?

유제인 : 1년 반 정도. 그녀는 굉장히 자상하고 상냥한 사람이었다. 한국에 와서 그녀의 부모들을 만나기도 했다. 그 후 그녀는 헤어지길 원했는데, 그 이유가 내가 다소 '와일드' 해서 라나? [웃음]

버거슨 : 그녀 생각에 당신이 와일드하다는 거였나? 아님 가족들의 생각이었나?

유제인 : 아마 그녀는 자기 가족들이 절대 우리 사이를 인정하지 않을 거라고 생각한 듯하다.

버거슨 : 그녀와 함께 한국에 갔었나?

유제인 : 아니. 그녀의 친한 친구 중에 한 명이 가족과 함께 할 자리를 마련해 주었다. 그때가 1975년인데, 한국에서는 내 긴 머리가 잘 받아들여지지 않았다. 부산 이민국을 통과하기 위해 기다리고 있는데, 한 남자가 오더니 이른바 "로마에 가면 로마법을 따르라."라고 말했다. 무슨 뜻이냐고 물었더니 "당신 머리를 잘라야 합니다. 자, 당장 자릅시다."라고 했다. 내가 "당신, 이발사요?"라고 물었더니 "아니오."라고 하기에 다른 직원을 가리키며 "그럼 저 사람들 중에는 이발사가 있나요?"라고 물었다. 이번에도 아니라고 하길래 "그럼 그냥 통과시켜 주면 안 될까요? 이발소에서 머리를 자르고 서울로 가리다."라고 말했다. 그는 "OK."라고 했다. 물론 나는 그대로 서울행 버스를 탔다. 하지만 그건 끊임없는 싸움이었다. 어떤 남자들이 다가와 "여자, 여자?"하고 묻기도 하고, 툭툭 치기도 했다.

버거슨 : 서울의 첫인상은 어땠나?

유제인 : 일본과 매우 달랐다. 도쿄에서는 산을 보기 어렵다. 온통 빌딩과 전철로 둘러 싸여져 있으니까. 서울에서는 북쪽으로 산이 보였고 큰 빌딩이 별로 없었다. 그리고 한국 사람들과 한국의 거리가 일본의

해방촌에서 열렸던 '서울 아티스트 네트워크'에서 제인이 시를 낭송하고 있다.

그것보다 좀 더 생동감 있게 다가왔다. 사람들이 다가와서 내게 말을 걸곤 했는데, "이봐, 내가 커피를 살 테니 앉아서 얘기하세." 하는 식이었다. 일본 사람들은 함께 어떤 일을 하지 않는 이상 교류가 많지 않은 편이다. 하지만 한국에서는 그냥 사람들이 와서 말을 건다. 그 점이 매우 달랐고, 충격적이었다.

버거슨 : 그게 1975년 여름이었고, 다음해에 다시 왔다.

유제인 : 엄밀히는 1975년 12월 말에 왔다. 그때는 2달 반가량 머물렀다. 비자를 갱신하느라 그런 것인데, 상황은 이렇다. 일본에서 지내면서 나는 점점 지치기 시작했다. 미국의 지방에서 살다가 번화한 도시에서 산다는 것은 커다란 문화적 충격이었고, 언어장벽도 스트레스였다. 당시 나는 인텐시브 일본 어학 프로그램에 참여하고 있었는데, 오전 8시부터 밤 11시까지 공부하는 강행군이었다. 더 이상 견디기가 힘들어지고 대학에서 벗어나고 싶다는 생각에 삿포로 YMCA에서 영어를 가르치는 일을 얻었다. 이를 위해 비자를 새로 바꿔야 했고, 한국으로 와서 서류 작업을 하기로 했다. 그런데 1주일 정도면 충분할 일이 계속 꼬이더니, 결국은 2달 반이나 걸린 것이다.

버거슨 : 2달 반 동안 무엇을 했나?

유제인 : 프리랜서로 영어를 가르쳤다. 그리고 도시를 배회하면서

어떤 일이 일어나는지 구경하고, 사람들을 만나서 얘기하고⋯⋯. 대부분의 여가 시간은 명동에서 보냈다.

**버거슨** : 명동은 즐길 거리가 많이 있었나?

**유제인** : 댄스클럽과 술집이 많이 있었다. 흥겨운 파티가 열리기도 했다. 춤도 좀 추고 술도 마시고 사람들과 이야기도 하고⋯⋯. 그 시절을 생각해보면 이태원도 재미있는 곳이었다.

**버거슨** : 히피족은 별로 없었을 듯하다.

**유제인** : 아무래도. 명동보다는 이태원 쪽에 히피족들이 좀 더 많았다. 물론 당시 한국 사람들 중에 록음악 같은 것에 심취한 사람도 있긴 했지만, 글쎄, 남자는 제대로 머리도 기르지 못하는 현실에서?

**버거슨** : 70년대 당시 젊은이들과 오늘날의 젊은이들 간의 세대적 차이점이 있다면?

**유제인** : 70년대가 좀 더 심각했다고 할까. 그때 대학생들은 나에게 당시 정세나 세상 돌아가는 것에 대해 이런저런 이야기들을 하곤 했다. 그들은 철학이나 역사에 대해 얘기하기를 원했다. 아무래도 오늘날에는 그런 분위기가 덜하다. 예전보다 물질적인 부분이 강조된 듯 보이기도 하고.

**버거슨** : 오늘날 많은 한국인들이 외국인과 말하는 것조차 내키지 않는 듯 보인다. 너무 자신들만의 세상에만 정신을 빼앗기고 있는 건 아닌가?

**유제인** : 그들은 걱정할 것이 많다. 부모들이 거는 기대감도 높고. 그들은 상당히 똑똑하고, 닥친 일들이 쉽지 않을 거라는 것도 알고, 원하는 직업의 경쟁률이 심하다는 것도 알고 있다. 그리고 걱정하고 있고. 학교 공부를 걱정하고, 영어 시험 결과를 걱정하고, 여러 가지 일들을 걱정한다.

## 열린 눈으로 바라보기

제인은 재능 있는 화가이기도 하다. 이 작품은 화투의 이미지를 재해석한 시리즈 가운데 〈광(光)〉(2001)이다.

1998년에 있었던 단체전시회에서.

**버거슨** : 1980년에 군대에 지원했는데?

**유제인** : 생활고 때문이었다. 당시 경제적으로 좋은 상황이 아니었다. 직업도 구하기가 어려운 때였고, 몇 달 일하다가 갑자기 해고되면 다시 몇 달 동안 일을 찾을 수가 없었다. 그런 와중에 아내가 생기고 곧바로 아이도 가졌으니.

**버거슨** : 입대 후에 바로 한국으로 보내졌다.

**유제인** : 엄밀히는 1년 후이다. 그 전에는 미주리에서 기본 훈련을 마치고 리포니아 몬터레이의 프레시디오에서 1년 가까이 언어 훈련을 받은 후 텍사스에서 암호해독 훈련과 특별 언어 훈련을 마쳤다.

**버거슨** : 무슨 일을 했었나?

**유제인** : '전략상 중요한 임무'였다. 음성수신기를 다루었다. 우리 부대는 332부대로 미 육군 보안부대Army Security Agency 즉 '레드 드래곤Red Dragons'이었다.

**버거슨** : 그럼 북에서 송신되는 걸 듣는 건가?

**유제인** : 음, 그것에 대해 말하기는 곤란하다. 그저 한국어로 된 음성 기록을 들었다고만 말할 수 있겠다. 그들은 '매우 정형화된' 언어를 사용했다. [여자음성을 흉내 내며] "안녕하세요, 오늘은 무엇을 하실 건가요?", "친구들과 영화를 볼 거예요." 이런 건 아니고. [웃음]

**버거슨 :** 남한에 주둔하는 미군의 존재에 대해서는 어떻게 생각하나?

**유제인 :** 미국은 전 세계적으로 140여 개국에 군인들을 배치했다. 그런 나라가 또 있을까? 도대체 왜 그런 짓을 하는 거지? 왜 사람들은 그딴 것을 참고 있는 걸까? 내가 한국 사람이라면 "여기서 나가."라고 할 것이다. "예전에 도와준 건 고마웠어. 이제 돌아가지. 우리는 베트남 전쟁에서 도와주었잖아. 그것으로는 성이 안 차나?" 남한은 베트남에 군대를 보냈다. 일종의 보상 아닌가? 대체 언제까지 빚을 갚아야 한다는 거지? 나는 이미 충분하다고 생각한다.

**버거슨 :** 한국에 주둔한 그들의 의도는 뭘까? 호의적인가, 아님 악의가 있는 건가?

**유제인 :** '앵글로-아메리칸 제국'의 목적은 모든 사람들을 자기들만의 시스템에 몰아넣으려는 게 아닐까 싶다. 다른 나라에 자국 군대를 가지고 있는 것은 제국이라는 신체가 모든 상황이 잘 돌아가는지 확인하는 신경 말단 같은 것이다.

**버거슨 :** 미군으로서의 임부와 개인적 정치성이 일면에서 부딪히고 있는 듯하다.

**유제인 :** 나는 제대한 이후 최대한 그것으로부터 멀리 떨어지고 싶었다. 내가 그곳에 몸을 담고 있을 때도 나에게 닥친 몇 가지 사안들은 정말 불쾌한 것이었고, 그로 인해 미국이 움직이는 방법에 대해 좀 더 객관적인 시야에서 볼 수 있도록 눈을 열게 되지 않았나 생각한다.

**버거슨 :** 그런 면에서 예전보다 급진적으로 변했다고 볼 수 있나?

**유제인 :** 맞다. 나는 정보부 소속이었고, 한국어와 한국의 문화를 어느 정도 직면해야 했다. 때문에 한국의 역사와 문화 같은 배경지식을 좀 더 많이 갖고 있었을 것이다. 하지만 우리는 그다지 많은 것을 얻지 못했다. 한국의 진정한 정치적 배경도 '조금도' 알지 못했다. 그건 좀 더 사람과 사람 사이의 커뮤니케이션을 통해 이루어졌어야 했다. 우리

는 이곳에서 이루어지는 미국의 '미션'에 대한 정책도 제대로 알지 못했다. 한국전쟁의 역사라든가, 그 속에서 미군의 역할이라든가. 심지어 일반 사병들은 더 심하다. 이곳에 온 18, 19세의 아이들은 대부분 집을 떠나 본 적이 없을 것이다. 그들은 지극히 생소한 문화를 갑자기 받아들여야 했다. 나는 그것이 참 무책임하다고 생각했다. 위선적인 것도 많았다. 한국인들에 대한 태도, 섹스무역이니 섹스산업이니 하는 것들이 한국 정부와의 협력에 의해 촉진되는 모습들……. 사병이었던 나는 아내를 한국에 데려 올 수도 없었다. 결국 나는 '특별한 경로'를 통해 '특별한 허가'를 받고서야 그녀를 데리고 올 수 있었다. 하지만 그녀는 군대 내에 구비된 어떤 것에도 접근할 수가 없었다. 매춘하는 여자들은 항상 들락날락 했는데. 점심시간에는 윗옷을 벗은 여자들이 하사관들의 사무실에 와서 춤을 추곤 했다. 그럴 때면 "여기서 무슨 일이 일어나고 있는 거지?" 하는 의구심이 들었다. 그러다가 부대 밖으로 나오면 수많은 한국 남자들이 나에게 부정적인 태도를 보였는데, 이런 일들을 겪으며 현재의 상황에 대해 좀 더 생각하게 되었다.

**버거슨 :** 최근에는 미군에 대해 별로 대수롭지 않게 생각하는 경향이 있다.

유제인 : 2002년에 두 명의 소녀들의 죽음과 관련한 시위가 있었던 이후로 그렇게 큰 시위는 없었던 듯하다.

**버거슨 :** 그들이 이렇게 무관심한 까닭이 무엇인가?

유제인 : 미군의 존재가 예전보다 중요한 역할을 하고 있지 않기 때문이 아닐까. '직면해야 할' 사항은 아니라는 거지. 1년 전쯤 광화문 근처에서 큰 시위가 있었다. 버스가 갑자기 멈춰 섰고, 나는 영문도 모른 채 버스에서 내려야 했다. 그때 난 몇 대의 미군부대 차량을 발견했다. 그 안에는 완전 군장한 미군들이 앉아 있었다. 나는 "이게 무

(좌) 아브라함 링컨처럼 보이는 이 남자는 촬영을 앞두고 있는 제인이다. 그는 드라마 '명성황후' 에서 초대 주한 공사인 후트(Lucius H. Foote)를 연기했다. 제인의 말에 따르면 "나비 넥타이는 가짜 수염에 비하면 아무 것도 아니다."
(우) MBC의 장수 프로그램인 '신비한 TV 서프라이즈'에 몇 년간 출연한 후 제인은 마치 본능처럼 카메라 앞에서 장난스런 모습을 연출하곤 했다.

슨 일이야? 왜 미군들이 한국 시위에 관여하는 거지?" 싶어 그들에게 다가가서 창문을 두드렸다. 그는 탐탁지 않은 표정으로 왜 그러냐고 물었고, 나는 "왜 미군들이 한국인들의 시위에 배치된 거요?"라고 물었다. 그러자 그는 "오, 아니, 우리도 당신처럼 그냥 차가 막혀서 기다리고 있을 뿐이오."라고 대답했다. 나는 "웃기시네, 여기서 뭐하는 거야?"라고 했지만, 그는 그대로 창문을 닫아 버렸다.

### 게임을 시작하다

**버거슨** : 한국에서 머물다가 미국으로 돌아가 박사과정을 마쳤다.

**유제인** : 워싱턴의 작은 회사에서 3년 동안 근무하며 돈을 모은 뒤 노스 애리조나 대학에서 테솔 과정$^{tesol}$(다른 언어를 가진 사람들을 위한 언어교육)을 수료했다.

버거슨 : 드디어 그렇게 원하던 가르치는 일을 하기로 결심했다.

유제인 : 그렇다. 그건 오랜 시간이 걸린 계획이었다. 애리조나에 머물 때 나는 자주 명상과 생각에 잠기곤 했는데, 나는 세상이 엉망진창이 되어간다고 생각했고, 그런 일이 가속화되도록 하는 일에 가능한 한 '적은 힘'을 보태고 싶었다. 사람들이 진정으로 필요로 하지 않는 쓸모없는 것들을 만드는 대기업에서 일하거나 불필요한 물건을 사도록 강요하는 세일즈맨이 되기는 싫었다. "자, 내가 가진 배경과 경험을 토대로 어떻게 하면 세상을 더 나은 곳으로 만들 수 있을까?" 나는 영어를 가르치는 일이 좋은 방법이라고 생각했다. 현재 영어는 넓게 퍼져있는 언어 중 하나이므로 영어를 통해 다른 이와 소통하고 그들을 이해할 수 있는 능력을 키워나갈 수 있을 것이라 여겼다. 궁극적으로는 좀 더 평화로운 세상을 만들어 나가고. 하지만 이후 일본에서 영어를 가르치게 되었을 때 그러한 '이상적인' 생각들은 현실에서 고통스러운 고문을 당했다. 나는 영어가 그저 서양제국의 확장을 위한 도구가 아닌가 하는 의구심을 갖게 되었다. "영어는 언어 '습득자'와 언어 '비습득자'를 가르는 쐐기인 것은 아닌가?" 그러다가 사우디아라비아에 갔을 때 나의 이상은 다시 한 번 무참히 짓밟혔다. [웃음] 영어는 '원활한 의사소통'이나 '지식의 전파' 같은 일은 전혀 하지 않았다. 그저 기름을 더 많이 뽑아내기 위해 엔지니어들을 교육하는 것뿐이었다. 한국에서도 마찬가지로 영어는 '가진 자'와 '없는 자'의 이중 언어 사회를 만들고 있었다.

버거슨 : 음, 그것은 결국 앞서 말한 제국의 야욕에 대한 이야기로 돌아가는 셈이다.

유제인 : 그렇다. 결국 우리는 지옥에서 살고 있다고 할 수 있겠지. 자신의 손을 더럽히지 않으면 할 수 있는 일이 없다. 하지만 나는 여전히 이 일을 하면서 내 손을 덜 더럽힐 수 있길 바란다. 그리고 '정상

적인 사회'와 상호작용하려고 노력한다. 나는 이것을 '신의 게임'이라고 여긴다. 나보다 훨씬 높은 레벨에서 결정되는 것이지. 우리는 '사회적' 동물이라는 존재로 이 게임에 참여하도록 되었고. 나는 게임에서 완전히 물러나는 것보다 게임에 '참가'하는 것이 게임의 재미를 보다 잘 느낄 수 있을 거라 생각한다. 결국 나는 사회에서 완전히 분리될 수는 없다. 나 역시 무언가를 해야겠지. 설령 내가 이 모든 경제적 무대 장치를 달가워하지 않더라도 말이다. 확실하게 동떨어지지 않고 살아남는 유일한 방법은 – 무척이나 힘든 일이지만 – 내 손에 더러운 것을 너무 많이 묻히지 않도록 균형을 잡는 것뿐이다.

**버거슨 : 한국에서 주로 교직에 있었는데, 한국에서 강사로 일하면서 가장 즐거운 일이 뭔가?**

유제인 : [웃음] 몇몇 한국인 강사들에게 같은 질문을 한 적 있는데 그들은 "방학이 있어서요."라고 답했다. 방학은 좋은 것이지. 그리고 대학생들과 교류할 수 있다는 것이 좋다. 한국 젊은이들은 어떻게 생각하는지 나누고, 그들이 접해보지 못했을 흥미로운 주제들을 소개해주고 이야기하려고 노력한다.

**버거슨 : 그들이 실제로 영어를 배워야한다고 보나?**

유제인 : 아니다.

**버거슨 : 그럼 왜 그렇게 열심히 하는 걸까?**

유제인 : 한국 경제는 수출을 기반으로 한다. 때문에 그들이 비즈니스를 이끌고 경제를 유지하는데 영어는 중요하다고 할 수 있지. 그래서 정부는 "우리의 경제적 생존 능력을 유지하기 위해서는 어떻게 해야 할까?"에 대한 질문에 대해 정치적으로 생각했을 것이다. 영어는 그 중 큰 부분을 차지했고. 이후 정부는 영어 학습에 대한 몇 가지 방

침을 세웠다. 단순히 산탄식 접근방법(shot-gun approach, 고객들이 원하는 바의 차이를 고려하지 않고 전체 시장에서 극대의 매출액을 추구하는 전략)을 채택한 거지. 그것이 가장 효율적인 방법은 아닐 것이다. 그들은 그것이 가장 '평등한' 방법이라고 생각했을까? 그들에게는 가장 좋은 결정일지도 모른다. 평등주의를 실천하는 것처럼 보이니까.

**버거슨 : 한국사회에서 외국인 ESL 강사들이 존중받고 있다고 느끼나?**

유제인 : 그들이 어디에서 가르치는지에 따라 달라지겠지. 대학 강사인지 혹은 학원 강사인지, 또 어느 대학에서 가르치는지 같은 점들. 아마 고대 강사들은 존경을 받는 듯하다. 한국 사람들은 다른 사람에게 나를 소개시켜줄 때 다른 것을 다 젖혀두고 "이 사람은 고대에서 가르치고 있어."를 먼저 내세우곤 하니까. 반면 일부 외국인 교수들은 "한국은 동료 교수와의 융화나 존중, 학교에 대한 소속감 등의 면에서 지금까지 일한 나라 가운데 최악이다."라고 말하기도 한다.

**버거슨 : 당신도 그런 의견에 동의하나?**

유제인 : 그런 점에 별로 신경 쓰지 않으려고 한다. 상황이 그런 것인데, 그것에 대해 내가 딱히 어떻게 할 도리가 없지 않은가? 물론 많은 결정들이 손익만을 따지며 이루어진다는 점에 대해서는 실망스럽다. 학생들을 교육하는 일에서조차도 결국 모든 것이 '사업'이라는 점에 화가 나지.

**버거슨 : 우리는 '더러운 것을 손에 묻히는' 것에 대해서 이야기했고, 제국에 대해서도 이야기 했다. 당신은 한국이 제국에 동화되는 것이 피할 수 없는 과정이라고 생각하나, 아니면 저항할 방법이 있다고 생각하나? 이곳에서 광범위한 규모의 반문화적 운동이 일어날 가능성이 있나?**

유제인 : 부정적이다. 나는 사람들이 자기 자신을 표현하는 것을 두

무엇보다 유제인은 인생의 목적이 그것을 탐구하고 최대한 즐기는 것임을 아는 남자이다. 2009년 5월 피맛골의 한 실비집 '삼경원'에서.

려워하는 것을 본다. 밖으로 나가 공동체에 참가하는 것을 어려워하는 듯하다. 아직까지는 그런 움직임을 보지 못하고 있다.

**버거슨**: 고작 18살 쯤 되었을 때도 그들은 이미 너무나 많은 것을 투자한 상태여서 다시 예전으로 돌아가기가 어렵다.

유제인: 어려운 일이지. 예전에 신입생들이 영어 수업 면제 시험을 치를 때 20명 정도의 학생들을 상대로 영어 인터뷰를 진행했다. "여기에서 어떤 공부를 하고 싶습니까?" 하고 묻자 학생들은 아주 세부적으로 답변을 했다. 그리고 졸업 후에는 어떤 공부를 할 거라고 이야기했다. 심지어 어디서 일하고 싶은지도. 이미 모든 게 계획되어 있었다. 그 어린 나이에! 그들은 "자, 이제 스무 살이니까 바깥세상이 어떤지 봐야겠어. 이곳에서 내 존재는 어떤 의미인지도 알아보고."라고 하지 않는다. 대신 "이게 내가 해야 하는 일이야. 이것이 내 직업이고 내가 얻어야 할 것들이야."라고 하지. 맙소사. 나는 그 아이들이 너무나 안쓰러웠다.

버거슨 : 그들은 제국을 순순히 받아들였군.

유제인 : 맞다. 동화된 거지. 적어도 그 아이들은. 다른 학생들은 어떨지 알 수 없다.

버거슨 : 그렇다면 그러한 시스템 속에서 계속 머물 생각인가? 그 일부로서 계속 지내면서?

유제인 : [웃음] 그렇다. 나는 여전히 내가 가르쳤던 학생들이 한국의 증권가에서 일하는 것을 보고 있다. 그들이 직장에서의 불만족스러운 점을 토로할 때면 나는 "아무도 자네를 막지 못해. 그만두고 1년만 인도에 있어봐. 요가도 좀 해보고. 그리고 어떤 일이 일어나는지 한번 지켜봐. 자네 삶을 위해 어떤 것을 할 텐가?" 하고 말한다. 나는 계속해서 진정한 삶의 촉매제가 될 만한 자극을 주려고 노력한다. 설령 제자들이 '지옥'에서 허우적거려도 말이다.

버거슨 : 그럼 당분간은 이곳에 머물면서……

유제인 : 알다시피 어떤 일이 일어날 지는 아무도 모르는 거 아닌가. 어떤 일에 대한 계획을 짜려면 적어도 2, 3년은 걸릴 테고, 그 다음은, 글쎄, 좀 더 두고 봐야겠지.

버거슨 : 여기서 지낸 세월을 바탕으로 한국을 묘사한다면?

유제인 : 글쎄, 눈가리개를 한 경주마 같은 것이라고나 할까?

버거슨 : 그리고 당신은 그 말에 몸을 싣고……

유제인 : 뭐, 당분간은.

# 3장

Contributors _ 엑스팻들이 한국에 남긴 독특한 발자취

# 악(惡)동, 악(樂)동으로 다시 태어나다
_ 어느 '망명자', 한국 펑크 씬을 고향으로 삼다

## John Dunbar
존 던바(캐나다)

펑크는 음악의 한 유형 이상의 것이다. 펑크는 패션이나 스타일에 국한되지 않는다. 펑크는 고유한 공동체와 사회적 구조와 전통을 갖추고 있다. 난 펑크가 파룬궁法輪功이나 사이언톨로지처럼 일정 정도 종교적이되 제누Xenu(사이언톨로지에서 말하는 '은하계연합'의 독재자) 같은 사익한 황제 같은 건 없는 집단이라고 본다. 다시 말해 펑크는 숭배할 신이 배제된 세속적인 인본주의자들의 숭배 행위와 같다. 펑크 음악이 노래도 할 줄 모르는 뮤지션들이 내뱉는 쓰레기처럼 들릴 수도 있지만, 일단 이 세계에 발을 들여놓으면 펑크로 두뇌를 리셋하게 될 것이다.

어린 시절 나는 음악에 문외한이었지만 17세 때 여동생의 남자친구가 여동생에게 선물로 언더그라운드 서프밴드(1960년대 미국 록큰롤에서 가장 융성했던 음악 스타일로 마치 파도가 치듯 구르는 악기 사운드가 특징이다 – 편집자)인 〈Man or Astro-man?〉 앨범을 선물해주면서 최초로 사랑하게 된 현대음악이 생겼다. 그때부터 나는 펑크와 스카를 비롯해 다양한 언더그라운드 음악도 알게 되었고, 고향인 캐나다 에드몬튼에도 활발한 언더그라운드 펑크 씬이 존재한다는 사실을 알게 되었다.

펑크는 '왕따', 낙오자, 반항아, 부랑자처럼 통상적인 사회에 적응하지 못하고, 또 그러고 싶어 하지도 않는 이들을 위한 음악이다. 하지만 펑크는 예술가와 우등생들까지도 매료시킨다. 펑크 씬에 뭔가 일조할 때 우리는 모두 '망명자'가 된다. 나는 현지 라디오방송국에서 자원봉사자로 사진을 찍고 펑크 잡지에 글을 기고하고, CJSR(캐나다 앨버타 에드몬튼의 대학 라디오 방송국)에서 펑크 공연을 주선하는 것으로 펑크 씬에 기여했다. 아웃사이더로 펑크 공동체의 일원이 된 덕에 한국에 오겠다는 생각도 하게 되었고, 또 한국에서 겪은 문화충격으로부터 스스로 보호할 수도 있었다.

한국의 펑크를 처음 발견한 건 2003년 가을, 한국에 오기 몇 달 전이었다. 내가 진행하는 라디오 쇼에서 매주 다른 나라의 펑크 음악을 특집으로 소개했다. 서프 음악과 싸이코빌리psychobilly(1970년대 말의 펑크록 사운드와 1950년대의 록커빌리 스타일이 조합되어 탄생한 음악 장르)가 뒤섞인 음악을 하는 스킨헤드(완전히 면도한 머리와 노동계급의 하위문화를 내세우는 영국 펑크의 한 계파) 밴드로 당시 군 입대 문제로 활동을 쉬고 있던 '명령 27호'의 리더인 버크, 한국 이름 박현이 자신의 밴드 음악과 이름은 멋지지만 사운드는 형편없는 '여고생 해방전선'의 음악을 조악한 음질의 MP3파일로 보내 주었다. 나는 직접 한국 밴드들을 만나보고 싶었다.

당시 한국 펑크 씬은 슬럼프 상태였다. 홍대 펑크의 진원지인 '드럭Drug'은 클럽 최고의 밴드인 크라잉넛이 군에 입대하면서 곤경을 겪고 있었고, 다른 펑크 밴드들은 공연할 장소도 구하지 못한 채 해체를 고했다. 한국 펑크의 역사는 밴드 멤버들이 군대에 입대하면서 2년간의 공백기를 버텨야 했다.

당시 구글에서 'Korean Punk'로 검색하면 수많은 정보가 떴지만 대개 쓸모없는 것뿐이었다. 다행히 1990년대 말에 펑크 씬에 대해 학술적으로 접근했던 닥터 스티븐 엡스타인Dr. Stephen Epstein이란 사람이 오래전에 드럭에 관해 만든 다큐멘터리 영화에서 많은 것을 얻었다. 그 영화에서 많은 펑크키드들이 드럭은 더 이상 갈 만한 곳이 아니라고 말하고 있었다. 한국 펑크의 첫 부흥을 경험하기엔 너무 늦은 것 같았다.

한국에 왔을 때 내가 안 것이라곤 드러가 홈페이지를 갖고 있던 4그룹의 밴드, 그들이 잘 다니는 홍대가 전부였다.

### 한국에 오다

처음 한국에 간 건 내가 16세이었던 1996년으로, 당시 삼촌이 여수 근방에서 영어를 가르치고 있었다. 내 또래의 한국 아이들은 대입시험 준비 때문에 구경할 수도 없었다. 난 삼촌이 가르치던 성인 학생들에게 고향을 주제로 내가 직접 만든 다큐멘터리 영화를 보여주었고, 서양 음악에 관해 일장연설을 늘어놓기도 했다. 이후 캐나다로 돌아왔을 때 한글을 배우게 되었고, 대학 졸업 후 다시 한국으로 가겠다고 결심했다.

　수원에서 가정교사 자리를 얻게 된 나는 2003년 12월 한국에 도착했다. 그리고 한국에서 맞은 첫 번째 금요일에 드럭을 찾았다. 간판불은 꺼져 있었지만 지하에서 음악이 들려오고 있었다. 그곳까지 내려가다가 거의 죽을 것 같은 심정이 되었다. 한가운데에 큰 원기둥이 서 있고 온 벽이 낙서로 가득 찬 그곳은 발을 들일 수도 없을 정도로 많은 사람으로 붐볐다. 한 밴드가 리허설을 하고 있었는데, 사람들 말로는 공연은 한 달에 한 번만 한다고 했다. 그 말은 1년 정도 체류할 작정인 나로선 전부 합쳐 11번의 공연을 볼 수 있으리라는 것을 의미했다.

　다행히 그게 다는 아니었다. 조악한 영어로 쓰인 '스컹크' 레이블의 홈페이지에서 '럭스', '카우치', '삼청교육대'가 출연하는 '턴 라이브 클럽'의 주소를 알아냈다. 클럽은 신림역 4번 출구에서 30초 거리에 있는 유명한 유흥가에 있었다. 하지만 역에 도착하고 보니 주소는 무용지물이었다. 난 첫 번째 공연을 놓쳤고, 일요일 날 다시 와서 두 번째 공연을 보게 되었다.

　턴 클럽은 드럭보다 작은 지하 클럽이었지만 더 깨끗했고 값비싼 조명 장치까지 갖추고 있었다. 클럽에는 고작해야 10명 정도 되는 펑크족들이 있었다. 그들 중 몇몇은 장식용 징이 더덕더덕 박힌 가죽 재킷과 격자무늬 바지에 화려한 색깔의 모호크 헤어스타일(머리 양옆을 완전히 밀고 가운데 머리만 닭벼슬처럼 세운 스타일)로 요란한 펑크 패션을 자랑했다.

마지막 밴드는 '삼청교육대'였다. 머리를 민 성난 표정의 남자들이 캐나다에선 전혀 들을 수 없을 올드스쿨 하드코어 풍의 노래를 선보였다. 삼청의 리드싱어는 으르렁거리며 노래를 불렀고, 강렬한 눈빛으로 얼마 되지 않는 관객들 한 명 한 명을 쏘아 보았다. 얼마 후에 나는 그의 이름이 동혁이라는 것을 알게 되었고, 그는 펑크 씬에서 내가 최초로 알게 된 친구가 되었다.

다행히 다음 공연까지 그리 오래 기다릴 필요가 없었다. 한국의 메이저 하드코어 펑크 레이블인 GMC 레코드와 스컹크에서 신년맞이 연례 공연을 펼친 것이다. 하루 밤에 14개 밴드가 출연하는 공연이었다. 삼청의 공연을 다시 보았고, 놓쳤던 럭스와 카우치의 공연도 볼 수 있었다. 이 공연은 신촌의 작은 지하 클럽인 WASP에서 열렸다. 난 그곳을 찾아놓을 셈으로 전날 답사까지 했다.

다음 날 클럽을 찾으니 문 앞에 서 있던 남자가 내 손바닥에 'SKIN'이라고 써 주었는데, N자를 거꾸로 써 주었다. 내가 상상했던 것보다 훨씬 따뜻한 환영 표시였다. 공연은 정말 멋졌다.

그날 공연을 보면서 가장 놀랐던 건 고향에서 보던 공연과 전혀 다르지 않다는 사실이었다. 그전까지 난 혹여 한국 펑크가 펑크 패션이나 흉내내다 마는 게 아닐까 걱정했지만, 막상 행동이나 옷차림은 다르고 성격과 태도, 습성 면에서 같았다. 나는 심지어 내가 한국에 있다는 사실조차 종종 잊어버리곤 했다. 에드몬튼에서 알고 지낸 공동체와 거리의 삶에 어울리는 음악의 개념이 이곳에도 존재한다는 사실에 나는 감동했다. 이런 본질적인 요소가 대륙

다른 나라에서 스킨헤드들은 인종차별주의자로 여겨지지만 한국에서는 각국의 스킨헤드들이 함께 어울린다.

을 넘고, 대양을 건널 수 있다는 점은 펑크가 단순한 음악 이상이라는 사실을 시사한다.

그렇다 해도 나는 큰 덩치의 스킨헤드가 이끌고 있던 밴드인 '혈맹'까지 기꺼이 맞을 준비는 안 되어 있었다. 리드싱어인 종혁은 180센티미터를 훌쩍 넘는 키에 면도한 머리와 문신 때문에 무척 위협적으로 보이는 인상이었다. 그들의 음악 역시 시끄럽고 빠르고 공격적이었다. 관객들이 죄다 무대로 올라가는 바람에 그들에게 밀려 스피커에 부딪혔는데 한 스킨헤드가 날 일으켜주었다.

그날 공연 중 가장 멋졌던 하드코어 밴드는 술도 약도 하지 않는 스트레이트엣지 그룹인 '긱스'였다. 스트레이트엣지 펑크족들은 때로 술 마시는 사람들을 공격하기도 하기 때문에 손에 맥주를 들고 있던 나는 겁이 났다. 하지만 웬걸, 한국의 스트레이트엣지들은 훨씬 관용적이었다. 리드싱어인 기석은 모든 노래를 기세 좋게 불렀는데, 그의 찢어질 듯한 목소리는 변성기 이전의 것처럼 들려 묘했다. 그들은 특히 '셤69Sham69(영국의 언더그라운드 펑크 밴드)'의 'If the Kids are United'를 썩 훌륭하게 리메이크했다. 공연이 끝난 후 기석을 만날 수 있었는데, 그는 내가 만나본 한국인 중에서 가장 친절한 사람 중 한 명이었다.

"이 땅에선 '스트레이트' 하기가 진짜 더럽게 힘들어."

기석이 한 번은 이렇게 말했다.

"여기건 저기건 못 잡아먹어서 안달이야. 한국에선 술 먹는 것만 허용된다니까."

럭스의 리드싱어이자 스컹크 레이블의 소유주인 원종희도 만났다. 단단한 체구를 가진 그는 영어 실력이 출중했는데, 럭스의 노래 중에 영어 가사가 있는 것을 이해할 수 있었다. 그는 양 어깨에 펑크 씬을 짊어진 존재로, 그가 없는 한국의 펑크 씬은 생각할 수 없을 정도였다. 종희는 '붉은 깃발'이란 펑크 잡지를 제작 중이었고, 난 그를 위해 그 공연의 리뷰를 기고했다. 그는 또

종희는 럭스의 리드싱어이자 스컹크헬의 오너였고, 게다가 스컹크 레이블의 매니저였다!

새로운 펑크 클럽인 '스컹크헬Skunk Hell'을 열 계획이었다.

며칠 후에 난 에드몬튼 펑크 웹사이트인 '인디클라인Indecline'에 공연 사진을 올렸고, 스컹크 레이블의 조이Joey가 관심을 보였다. 조이는 군대 때문에 한국에 왔다가 교사로 계속 거주하게 되었다. 그는 한국말 실력이 뛰어났지만, 외국인 남자로선 치명적이게도 여자처럼 말을 했다. 여교사에게 말을 배워서 그런 모양이었다. 그 당시에 찍은 사진들을 보니 이젠 사진 속 모두가 친구가 되었다. 그중엔 내가 훗날 알게 된 외국인인 네빈Nevin도 있다. 그는 정치적 신념이 투철한 아나키스트로 2인조 밴드인 '불가사리'를 이끌고 있었다.

### 스컹크의 부흥

몇 달이 지나고 난 한국 펑크족들과 친구가 되었다. 공연 장소가 없을 때 우리는 대개 식당이나 몇 년 동안 펑크족의 집합소였던 홍대 놀이터를 전전했다.

평범하게 치른 마지막 공연을 끝으로 2004년 1월에 드럭이 문을 닫았을 때, 우리는 직접 새로운 장소를 물색할 기회를 얻게 되었다. 그 후 드럭은 '블루 데블 클럽'과 합병해 DGBD—드럭Drug과 블루데블Blue Devil의 첫 글자를 따서 만든 이름이다—라는 이름으로 새로운 곳에서 재개업했다. 옛날의 드럭을 새로운 스컹크헬이 순식간에 대신했다. 화요일 밤에 상경한 나는 종희가 클럽 벽을 회색으로 칠하는 것을 보았다. 지저분한 낙서들이 모두 사라졌다. 그 모든 역사가 사라져 버렸다고 나는 생각했다.

종희가 나에게 스프레이 캔을 건넸다.

"우리의 역사를 시작할 때야."라고 그는 말했다.

우리는 미친듯이 페인트 칠을 하기 시작했다. 모든 작업이 끝났을 때, 그곳은 '스컹크헬'이 되었다.

펑크족에게 직접 운영하는 클럽이 있다는 건 매우 중요하다. WASP와 턴은 물론, 다른 모든 클럽 주인들은 펑크를 싫어했다. 클럽 WASP의 신년맞이 공연에서 주인은 공연 중간 중간 펑크 음악 대신 힙합 음악을 틀었다. 그러나 이제 스컹크헬이 있으니 모든 걸 제대로 시작할 수 있었다.

박현은 '명령27호'의 리드싱어이자 기타리스트였다. 2006년 9월 그들은 한국 펑크 밴드 가운데 최초로 중국에서 공연을 했다.

14개 밴드가 밤새도록 쇼를 펼치는 또 한 번의 큰 공연이 있었다. 뿐만 아니라 내 기사가 실린 '붉은 깃발' 1호가 발매되는 날이었다. 도움이 되고 싶은 마음에 나는 신년 공연 때 찍은 사진들을 담은 시디를 몇 장 구워서 밴드들에게 나눠주었다. 후에 그 사진들 중 일부가 밴드의 앨범 사진으로 쓰였다.

그 공연은 또 명령27호의 박현의 고별공연이기도 했다. 그는 2004년 미국 선거에서 민주당 지지활동을 하고자 미국으로 돌아갔다. 멋지게 정장을 차려입고 선글라스를 쓴 그가 무대에 올랐을 때 난 너무 취해 있어서 그들이 정말 훌륭한 사운드를 들려주었다는 것 말고는 아무것도 기억할 수가 없다. 한국말을 완벽하게 구사하는 그는 1999년부터 한국 펑크 씬의 일원이었고, 한국의 펑크족에게 스킨헤드나 싸이코빌리와 같은 새로운 개념을 소개했다. 그는 한국 펑크 씬에 대해 보호자의 입장을 취했고, 자신의 문화처럼 생각했기 때문에 외국인들이 들락거리는 것을 좋아하지 않았지만, 나에 대해선 좋게 생각했다. 나처럼 그도 스킨헤드로서 한국에 왔기 때문에 잘 지낼 수 있었던 것 같다.

  스킨헤드로서 한국의 스킨헤드와 인연을 맺는 것은 어렵지 않았다. 그중에서도 특히 스킨헤드 밴드 '지랄탄99'의 리드싱어였던 강직한 성격의 '승파'와 친해졌다. 맨 처음 그를 보았을 때 그는 머리가 길었고, 심장 쪽 가슴팍에는 커다랗게 'Skinhead Pride'라고 새긴 문신이 있었다. 그는 '존'이란 이름이 한국에선 개 이름으로 흔하다고 말하면서 나를 개 취급했다. 복수할 겸 나중에 키우게 된 고양이의 이름을 그의 이름으로 했는데, 그래서일까, 자랄수록 근골이 튼튼하고 힘이 센 고양이가 되었다.

  난 1990년대 중반부터 드럭 공연을 보러 다녔던 한국인 '정'과 데이트를 시작했고, 그녀를 스컹크로 이끌었다. 한국 펑크족들은 통역할 사람이 필요할 때가 아니면 그녀의 존재를 완전히 무시했다. 다들 그녀가 약간 몽골 사람 같다는 둥 놀리곤 했다. 승파는 나에게 한 것과 똑같이 거친 방식으로 그녀를 대했는데, 그녀는 나와 데이트를 한다는 것 때문에 그가 자신을 비난하는 게 아닌가 의심했다. 정은 내게 펑크 공연을 보는 것을 정말 좋아한다고 말하면서, 만약 우리가 헤어지게 되면 자신은 거의 전부를 잃게 될 거라고 말했다. 시간이 흐르면서 그녀는 공연에 대한 열정을 잃었는데, 나만큼 따뜻한 환대를 받지 못했기 때문이다. 그녀는 오랫동안 공연장에서 자취를 감췄지만, 우리가 결혼한 후 2007년 다시 나타났을 때 모두가 그녀를 알아보았다.

## 외딴 섬에서

2004년 초반 몇 달 동안 나는 외딴 섬이었다. 펑크 씬에 다른 외국인은 전혀 없었다. 그 덕에 한국 펑크족들과 훨씬 더 수월하게 섞일 수 있었다. 그들 다수가 영어를 하지 못했지만 인내심과 알코올 덕에 우린 어떤 이야기도 할 수 있었다. 물론 영어를 할 줄 아는 한국인을 이해하기가 더 쉽다. 그런 사람들 중 한 명이 근우였다. 키가 작고 깡마른 그는 한국적인 의미의 성공에 대한 욕구와 펑크족다운 냉소 사이에서 갈등하고 있었다. 그는 아나키스트와 고교 자퇴생 등으로 구성된 급진적인 펑크족들과 어울렸다. 가령 펑크족인 '민주'와 미군부대에서 복무 중인 미국인 '마이크'를 만났을 때처럼, 영어 상의 도움이 절실할 때마다 펑크족과 그의 조우가 이루어졌다. 당시 마이크는 의정부 부대에 있었고, 민주는 그에게 근우를 소개해 주었다.

정작 미군이 다음 공연에 올 거라는 말을 들었을 때에는 걱정이

앞섰다. 홍대는 미군 출입 금지 구역이었고, 꽤 많은 술집이 간판에 '미군 출입 금지 No GIs' 팻말을 내걸고 있었다. 내 생각에도 미군은 골칫거리였다. 하지만 막상 마이크를 만나 보니 좋은 친구였다. 그는 말수가 적고, 예의가 바르고, 군인치곤 소심한 성격이었다. 자신의 상관을 경멸했지만 꾹 참고 모시고 있었고, 이라크전쟁에 반대하는 견해를 취했지만 명령이 떨어지면 부대를 버리는 대신 곧바로 갈 생각을 하고 있었다. 고향에서 그는 일련의 반전 시위에 참여한 적도 있었다. 마이크와 난 둘 다 한국 펑크 씬에 외국인들이 거의 없을 때 한국에 왔고, 나는 강박적인 사진 작업으로, 그는 배급 연락책으로 각자의 역할을 찾을 수 있었다.

한국 펑크족들은 마이크의 연줄을 이용해 펑크 패치나 셔츠 등 여러 가지 물품을 살 수 있었다. 그들은 연락책으로서 근우를 필요로 했고, 그 덕에 근우는 확고한 입지를 다져나갈 수 있었다. 주문을 몇 건 대행한 후 마이크의 무한할 것 같던 인내심도 바닥을 드러내기 시작했다. 근우가 마이크를 '인간 공구'라고 말한 후 얼마 지나지 않아 마이크는 노역생활의 종말을 고했다. 장담하는데 근우도 그 덕에 부담을 덜었을 것이다.

스컹크헬에서 비공식적으로는 다른 외국인을 환영하거나, 반대로 그들을 불편하게 해야 할 처지에 처해있던 마이크와 나는 이방인이었다. 자기들이 외국에 있다는 사실을 잊은 아둔한 군인들과 음악보다는 여자들에 더 관심이 많은 소름끼치는 영어강사 등 전형적인 외국인들을 수도 없이 보게 되었다. 외국인 대부분은 몇 번 공연을 보러 왔다가 여자들을 꼬시는 데 실패하면 다시는 나타나지 않았다.

외국인으로 말미암은 폭력의 위험도 24시간 존재했다. 어느 날 밤 카우치의 베이시스트인 종재가 홍대에서 한 떼의 미군에게 아무 이유 없이 공격을 당했다. 한국 펑크족들이 그를 구하려고 달려와 그들과 맞섰고, 싸움은 진압 경찰이 올 때까지 계속 되었다.

그 일이 있은 후 마이크는 미군에게 최대한 예우를 갖추라고 요구하는 경고문을 마이스페이스MySpace에 올렸다. "술에 취한 군인(이나 혹은 그냥 바보천치라서 문제를 일으키지 않으면 못 견디는 분들)이라면, 혹은 한국인 앞에서 쓸데없는 경거망동을 한다면 오지 말 것을 요구합니다. 스컹크헬과 부근지역(홍대)은 주한미군 관련자의 출입을 금하는 곳입니다. 자칫하다가는 헌병에게 체포될 수 있습니다." 많은 외국인이 마이크의 경고를 따르지 않았지만 그들 중 다수는 괜찮은 사람들이었다.

### 홍대로 돌아오다

2004년 크리스마스 휴가를 캐나다에서 보낸 뒤 수원에서 홍대로 거처를 옮겼다. 그래서 어느 때고 펑크족과 어울려 다닐 수 있게 되었다. 홍대에서의 삶은 끝내줬다. 집을 나오기만 하면 언제고 한국 펑크족들을 만날 수 있었다. 그들은 나와 술을 마시고, 밥을 먹기도 하고, 당구를 치는 등 많은 것을 함께 했다. 난 집에 점점 더 늦게 들어가기 시작했다. 가끔 외국인들에 대한 혐오가 느

게토밤즈는 스컹크헬에서 공연을 펼쳤던 밴드들 가운데
가장 성공적인 밴드 중 하나였다.

껴지긴 했지만, 홍대에서의 삶은 꽤 재미있었다.

    스킨헤드 밴드인 '공격대'의 기타리스트로 영국에서 유학 중이던 종오도 한국으로 돌아왔다. 그는 스킨헤드 중에서 영어 실력이 가장 뛰어났고, 그 덕에 우린 빨리 친해질 수 있었다. 그는 영국에서 스킨헤드를 만난 것부터 메니스Menace, 수퍼욥스Super Yobs, 아지바지Argy Bargy 같은 클래식 펑크 밴드를 만난 이야기를 들려 주었다.

    어느 날 오후 아침 먹을 곳을 찾아 밖으로 나갔는데, 종희가 날 부르더니 자기 트럭에 타라고 했다. 모 회사가 카우치에게 돈벌이가 될 광고 계약을 제안하려고 그에게 계속해서 전화를 걸었는데, 리드싱어인 현범은 공사장에서 용접공으로 일하고 있었기 때문에 전화가 잘 안 되는 모양이었다. 겨우 핸드폰이 연결이 되었을 때, 한 손에는 불꽃이 튀는 용접기를 들고, 다른 손으로는 핸드폰을 든 현범은 관계자가 용건을 다 말할 틈도 주지 않았다. "됐거든요?" 하고 그는 말했다.

    "난 그런 거 안 해요."

현범은 나중에 나에게 자신의 생각을 말해 주었다.

"돈 같은 건 중요하지 않아. 목숨 부지하려면 돈이 필요하지. 하지만 돈 때문에 밴드를 이용하는 건 재미없어."

그 제안을 거절한 것 때문에 그와 그의 밴드는 친구로 여겼던 몇몇 밴드들을 비롯해 대부분의 다른 한국 펑크 밴드들과 멀어지게 되었다. 크라잉넛은 소주 광고를 찍었고, 그 이후에는 게토밤즈가 한 이동통신사 광고에 등장했다.

"게토밤즈나 크라잉넛이 텔레비전 광고를 했다고 해서 싫어하진 않아. 하지만 내 밴드는 그러고 싶지 않다는 거지."하고 현범은 해명했다.

그의 인터뷰는 내 잡지의 첫 호에 게재되었다. 그 기사에서 나는 반어적인 뉘앙스를 담아 다음과 같이 썼다.

"한동안은 TV에서 카우치를 볼 수 없을 것이다."

## Broke In Korea를 시작하다

한동안 한국에서 잡지를 창간해야겠다는 생각이 머리에서 떠나지 않았지만, 그 생각을 구체화할 수 있었던 건 폴을 만나고 나서였다. 펑크 씬에 오랫동안 몸 담아온 폴은 미군 아버지와 한국인 어머니 사이의 혼혈로 어린 시절 한국의 미군부대를 전전하며 살아왔다. 고등학교를 졸업한 후 그는 집을 나왔고, 럭스의 기타리스트로 합류했다. 재능이 출중한 작곡가였던 그의 팔에는 문신이 가득했고, 가슴 한복판엔 'ATHEIST(무신론자)'라는 문신이 새겨져 있었다. 폴의 아버지는 그를 고강도의 펑크 씬으로 악명 높은 솔트레이크 시티의 대학으로 보냈고, 거기에서 그는 '트웰프스 스트리트 스태거스Twelfth Street Staggers'란 밴드를 조직했다.

  2004년 9월에 그가 다시 온 날 밤엔 조이, 박현, 마이크, 네빈, 그리고 나까지 주요 외국인들이 모두 참석했다. 폴은 클럽 정문 옆 벽에 시를 한 수 썼다.

> 동방이건 서방이건
> 나는 하나의 사실을 깨닫게 되었다
> 나는 하나의 사실을 마음속 깊이 기억한다
> 나는 언제나 이방인이라는 것을
> 낯익은 세계에서도

  폴은 2005년 1월 스컹크헬의 1주년 기념 공연에 맞추어 서울을 찾았다. 그는 참신한 아이디어를 잔뜩 갖고 있었고, 잡지를 창간하자고 제의했다. 나는 그에게 네빈에게 늘 얘기하던 참이라고 말했다. 이 말을 듣고 폴은 다소 방어적이 되었지만, 막상 네빈을 만나자 둘은 절친한 친구가 되었다. 처음엔 한국공화국을 대표한다는 뜻에서 잡지 제목을 ROK(Republic of Korea)라고 짓고 싶었다. 하지만 당시 일자리가 없었기 때문에 'Broke In Korea(한국의 빈털터리)'란 제목으로 정했다. 아닌 게 아니라 폴이나 나나 수중에 돈이 거의 남아 있지 않았다.

우린 잡지에서 쓸 서로의 필명을 지어 주었다. 그는 강박적으로 눈을 깜박이는 내 버릇에서 착안해 날 '존 트위치Jon Twitch(근육이나 신경계통의 경련을 뜻하는 twich에서 따온 것이다 – 편집자)'라고 불렀고, 나는 그가 개를 좋아하고 혼혈이라는 사실을 빌어 그를 '폴 머츠 Paul Mutts(mutt는 똥개를 뜻한다 – 편집자)'라고 불렀다. 근육이 잘 발달하고 공연 중 곧잘 잠이 들곤 하는 종희에겐 '립rip(저자는 Rip의 뜻을 두 가지라고 직접 밝히고 있다. 첫째는. 미국 작가 W.어빙의 단편소설의 주인공으로 그는 산에 사냥을 갔다가 낯선 이의 술을 훔쳐 마시고 20년 동안이나 잠이 들게 된다. 둘째는 훌륭하고 단단한 근육을 일컫는 속어이다 – 편집자)'이란 별명을 지어주었다. 혈맹의 종혁은 무시무시하게 생긴 얼굴과 그가 스타크래프트에서 가장 좋아하는 캐릭터를 빌어 '오크Orc'라고 지었다. 카우치의 현범은 노랗게 염색한 뾰족 머리를 빗대어 '어친(성게라는 뜻의 Urchin이다 – 편집자)'이라고 지었다. 난 초록색과 핑크색으로 염색한 모호크 헤어스타일을 한 진용의 영어 이름이 다니엘 헤니처럼 예쁜 남자와 같은 다니엘이라는 걸 알고 난 후 그를 놀려대기 시작했다.

"안돼, 안돼."

그는 우리에게 따졌다.

"다니엘은 절대 안 돼 (Never Daniel)!"

"알았어."

나는 그의 말을 들어주었다.

"안녕? 네버 다니엘!"

펑크 잡지 〈브로크 인 코리아〉의
창간호 표지

폴은 외국인들을 위해 온라인 펑크 씬을 대표하는 '브로크 인 코리아'의 게시판을 만들었다. 덕분에 우리의 의사를 실제로 표명하게 되었고, 외국인들에게 공연장에서 지켜야 할 행동에 대한 지침을 제시할 수 있었다. 나는 또 '브로크'의 기사들을 온라인으로 공개하는 스컹크 레이블의 영어페이지를 맡았다. 한편, 대학 신문사에서 일하면서 레이아웃과 편집 경력을 쌓았다는 점에서 내가 잡지의 총책임을 맡게 되었다.

창간호를 위해 수많은 기고자들이 나섰다. 폴은 초창기 한국 펑크에 관한 글을 썼고, 네빈은 외국인들이 이해할 수 있도록 한국 펑크 음악의 가사를 영어로 번역했다. 잡지 뒤표지에 우리는 강성의 규율 안내문인 '한국 펑크의 15 강령'을 실었다. 규율 11조는 '예의를 지킬 것. 외국인들이 엄청나게 많지만 무례한 자는 절대 놓치지 않을 것이다'였다. 난 2004년 3월에 한국을 여행했던 시애틀의 스트레이트엣지 밴드 '챔피언'을 인터뷰했고, 그들이 도착하기 전에 마감을 끝내기로 마음먹었다. 나는 챔피언의 투어가 예정되어 있던 일자보다 한 주 앞선 3월 말에 창간호를 마감했고, 공연장에서 직접 나누어주려고 40부를 인쇄했다. 외국인 기고자들이 도착하기도 전에 한국 펑크족들이 잡지 대부분을 가져가 버렸다. 내용을 이해할 수 없었을 텐데도 그들은 진심으로 잡지를 읽고 싶어 했다. 몇 가지 트러블을 제외하면 대체로 잡지는 성공적이었고, 그 다음 주에 40부를 추가 인쇄했다.

다음 호는 7달이 지나도록 내지 못했다. 난 2개국어 판으로 내고 싶었지만 도와줄 한국인 번역자를 찾지 못했고, 원고는 내내 컴퓨터에 쟁여져 있었다. 기사의 시의성이 떨어지는 게 걱정 된 나는 결국 영어판으로만 발간했다. 2호에는 기고자들의 글보다 내 글이 더 많았다. 이후로도 내 글을 더 많이 싣고 다른 필자는 줄일 예정이었다. 2호에서 최고의 스토리는 스컹크헬의 내부를 다시 칠했다는 소식이었다.

당시 공연장에서 몇몇 외국인들이 추태를 부린 후에 지역사회에서 스컹크헬을 단속하기 시작했다. 한 미군이 스컹크헬의 위층에서 아무 생각 없이 다른 사람의 집 문에 기대고 캐나다인 영어교사와 섹스를 하다 걸린 것이다. 사람들은 스컹크헬을 퇴폐업소라며 눈살을 찌푸렸다. 한국 펑크족들은 우리가 외국인들 때문에 고생하는 것에 대해서 그다지 대수롭지 않게 생각하지 않았지만 나는 문제가 심각하다고 생각했고, 그 사건을 하나의 본보기로 삼고 싶었다.

이와는 반대로 외국인들이 긍정적인 저력을 보여준 에피소드도 소개했다. 클럽의 매표소 여직원이 화장실을 간 사이에 입장료를 도둑맞은 적이 있다. 폴이 외국인들한테서 기부금을 걷었는데, 애초 사라진 돈보다 더 많은 액수가 걷혔다. 이 선행에 대한 보답으로 다음 공연에서 모든 외국인들은 무료로 입장하도록 했다.

## 문이 열리더니

폴은 부평을 근거지로 하는 펑크 밴드인 '썩스터프'에 합류하라는 제안을 받기도 했다. 썩스터프는 폴이 BPJC(부평지랄코어) 레이블에서 가장 좋아하는 한국 밴드였다. 폴은 리드싱어인 철환의 작곡 실력을 높이 평가했다. 그는 극적으로 밴드를 재결성했고, 썩스터프를 한국에서 가장 근면한 펑크 밴드로 바꾸어 놓았다.

어느 날 갑작스레 클럽의 문이 열렸고 어느새 우린 한 떼거지의 외국인들을 받고 있었다. 대부분이 미군들이었다. 마이크와 나는 외국인들이 못마땅한 듯 불친절하게 대했지만, 폴은 두 팔을 벌려 생면부지의 외국인들을 환영했고, 그들은 우리의 잡지를 들고 떠났다. 예전엔 공연장에서 모든 외국인들과 마음 편하게 이야기할 수 있었지만, 한 번도 본 적이 없는 이방인들이 생겨나고 있었다.

영어 웹사이트, 영어 잡지, 영어 펑크 밴드를 갖춘 스컹크헬은 외국인들에게 더욱 친화적인 공간이 되었다. 때로 우왕좌왕하고 티격태격하는 일도 생겨났다. 외국인 수가 늘어나면서 한국인 손님들은 줄어들었다. 몇몇 캐나다인들이 한국 펑크족을 괴롭히다가 공격을 받은 후 스컹크 레이블은 최초의 중대한 소송사건에 휘말렸다. 이것이 계기가 되어 나는 폭력의 인종 분리 정책을 제안하게 되었다. 스컹크에서 외국인이 문제를 일으키면 외국인이 책임을 지는 게 합당하다고 나는 생각한다. 일을 제대로 해결하려면 이런 경험이 없는 한국인들보다 내가 나서는 게 더 낫다. 그래서 폴과 나는 외국인을 순찰하는 외국인 보안팀인 '양키공격대'를 결성했다. 공연장에서 외국인이 말썽을 부린다 싶으면 폴과 나는 바로 주변에 있는 친구들에게 "양키공격대!"라고 소리쳐 알렸다.

여전히 지역사회는 스컹크헬에 대해 노심초사였다. 건물주와 이웃과 이웃의 근방까지도 스컹크가 없어지기를 바랐다. 그들은 우리를 공격할 수많은 법령으로 무장하고 있었다. 스컹크가 주류 면허를 빼앗기게 되자 종희는 술을 팔지 않고, 소주를 무상으로 내 주었다. 툭하면 법정에 출두하게 된 그는 자신의 기존 이미지를 감추었다. 펑크 바지를 벗었고 공연을 할 때에도 흰 드레스 셔츠를 자주 입었다. 난 그가 짊어진 부담이 견디기 어려운 지경까지 갈까 봐 걱정이 됐다. 서서히 스컹크헬의 주도권은 썩스터프에서 철환으로, 철환에서 폴에게로 넘어갔다.

## 반 외국인 정서

2005년 여름은 무더웠고 공연을 찾는 관객 수도 줄었다. 친구인 메건이 중국 여행에서 돌아와서 우리는 모든 펑크족을 불러모아 홍대놀이터에서 술을 마셨다.

우리가 이야기하는 동안 한국인 스킨헤드 한 명이 메건과 내게 집적댔고, 난 장난삼아 그의 발을 걸어 넘어뜨렸다. 그는 자리에서 일어나 나에게 달려들었지만 난 어떤 경우에도 한국인과 싸우기 싫었다. 그때 삼청의 멤버인 보람이 내 눈을 똑바로 바라보더니, "미안" 하고는 주먹으로 내 얼굴을 두 번이나 쳤다. 그 순간, 나는 한국 펑크에 대해 갖고 있던 신념 대부분을 잃어 버렸다. 순식간에 누가 내 편인지 분간할 수 없게 되었다. 왜 이 일에 보람이 끼어든 걸까?

"개똥 같네" 하고 말한 후 나는 일어나서 자리를 떴다.

민주가 날 만류하고 나섰다. 민주는 내가 새롭게 불화를 조장하지 않기를 바랐다. 내가 그를 몇 번 밀쳤는데도 그가 날 막아섰고, 난 그를 바닥에 눕혔다. 승파가 제때에 도착해서 내가 민주를 때리기 전에 싸움을 말렸다. 후에 그가 나에게 이런 갈등 때문에 스킨헤드로 사는 걸 그만두었다고 말했다. 서로 놀려대며 길거리에서 스파링하던 시절을 생각하면 그가 얼마나 많이 변했는지 실감할 수 있었다.

큰 규모의 공연이 있은 후에 나는 한국의 스킨헤드들과 이야기를 나누었다.

"여기 앉아도 돼?" 하고 보람에게 물었다.

"그럼." 하고 보람이 말했다.

"됐어. 나 같은 놈이 껴도 되는지 확인하려던 것뿐이었어."

나는 냉랭한 어조로 말했다.

## 쇼는 끝났다

난 잠시 스컹크헬을 벗어나 있었다. 머리가 자랐고, 한때 자기랑 펑크 중에서 어느 쪽이 더 중요하냐고 물었던 여자 친구와 더 많은 시간을 보냈다. 조이는 1999년 이후 처음으로 대학 졸업을 위해 고향인 텍사스로 가겠다고 밝혔다.

한국인이라면 모두가 2005년 8월에 일어난 일을 기억할 것이다. 럭스가 한 음악 버라이어티쇼에 출연을 요청받았다. 프로듀서들은 럭스를 여러 번 초대했지만 종희는 펑크의 강령에 대한 위반인지 아닌지 확신이 서지 않아 망설이기만 했다. 격렬한 항의를 기대했던 조이는 '브로크'의 게시판에서도 이렇다 할 반응이 없자 되레 놀랐다.

방송 당일, 우리는 뒤늦게 음악캠프를 시청했지만, 럭스는 코빼기도 보이지 않았다. 진행자들이 기술상의 장애에 대해 구구절절하게 변명을 늘어놓는 것으로 쇼는 끝났다. 무슨 말을 하는 거지? 음향사고라도 났었나? 그건 분명히 공연을 두고 한 말이었다.

"럭스가 뭘 잘못했나 보네."

여자 친구가 넌지시 말했다.

난 조이에게 전화를 걸었고, 여자친구는 무슨 일이 일어났는지 알아보려고 인터넷을 검색했다.

조이가 불만에 가득 찬 목소리로 받았다.

"왜?"

"뭔 일 났어?" 하고 나는 물었다.

"웬일이니!"

여자 친구가 인터넷을 검색하다 버럭 소리를 질렀다.

"카메라 앞에서 엉덩이를 깠대!"

"카메라 앞에서 엉덩이를 깠다고?"

나는 전화기에 대고 고함을 쳤다.

"그 멍청이들이 그랬어."

조이가 말했다.

"완전히 빨개 벗고는 있는 거 없는 거 다 보여줬어. 고개를 드니까 궁둥이를 까고 있는 거야. '젠장, 뭔 일이야' 했다니까."

"끝내주는데!" 하고 환호성을 질렀다.

"그렇지 않거든?" 하고 조이가 말했다.

"걔네 체포됐어. 종희도 같이. 네가 사람들 표정을 봤어야 해. 어린애들도 있었어. 초등학교 애들 말이야."

나는 우선 방송국에서 시간 지연 시스템을 갖추지 않은 것에 놀랐다. 어려울 것 없이 재빨리 느림 버튼만 눌렀어도 수많은 시청자들의 시선의 처녀성(?)을 지킬 수 있었을 것이다. 종희와 2명의 노출광들은 3번에 걸친 약물 반응 검사를 받았고, 모두 음성 판정을 받았다. 한국 펑크족들은 앞으로 홍대 근처에서 펑크 옷을 입고 다니면 위험해질 거라고 말했다.

미디어는 우리를 예의 주시하고 있었다. 많은 밴드는 기자들에게 쫓겨 다니는 통에 스컹크에 와서 연습도 하지 못하게 되었다. 썩스터프가 연습을 하는 동안 폴은 기자들이 문을 두들겨대는 소리를 들었는데, 밖에서 그들에게 린치를 가하려고 몰려든 폭도라고 생각했을 정도였다. 미국 빌보드 매거진에 있는 한 외국인 기자가 인터뷰 한 건 올릴 수 있을까 싶어 나에게 연락을 해 왔다. 그냥 무시했는지, 아니면 꺼지라고 했는지는 잘 기억이 안 난다.

럭스의 세 멤버가 거리를 걷고 있다.

"전 당신 편인데요……."

도대체 무슨 소리지? 자기가 누드찬성파라도 된다는 건가?

그 일에 대한 소집이 있을 거라고 예상했지만 그렇지 않았다. 있긴 했지만, 스컹크의 공연을 보지 않은 지 오래된 비뚤어진 '애들'만 몰려들었을 뿐이다. 난 종희에게 차후의 행보에 대해 물었다.

"언더그라운드 상태를 유지해야지." 하고 그는 내게 말했다. "전처럼 지내는 거야. 하지만, 우리 편만 들여 보내주자고."

종희는 깔끔하게 차려입는 걸 그만두고 패치가 덕지덕지 붙은 지저분한 가죽 재킷과 찢어진 바지에 군화를 신은 예전 차림으로 돌아갔다.

얼마 지나지 않아 소동은 가라앉았다. 대중의 관심은 금세 다른 곳으로 옮겨갔다. 우린 다시 외톨이가 되어 무시되고 잊혀졌다. 뉴스에서도, 광고에서도, 현란한 팝 페스티벌에서도, 온라인에서도 볼 수 없게 되었다. 전에는 속해 있던 곳이었건만.

스컹크가 문을 닫을지 모른다는 모든 걱정과 위협에도 실제로는 아무 일도 일어나지 않았다. 종희와 스컹크에 대한 소송은 완전히 기각되었다. 2005년 쌈지 사운드 페스티벌에서 럭스가 초청을 받아 공연하게 되었을 때 그들은 청중들의 뜨거운 환호를 받았고, 일체의 폭력이나 우발적인 노출사건 없이 공연을 마쳤다.

5년 징역형을 각오했던 2명의 노출광은 2달 만에 갑자기 조용하게 풀려났다. 그들은 교도소 생활이 끝내주게 좋았고, 음식도 너무 맛 있어서 살이 다 쪘다고 말했다. 그들은 따뜻한 환대를 받았고, 문제의 사건을 다시 입에 올리는 일도 없었다. 그들의 행동에 반대했건, 그들의 쇼를 보며 재미있어 낄낄댔건 스컹크의 일원은 모두가 가족이었다.

### 외국의 펑크 씬

오랫동안 한국 펑크 씬에 합류한 외국인들은 모두 나름대로 일조를 했다. 박현, 조이, 폴과 네빈은 모두 한국어를 배우고 밴드에서 연주를 했다. 나중에 한국에 온 마이크와 나 역시 그에 합류했다. 그러나 이제 신참들은 그저 술을 마시러 올 뿐 참여하는 법이 없었다. 한국말을 배운 사람도 거의 없었고, 다른 외국인들하고만 친하게 지냈다. 어떤 외국인들은 클럽 안으로 들어오지도 않았다. 그들은 자기들끼리 이야기를 하며 한국인들을 무시했고, 그러면 한국인들도 그들을 무시했다. 외국인들이 바리케이드를 치고 앉아 클럽에 들어서는 게 누구건 상관없이 말을 걸어대는 것 때문에 많은 한국인이 놀라서 발을 끊었다.

외국인 사이에 파벌이 생기기도 했다. 2005년 가을, 2명의 외국인 펑크족이 주말마다 흥청망청 놀 셈으로 홍대 근처의 원룸을 임대했다. 그곳은 '외 케이브Wae Cave(외국인의 '외'에서 딴 것이다)'고 불렸는데, 매주 서울 외곽 지역에 사는 외국인들이 몰려와 방이 터져나갈 정도로 꽉꽉 들어찼다. 얼마 안 가 파벌을 지은 무리들이 공평하게 월세를 내는 문제로 티격태격 거렸다. 몇몇 사람들이 이사를 하면서 긴장도 사라졌지만, 새로운 위기감이 자리를 대신했다. 결국은 끝도 없이 사람들이 들어왔다 나가는 바람에 통 종잡을 수 없게 되었다. 그들은 클럽을 벗어나 다른 곳에서 놀기 시작했고, 나에겐 생소한 일이었지만, 다른 클럽을 드나들기도 했다. 어떤 외국인들은 웨이킹 파티Waking Party, 제트 에코Jet Echo, 썬 라디오Sun Radio 등 주로 외국인들로 구성된 밴드를 조직했다. 이들의 음악은 엄격하게 말해 펑크라고 하긴 어려웠고, 스컹크헬에서 공연하는 일도 거의 없었지만, 같은 관객을 놓고 경쟁하고 있었다.

여자 친구와 조용히 결혼식을 올린 후, 몇 년 만에 아내를 데리고 스컹크헬을 찾았다. 그녀가 마지막으로 클럽을 찾았을 때와는 다르게 이번에는 그녀도 친하게 말을 틀 만한 여자 손님들이 있었다. 그들 중 몇몇은 외국인 펑크족의 한국인 여자 친구들이었고,

몇몇은 외국인들이었다. 전반적으로 전보다 반가운 분위기였지만 문화적으로는 다소 뒤떨어진 감이 있었다.

## 외국인 기고자들

인디클라인 사이트가 시샵의 부주의로 사라져 버렸을 때 나는 고향의 펑크 씬과 마지막으로 맺은 몇몇 인연과 절연하게 되었다. 사이트에 올린 내 사진이 전부 날아가 버리는 바람에 몇 달 동안 사진을 올릴 곳이 없게 되었다. 한국에 있는 외국인 중의 한 명이 웹 스페이스를 기증해 주었고, 난 대한민국과 인디클라인을 접목해 만든 나의 페이지인 '대한민디클라인Daehanmindecline' 을 만들었다.

내가 예측한 대로 나보다 펑크 씬에 더 오래 머물렀던 모든 외국인들이 많이 참여했지만, 신참 외국인들의 참여는 더 적었다. 그중 예외가 작은 키에 강건한 몸집의 군인인 제시Jesse였는데 그는 공연을 홍보하는 일을 도왔고, 특히 홍대 놀이터 바로 옆에 새로 생긴 펑크 클럽 '스팟'의 홍보에 앞장섰다. 그와 폴은 스컹크에서 'For the Dogs'란 타이틀로, 입구에서 '한국 동물 보호 협회'에 기증할 동물 사료를 주면 입장료를 할인해 주는 자선 공연을 열었다. 공연은 대성공이었고 이전까지의 입장객 기록을 깼다.

DGBD의 앤토니가 손을 뻗어온 순간 우리에게 예상치 않았던 동맹이 생겼다. 앤토니는 캐나다 사람으로 우리보다 나이가 많았는데, 얼마 안 있어 우리는 그의 가이 폭스(1605년 가톨릭교도들이 제임스 1세와 의원들을 살해하려던 사건의 주모자로 八 자의 콧수염이 트레이드마크가 되었다 – 편집자) 스타일의 콧수염과 염소수염에 익숙해졌다. 그가 '브로크' 게시판에 등록하면서 우리 사이엔 평화가 왔고, 그는 우리 모두를 DGBD에 초대했다. 우린 자선 공연과 국제적 밴드들의 공연을 여는 것으로 그곳을 잘 활용했다.

재미있는 레이아웃을 비롯해 DGBD는 다른 지하 클럽들보다 깨끗했고, 또 다른 캐나다 사람인 롤느가 책임지는 사운드도 훌륭했다. 폴과 제시는 겨울옷 기부를 받는 'Beat the Cold'라는 자선 공연을 한 번 더 열었다. 공연이 끝난 후 난 그들을 따라 서울역까지 가서 노숙자들에게 기부 받은 옷을 주고, 감사 인사를 바라거나 성경책을 건네주는 일 없이 얌전히 돌아왔다.

네빈이 2006년 베이징으로 가면서 우리 모두에게 긍정적인 변화가 생겼다. 그는 베이징의 펑크 씬과 친분을 맺었고, 썩스터프와 명령27호의 중국 투어 계약을 주선했다. 나는 명령27호를 따라 베이징에 가서 그들의 첫 번째 주말 공연을 보았다. 중국 펑크 씬은 현재 국제적인 지지와 인정을 받아 승승장구 중이다. 중국인 대부분이 가난하기 때문에 베이징의 펑크 씬은 온통 외국인들의 원조로 가동된다. 외국인들이 밴드의 해외 투어를 주관하고, 다수의 베이징 클럽과 레이블을 운영한다.

세계 최고의 스카 밴드 중 하나인 '슬래커스Slackers'의 색소폰 연주자인 미국인 데이비드 힐러드가 내게 연락을 한 2006년 가을 나는 정말로 바빠졌다. 내 도움으로 그들은 한국을 여행하는 계획을 세웠다. 한국의 관심을 높이려고 나는 DGBD의 DJ나이트를

네빈은 미국인으로 오랫동안 한국 펑크 씬에 몸담아 왔다. 이후 그는 베이징으로 건너가 'D22'라는 클럽을 열었다.

슬래커스의 2007년 방한 투어 당시의 모습

홍보하기 시작했다. 한국 펑크족에게 펑크에 엄청난 영향을 끼칠 수 있는 이 음악을 들려주는 것이 나의 목적이었지만 공연장을 찾은 사람들은 대부분이 외국인들이었다.

나는 '브로크' 3호에 긴 인터뷰 기사와 함께 내 친구가 DJ나이트 공연 첫 번째 날 나를 인터뷰한 기사를 실었다. 그 외에도 3호는 한 해 동안 거둔 펑크 씬의 수확에 대한 시상식인 '브로키 어워드'를 소개했다. 이 상은 최고의 밴드나 최고의 타투이스트부터 함께 술을 마실 가장 좋은 사람과 어디 가서도 볼 수 없을 최고의 외국인까지 다양한 분야로 이루어졌다. 그렇게 다음 호를 곧 발간할 거라는 약속을 한 셈이었다.

슬래커스가 공연하고 얼마 지나지 않은 2007년 4월에 발간된 브로크 4호는 슬래커스의 투어와 뗄래야 뗄 수 없을 정도로 긴밀

한 관계를 맺고 있었다. 외국인 친구들이 기부를 해 주고, 공연도 관객의 절반은 외국인들로 채워져 만원사례를 기록했지만, 나는 빈털터리가 되었다. 하지만 공연은 성공을 거두었다. 4호에는 브로키 어워드의 수상자는 물론, 슬래커스의 방한 투어에 대한 상세한 리포트와 함께 외국 밴드가 한국에서 공연하려면 어떤 계획을 세워야 하는지 안내 기사를 실었다.

2007년 4월, 슬래커스의 투어가 끝난 어느 주엔가 메인스트림 펑크 밴드인 NOFX가 한국을 찾았다. 웬만해선 안 갈 것 같은 외국인들까지 우르르 몰려갔을 뿐만 아니라 얼마 안 되지만 한국인들 관객까지 끌어들였다. 밴드는 공연 중에 앞줄에 한국인이 별로 없다는 말을 했다. 그전만 하더라도 한국인 펑크족들은 공연을 온 모든 외국 밴드들을 열렬히 응원했다. 하지만 더 많은 외국인이 오면서 이런 공연들은 2개의 문화가 만나는 장이라기보다는 외국인들의 하룻밤 귀향경험에 가까운 것이 되었다.

한국 펑크족의 참여가 부족한 건 실망스러운 일이었다. 명령27호와 썩스터프까지도 한국인들의 참여가 부족하다고 느꼈다. 박현도 실망한 나머지 2006년 가을 뉴욕으로 떠났고, 2007년 가을 폴 역시 좌절감을 느낀다고 말했다. 그것을 계기로 그는 곧 미군에 입대할 결심을 했고 썩스터프에게 작별을 고한 후 미군 훈련소로 되돌아갔다.

상황은 빨리 변하고 있었고, 대부분의 외국인 친구들이 한국을 떠났다. 난 그때야말로 브로크 5호를 낼 때라고 생각했고, 크리스마스이브에 스컹크헬에서 잡지를 발간했다. 이번 호에는 폴이 자신이 떠나는 이유를 밝힌 인터뷰 기사와 하드코어 밴드 '씽스위세이Things We Say'와 '조인더써클Join the Circle'에서 기타를 연주하던 캐나다 친구인 샨의 인터뷰 기사를 실었다.

1호가 잘 알려지지 않은 한국의 펑크 씬을 홍보했고, 2호가 신참 외국인들에게 경고를 날렸고, 3, 4호가 한국 펑크 씬에 대한 외국인의 공헌을 축하했다면, 5호는 친구들에 대한 고별에 가까웠다.

### 우리는 어디로 가고 있는가

2008년에 펑크 씬은 분주했지만, 진전은 없었다. 스컹크헬, DGBD, 스파트를 비롯해 한국 하드코어 밴드인 자니로얄이 운영하는 홍대 클럽인 마이너리그, 이 4개의 펑크 클럽에서 매주 공연이 펼쳐졌다. 매주 금요일과 토요일 밤이 되면 골라서 볼 공연이 많았다. 다양성이 있다는 점에선 좋았지만, 관객은 줄어들었다. 한때 우리는 엄청난 공연을 펼쳤지만, 이젠 큰 호응 없는 맥 빠진 공연만 할 뿐이다. 언더그라운드 음악을 열심히 들었던 사람 수는 늘지 않고 오히려 줄어들었다. 그나마 있는 관객도 4번의 공연에 뿔뿔이 흩어진 탓에 어느 한 공연도 충분한 관객을 모으지 못했고 클럽은 월세를 내느라 허덕였다. 천만 명이나 사는 도시에서 우리를 찾는 사람들은 50명도 채 되지 않았다.

적자에 고심하던 끝에 스컹크헬은 2008년 여름 별다른 관심을 끌지 못한 채 고별공연조차 없이 문을 닫고 말았다. 중압감이 커져가면서, 펑크 클럽을 운영한다는 것이 단순히 재미있는 일만은 아니라는 걸 실감하게 된 것이다 – 재미야말로 대부분의 펑크족들이 가장 중요하게 생각하는 것이다.

"해방된 기분이다."라고 말한 종희는 앞으로도 럭스의 보컬로서 계속 활동함과 동시에 영화학교에서 뮤직비디오 제작에 관해 공부중이다. 스컹크헬을 처음 열면서 종희의 목표는 돈을 버는 것이 아니라 한국의 펑크 밴드들에게 연주할 공간을 마련해 주는 것이었다. 이젠 밴드들이 연주할만한 장소들이 꽤 존재한다고 보기에 더 이상 스컹크헬이 지속할 필요성을 느끼지 못한다고 했다. 그래서 다른 클럽을 운영하는 친구들과 경쟁하기 보다는 클럽 운영에서 손 떼고 밴드 활동에 전념하기로 마음을 굳힌 것이다.

스컹크헬이라는 숨어들 공간이 사라진 지금, 펑크 밴드들은 외부에서 새로운 관객들을 찾아 나서고 있다. 럭스와 썩스터프 둘 다 도프레코드Dope Records와 계약을 맺었으니, 예전처럼 멤버들 스스로 DIY작업을 하는 수고 없이도 앨범을 발매할 수 있으리라.

"펑크 밴드들이 군인이라면, 스컹크헬은 벙커였다."라고 종희는 말한다. "벙커는 군인들을 보호해왔다. 우린 이제 벙커가 필요 없다. 난 오랫동안 레이블오너이자 클럽오너로서의 자리를 지켜왔는데, 이제는 나도 나가서 싸우고 싶다. 군인인 동시에 벙커를 지키는 건 너무 어려운 일이다. 펑크 밴드들도 너무 오래 벙커 속에 있었으니까, 이제는 밖으로 나가 다른 트렌디한 밴드들에 맞서 싸워야 한다."

스컹크헬의 폐장은 대한민국의 펑크족들에게는 본부를 상실하는 것과 같다. 과연 이들은 새로운 경지에 다다를 수 있을 것인가? 아니면 사막에서 40여년의 세월을 떠돌게 될 것인가? 현 시점에서 우리가 할 수 있는 일이라고는, 공연을 관람하고, 악기를 배워 밴드를 결성하거나 잡지를 출간하는 등의 활동을 이어나가면서 대한민국 펑크가 굳건히 다져지기를 바라는 수밖에 없을 터이다.

# 백 일의 고독
_ 마콘도, 한국 살사 문화의 시작

## Kelly McCluskey
켈리 맥클러스키(미국)

'살사'는 비교적 최근에 생성된 음악용어이다. 1970년대에 마이애미와 뉴욕을 비롯해 라틴아메리카 전역에 걸쳐 존재하던 과거의 아프로-쿠바, 푸에르토리코, 콜롬비아 음악의 리듬과 전통적인 '유럽 풍' 라틴 음악의 새로운 경향과 형태를 보호하려던 움직임이 있었다. 또 로큰롤이 와습WASP(White Anglo-Saxon Protestant'의 약자로 백인 앵글로색슨계 신교도를 뜻한다 - 편집자) 아메리카와 대부분의 서구 국가들을 정복하느라 분주하던 때이기도 했다. 이상한 건 음악에 대해 이야기할 때를 제외하면 라틴아메리카 국가들이 일반적으로 '서양'으로 인식되고 있다는 점이다. 라틴 비트는 90년대를 넘어오기까지 와습 국가(미국, 캐나다, 영국, 북동부 유럽)에 적극적으로 보급된 적이 없다.

1995년 여름 어느 토요일 밤, 연세대학교 캠퍼스 한 구석에서 재한 외국인을 위한 별 볼일 없는 파티가 또 한 차례 열렸다. 파티가 열린 곳은 이전에는 유명한 언더우드 가문이 소유했던 '품위 있는' 장소이다. 잔디가 파룻한 숲 가운데에 아이비로 뒤덮인 단층 석조건물은 한 구석에서 예이츠나 오스카 와일드 같은 문호가 글을 쓰는 모습을 상상해도 좋을 그런 곳이다. 지금 이 아름다운 건물은 연세 FLI 영어캠프의 강사들이 묵는 8, 9개의 방으로 나뉘어 있다.

내가 '별 볼일 없는' 파티라고 말한 이유는 진수성찬에 와인, 칵테일, 맥주가 넘쳐날 정도로 차려져 있었지만, 흘러나오는 음악이 (초창기가 아닌 최신) 마이클 잭슨, 비지스 등 버스에서 아무 생각 없이 들을 만한 '라디오 음악'이었기 때문이다. 솔직히 말해서 연세 ESL 강사들은 첨단 유행에 민감하고 세련된 사람들이었지만 유독 음악 취향만은 뒤쳐진 듯하다.

이리저리 둘러보니 그들 대부분이 와습, 다시 말해 '지루한' 중산층 교외거주자들이라는 것을 깨달았다. '와습의 문화' 하면 무조건 '신교도 노동 윤리'나 반 농담 삼아 '신교도의 죄책 콤플렉스'라고 하지만, 무엇보다 와습 문화는 현대 음악에 대해서라면 젬병이나 마찬가지이다. 따지고 보면 모차르트도 와습이고 바흐나 베토벤도 와습이지만, 흑인 음악 없이 현대 백인의 록이라는 것이 존재할 수나 있었을까? 한 번쯤은 "백인들은 춤을 못 춘다(White can't dance.)"라는 영어 표현을 들어본 적이 있을 것이다.

그와 달리 (일반적으로 브라질과 영어 언어권에 속한 카리브 해의 섬 국가들을 비롯해 멕시코 남부의 나라들을 모두 포함하는) 라틴아메리카 문화는 음악, 춤과 더불어 파티를 벌이건 단순히 와인 잔을 들고 만

월의 아름다움을 감상하건 언제나 인생을 남김없이 즐기는 것을 가장 중요하게 생각한다. 라틴아메리카 사람들은 즐기며 사는 방법을 아는 민족들이다. 그들은 '삶의 미학'을 공부하며 평생을 보내는 사람들이다!

나로 말할 것 같으면 1987년 '백인 아메리카'에서 '도망쳐' 5년간의 라틴아메리카 오디세이에 뛰어들었고, 멕시코를 지나 남쪽을 향해 가며 계속해서 이곳저곳 전전했던 사람이다. 인적이 사라진 마야의 고대도시들이 있는 정글, 민속복과 눈부신 토착민의 삶으로 넘쳐나는 장터, 군인을 잔뜩 태운 버스 주변을 2년 동안 목적도 없이 어슬렁거리며 돌아다니다 문득 정신을 차리고 보니 쿠데타와 그 밖의 거사들 때문에 탱크들이 대통령 관저를 에워싸고 있는 위기의 순간을 맞기도 했다. 그렇게 외유 중이던 1989년, 비로소 콜롬비아 칼리에서 살사의 뜨거운 현징을 만나게 되었다.

인구 3백만의 작은 도시인 칼리. 이곳에선 찌는 듯한 1월 한 달 동안 살사인들의 파티 때문에 도시 전체가 세계 최고 규모의 공연장으로 변모한다. 나는 아직까지도 그 엄청난 광경을 잊을 수 없다. 페스티벌은 약 20블록(3, 4 킬로미터) 정도 교통을 차단한 드넓은 가로수 길과 4개의 1차선 도로에서 펼쳐졌다. 골목마다 살사 음악을 연주하는 밴드들이 있었고, 거리는 춤을 추고 소리를 지르는 사람들로 발 들일 틈조차 없었다. 몇 걸음마다 사람들이 아니스(최면, 강장 효과가 있는 풀) 향이 나는 토속주인 '아구아르디엔테', 스페인어 뜻 그대로 화주(火酒)를 주었다. 한 잔만 마셔도 무릎 뼈가 녹아내리는 듯 노곤해져 살사 춤에 열을 올리기에는 더 없이 좋았다.

사방에 사람들이 그득그득해서 다른 밴드의 음악을 들으려면 춤을 추는 사람들과 아구아르디엔테 때문에 휘청거리는 사람들 사이를 헤치고 다음 골목으로 가야했다. 그곳의 음악은 또 달랐지만, 사람들은 똑같은 모습으로 더 없이 흥겨워했다. 그곳에 모인 모든 사람들이 그렇게 즐거워했고, 낯선 이방인에게도 자신들의 즐거움을 나누어 주고 싶어 했다. 난 갑작스레 나만의 천국과, 그곳에 어울리는 새로운 종교를 발견한 기분이 되었다.

이후 칼리와 비슷한 곳은 찾지 못했다. 그러다가 1993년 한국에 와서 비로소 나름의 재미와 화주 — 실제로 소주와 아구아르디엔테는 꽤 비슷한 구석이 있다 — 를 함께 하고 싶어 하는 사람들을 만나게 되었다. 물론 두 나라 사이에는 큰 차이가 있다. 콜롬비아 사람들은 음악과 춤에 빠져서 살고, 내가 술을 거절한다고 해서 불쾌하게 받아들이지는 않는다. 뿐만 아니라 콜롬비아인들은 고주망태가 되는 걸 즐기지 않는 사람들에게 더 조심스럽게 대한다.

어쨌든 자의로 이곳 한국까지 오게 되었으니, 이제는 설령 노래방 같은 곳에서 술을 받게 되더라도 거절하지 않게 되었다. 그러나 1995년 연세대학교 파티장에서 10초마다 화주를 권해오는 사람도 없고, 노래와 춤에 빠져 삶의 유희를 즐기는 사람도 없는 걸 보니 라틴식 '삶의 기쁨'에서 훨씬 더 멀리 떨어져 있는 것처럼 느껴졌다.

물론 친애하는 와슙 파티애호가들이 음악이 삶이 되고 종교이자 축복의 행위가 될 수 있다는 사실을 모른다고 해서 비난할 수는 없다. 알고 보면 나도 뚜렷한 개념도 없이 페스티벌 한 달 전에 우연히 칼리에 발을 들였을 뿐이니까. 대개의 '흰둥이'가 그렇듯 그때 난 머렝게와 차차와 볼레로의 차이가 뭔지도 몰랐다. 그즈음 난 거의 완벽하게 스페인어를 구사할 수 있었지만, 음악언어를 말하는 것은 전혀 다른 문제다.

추억이 머리 한 켠에서 춤을 추는 가운데 파티는 무르익을 대로 무르익었고, 나는 싸구려 와인 한 잔을 홀짝거렸다. 그날 밤 절망적인 그 파티에서 내 유일한 구원투수는 친구 존 그리밋John Grimmet이었다. 애틀랜타가 고향인 그는 일찍부터 리듬과 음악에 대한 취미를 길렀고, 더욱 놀라운 건 라틴 음악에 빠져 지내는 것만으로 스페인어를 거의 완벽하게 구사하게 되었다는 점이다. 스페인어권 국가에는 발 한 번 들인 적이 없는데 말이다!

존과 나는 음악적 황무지 상태나 다름없는 파티 분위기에 대해 불만을 늘어놓았지만, 정작 우리 말고는 그런 것에 신경 쓰는 사람이 없었다. 사람들은 음악이 흐르는 가운데 술을 마시며 끼리끼리 모여 떠들고 있었다. 딱히 음악에 귀 기울이고 있는 사람은 하나도 없어 보였다. 그래서 우리는 살금살금 스테레오 쪽으로 가서 '오스카 드 리온Oscar de Leon'의 클래식 앨범인 《Oro Salsero (Salsa Gold 1994)》를 집어넣었다. 테이프를 바꿔 낀 후 우리는 음식 테이블 뒤 구석으로 안전하게 후퇴했다.

"제대로지?" 하고 나는 말했다.

"지금 우린 음악적 고착상태에 수류탄을 굴려 넣은 거라고."

존과 나는 '천사의 트럼펫과 악마의 트럼본' 소리로 꽉 찬 살사 노래 "Me Voy Pa' Cali(나는 칼리 페스티벌로 가고 있다네)"를 음미했다. 우린 누구든 명징한 당김 리듬과 여린 음에서 카우벨이 '쩔렁' 하고 울리며 살사 특유의 격렬한 비트가 만들어지는 것을 알아듣기를, 그도 아니라면 가사가 더 이상 영어가 아니라는 사실만이라도 알아차리길 기다렸다.

우린 완전히 넋을 잃고 음악을 들었고, 그 파티가 남아메리카의 파티로 변모하는 상상까지 했다. 하지만 2번째 노래가 중반에 이르렀을 무렵 30대쯤으로 보이는 외국인 강사가 짜증난 표정으로 다가와 살사 음악을 꺼 버리더니 전보다 더 '백인적인' 음악으로 바꿔 트는 것이었다. 그 노래가 뭐였는지 기억이 나지 않을 정도로 나는 얼이 빠져버렸다. 빌리 조엘Billy Joel이나 존 덴버John Denver 나 뭐 그런 것이었을지도 모르고, 그렇지 않고 설령 딥 퍼플Deep Purple이었다고 해도 '백인' 음악과 '라틴' 음악의 대비는 너무나 크게 다가왔는데, 우리에게 그 대비란 근본적으로 '춤추기가 불가능한' 백인 음악과 '춤출 수 있는' 라틴 음악의 대비로 밖에는 느껴지지 않았다.

파티는 전과 다름없이 계속 되었지만 어느 누구도 방금 전에 벌어진 취향을 둘러싼 작은 전투를 눈치 채지 못했다. 존과 난 서로 공모자의 표정을 나누었다. 우리가 그 전투에서 패한 건 명백했지만, 바로 그 순간이 우리로 하여금 전쟁에서 이겨야겠다는 결심을 하게 만든 모종의 계기였다.

### 살사의 첫 스텝

당시 외국인들 사이에서는 홍대 근방에 있는 '황금투구'란 클럽이 유명했다. 매주 일요일 밤마다 한국어와 영어로 시를 낭송하는 모임이 열렸는데, 시가 낭송될 때 자리에서 일어나 기타를 연주하는 사람들도 있었다. 그곳은 보헤미안적인 연대감을 형성하려고 노력하는 곳으로, '뭘 해도 다 통한다'는 분위기가 흘렀다.

황금투구의 주인인 영구는 종종 외국인 디제이들의 공연을 주선한 테크노클럽인 '상수도' 같은 혁신적인 클럽을 여러 군데 연 사람으로, 홍대에선 꽤 유명했다. 그는 홍대 근방을 싸구려 맥주촌이 아닌 뛰어난 세계음악을 민날 수 있는 예술과 엔터테인먼트의 중심지로 변모시키려는 꿈을 갖고 있었다. 존과 나는 그곳이 사람들에게 살사를 들려줄 수 있는 좋은 장소라고 판단했다. 그곳에는 '힙합'이라는 이름의 복잡한 음악을 들려주는 재한외국인 디제이가 거쳐 갔고, 또 다른 재한외국인은 (최소한 한국에서는) 상대적으로 신생에 속하는 비트인 '하우스'를 들려준 적도 있었다. 영구에게 우리의 뜻을 전하자 그는 즉시 목요일 밤에 '남아메리카 음악 감상회'를 열도록 허락해 주었다.

따라서 한국에서 최초로 살사 음악이 등장한 건 황금투구가 처음이라고 말할 수 있겠다. 그리고 그렇게 말한다면 한국 최초의 힙합, 최초의 테크노, 어쩌면 최초의 코스튬 쇼까지도 전부 황금투구에서 태동한 셈이다. 대단한 성과가 아닐 수 없다. (아니나 다를까, 몇몇 사람들이 나에게 이전에 살사 음악에 빠진 재한미군들이 있었다는 사실을 지적해 주었다. 70년대 초반 미군 파병이 금지되자 그 결과로 미군부대에 푸에르토리코인과 그밖에 다른 라틴아메리카인들의 수가 늘어나게 되었다. 라티노들의 숫자가 늘어나면서 자연히 살사 음악과 춤도 유입되었을 것이다. 하지만 미군부대는 상당히 폐쇄적인 성향을 갖고 있으므로 이 글에서 한국 미군부대에서 소개된 살사 문화는 무시하고자 한다. 황금투구보다 먼저 그곳에서 산발적인 살사 문화가 이루어졌다고 해도 일반적인 한국인들과는 무관하다고 생각하기 때문이다.)

사실 우리의 목요일 밤은 그다지 성공적이지 않았다. (지금 보면 믿기지 않지만) 당시만 해도 목요일 밤의 홍대 술집들은 파리만 날릴 정도로 장사가 안 됐고, 그렇지 않다 해도 기본적으로 연세 파티 때와 똑같은 장애물을 넘어야 했다. 살사가 뭔지 아는 사람이 한 명도 없었던 것이다. 뿐만 아니라 그것으로 뭘 해야 할지 — 짐작으로라도 — 알아맞히는 사람도 없었던 것이다.

그 참혹한 목요일 밤의 사태가 있은 지 몇 달 지나지 않아 존과 나는 더 나은 곳을 찾아 직접 거리로 나서기로 작정했다. 걷다 보니 토요일 밤이라고 해도 홍대의 모든 술집이 북적대지는 않다는 걸 알게 되었다. 얼마 지나지 않아 우리는 토요일 밤 10시에도 텅텅 비어 있는 '보스턴'이란 재즈 바를 발견했다. 번화가와 떨어진 가게의 위치가 별로 좋지 않아서 그랬는지도 모르겠다.

보스턴의 주인은 동안의 30대 한국인으로 정통 재즈를 좋아하는 사람이었다. 그는 황금투구의 영구처럼 친절하고, 새로운 것을 기탄없이 받아들이는 성격이어서 우리는 밤 8시부터 폐점 시간까지 살사 음악을 틀 수 있었다. 또 토요일마다 '홍대 어디에선가' 희한하고 새로운 음악을 틀어 준다는 소문을 퍼뜨렸다 (사실 보스턴은 교통도 뜸한 샛길에 있었기 때문에 친구들에게 약도까지 그려 줘야 할 정도였다).

하지만 여전히 누구도 살사 음악에 맞춰 어떻게 춤을 춰야 하는지 알지 못했다. 나는 콜롬비아에 있을 때 기회가 있었는데도 춤을 배우지 않았고, 존은 살사 춤을 추는 사람을 본 적도 없었다. 대신 연세 FLI에 있는 존의 동료 강사인 틴 베넷이 살사를 배운 적이 있었다. 그가 보스턴에 온 사람들에게 기초 4스텝을 가르치기 시작하면서 모든 건 눈덩이처럼 불어나게 되었다.

얼마 안 있어 활력이 넘치고 수다스러운 아르헨티나 친구인 라울 아루아가 우연히 보스턴을 찾게 되었고, 우린 한눈에 그가 탱고, 살사는 물론 차차, 삼바, 머렝게, 쿰비아와 우린 이름도 알지 못했던 춤까지 못 추는 게 없다는 걸 알게 되었다. 이 아르헨티나 친구가 나타나기 전까지만 해도 우리는 그저 살사 음악과 인연을 맺게 된 열혈 와습 남자들에 불과했다. 라울은 종류를 불문하고 모든 춤을 즐기고 술을 좋아하는 남자였다. 하지만 동시에 과음을 삼가하고 열을 다해 한국에서의 삶을 즐긴다는 점에서 진정한 '라틴아메리칸'으로 보였다.

라울의 열정적인 교습 덕에 많은 사람들이 살사 댄스에 발을 들여 놓게 되었다. 점점 더 많은 사람들이 토요일마다 그 작은 바로 밀려들기 시작했고, 얼마 안 가서 우린 급료를 지불하고 2명의 디제이와 2명의 댄스 강사를 부를 수 있게 되었다.

그때까지만 해도 살사 고객 대부분은 외국인 영어 강사들이자 연세 FLI 강사들의 친구들이 전부였다. 처음으로 우리는 라울과 유독 눈에 띄던 브라질 친구인 루이스, 미군부대에서 온 몇몇 푸에르토리코 출신 친구들과 같은 라틴아메리카인들을 만나게 되었다. 가장 중요한 건 이런 새로운 음악 장르에 관심을 갖고 있던 한국인들을 만나게 된 것이다.

이 뜨거운 문화에 합류한 한국인들은 결코 일반적인 부류의 한국인이라고 할 수 없었다. 그들은 쾌활하고 대범했으며, 새로운 생각을 이해하고 그 세계에 뛰어들고 싶은 마음이 간절해 보였다. 난 속으로 그들이야말로 한국의 문화적 상황 – 적어도 '언더그라운드' 나 '최전방' 으로서의 문화적 상황 – 을 선도하고 뒤흔들 사람들이고, 그들이 선두가 되어 더 많은 한국인들을 끌어들일 거라고 생각했다.

이 모험가 기질이 다분한, 대담한 한국인들의 대표격이었던 친구는 '디에고' 라는 스페인 이름을 썼던 30대의 유쾌한 남자였다. 그는 '신발끈여행사' 의 공동설립자이자 『신발끈 라틴아메리카 여행가이드』의 저자였다.

또 한 가지 언급해야 할 것은 그때야말로 한국의 살사 운동에 진정한 탄력이 붙기 시작한 때라는 사실이다. 황금투구에서 있었던 시낭송회와 마찬가지로 보스턴 역시 자주 만원사례를 기록했다. 점점 이런 문화가 입소문을 타면서 유행에 민감한 한국인들이 새롭게 방문하면서 외국인들이 대부분이었던 토양을 비옥하게 해주었다. '최신유행파' 한국인들은 이

살사가 한국에 처음 소개된 초창기에는 음악을 듣는 이들은 있었지만 그 흥겨운 음악에 맞춰 몸을 들썩일 줄 아는 사람은 없었다.

새로운 음악을 자기 친구들에게 알렸고, 그 친구들 중 많은 사람들이 더 큰 관심을 가지고 찾아와 새롭고 흥미로운 외국인들을 만날 수 있는 기회를 만끽했다.

 당시 들어오는 돈의 대부분은 보스턴의 사장에게 들어갔지만, 그는 바를 열고 우리가 우리 일을 할 수 있게 허용해 주는 것 말고는 거의 아무 것도 한 일이 없었다. 우리는 입장료로 더 많은 살사 음반을 샀지만, 그는 맥주와 술을 팔아 엄청난 수입을 올렸다. 우리 쪽에선 그만한 비즈니스를 사실상 생면부지의 남에게 끌어다 주는 것에 대해 별다른 사심이 없었지만, 정작 그가 몇 달 지나지 않아 우리의 성공을 이용해 '보스턴'을 웬 고리타분한 한국인 '아저씨' 한테 팔기로 결정했을 때, 우리로선 답답하지 않을 수 없었다. 사장은 우리까지도 덤으로 팔아치운 게 분명했다. 갑자기 새 사장이 나타나 우리를 직원 취급하며 오라고 하니, 우리로선 거저 노예 신세로 전락할 위기에 처한 것이나 마찬가지였다.

정황이야 어쨌건, 우리가 토요일 밤 살사를 틀 수 있도록 해준 처음 사장과의 의리는 그가 생면부지의 사람에게 바를 팔아버림으로써 깨져 버렸다. 만약 그곳이 라틴아메리카의 문화에 보다 충실했던 곳으로 귀감이 된다면, '우리의 보금자리' 라는 개념도 살사클럽을 보급하는 데 일조했다고 할 수 있겠다. 새로운 사장이 조금만 친절하게 나왔어도 우리가 직접 '마콘도'를 세우는 일은 없었을 것이다. 정말 세상일은 아무도 모르는 일이다.

### 새로운 스테이지

그즈음 나는 한국에선 다소 유명한 사람으로, 오늘까지도 한국 전화 시스템에서 상용되고 있는 음성 안내의 녹음을 전부 도맡았던 이재경과 결혼했다. 그녀의 별명은 '삐 언니'였다. 별표를 누르고 메시지를 저장하라거나 전화기가 꺼져 있다거나 전화번호가 바뀌었다는 말을 하는 목소리의 주인공이었기 때문이다. 우리가 만난 건 황금투구의 살사 나이트 초창기 때였다. (나처럼!) 빨간 베레모를 쓰고 독일 군복 재킷을 걸친 그녀를 보고 뭔가 남다르고 흥미로운 사람이라고 생각했다.

서울의 여러 대학에서 영어를 가르친 지 3, 4년 째였던 나는 대학생들의 다양한 부류와 정신세계에 대해 잘 알고 있는 편이었다. 당시 한국 청년세대는 '와습이 아닌 문화'에 대해선 전혀 경험한 바가 없는 것 같았다. 그들은 마돈나와 마이클 잭슨의 노래를 들으며 자랐고, 전혀 다른 세상이 존재한다는 것은 알지 못했다. 그래서 그들에게 라틴아메리카의 멋진 문화를 알려주고 싶었다.

그런 취지에서 새로운 바의 이름을 '마콘도'라고 정했다. 마콘도가 콜롬비아의 유명작가 가브리엘 가르시아 마르케스의 노벨 문학상 수상작인 『백 년의 고독』에 등장하는 허구의 도시라는 것은 잘 모를 것이다. 마르케스의 진짜 고향은 아라까따까(혀가 꼬일 수도 있으니 굳이 발음하는 건 권하지 않겠다)지만, 소설 속 동네는 라틴아메리카 대륙 어디서든 흔히 볼 수 있는 소도시의 '전형'이다. 스페인어권 국가라면 어디에서건 볼 수 있을 만한 곳. 나는 '마콘도'라는 이름을 통해 콜롬비아를 비롯해 다른 라틴아메리카 국가에서 경험한 마법 같은 시간을 다시 보낼 수 있길 희망한 것이고, 더불어 내 젊은 시절의 추억이 담긴 칼리에 경의를 표한 것이다. 다시는 되돌아갈 수 없을뿐더러 그와 똑같은 경험을 다시는 맛볼 수 없으리라는 것을 잘 알고 있었지만, 이곳 한국에 그 세계를 재창조하는 것이 차선책이 될 수 있을 것이다.

우린 장소를 물색하며 돌아다니기 시작했다. 1996년 가을, 홍대 주변의 부동산은 이해하기 힘들 정도로 비쌌다. 신축건물이라면 콘크리트 벽이 그대로 드러난 공간에서 시작해 바닥과 벽, 천정을 나무로 마감하는 일부터 인테리어까지 일일이 직접 해야 했다. 바로 영업을 할 수 있게 인테리어가 된 곳을 구입하려면 '권리금'이라고 해서 현존하는 내부구조나 기존 손님들에 대한 대가를 치르도록 되어 있었다. 하물며 손님은 단 한 명도 없고 장사도 전혀 안 되는 곳이라고 해도 이런 비용을 각오해야만 한다!

그러다가 재경과 나는 홍대전철역 근방의 동네에서 보증금 2천만 원에 월세 80만 원 짜리 작은 지하 가게를 발견했다. 그 당시 시세로 보면 엄청난 발견이 아닐 수 없었다. 한 가지 문제가 있다면 교통수단이 전혀 없는 곳이어서 걸어서 지나가다가 발견하면 모를까, 어느 누구도 발을 들이지 않을 곳이었다.

그 건물은 지은 지 얼마 되지 않은 새 건물로, 우리의 지하 업소의 공간은 공식적으로는 69.42㎡이었지만, 이는 계단과 화장실 공간까지 포함한 것이었고, 실제론 조금 큰 '원룸 아파트'에 가까웠다.

캐나다 출신의 영어강사로 그리스에서 몇 번 술집을 지은 경험이 있는 닉의 도움을 받아 바닥과 벽과 술집 주변에 싸구려 베니어합판을 깔고, 합판인 걸 숨기기 위해 색을 칠하고 칼로 긁어 불꽃을 그렸다. 목수인 닉은 엄청나게 오랜 시간을 들여 바닥을 평평하게 하고 트러스로 지탱했다. 더불어 둥글게 휜 멋진 바를 설치하고 단을 높이 한 디제이부스를 특별 설계해(이로서 디제이들이라면 흔히 있기 마련인 '조물주 콤플렉스'도 충족한 셈!), 디제이가 발치 아래로 손님들을 보며 분위기를 파악할 수 있도록 했다. 난 특히 그 디제이부스가 자랑스러웠는데, 당시 홍대에선 혁신이라 할 만 했다(대개의 디제이들은 사람들의 시야를 가로막는 장막에 가려져 있거나 바 뒤에 있었다).

바를 연 건 1996년 12월 31일 화요일 밤이었다. 이실직고하면 바를 완공하기도 전에 친구들이 몰려와서 아무 것도 준비된 게 없음에도 맥주를 사 주었다. 우리에겐 기본적으로 우리 말고도 살사에 눈이 먼 친구들이 있었다. 존 그리밋을 비롯해 재즈뿐 아니라 살사 음악을 연주하는 것도 좋아한 팀과 댄이 있었지만, 사업을 계속 유지하려면 한 사람 만큼은 보스턴에 남겨둬야 한다고 생각했다. 그래서 우린 라울을 디제이 겸 댄스 강사로 남겨 두었다.

  개업식은 그다지 성공적이지 못했다. 홍보를 전혀 하지 않은 탓이다. 사방이 콘크리트로 메워져 아직 공사가 덜 끝난 것처럼 보이는 것도 원인이었지만, 대다수의 사람들이 술집과 밥집으로 에워싸여 미로를 방불케 하는 홍대에서 이곳을 찾는데 실패했다.

  처음 몇 달간은 무척 힘겨웠다. 마콘도는 여전히 완공이 안 된 상태였고, 얼마간 미숙한 점도 있어서 보스턴을 찾는 사람들 대부분은 계속 그곳에 머물러 있었다. 그러나 보스턴도 손님의 편차가 커서 주말에도 파리 날릴 때가 많다는 걸 생각하면 우리가 그곳 사람들을 다 끌어 모았다고 해도 만사형통은 아니었을 것이다. 당시 한국에는 전국을 통틀어 살사 바가 단 두 곳밖에 없었는데, 한 곳도 안정된 단골을 확보하지 못했다는 점을 생각하면 우리가 죽기 살기로 살사 시장을 구축해야 한다는 건 처음부터 자명했다.

### 살사 무브먼트의 시작

  보다 중요한 문제는 외국인, 한국인을 막론하고 당시 한국에서 살사를 제대로 경험한 사람이 없었다는 점이다. 때는 1990년대 중반, 도를 넘어서 버린 음악 다운로드 문화를 통해서조차도 초창기 살사 음악을 접한다는 것은 어려웠다. 우리는 인터넷을 통해 보통 17달러에 달하는 앨범을 직접 주문해야 했다. 수익을 내지 못하고 있을 때였는데도 처음 몇 달 동안 최신 음반 몇 장 산답시고 몇 백 달러를 쓰는 일이 허다했다.

  1997년 늦은 봄에 난 RMM 같은 세계 최고의 지사를 비롯해 거의 모든 살사 레코드 레이블의 지사가 있는 뉴욕으로 갔다. RMM은 랄프 메르카도Ralph Mercado의 약자로, 난 메르카도를 직접 만나 그를 위해 아시아 시장을 개척하려고 하니 획기적인 디스카운트를 해 달라고 부탁했다. 손가락만 까딱해도 '알아모시겠습니다'라고 말할 것 같은 수행원들에 둘러싸여 황금체인을 두른 모습이 마치 살사 버전의 비토 코를레오네(영화 '대부'의 대부로 말론 브랜도가 연기했다 – 편집자)처럼 보이는 살사계의 거물은 한국의 가능성에 대해 그다지 솔깃해하진 않았지만 할인 문제에 관해선 너그럽게 나왔고, 결국 우리는 한 번에 최소 5백 달러어치를 주문하면 도매가로 살 수 있게 되었다. 푸투마요Putomayo 레이블은 더 관대했고, 그렇게 두 군데에서 할인을 받을 수 있게 되었다는 건 분명 소득이라고 할 수 있었다.

  서울로 돌아온 뒤 바의 입구 쪽 현관에 작은 살사 레코드 가게를 만드는 일에 착수했다. 리스닝 스테이션과 최신 살사 음반을 20장 정도 갖추게 되었는데, 당시 한국에선 어느 누구도 행동에 옮기지 못했던 일이었다. 그러나 판매실적은 형편없었다. 시디 한 장의 가격은 17달러였는데, 이제 음악은 돈을 주고 사지 않아도 다운로드를 받으면 된다고 생각하기 시작한 젊은 층의 사고방식 때문이지 않을까 싶다. 인터넷에서 우리의 음악을 찾을 수 없었는데도 사람들은 어떻게든 공짜로 구할 수 있을 거라고 확신했다.

누군가 앨범을 사간다고 해도 한 장을 사 가서 2백 명의 다른 친구들과 공유하는 식이었다. 그러나 그 정도만으로도 시장을 형성하고자 하는 목적에 부응하게 되었으니 레코드 가게가 완전한 실패라고 할 수는 없다. 점진적으로 음악을 보급하고 사람들의 손에 직접 음반을 전달해서 그들이 집에서도 들을 수 있도록 한다는 것이 목표였으니 말이다. 하지만 이것이 결실을 보기까지는 상당한 노력의 시일이 소요되었다.

우리는 일주일 내내 가게를 열었지만 개업한 지 세 달이 지나도 가게는 텅 빈 신세였다. 밤이면 밤마다 나는 디제이가 텅 빈 바에서 화끈한 살사 음악을 쉴 새 없이 트는 모습을 공포에 질려 바라보았다. 그야말로 뉴욕과 마이애미와 산후안, 푸에르토리코 등 라틴아메리카의 음악 수도에서 들을 수 있는 최신 살사, 바로 그것이라고 생각하면 환장할 노릇이었다. 앨범 구입에 드는 예산과 디제이 그리밋의 완벽한 솜씨는 우리 바의 수준이 세계적인 그것에 필적함을 말해주는 것이었지만 여전히 손님은 없었다. 보스턴도 늘상 파리를 날리기는 마찬가지였다. 나중에 들은 이야기지만 한국에서 봄철은 으레 술집 장사가 안 되는 때였다.

봄에서 여름으로 넘어갈 즈음 사업은 조금씩 물이 올랐지만, 우리가 받은 첫 손님은 홍대를 자주 찾는 사람들은 아니었다. 바를 처음으로 발견하게 된 사람들의 유형이 얼마나 천차만별인지를 생각하면 지금도 웃음이 나온다. 예를 들면, 처음에 우리를 찾은 건 일본인으로 야쿠자였다. 그는 유쾌한 성격의 소유자로 늘 엄청난 양의 술을 마셨지만, 내가 두려워하던 마피아 같은 짓은 전혀 하지 않았다. 그 후 멕시코 대사인 가르짜와 콜롬비아와 도미니카 공화국의 영사들, 프랑스 대사관의 직원들이 단골손님이 되었다. 하도 오래 전 일이라 바를 어슬렁거리고 다니며 재미난 일화를 만들어낸 사람들을 다 기억하기는 힘들지만, 그중 메이저 호텔체인에서 우리의 사례가 호텔 바에도 적용이 가능한지, 그래서 자신들의 맥없고 지루해하는 손님들을 보다 흥겹게 해 줄 수 있는지 알아보려고 스파이를 보냈던 게 기억난다.

1997년 가을, 아르헨티나에서 만난 부에노스아이레스 사람들이 서울에 가브리엘 가르시아 소설에서 이름을 딴 작은 살사 바가 있다고 말하는 걸 듣고서 나는 비로소 어느 정도 성공을 거두었다고 생각했다. 1년 전 연세대학교의 파티에서 백일몽이나 꾸던 살사광이 바야흐로 국제 살사 지도 위에 굳건히 선 존재가 된 것이다. 난 용감무쌍하게 큰 꿈을 꾸었고, 확실히 주사위 판에서 이겼다고 할 수 있었지만, 파티 루저와 성공적인 클럽주인이라는 두 지점 사이에는 자질구레한 노고가 산재해 있었다.

## 취향은 천차만별

1997년 여름 살사 시장이 서서히 형성되었고, 나는 사업을 다각

화하기 시작했다. 난 LCD 프로젝터와 스크린을 사서 '서울영화클럽'이라는 이름으로 주말 오후마다 아트하우스 영화를 상영했다. 많은 재한외국인들은 아직까지도 마콘도가 '영화관'이지 '살사 바'라는 건 알지 못한다. 비록 실패로 끝났지만 보드게임 — 2004년 서울에서 급작스레 붐을 일으켰던 것보다 무려 7년 전의 일이다 — 과 마이크를 모두에게 공개하는 '오픈 마이크 나이트' 같은 실험도 감행했다.

1997년 '성 패트릭의 날(아일랜드의 가장 큰 축제로, 아일랜드에 복음을 전파한 성 패트릭을 기리는 의미에서 그가 사망한 3월 17일을 기념하는 행사이다 — 편집자)'에 우린 아일랜드에서 진짜 백파이프까지 공수해 오기도 했다. 수제 양조 맥주를 무제한으로 마실 수 있는 티켓을 1만 5천 원에 팔았고, 이를 위해 두 곳의 다른 바와 연합해 수제 양조 맥주와 하우스맥주를 들여왔다. 한 곳은 스카 바였고 다른 곳은 M. I.(Music Intelligence)란 바였는데, 두 곳 다 최근까지 홍대의 명물로 롱런하다 문을 닫았다.

이 실험적인 펍 순례는 (공짜 술 한 잔을 얻어먹을 수 있다는 점에서 뭐라 할 수 없을 만큼 좋은) 요즘의 '클럽데이'와 같은 방식으로 이루어졌다. 비즈니스 면에서 볼 때 대단한 성공이라고 할 수는 없지만 (다른 술집들의 경우는 우리만큼의 수익을 얻지 못했고, 후원자들은 명당 2만 5천원에 달하는 맥주를 마셔댔다) 난 아직도 그것이 클럽데이의 전신이라고 생각한다. 몇몇 술집이 공동의 이익을 위해 연합할 수 있다는 것을 입증했고, 홍대의 다른 술집들을 경쟁자가 아닌 자산으로 생각하는 게 더 바람직함을 증명했기 때문이다.

사실 내 관점에서 볼 때 홍대의 일부 술집 주인들은 좀스럽고 시기가 심해서 만사를 그르쳤다. 많은 홍대 파티족들이 홍대의 술집을 떠나 이태원으로 가는 걸 생각하면 그들의 진짜 경쟁상대는 옆 가게가 아니라는 이태원에 있었다. 한 번 이태원으로 넘어가면, 그들이 이후 다시 홍대를 찾는 일은 거의 없었다.

내가 홍대의 다른 술집 주인에게도 제시한 해법은 이태원과 홍대를 오가는 셔틀버스를 운행하는 것이었다 (두 지역을 연결하는 지하철 노선이 생기기 전이었다). 두 지역 간의 교통수단을 늘려서 사람들이 편하게 왔다 갔다 할 수 있으면, 두 동네의 영업 모두에 도움이 될 것이라 생각한 것이다. 내가 보다 더 중요하게 생각한 건 홍대 쪽이 이태원으로부터 얻는 이득이 그 반대의 경우보다 더 클 거라는 점이었다. 하지만 제안은 깡그리 무시당했다. 내가 외국인인데다 한국은 물론 홍대란 동네에 온 지도 얼마 되지 않았기 때문인 것 같다. 부정적으로 말할 생각은 없지만, 몇 년 간의 경험으로 난 많은 한국인들이 외국인들에게 평가를 받는 것에 대해, 심지어 외국인이 건설적인 제안과 함께 진심으로 상황을 개선시키려고 노력할 때조차도 과민하게 반응한다는 것을 알고 있었다.

나란 사람도 확실히 남의 말을 잘 경청하지 못하는 성격이어서, 처음 술집을 연 몇 달 간은 맥주잔을 손에 든 사람이면 누구나 다 술집 영업에 대해 참견하려 드는 것처럼 여겨졌다. 하지만 1997년 여름, 우리 술집을 찾은 한 손님은 사뭇 달랐다. 그는 정곡을 찌르는 제안을 했고, 그 덕에 나는 돈을 절약하고 고객을 더 늘릴 수 있었다. 마콘도를 찾은 손님 중 최고는 한국에서 유학중인 스위스 학생으로 브라질 전역을 두루 여행한 적이 있는 피터 브레흐뷜러였다. 피터는 내 오른팔, '나의 스위스 매니저'가 되었고, 손수 만든 초콜릿 무스 같은 대박 메뉴 아이템을 내놓았다 (많은 외국인 여성들뿐만 아니라 한국 여성들이 마콘도를 '무스가 맛있는 곳'으로 알고 먼 곳에서 찾아올 정도였다). 마콘도에서 크게 성공한 사업의 대부분은 피터 덕이었다.

마콘도의 '황금기'인 1997년 여름, 우린 또 다른 비트와 살사 음악의 실험을 감행했다. 유명한 아프리카 댄스 비트인 '수쿠스Soukous'를 도입한 것이다. 그다지 주목 받지는 못했지만, 우린 순서대로 머렝게, 쿰비아cumbia, 바차타bachata, 레게톤reggaeton 등의 라틴 비트를 소개했다.

비슷한 방식으로, 라틴아메리카 문화에 대한 인지도를 보다 광범위하게 넓히려는 목적으로 우리는 주말 오후마다 '달콤쌉싸름한 초콜릿 Como Agua Para Chocolate'이나 『백 년의 고독』을 원작으로 한 '에렌디라, Erendira'

분명히 말할 수 있는 것은 마콘도가 한국 살사 문화에 중요한 발자국을 남겼다는 것이다.

같이 라틴을 주제로 한 영화들을 상영했다. 마콘도를 찾는 사람들은 수제 양조 스타우트 맥주를 홀짝이며 이질적인 예술영화를 본다는 데 더없이 즐거워했다. 하지만 상영회를 찾은 대부분의 사람들은 바에서 춤을 출 부류로 보이지 않았다. 다소 나이가 많고 몸도 무거워 보이는 그들은 살사 춤을 구경한다면 모를까, 그 어떤 음악에도 직접 몸을 움직이는 일은 결코 없을 것 같았다. 하지만 각기 다른 관심과 배경을 가진 사람들이 함께 어울리며 서로의 문화를 전수하는 광경이야말로 황금기를 누리던 마콘도만의 개성이었다.

### 살사 커뮤니티의 성장

1997년 여름, 살사 시장은 괄목할 만한 수준으로 성장했다. 마콘도와 보스턴 모두 장사가 썩 잘 돼서 시장이 형성되기도 전에 새로운 바가 속속들이 문을 열 정도였다. 우리 바의 파트타임 디제이 중 한 명인 루이스는 이태원의 '문나이트'라는 클럽에서 살사 음악을 틀기 시작했고, 이태원의 살사족도 우리 바를 찾았다. 우리 바 최초의 한국인 살사 댄스 강사인 제임스 '매직' 킴은 눈깜짝 할 사이에 춤을 섭렵하는 재주가 있는 사람이었다. 그렇게 마콘도는 의도와 상관없이 '트레이닝의 기반'이 되었고, 그로부터 얼마 지나지 않아 살사 춤을 출 수 있는 업소가 홍대에 다섯 군데, 이태원에 두세 군데가 생겼다. 시장의 규모가 커진 것이다.

내가 보기에 그런 큰 규모의 급성장이 이루어진 건 1997년 5월 마콘도에서 주최한 살사 댄스 콘테스트 이후였다. 한국 최초의 살사 경연대회였다. 사람들은 계단까지 줄을 서서 기다리고 있었다. 손님한테 가는 것조차 불가능해 술은 제대로 팔 수도 없었다. 사람들이 가게 입구에 길게 줄을 서서 좁디좁은 바로 어떻게든 들어가려는 광경을 보고 혹여 안전사고가 날까봐 겁까지 났었다.

빽빽이 들어찬 사람들, 무리 속에 섞여 있는 외국인들, 긴장했지만 동시에 신명난 댄스 커플들……. 무슨 일이 일어날 것만 같은 찰나, 유일하고 특별한 순간, 나는 그 순간이야말로 내가 그간 뼈 빠지게 노력한 대가라고 느꼈다. 이 일을 처음 시작할 때부터 나에게 영감을 주었던 칼리 페스티벌과 똑같지는 않았다. 달랐다. 하지만 그 나름대로, 똑같이 가슴이 벅차올랐고 그 순간이 바의 역사에서 빛나는 순간이자 개인적으로는 승리의 순간이라는 것도 확신할 수 있었다.

살사는 독특한 댄스이다. 천차만별의 방식으로 춤을 추는 것이 가능하다. 모던록 댄싱처럼 살사도 상대의 털끝 하나 건드리지 않고 춤을 출 수도 있지만, 반대로 '완전히 몸을 밀착해' 출 수도 있다. 이 경우 많은 사람들이 댄서들의 다리와 힙과 몸통이 계속해서 서로 감기는 탱고와 혼동하기도 한다.

콘테스트의 주 종목은 탱고 같은 살사 댄스였다. 즉, 몸을 완전히 밀착해 매우 관능적으로 추는 스타일이다. 댄스 커플들은 러브 스토리를 동작에 집어넣기도 하고, 흔히 섹시한 코스튬으로 건장하면서도 아름답게 그을린 몸을 많이 노출한다. 전형적인 시퀀스

좁은 공간을 가득채운 사람들의 열기, 흥겨운 음악, 현란한 댄스, 1997년 마콘도에서 열린 살사 댄스 콘테스트에는 이 모든 것이 있었다.

에서 남자는 여자를 멀리 밀어 보냈다가 여자가 넘어지기 전에 잡는다. 여자는 오만하게 허공에 발길질을 했다가 유혹적으로 남자의 다리에 자기의 다리를 감는다.

우린 콜롬비아인 친구인 꼰술과 멕시코 대사관의 가르짜 등 몇 명의 인상적인 재원들로 심사위원진을 구성했다. 공명정대한 심사를 위해 우리는 바의 한국인 강사인 '매직' 킴과 라울 아루아도 패널로 초빙했다. 콘테스트는 치열했다. 그때 비로소 난 그 사람들에게 살사가 얼마나 중요한 지 알 수 있었다. 그들은 그날 밤 하루를 위해 몇 달 동안 공들여 연습했다. 상금은 제주 2박 관광패키지였지만, 참가자들은 분명 상보다는 경쟁 자체에 더 열의를 보였다. 쌍쌍의 참가자들이 차례차례로 춤을 추었고, 이들이야말로 우승자라고 확신하기가 무섭게 다음 커플이 등장해 플로어를 장악하고 모든 사람들을 새롭게 사로잡았다. 그 전까지 한국에서 이런 광경은 볼 수 없었다. 완전히 몰입한 나머지 얼이 빠진 관객들을 보며 나는 그 사실을 확신할 수 있었다.

음악의 마지막 소절이 끝날 때마다 댄서들은 땀에 흠뻑 젖어 숨을 몰아쉬고 있었다. 그날 밤 스포트라이트 같은 건 없었지만, 매

순간 그들을 비추고 있었던 것 같은 착각마저 들었다. 1등은 제임스한테 살사 춤을 배우던 숫기 없는 한국인 커플이었고, 콘테스트가 끝났을 때 우리는 수많은 재능이 출중한 살사 커플들의 데뷔전을 본 것 같은 기분이었다. 바야흐로 한국에서의 살사는 열혈 '살사 마니아'만이 아니라 활력적이면서 끝없이 새로움을 낳는 문화에 관심을 가진 사람들이라면 누구나 관심을 기울일 만한 것이 되었다.

### 에필로그

마콘도의 명성이 절정에 달했을 무렵인 1997년, 아시아의 경제 위기가 한국에도 몰아 닥쳤다. 술집 역시 그 여파를 호되게 겪었다. 홍대의 거의 모든 바들이 간판을 내리거나 주인이 줄줄이 바뀌었다. 많은 외국인들이 한국의 환율이 폭락하면서 봉급이 반으로 줄어들자 짐을 싸서 한국을 떠났고, 외국인 손님에 기대어 한국인 손님을 끌었던 마콘도 같은 바 역시 큰 치명타를 받았다.

나는 모든 직원을 내보내고 혼자서 계산원, 바텐더, 청소부는 물론 디제이 노릇까지 해가면서 마콘도를 유지했다. 그때 내 생각은 이 폭풍우를 버텨내면 마콘도의 영업을 정상화할 수 있게 되리라는 것이었다. 11년이 지난 지금 홍대에서 마콘도가 가장 중요한 살사 클럽으로 자리 잡은 걸 보면 내 생각은 맞았던 셈이다. 하지만 혼란스러운 가운데 다른 많은 한국인들과 마찬가지로 나 역시 수천만 원의 손해를 보았다.

최악의 경제위기가 한풀 꺾이고 난 후, 끊임없이 뿜어대는 담배

연기와 알코올, 많은 사람들을 위해 '엔터테인먼트'를 자처하느라 생긴 짜증나는 일들에 부대끼며 여러 사람의 몫을 혼자서 도맡아하던 나는 완전히 녹초가 되어버렸다. 마지막 매니저였던 아르헨티나인 친구 라울 아루아는 보스턴의 초창기 시절부터 나와 함께 동고동락해 온 친구로 나에겐 매우 중요한 존재였다. 보스턴과 마콘도의 '전쟁'이 있던 시절에 라울은 보스턴에서 일을 했지만, 나와 절친하게 지냈다. 나중에 보스턴이 문을 닫게 되자 그는 마콘도에 와서 일을 하게 되었고, 디제이 노릇부터 시작해 매니저까지, 몇 사람이 할 일을 혼자서 해 주었다. 2000년이 되어 먼저 미국에 가 있던 아내를 따라 한국을 떠나기 전, 난 적자를 면치 못한 채 버려지다시피 한 사업을 다시 일으켜 전성기의 영광을 되찾은 라울에게 바를 넘겨주었다.

마콘도가 전반적으로 한국 살사의 역사에 있어서 중추적인 역할을 했기 때문에 요즘에도 많은 사람들은 나를 '한국 살사의 대부'쯤으로 생각하거나, 상당히 곤혹스러운 일이지만, 내가 아니었으면 한국에서 살사가 존재하지 못했을 거라고 생각한다. 하지만 나는 내가 그렇게 여겨지는 것에 큰 관심 없다. 개인적인 생각에 어떤 식으로건 살사는 한국 땅에 상륙했을 것이다.

대부건 뭐건 상관없이 요즘에도 홍대와 이태원에 가면 열혈 살사 팬들이 나를 환대하며 술을 사준다. 나이가 좀 든 일부 한국인은 나의 노력을 기억해주는 것 같지만, '사이버 라틴' 그룹과 같은 사람들이 한국 살사의 역사를 새롭게 쓰면서 엑스팻들이 이룬 것에 대해선 경시하는 것 같다는 생각을 떨쳐내기 힘들다. 가끔 느끼는 것이지만 홍대 지역의 문화사에 있어서 외국인들이 끼친 영향은 최소화되거나 통째로 무시당하는 경향이 있다. 그럼에도 솔직히 말하건대 외국인이 없는 한국의 살사는 상상하기 힘들다. 마콘도는 물론이고, 한국의 대부분의 살사 바가 성공을 거두는 데에는 라울과 존과 루이스 같은 외국인들의 힘이 정말로 컸다.

단순히 마콘도와 황금투구가 거둔 성공의 역사를 엑스팻이나 한국인들의 승리라기보다는 두 개의 혹은 그 이상의 다른 문화가 서로 교배하면서 생긴 예술적, 문화적 성공으로 기억되길 바란다. 마콘도가 성공한 건 한국인들과 라틴아메리카인들이 함께 한 덕분이다. 그렇다, 나 같은 흰둥이 와습과 존, '사이버 라틴' 그룹 덕분인 것이다. 그리고 마콘도의 성공이 없었다면 장담컨대 이 나라에서 살사가 이 정도로 힘을 기르지는 못 했을 것이다.

나는 한국 살사의 미래가 밝기를 바란다. 나에게 그것은 윤택한 경제를 의미하는 동시에 발랄하고 유쾌한 새 외국인들이 한국을 찾는 것을 의미한다. 이는 1997년에 잠깐이나마 볼 수 있었던 한국 문화와 다른 세계의 문화 간의 교류의 현장을 재현하는, 색다르고 풍요로운 예술과 문화의 터가 이어질 것이다. 그렇게 또 한 번의 춤의 열풍이 시작된다면 장담컨대, 어느 누구보다도 가장 먼저 내가 댄스플로어에 뛰어오를 것이다!

# 기탄없이 말하다
_ 한 호주인의 눈에 비친 DMZ의 양극단

## Brendan Brown
브랜든 브라운(호주)

2002년 6월, 한일월드컵 기간 동안 한국축구팀은 결코 이길 수 없을 것이라 예상했던 유럽 국가들을 연거푸 이기며 전 세계에 충격을 안겨 주었다. '급조된' 대규모의 축구 팬들과 극소수의 '진정한' 팬들은 반도의 남쪽을 온통 뒤덮은 꿈에 도취되었다. 하지만 바로 위 북쪽 절반은 어땠을까? 당시 각국의 매체에선 북한의 공식 대변매체가 월드컵 뉴스는 내보내도 한국 경기에 대한 건 가차 없이 배제한다고 보도했다. 정말 웃기는 일이지만, 월드컵에 관한 뉴스를 전하면서 스페인이 8강에 올랐다고 하면서 경기 상대가 남한이라는 사실은 말하지 않고 빈 칸으로 남겨 놓는 식이었다.

1996년부터 남한에서 살아온 나 같은 사람에게 '다른 편'의 한국을 보고 싶다는 욕망은 클 수밖에 없었다. 그해 11월 결혼식이 임박했을 때 나는 그 괴이한 나라를 방문할 마지막 기회마저 놓쳐버렸다. 당시 북한이 위험하기도 했고, 한편으론 결혼에 대한 책임감이 주는 부담을 짊어져야 했기 때문이다.

남한에서 살게 된다면 내 비자로는 어떤 수를 써도 북한 입국 허가를 받을 수 없을 거란 생각에 본적을 호주의 멜버른으로 명시했다. 북한은 아마도 비자 신청을 할 때 방문객의 국적과 함께 인종이나 민족까지 따지는 유일한 국가일 것이다. 비자 신청 원서에 붙은 사진 속의 흰 피부와 담갈색 눈으로는 내가 한국인과 호주인 사이의 혼혈이라는 사실을 알아내는 건 불가능했다. 덕분에 김이나 최, 정 같은 성씨를 가진 나의 동포들이라면 가차 없이 거부당했을 일에 대해 나는 예외였다.

2002년 8월 10일, 진땀을 빼며 비자 신청을 끝냈다. 그리고 비로소 베이징에서 비행기를 타고 1주일간의 '해방의 날' 관광을 떠나게 되었다. 그때만 해도 북한에서 본 것이 내 심경에 얼마나 많은 변화를 가져오게 될지, 또 그 단 한 번의 여행으로 북한이 내 인생과 얼마나 깊은 인연을 맺게 될 것인지 꿈에도 알지 못했다.

평양 시가지 중심가의 만수대 언덕에 선 거대한 김일성 동상 앞에 도착했을 때, 매미들이 새된 소리로 울고 있었다. 한국말을 하고 싶은 마음을 누를 길이 없어서 가이드였던 미스터 김에게 한국말로 "매미가 많네요. 참 시끄럽지 않아요?" 하고 말을 건넸다. 미스터 김은 내가 한국말을 할 줄 안다는 사실에 충격을 받은 것 같았다. 나는 그에게 한국에서도 좀 살았다고 말했다. 그 이후 안내원들은 분명 나를 예의주시했을 것이다.

여행을 하면서 다양한 북한 사람들을 만났고, 머릿속으로 줄곧 그동안 만났던 수백 명의 남한 사람들과 이들을 비교하게 되었다.

군인들은 거칠고 우악스러워 보였고, 상점의 여성 직원들은 깍듯하면서도 한순간도 경계를 늦추는 법이 없었다. 당시 그들이 썼던 말은 남한에서 쓰는 말과 비교할 때 비슷한 점보다는 다른 점이 더 많았다. 또 그들은 남쪽 사람들에 비해 미소를 짓는 일이나 즐거워하는 표정이 훨씬 적었다.

우리 그룹을 안내했던 가이드 미스 박은 예쁘장하고 다소 통통한 20대 여성으로 노동당 고위급 관리의 딸이었다. 그녀는 영어로 말하는 게 쑥스러웠는지 말을 할 때마다 'I mean……'으로 시작하곤 했다. 그녀는 '프로페셔널' 했고 이념이 다른 관광객들을 존중해 주었다. 그녀의 감정이 흐트러졌다고 생각된 때는 영국에서 온 젊은 관광객에게 영국이 미국 편에 서서 한국전쟁에 참전했다는 점을 들어 나무라던 때 한 번뿐이었다. 여행기간 동안 우리는 서로 영어와 한국어로 소통하며 친하게 지냈고 나는 다시 그녀를 만날 수 있기를 고대하며 떠났다. 그녀가 이메일 주소를 주어서 두 번 메일을 보냈지만 답장은 받지 못했다. 하지만 그녀는 뒤늦게나마 호주의 부모님 편으로 결혼선물을 보내왔다. 그것은 한국 전통 혼례복 차림의 작은 신랑 신부를 직접 그린 그림이었다.

여행 둘째날, 버스를 타고 평안남도 향산으로 향했다. 그곳은 산촌이고, 평양만큼 관광객들이 돌아다니지는 않는 곳이다. 아름답지만 ('참으로 위대하신 김일성 수령 동지'라는 글이 산 중턱 거대한 바위에 어마어마하게 큰 글씨로 새겨져 있는 것으로 보건데) 인공적인 훼손이 심한 묘향산으로 가는 길에 버스에서 불과 2미터도 되지 않은 곳에서 '사슬에 묶인 죄수들'이라고 밖에는 표현이 불가능한 열 명 가량의 젊은이들을 보게 되었다. 일요일 오후, 빡빡 밀어버린 머리에 더러운 제복 차림을 한 채 힘겨운 노역을 하고 있던 사람들. 그 곁에선 KPA(조선인민군) 한 명이 짐짓 젠 체 하며 라이플을 들고 그들을 감시하고 있었다.

순간 진정한 북한의 단면을 본 듯했다. 창밖에서 그들이 처량한 눈길로 우리를 바라보는 순간 나는 그들의 모습을 사진으로 찍어 '전 세계에 그들의 비극을 알려주고' 싶었다. 그러나 나에게 체포의 위험을 무릅쓸 정도의 용기는 없었다. 정말 그랬다면 가이드들의 분노를 면하기 힘들었을 것이다. 그러나 다음 날 아침 다시 한 번 기회가 찾아왔다. 비록 훨씬 멀리 떨어져 있었지만, 향산 호텔 밖으로 또 다른 죄수들이 힘겹게 노역을 하고 있는 광경이 눈에 들어왔다. 속으로 '될 대로 되라'고 닉까리곤 사진을 한 장 찍었다. 카메라의 셔터를 누르기가 무섭게, 네댓 명의 사람들이 나를 손가락으로 가리켰고, 나이가 지긋해 보이는 군인 한 명이 양 손을 엉덩이에 올린 채 '지금 어디서 감히……?' 하는 표정으로 날 노려보았다. 아직도 그 때만 생각하면 오금이 저려온다.

그 일요일의 늦은 오후, 너무 덥고 피곤하기도 해서 키렌[Kieren]이란 이름의 젊은 영국인 친구와 함께 맥주를 마시고 있었다. 현대적인 용모의 미스 박과 달리 호텔 바의 두 여성은 구식 헤어스타일에 청색과 흰색의 제복 때문에 1960년대 여성에 가까워 보였다. 몇 번 말을 걸어 보려고 했지만 그들은 별로 상냥하거나 반기는 눈치가 아니었다.

얼마 안 가 바에는 키어런과 나만 남게 되었다. 슬슬 자정이 가까워지고 있었고 나는 여자들 중 한 명에게 바의 영업이 몇 시에 끝나느냐고 물었다. 여자는 우리가 술을 다 마시고 나갈 때까지 닫지 않는다고 말했다. 우리 둘 모두에게 반가운 말이었다. 키어런이 자리에서 일어나 '빠찡꼬' 머신 쪽으로 가서 달러 지폐를 몇 장 더 넣었다.

"조선말 꽤 잘 하십네다."

한 여자가 한국말로 나를 칭찬했다.

"어떻게 배우셨습네까?"

"남조선에서 배웠어요. 지금도 남조선에서 살아요."

그렇게 순식간에 표정이 변하는 건 처음 본 것 같았다. 사실을 알고 난 여자의 걱정하는 표정은 꾸며낸 것이 아니었다.

"이런 말 하면 안 되나요?" 하고 물었다.

"아닙네다."

여자는 자신 없는 말투였다.

그러자마자 대화는 완전히 끊겼고, 즉시 그들은 카운터 뒤에서 할 일이 많은 것처럼 부산을 떨기 시작했다.

그로부터 몇 분 지났을 때였다.

"잔 비우십시오. 문 닫습네다."

"저희가 일어날 때까지 계속해서 문을 연다고 하지 않았어요?"

"아닙네다. 서둘러 마시십시오!"

술기운이 올라 적당히 뻔뻔스러워진 나는 그들에게 함께 사진을 찍자고 했다. 그들은 내켜하지 않는 듯했지만, 거절하게 되면 좀 전의 내 말 때문에 기분이 상했다는 것을 들킬 것이었다.

"좋습네다, 서두르세요."

사진을 찍자마자 여자는 불을 끄고 바를 닫았다.

두 여자 점원이 '북한 사람다움'의 화신이었다면, '평양 오리고기 전문식당'에서 우리를 환대해 준 스무 살의 직원은 종로나 명동 거리에서 쉽게 만날 수 있을 것 같은 사람이었다. 초록 치마에 분홍색 저고리를 우아하게 차려입고 90년대식으로 꾸민 헤어스타일을 한 그녀는 북한보다는 남한 쪽에 가까운 품새를 지녔다.

내가 서울에 산다고 하자 그 여자는 나에게 서울과 평양의 차이점이 뭐냐고 물었다. 나는 내가 그녀의 나라를 찾아온 손님이라는 입장을 알고 있었고, 또 굳이 신경을 거스르지 않을 정도로 친절한 사람이기도 해서 평양의 긍정적인 점만을 골라 말했다.

"음, 더 조용하고, 더 깔끔하고, 공해도 더 적어요."

이야기를 더 하다가 남한의 여자와 약혼했다는 말까지 나왔다. 그녀는 약혼녀의 사진을 보여 달라고 했고, 사진을 보더니 미인이라고 칭찬했다. 데이트니 국제결혼 같은 것에 대해 질문하는 걸 보니 여행 중에 만났던 다른 북한 사람들보다는 개방적일 거란 생각이 들었다. 그녀에게 우리가 대만과 호주를 함께 간 적이 있고, 신혼여행으로 퀘백에 갈 거라고 말할 때 약간 죄책감이 들었다. 북한에서 그녀 같은 시민에게 외국여행은 너무나 낭만적이면서 불가능한 것일 테니 말이다.

눈이 번쩍 뜨이는 경험을 하고 남한으로 돌아왔을 때, 나는 호주에서 태어나 자랐고, 자유롭고 부족한 것 하나 없는 남한에서 산다는 사실에 대해 전에 없이 감사히 여기게 되었다. 보통의 북한 사람들에 비하면 내 인생과 살아가는 방식은 완전히 반대편에 있었다. 그래서 나는 제2의 고향으로 받아들인 서울에서 북한 사람들을 도와줄 수 있는 방법을 찾아 나서기로 결심했다. 설령 아주 하찮은 것일지라도 말이다.

처음에는 북한과 중국의 국경지역에 위치한 도문 시에서 빵을 구워 의약품, 다른 구호품과 함께 인근의 함경북도에 사는 사람들에게 직접 전달하는 '한 달에 한 톤 클럽Ton-a-Month Club' 이라는 NGO에 기부하는 것으로 시작했다. 요즘도 활동 중인 '한 달에 한 톤 클럽'은 1996년 남한에서 장기간 체류 중이었던 재한 미국인 팀 피터스가 창립한 단체로, 피터스는 내가 아는 한 신앙심이 가장 돈독한 개신교도였다. 이 단체는 후에 북한의 기아상태가 극심해지면서 북한을 탈출하는 사람들이 늘어나게 되자 중국에서 북한사람들이 체포되지 않도록 돕는 '한국을 돕는 손길(Helping Hands Korea)'로 확장되었다.

이 단체에서 나는 조명숙 씨를 만났다. 두 아이의 엄마로 따뜻한 성품을 지닌 그녀는 남편과 함께 90년대 중반 동남아시아 출신의 노동자를 돕는 일을 시작했고, 그 전에는 대림동에서 7평짜리 축축한 지하실을 임대해 '자유터'를 열었다. 자유터는 자원봉사로만 이루어지는 비영리단체로, 현재는 남한에 거주하는 북한 출신 십대들과 젊은 성인층에게 무료 수업을 제공할 뿐만 아니라 같은 처지의 사람들과 친분을 쌓도록 주선하는 곳이다. 이곳은 '가라앉거나 헤엄치는 것' 말고는 방법이 없는 서울에서 북한사람들의 은신처가 되어 주었다. 조명숙 씨가 나에게 그곳에서 자원봉사로 영어를 가르치겠냐고 했을 때, 나는 주저 없이 하겠다고 말했다.

첫 수업은 일요일 아침 10시였다. 스무 명쯤 되는 학생들이 참석했는데, 열여덟에서 스물다섯 살에 이르는 남자와 여자가 반반씩 섞여 있었다. 나 같은 외국인을 그들이 어떻게 받아들일까 생각하니 약간 긴장되었다. 그들 중 몇몇에겐 내가 생애 최초로 만나는 외국인이었으니, 내가 공포를 느낀 것도 무리는 아니다. 처음에 어떤 학생들은 내가 봉사하려는 뜻을 의심하기도 했다. 그러나 첫 수업이 끝났을 때 그들은 나에게 친절하게 대해 주었고, 우린 서로에 대해 호감을 갖게 되었다. 처음에 내가 발견한 사실 중 한 가지는 그들이 최신형 휴대전화 같은 '머스트 해브 must-have' 상품을 대단한 자랑거리로 여긴다는 것이었다.

학생들 중에서 내가 특히 잘 알고 지냈던 '영민'은 당시 23세의 젊은이로, 키가 작고 깡마른 체형에 짧은 머리를 뾰족뾰족하게 세운 모습이었다. 그에겐 북한에 남기로 결정하고 여전히 북한에서 조선인민군으로 복역 중인 형이 있었다. 남한에서 스스로 무엇인가를 할 수 있는 또 다른 기회를 얻게 되어 큰 꿈을 펼치게 된 그는 서울의 한 대학에서 신학을 공부하면서 북한이 자유로워지면 자신의 고향인 함경북도 무산의 국경도시로 돌아가고 싶어 했다. 영어를 배우고 영화에 대해 대화를 나누는 것이 그에겐 주말을 여는 즐거운 일과였고, 나에게도 마찬가지였다.

초창기 수업에 참여한 학생들 중 내가 좋게 기억을 하고 있는 또 다른 학생은 예쁘고 열성적이던 '명희' 이다. 그녀는 20대인데도 보수적인 패션으로 일관했다. 유행하는 옷이나 장신구에 집착하지 않는 한국 여자들을 본다는 것이 나에겐 신선하게 다가왔다. 명희의 매력은 따뜻한 성품과 자연미였다. 간호사가 되겠다는 꿈을 가진 그녀는 남쪽의 삶에 잘 적응했다. 토요일 아침부터 숙취에 시달리는 다른 몇몇 학생들과 달리 술은 입에 대지 않았고, 공부가 자신을 향상시키는 중요한 수단임을 잘 알고 있었다.

지도자 김일성 일가에 대한 북한의 괴이한 신화화에 대해 나에게 가르쳐준 것도 영민과 다른 친구들이었다. 한 번은 수업이 끝나고 모두 함께 모여 북한 영화를 본 적이 있다. 영화 중 한 장면을 나는 말할 수 없을 정도로 흥미롭게 받아들인 반면 영민은 너무나 당연하게 받아들였다. 문제의 장면. 비행기 한 대가 엔진 이상으로 땅에 곤두박질을 치려고 한다. 설상가상으로 비행기는 땅에 곤두박질하는 게 아니었다. 바로 김일성 동상에 부딪쳐 폭발할 찰나였다. "맙소사!" 허다한 헐리웃 영화들을 봐도 알 수 있지만, 마지막 장면이라면 으레 영웅적인 조종사가 등장해 제멋대로인 비행기를 가까스로 재조정해 동상에 충돌하는 것을 막는 것으로 모두를 구원하고, 말로 형용할 수 없을 정도로 무시무시한 사고가

2007년 당시 북한의 한 고등학교를 방문했을 때 몇 명의 여학생들과 사진을 찍을 수 있었다. 많은 '아저씨'들의 로망이라 할 만한 상황이었지만, 나는 혹시나 의도하지 않은 오해를 살까봐 돌처럼 굳어 있었다. 내 팔이 뻣뻣하게 몸에 붙어 있는 것도 그 때문이다.

일어날까봐 공포에 떠는 뭇 목격자들에게 큰 안도감을 선사했을 것이다.

"저 비행기는 동상을 피해 어린이들이 잔뜩 있는 유치원을 덮치네. 불행 중 다행이야, 안 그래?" 하고 나는 영민에게 농을 쳤다. 그런데 영민은 내 말의 아이러니를 전혀 눈치 채지 못하고 대답했다.

"북한이라면 정말로 그렇게 했을 거예요."

내가 자유터에서 교편을 잡은 건 대략 1년 정도다. 즐거운 경험이었고, 북한과 북한의 문화에 대해 많은 것을 배울 수 있었다. 몇몇 학생들은 다른 학생들보다 더 열심히 배웠다. 모든 상황을 고려해보건대, 그들은 보통의 평범한 학생들이 아니었다. 기근으로 신음하는 북한에서 오로지 살아남기 위해 목숨을 걸고 중국으로 도망을 쳤지만, 북한 사람들이라면 죄다 본국으로 되돌려 보낸다는 정책을 펴는 중국 정부의 무자비하고 야만적인 정책 하에서 한시도 마음을 놓지 못하고 공포에 떨며 살아야 했던 사람들이다. 그런 고생을 하고서도 그들이 젊은이 특유의 생동감을 잃지 않은 것에 나는 감동했다.

 남한에 오는 북한의 망명자들 수가 늘어나면서 '자유터'는 더 이상 찾아오는 학생 수를 감당할 수 없게 되었고, 2004년에 보다 크고 조직화된 '여명학교'를 설립했다. 학교는 4층 건물 중에서 두 층을 썼는데 4층은 3개의 교실과 교사실로, 3층은 식당과 활동실로 이루어져 있었다. 6명 남짓한 정규 교사들은 학생들의 대입 준비를 위해 영어 외에도 한국어, 수학, 과학을 가르쳤다.

 2004년부터 나는 겨울과 여름 방학을 제외한 매주 금요일 오후에 원어민 영어수업을 진행해오고 있다. 학생들을 가르치면서 보람도 많지만, 때론 힘들기도 하고 도전을 요하는 경우도 있다. 많은 학생들이 '영어는 따분하고 어렵고, 나하곤 아무 상관없는 것'이란 식으로 굴면서 책상에 머리를 처박기 일쑤였고, 한 주 한 주가 지나도 피곤하다고만 말할 뿐이었다. 금요일 오후 1시 45분에 그렇게 피곤할 일이 뭐가 있냐고 따지면 게으르게 늘어놓는 변명이라는 게 전날 밤 새서 컴퓨터 게임을 해서 그렇다는 것이었다. 그런 학생들에게 나는 그들이 아르바이트 등으로 적은 돈이나마 벌고 있거나 밤새 공부를 하기 때문에 피곤한 거라면 몰라도, 워크래프트에서 다음 번 단계로 올라가기 위해서라면 이해할 수 없다고 잘라 말한다. 그런 학생들을 봐주는 법도 없고, '피곤한' 나머지 교실 밖의 소파에서 자다가 교장에게 걸린 학생들도 바로 잡았다. 피곤한 학생들은 내가 진지하게 수업에 임하고 있으며 허투루 시간을 보내는 법도 없다는 것을 알게 되고, 그러면 대개는 졸음에 겨운 생활에서 벗어나게 된다.

영민처럼 자유터에서 온 다른 학생들은 경쟁적인 세상에서 영어가 중요하다는 사실을 잘 알고 있어 배우겠다는 열의가 엄청나다.

"금요일은 제가 가장 좋아하는 요일이고 몸이 아파도 학교만은 빼 먹지 않아요."

2004년부터 2005년까지 한 주도 빼놓지 않고 늘 교실 앞자리에 앉아서 수업을 듣던 '신지'가 내게 한 말이다.

항상 그런 건 절대 아니지만 남한에 부모가 한 명도 없는 학생들과 운이 좋아 남한에 부모가 다 있거나 한 명이라도 있는 학생들의 문화적 차이는 힘든 경험이다. 한국인 선생님이나 부모와는 관점이 다르다는 점 때문에 그들의 삶과 미래에 관해 조언이나 권유를 하는 역할을 맡을 때가 있다. 나는 나름대로 현실적이라고 생각하는 조언을 몇 가지 해 준다. 학생들에게 언제나 최선을 다하고 목표를 높게 잡으라고 말하지만, 현실적으로 각기 다른 이유로 모든 학생들이 서울 내 최고의, 혹은 중급 수준의 대학에 갈 만한 학력을 지니고 있는 건 아니다. 난 대학을 졸업해 대기업에서 사무직을 하는 것 외에 다양한 직업이 있으며 어떤 일이든 중요한 직업으로 전혀 부끄러워할 일이 아니라고 말한다. 그 예로 현재 호주에서 광산업 붐이 일고 있으며, 세탁업자와 자동차 운전자들이 연간 십만 달러를 벌어들이고 있고, 근로자의 경우는 그보다 훨씬 더 많이 번다고 말한다.

이런 이야기는 그들의 관심을 부추기고, 또 함경북도의 악명 높은 아오지탄광 같은 곳에 있는 북한의 수많은 광산 노동자들의 처지와 비교하도록 한다. 생각이 깊은 학생인 남철은 통일이 되면 북한의 광산 노동자들이 호주의 계속되는 노동력 부족을 기꺼이 메워줄 거라고 말한 적이 있다.

내가 가르치는 학생들보다 오히려 내가 남한에서 더 오래 살았기 때문에 남한에서 산다는 것에 대해 가르칠 뿐만 아니라 남한의 언어로 학생들을 가르친다는 특수한 입장에 놓일 때도 있다. 가령 남한의 여행지에 대해 수업할 때나 북한에선 본 적도 없는 동태찌개에 대해 설명할 때가 그렇다. 졸지에 남한의 '원주민'이 된 셈인데, 이런 상황은 요즘처럼 세계화된 시절에 어느 누가 '외국인'이고 '원주민'인지를 구분하는 것에 대해 의문을 갖게 한다.

학생들은 북한에서 배운 것과 전혀 다르다는 점에서 세계의 다른 나라들에 관해 토론하고 질문을 던지는 것을 좋아한다. 사실 '진짜' 미국에 대해 배우는 것은 남한에서 북한 사람들이 겪는 첫 번째 과정에 속한다. 평생 미국에 대해 증오에 가득 찬 선전宣傳만 배웠던 것과는 정반대로, 미국은 나의 학생들에겐 여행과 공부는 물론 이민 가고 싶은 1순위의 나라이다. 내가 그 이유를 묻자 미국 사람은 모두 커다란 집에서 살고 차와 돈이 많기 때문이라는 대답이 줄줄이 나왔다. 그들의 생각이 사실이 아니라는 것을 알리기 위해 내 미국인 친구 스콧을 수업에 초청해서 미국이 여러모로 부유한 나라이고, 국민 중 어느 누구도 굶어 죽거나 대통령을 모독했다는 이유로 감옥에 가진 않지만, 수백만 명의 미국인들 역시 빈곤, 약물, 범죄, 건강보험의 부재와 같은 현실적인 문제로 근심하고 있다고 말해 주었다.

그들이 환상을 품고 있는 다른 나라는 영국, 호주 그리고 캐나다이다. 나에 대한 존중의 표시로 호주를 이야기하는 것 같지만, 대한민국 여권 소지자라면 호주에서 워킹홀리데이 비자로 1년 동안 합법적으로 일할 수 있다는 점도 작용한 것 같다. 북한 망명자들 중에도 그렇게 호주를 다녀오는 학생들이 있는데, 그들 말로는 꽤 할 만한 모양이다. 영민도 2004년에 가서 1년 동안 머물렀다. 그는 남한과 북한, 유럽에서 온 다른 배낭족들과 함께 과일 따는 일을 했다. 서울로 돌아왔을 때 그의 영어 실력은 많이 발전해 있었고, 말할 때 살짝 호주 특유의 비음이 느껴지기까지 했다. 내가 호주를 소개해준 덕에 자기 혼자서는 엄두를 내지 못했을 일에 대해 용기를 냈다면서 고마워했다.

학생들을 가르칠 때부터 영국은 관심도가 높은 나라였고, 최근에는 더욱 관심을 갖는 학생들이 부쩍 늘어 여러 명의 학생들이 영국으로 갔다. 하지만 그들이 영국을 선택한 이유가 훌륭한 복지 시스템 때문이라는 건 실망스러운 일이다. 나는 학생들에게 자신들을 새롭게 받아들여준 나라의 호의를 가장 빨리 잃어버리는 방법이 '손을 뻗어 사회보장의 수급권을 요구하면서 정작 그 보답으론 아무 것도 하지 않는 것'이라고 말했다. 심지어 남한 사람들이 북한 사람들에 대해 일은 안 하면서 얹혀 살 궁리만 한다며 부정적으로 본다는 기사를 읽었다는 말까지 해줬을 정도다.

가끔 나는 선의에서 우러난 행동이 반드시 물질적인, 혹은 재정적인 보상을 바라고 한 것은 아니며, 그런 점에서 학생들은 학교를 지원하고 재정적인 도움을 주는 서포터들의 따뜻한 마음씀씀이에 감사해야 한다고 말하고 싶다. 그리고 나 역시 돈을 바라고 이곳에 있는 것이 아니며, 그들이 영어와 외국인 그리고 앞으로 살면서 그들에게 보다 많은 기회를 줄 세상을 배워나가는 것을 보는 것이 보람된 일이라고 말한다.

나는 수업을 하면서 '무료 인터뷰' 방식을 고수하고 있다. 2005년, 폴란드의 한 신문기자가 나에게 내 학생들 중 한두 명과 인터뷰를 할 수 있게 주선해 달라고 연락해 온 일이 있다. 학생들에게 기자를 만나보겠냐고 물었을 때, 어느 누구도 말이 없다가 한 학생이 손을 들고는 돈을 주면 인터뷰에 응하겠다고 말했다. 나는 두 가지 이유에서 그것을 허용하지 않았다. 첫째, 신문기자의 요청을 들어주는 게 금전적 보상을 받을 만하다는 식의 사고방식을 근절하고 싶었다. 그리고 두 번째로 돈을 받고 인터뷰를 할 경우 자신의 이야기를 과장하거나 금전적으로 보상받은 것에 대해 스스로를 정당화할 수 있다는 점에서 원칙상 반대한다. 대신 나는 그 기자에게 감사표시로 영어사전이나 폴란드의 기념품을 주면 어떻겠냐고 제안했다. 내 말에 학생들은 적이 당황한 것 같았고, 결국 인터뷰는 성사되지 못했다.

남한과 그 밖의 다른 나라에서와 마찬가지로 북한에도 지역 간의 경쟁이 존재하고, 그런 심리는 때로 내 수업 중에도 흉한 고개를 쳐들곤 한다. 남한의 전라도와 경상도가 서로를 차별하는 것과 마찬가지로, 북한에서도 서로

2007년 11월 판문점을 방문했을 당시 북한의 한 군인과 사진을 찍으면 잠시나마 어색한 순간을 가졌다. 그는 그곳에서 가장 좋은… 적어도 자신이 평생 살아온 곳의 엄격한 분위기에 크게 연연하지 않는 사람이었다.

다른 지역 간에 똑같은 알력이 존재한다. 두 가지 이유에서 북한 군인들은 자신의 고향에서는 군복무를 할 수 없다. 무단이탈의 위험을 방지하기 위해서이기도 하지만, 더 참혹한 이유는 상대가 동향이 아닐 경우 그에게 발포하거나 다른 종류의 폭력을 가할 소지가 훨씬 커지기 때문이다. 수업 중 함경북도와 함경남도 출신의 학생들이 처음에는 자신의 고향에 대한 애정을 표하기 위해 가볍게 서로를 놀려대다가 급기야 상황이 험악해진 적이 있었다.

"함흥 따위 별건가? 그까짓 후진 동네!"

한 십대 소년이 갑자기 달려들듯이 말했다.

"그래, 그리고 넌 희령에서 온 멍청이지!"

다른 학생이 머리끝까지 화가 치밀어 올라 폭언을 퍼부어댔다.

"희령은 함흥처럼 도둑놈 소굴은 아니거든!"

"나가 뒈져! 희령 개자식들은 다 나가 뒈져버려!"

김일성 경기장 앞에서 일행들과 함께 호주 국기를 펼럭였다. 나는 '오시, 오시, 오시, 오이, 오이, 오이!' (Aussie, Aussie, Aussie, Oi, Oi, Oi!는 호주 축구팬들 사이에 유명한 응원구호이다 – 지은이) 같은 바보 같은 후렴구를 외치며 열광하지 않은 유일한 호주 응원단이었다.

평소엔 온화한 성품의 두 남학생들은 격한 주먹싸움을 벌였고, 엉겁결에 나는 두 싸움꾼 사이에 비집고 들어가 그들을 말려야 했다. 그들은 험악한 표정으로 서로에게 욕을 퍼부으며 수업시간을 엉망으로 만들었지만 다행히 다음 주가 되었을 때 서로에 대한 적개심 같은 건 잊어버린 것 같았다.

반면 나는 학생들이 고향에 대한 충정이 있을지언정 국가에 대한 충정은 없다는 것을 확신하게 되었다. 전부는 절대 아니고, 대부분이라고도 할 수 없지만, 몇몇은 통일이 되어 북한이 자유롭고 민주적인 환경이 되면 고향으로 돌아가 해외에서 배운 기술을 통해 고향을 재건하고자 꿈꾸었다. 그럼에도 2007년 피파 여성월드컵에서 북한이 상대적인 의미에서 성공을 거두었을 때 그들에게

서 민족주의적인 자부심 같은 건 찾아볼 수 없었다. 또 2007년 올림픽 예선전에서 북한이 호주와 겨루게 되었을 때, 남한 사람들이 북한의 승리를 기원한 것과 정반대로 북한 학생들은 열한 명 중 열 명이 호주의 승리를 기원했다.

나는 2007년 세 번째 북한 여행길(두 번째는 2004년 백두산 여행이다)에 올랐을 때 11월에 북한에서 열리는 올림픽 예선전에서 호주 축구팀이 북한과 겨루는 것을 볼 수 있어 뛸 듯이 기뻤다. 승리한 팀은 베이징 올림픽에 출전할 수 있지만, 패한 팀은 출전 자격을 잃기 때문에 그 경기는 양 팀 모두에게 중요했다. 난 그다지 애국자는 아니지만, 그 경기에서 쓸려고 생전 처음으로 호주 국기를 사기도 했다.

김일성 경기장에서 나와 우리 일행은 특석 바로 옆에 앉았다. 호주와 영국 대사관들을 비롯해 북한 여자 축구팀과 조선이민군의 고위급 장교들이 바로 우리 옆에 있었다. 관중석의 북한 사람들은 호주의 국가가 흘러나오자 정중히 자리에서 일어섰고, 북한 국가가 나올 때에는 한 손을 가슴에 올렸다. 시끄럽고 열정적인 '붉은 악마' 응원단들과는 영 딴판으로 북한의 축구 팬들은 경기 내내 말없이 앉아서 경기를 보았고, 경기 막판에 호주 팀이 석연치 않은 방식으로 동점 골을 넣은 순간에도 야유를 보내는 법이 없었다. 무승부라는 건 북한이 출전할 수 없다는 것을 의미했지만, 이후 호주대사관이 폭파의 위협에 시달리거나 축구협회의 웹사이트가 침입을 당하는 일도 일어나지 않았다.

서울로 돌아왔을 때도 학생들은 축구 경기에는 거의 관심을 갖지 않았다. 그보다 그들은 평양 자체에 대한 관심이 더 많았고, 내가 그곳에 가서 어떻게 지내고 무엇을 봤는지 듣고 싶어 했다. 사실 그들 중에 평양에 가봤던 친구는 하나도 없었다.

"꽃제비는 보셨나요?"

"군인들이 선생님께 훼방을 놓지는 않던가요?"

"버스에서 소매치기 당하지 않으셨나요?"

내가 이제껏 여행한 나라 중에서 북한이 가장 안전한 나라라는 것을 알지 못하는 학생들이 주로 나에게 했던 질문들이다.

정말로 나를 언짢게 하는 건 북한 사람들이 남한 사람들에게 종속된다는 식의 태도와 선입견이다. 가령 북한 사람들에게 초근목피로 연명한 적이 있냐고 묻는 것은 잘 먹고 잘 사는 남한 사람들에게 재미있을지 모른다. 그러나 그들의 호기심 때문에 좋지 않은 기억을 되살린 북한 사람들에게서 좋은 소리를 듣긴 글렀다. 그런 태도는 자주 사적인 관계까지 손을 뻗곤 한다. 한 번은 아내의 친구인 한 남자와 저녁을 먹은 적이 있는데 그는 나에게 아는 여자들 중 괜찮은 사람을 한 명만 소개해줄 수 없겠냐고 부탁했다.

"좋지, 마침 한 명 생각나는 사람이 있는데요." 하고 나는 기꺼이 대답했다.

"잘 됐네요! 어떤 여자예요?"

그가 지대한 관심을 보이며 말했다.

"응, 상냥하고, 예쁘고, 아주 여성적이에요."

나는 명희를 생각하며 대답했다.
"지금 뭐 하는 친구인데요?"
"아직 학생이에요. 간호사가 되려고 공부 중이죠. 정말 열심히 공부하는 친구예요."
"와아, 근사한데!"
그리고는 반드시 나올 만 한 질문이 떨어졌다.
"고향이 어디인데요?"
"정확히는 기억이 안 나는데 함경북도의 어디일거예요."
"뭐? 지금 농담하는 거죠?"
그가 믿지 못하겠다는 투로 말했다.
"됐어요. 여자 친구가 '그렇게' 절실한 건 아니라고요."
그런 사고방식이 팽배해 있는 한 북한 사람들이 남한 사람들을 만나느니 다른 북한 사람들을 만나는 쪽을 선호하는 건 당연하다.
간혹 고작 지형상의 운명 때문에 38선 바로 위의 북한에서 태어나는 한국인의 운명이 정말 참혹한 것이라는 생각을 한다. 개성은 38선 바로 아래에 있고 한국 전쟁이 일어나기 전까지는 남한 영토에 속해 있었다. 2007년 11월 개성을 여행하던 중 노동당의 한 고위급 관리가 분통을 터뜨린 적이 있었다. 그 일은 나로선 남한에서 불과 몇 킬로미터도 떨어지지 않은 곳에서 일어난 일이라고는 믿을 수 없을 정도였다. 나이가 지긋한 그 관리는 두 명의 외국인 여행객이 개성의 중심가에 있는 '개성통일식당'에서 150미터 떨어진 곳에 있는 시장까지 가게 내버려두었다는 이유로 북한 가이드들을 남자고 여자고 할 것 없이 욕설을 퍼붓고, 몸을 떠밀고, 옷자락을 잡아당겼다. 북한정부가 허용한 그런 권력남용과 폭력이 자행되는 현장을 바라보면서, 나는 '만약' 1953년에 유엔과 남한 병력이 개성을 수복했다면, 그 사람도 남한에서 만난 수많은 사람들처럼 친절하고 사근사근한 사람이 됐을 것이라는 생각을 떨칠 수 없었다.

나의 학생들에 대해서도 같은 생각이 든다. 적절한 교육을 받을 수 있는 기회를 박탈당하고, 심각한 영양실조와 끝없는 세뇌에 시달리고, 자유라곤 눈곱만큼도 누릴 수 없다는 것은 절대적인 학대의 체제라고 밖에는 할 말이 없다. 남한에서 태어났다면 그들은 당연히 한국을 핍박하는 미국을 비판하고, 북한의 침입으로부터 남한을 안전하게 지켜준다는 명목으로 남한으로부터 막대한 세금을 착복하고 있는 미군부대의 철수를 요구했을 것이다.

두 명의 김 씨 부자에 대한 영구적 신화화와 숨 막히는 감시체제가 계속되는 현재 상황을 고려할 때 내가 다시 북한을 찾을 일은 없을 것이다. 하지만, 앞서 두 번 북한을 방문하고 난 후에도 같은 이야기를 했었다. 흠 잡을 데 하나 없이 정교한 수많은 동상들과 회화들, 벽면 사진들만으로도 북한은 방문할 만한 곳이다. 그러나 쇠사슬에 묶인 죄수들과 개성에서의 사건을 보고나니, 북한에 있는 보통 사람들의 삶을 보고 싶다는 생각이 든다. 김일성의 동상이나 그의 탄생지, 주체사상탑, 전승$^{戰勝}$ 조국해방전쟁 박물관 같은 관광 일정 대신 인간적인 경험을 하고 싶다.

기회가 된다면 다시 만나고 싶은 사람이 있다. 지난 번 북한 여행 마지막 날, 국경 도시 신의주에서 국경을 통과하기 위한 의례적인 절차가 끝나기를 기다리는 동안 만났던 판사다. 신의주의 기차역을 떠나는 것이 금지되어 있어서 나로선 기차역의 담배 연기 자욱한 술집이 북한 사람들을 만날 수 있는 마지막 기회였다. 철두철미하게 감시하는 가이드 없이 말이다. 술집 구석에서 혼자 술을 마시고 있던 40대의 아저씨가 나에게 환영의 미소를 지어 보였고, 우리는 이야기를 나누기 시작했다. 그는 나에게 자기가 신의주에서 일하는 재판관으로, 법학 공부를 한 덕에 영어, 러시아어, 중국어를 조금 할 줄 안다고 했다. 나의 할아버지가 행정장관을 역임하셨다고 말하자 그는 호주의 법률에 대해 이것저것 물어 보았다. 이런 만남의 기회를 갖게 된 것에 기뻐하며 그는 대화 도중에 다섯 번이나 '반갑습니다' 라고 말하고 악수를 청했다. 그는 남한에서 사는 게 어떤지 물어 보는 등 외국인과 대화를 나누는 것에 대해 전혀 개의치 않은 것 같았다. 그의 요청에 내가 펜을 건네주자 놀랍게도 자신의 이름과 주소, 전화번호까지 적어주었다.

친절했던 판사와 함께 첫 북한 여행 때 만난 가이드였고 마지막 여행 때 만났을 때에는 '미세스' 가 된 미스 박은 '인간의 얼굴' 을 한 북한 사람이다. 나는 미세스 박이 다시금 나의 가이드가 된 것에 기뻤다. 우린 말이 잘 통하고, 친하게 지내고 있다.

평양 순안 국제공항에 도착한 후 투어 버스는 우리를 태우고 곧장 평양 북쪽에 위치한 개선문으로 향했다. 그곳에서 나는 3년 만에 처음으로 미세스 박과 이야기를 나눌 수 있었다.

"3년 만에 이렇게 뵙다니 정말 반갑네요."

나는 환하게 미소를 지으며 그녀와 악수했다. 2004년 두 번째 여행에서 오리 요리 식당에서 잠깐 본 후 처음이었다.

"그러게나 말입네다! 아직 서울에 사십니까?"

"네, 아직요. 결혼하셨다고 들었어요, 맞죠?"

"맞습네다. 안 분과 따님은 잘 계십네까?"

그녀는 활기찬 어조로 물었다.

"잘 지내요. 그리고 저 아들도 생겼어요."

"저도 마찬가지입네다!" 하고 그녀가 환호했다.

미세스 박은 나의 아들이 태어난 해인 2006년 2월 16일에 아들을 낳았다(그날은 김정일의 생일이기 때문에 북한에선 대단한 길일로 여긴다.). 그녀는 다음번엔 아들과 함께 오라면서, 그러면 자기 아들과 만날 수도 있을 거라고 말했다. 남한에서 국제결혼의 증가와 함께 혼혈 아동의 숫자도 증가하는 이즈음, 신인류 남한 사람들을 북한에 소개하면 어떨까 하고 생각하니, 다시금 그곳에 가고 싶어진다. 진짜 마지막이다. 장담한다.

# 위대한 령도자를 위한 영화
_ 베를린 주재 북한 대사의 미션 임파서블

## Johannes Schönherr
요하네스 쇤에어(독일)

1990년 말, 동 베를린 프리드리히샤인 지역에는 쓰러져가는 공장건물이 한 채 서 있었다. 정확하게 말하면 '뒤편' 건물로, 앞 건물은 제2차 세계대전 때 무너졌다. 뒤쪽 건물 역시 더 이상 공장의 흔적이라곤 전혀 발견할 수 없었고, 멀리서 보면 버려진 곳처럼 보였다. 문은 활짝 열려 있었고 복도엔 쓰레기 천지였다. 건물 계단 쪽 벽은 그라피티가 잔뜩 그려져 있고, 4층까지 있는 계단은 수천 장의 테크노 파티 전단들로 덮여 있었는데 누군가 커다란 상자에 전단을 잔뜩 담아와 계단 꼭대기에서 쏟아부어놓은 것처럼 보였다. 깔끔하고 정돈된 환경 속에 있던 사람이라면 이곳이 바로 지옥으로 오르는 계단이라고 할 정도였다.

조선민주주의인민공화국 베를린 외교사절의 경제부 비서실장인 우군철은 이 계단을 일주일에 몇 번씩 올랐다. 독어는커녕 영어도 하지 못했기 때문에 급하게 구한 통역관과 함께 계단을 올라 이전에는 공장 로비였던, 그러나 이제는 온통 흰 페인트칠을 한 거대하고 번지르르한 공간에 최신형 아이맥까지 갖춘 사무실로 들어갔다. 그곳엔 도시 전역에 걸쳐 여러 극장들을 운영하는 기업으로 성장한 독립영화 운영본부들이 있었다. 우군철은 언제나 그 하얀 문을 정중히 두드리고는 아무런 반응이 없기를 바라면서 직접 문을 열곤 했다. 모두 마약 중독자마냥 깡마른 체구에 검정 가죽옷에 들쑥날쑥한 헤어스타일을 한 사무실 직원 중 한 명이 그제야 컴퓨터에서 눈을 떼고 그를 보며 툴툴댔다.

"바쁩니다. 기다려주세요."

우군철과 통역관은 자리에 앉아 작은 테이블에 마련된 인스턴트커피를 양껏 마시면서 무작정 기다렸다. 그는 관자놀이 쪽이 희어져가는 40대 후반으로 늘 친절한 미소를 띠고 있었다. 옷차림은 잿빛 비즈니스 수트에 독일 군복 파카 차림으로 영락없는 서양식이었다. 어디를 봐도 그곳에는 어울리지 않았다. 하지만 그에겐 참고 기다릴 만한 이유가 있었다. 그의 전임자가 전화번호부에 공개된 베를린 지역의 극장이란 극장은 하나도 빼놓지 않고 연락했지만, 정작 그가 찾아가 자기소개를 하고 사업상의 용무에 관해 말하기가 무섭게 모두들 그의 면전에 대고 베를린 사람 특유의 퉁명스러운 태도로 '당장 꺼져!' 라고 말했다. 그러나 이곳의 펑크족들은 어떻게든 돈을 챙겨야 할 사정이었던 건지, 당시 베를린에서 북한의 외교적 사명을 맡고 있던 '조선인민공화국 대사관'의 대표와 부득이 일을 하게 되었다. 전임자는 다시 평양으로 되돌아갔고, 이젠 우군철이 그 일을 맡게 되었다.

잠시 후 젊은 독일인 직원 한 명이 다가와 '무슨 일로 오셨어요?' 하고 물을 것이다. 기회가 온 것이다. 그는 주머니에서 영화 제목을 줄줄이 적은 리스트를 꺼내어들고는 말할 것이다.
"이 영화들이 필요합니다. 가능한 빨리요. 해 주실 수 있습니까?"
"음, 힘들겠어요. 할 일도 많고, 비용도 만만찮을걸요."
늘 듣던 대답이었고, 바로 되받아칠 것이다.
"그건 문제없습니다. 이 영화들을 구해주십시오."
그가 무슨 용도로 그 영화들을 구하려는 건지를 묻는 극장 관리자들은 단 한 명도 없었다.
극장 관련 업자들은 북한 외교관이라면 경멸을 감추지 않았다. 국민들은 굶어 죽어 가는데 외교관이란 작자가 영화 필름을 대여하는 조건으로 어마어마한 액수의 돈을 써서 그렇기도 하지만, 그들이 주문하는 영화들이 명백한 쓰레기 영화라고 밖에 설명이 안 되는 것들이라는 이유도 있었다. 우군철의 주문리스트는 거의 전부 B급 싸구려 미국 액션 영화들로 채워져 있었고, 이따금 홍콩 액션 영화 몇 편이 섞여 있었다. 하지만 극장주 입장에선 아직은 불안정한 소극장 체인을 유지하려면 다른 돈주머니가 필요했다. 그래서 우군철에게 필름 프린트를 조달하기 위해 별별 수를 다 썼다. 극장주들은 배급자에게 영화를 자신의 극장에서 상영할 예정이라고 말하는 것으로 신속하게 필름을 입수했다. 물론 필름은 곧바로 우군철의 손에 넘어갔고, 1, 2주의 대여기간이 끝나면 제시간에 돌아왔다. 무엇보다 가장 중요한 건 그가 대여비를 매우 신속하게 입금한다는 것이었다. 돈이 들어오면 극장주들은 배급자에게 돈을 지불했고, 남은 돈을 자신들의 목적에 맞게 쓸 수 있었다.

항상 순탄하게 풀리는 건 아니었다. 우군철이 주문한 몇몇 영화 필름들은 독일 영화 배급 시장에선 불가능한 것들이었다. 어떻게 한다? 베를린 영화 관계자들은 여기저기 수소문을 하다 결국 두 손을 벌려 보일 뿐이었다.

"포기하세요. 그 영화 필름은 구해드릴 수가 없어요."

그렇다고 포기할 우군철이 아니었다. 그는 몇 번이고 계속 찾아와 같은 영화 필름을 요청하고 또 요청했다. 그렇지만 소용없는 건 마찬가지였다.

결과적으로 우군철 쪽에서 다른 출처를 찾아내기 위해 탐색 망을 넓히는 수밖에 없었다. 1999년 초반에 그가 찾아낸 사람은······ 나였다. 그 당시 나는 유럽에서 북한 영화들을 상영하기 위해 방법을 모색 중이었고, 베를린 극장은 나에게 우군철을 소개해주는 것으로 내게 길을 열어주었다. 그리고 우군철은 보답으로 평양에 소재한 한국 영화 수출입 기업의 부사장 백철웅이 베를린 영화제 참석 차 독일에 왔을 때 내게 소개해주었고, 백철웅은 이후 나에게 영화 상영 투어의 기회를 주었다.

우군철과의 첫 만남은 매우 짧았고, 대화가 끊기고 어색한 침묵이 흐르는 시간이었다. 우리는 내가 상영하게 될 북한 영화들과 영화를 선정하기 위해 평양으로 가는 문제에 대해서만 이야기를 나누었다. 이후 평양 여행을 준비하면서 평양에서 우군철에게 보내기로 했던 나의 북한 여행 프로그램의 배송비 같은 실질적인 문제들로 골치가 아파지기 시작했다. 덕분에 나는 조선인민공화국 대사관이 있는 베를린 남쪽 끝에 위치한, 보행자는 단 한 명도 눈에 띄지 않는 잿빛의 글린카 거리를 찾는 일이 부쩍 잦아졌다.

대사관은 이전의 동 베를린 북한대사관 건물 안에 있었다. 작은 공관公館의 입구를 가로막은 강철 문 바로 옆 콘크리트 기둥에 고정된 유리상자 안에는 평양시민의 행렬과 '위대한 지도자 동지' 김일성과 김정일, 그리고 기쁘게 자축하는 북한 사람들을 찍은 사진들이 전시되어 있었다. 초인종을 누르면 한 여자가 인터폰을 통해 한국말로 무어라고 묻는다. 그리고 내가 우군철과 만나기로 했다고 말하면 문을 그제야 열어주었다. 그 절차는 오래 걸리진 않았지만 정기적으로 찾는 방문객도 없는 마당에 나 정도는 문 앞에 나타나자마자 별 말 없이 들여보내줘도 되지 않을까 싶었다.

콘크리트 계단을 올라 2층으로 가면 동 베를린 스타일이라 할 수 있는 구식 물결무늬 유리문이 나오는데, 그 문을 열고 들어가기만 해도 북한에 와 있다는 느낌이 확연하게 든다. 리셉션 창구에는 북한 정부가 내놓은 최신 구호를 한국말로 쓴 배너가 걸려있고, 그 뒤로는 파마머리에 오로지 한국말만 하는 여자가 있다. 난 단도직입적으로 '우군철'이란 말만 몇 마디 한다. 그러면 그 여자는 갈색 가죽 소파를 가리키며 기다리라는 뜻을 표한다. 잠시 후에 우군철이 나타나 나를 데리고 어느 방으로 데려간다. 거기엔 거대한 협상 테이블과 지나치게 큰 유리 재떨이가 있고, 벽에는 김일성과 김정일

동 베를린 글린카 거리에 위치한 북한대사관 건물. 대사관 표지판 옆으로 '위대한 조국'을 선전하는 사진들이 걸려있다.

의 초상화가 걸려있다. 우군철은 나에게 가죽 의자 중 하나를 가리키며 앉으라고 하고는 통역관을 찾아 다시 사라져버린다. 마침내 통역관을 찾으면 다시 돌아와서는 극장 관계자들이 찾지 못한 영화 목록을 보여준다. '성룡의 폴리스스토리' 1편과 2편, 미국 액션영화 '에어울프' 같은 게 적혀 있다. 우군철에게 그 영화를 찾아주기만 하면 상당액의 돈을 받을 수 있었다.

"이 영화들이 왜 필요합니까?"

그러면 그는 언제나 같은 대답을 한다.

"대사관에서 자체적으로 상영하기 위해서입니다."

"알겠습니다. 한 번 찾아보죠."

극장 관계자들도 찾지 못하는 영화를 찾아야 한다고 생각하니, 내 대답이 선선할 리가 없지만, 그렇게나마 말하고 그곳을 나온다. 난 그런 거래가 도통 내키지 않았지만, 어쨌거나 북한 영화들을 제대로 상영하려면 그가 필요했다.

2000년 초반 상황은 더욱 악화되었다. 우군철은 하루도 빠지지 않고 나에게 전화를 걸어 당장 영화를 구하라고 닦달을 하기 시작했다. 특히 한 편의 영화를 시급하게 찾고 있었다. 바로 1995년 마빈 제이 촘스키가 감독한 독일영화 '카트린느 대제'였다. 1762년부터 1796년까지 러시아를 지배한 한 여자의 삶을 다룬 그 영화는 우군철의 말을 따르면 가장 중요한 영화로 구해주기만 한다면 비용이 아무리 들어도 기꺼이 지불하겠다고 했다. 터무니없는 액수라도 말이다. 물론 그는 이미 여러 극장 관계자들에게 그 영화를 수소문한 후였고, 그들은 그에게 '불가능하다'는 말과 함께 영화를 찾으려는 추후의 어떤 시도도 고사한 터였다. 그들은 나에게 요새 우군철이 새로운 영화적 주제를 찾고 있다고 귀띔해 주었다. 바로 유럽 왕조에 관한 영화들이었다.

"모르긴 몰라도 북한의 '위대한 지도자' 나리께서 어떻게 하면 진짜 왕이 될 수 있는지 배우고 싶은가 봐요."

극장 관계자 중 한 명이 나에게 농담으로 한 말이다.

동시에 새로운 '외교관'이 북한 대사관에 정착했다. 그는 키가 큰 20대의 젊은이로 독일어도 완벽에 가깝게 구사했다. 그는 우군철의 필름 거래를 위한 통역가가 되었다. 하지만 엄밀히 말하면 그는 절대로 외교관으로 온 것이 아니었다. 김한철은 의류무역에 종사하는 사업가였다. 그가 하는 일은 특별한 의류 거래를 트는 것이었다. 남한에서 제조된 섬유는 북한의 남포 항구로 선적되었고, 거기에서 셔츠로 재단한 후 독일로 다시 배송되었다. 그 의류를 독일의 소매상 체인에 파는 것이 김한철이 할 일이었다. 당시만 해도 북한의 외교 사절이라는 명목으로만 사업을 할 수 있었지만 얼마 안 가 독일의 풀다 같은 도시에서 자신의 사무실을 열게 되었다. 풀다는 작고 지루한 도시였지만, 그래도 북한과는 판이하게 다른 곳이었다. 그가 원하는 것도 바로 그런 점인 것 같았다.

"어디서 식사를 하실 건지요?"

다시 그를 방문했을 때 김한철과 함께 사무실에서 내려온 우군철이 물었다.

"한국 음식이면 좋겠는데. 베를린에 괜찮은 한국 식당 없나요?"

"없어요." 하고 우군철이 말했다.

"하지만 중국 음식은 이웃 음식이라고 할 수 있지 않겠습니까? 중국 음식 어때요?"

"저기, 아데나웨플라츠란 곳에 '김치'란 식당이 있던데, 어떨까요?" 하고 내가 말했다. 그곳에 가면 평양식 냉면을 비롯해 괜찮은 한국 음식을 먹을 수 있었다.

"안돼요, 거긴 못 가요."

우군철이 퉁명스럽게 잘라 말했다. 아무렴, 그곳은 남한 사람들이 운영하는 곳이고 주로 남한 손님들이 찾는 곳이니까.

"알았어요, 그럼 중국 식당으로 가죠······."

우리는 1980년대 중반에 출시된 우군철의 갈색 오펠 세단을 타고 코너를 돌았다. 중국 식당에서 김한철은 웨이트리스에게 한적한 테이블로 안내해 달라고 말했고, 그곳에 앉아 요리를 시킨 후 비로소 협상을 시작할 수 있었다.

"그래, '카트린느 대제'는 좀 진전이 있습니까?"

"음," 하고 나는 대답했다.

"바벨스베르크의 UFA프로덕션 사장과 이야기를 했어요. 그 영화를 제작한 곳이죠. 그런데 그분 말씀이 이미 선생님께 이야기를 했다고 하던데요. 필름을 구할 수 없다고요."

"네, 이야기한 적 있죠." 하고 우군철이 말했다.

"하지만 우린 그 필름이 필요해요. 그래서 당신한테 구해달라고 부탁한 거고."

"그런데, 그 사장 말론 그 영화는 TV용으로 제작한 것이라 극장 상영용인 35mm 프린트를 제작한 적은 없답니다."

우군철은 미소를 지었다.

"문제없어요. 프린트 값은 지불할 수 있어요."

"제 말씀은요, 그 필름을 사실 겁니까, 아니면 그냥 대여만 하실 겁니까? 제 생각엔 늘 대여 쪽을 원하셨던 것 같은데요."

나는 다소 놀라서 말했다.

"어느 쪽이건 간에, 우리는 그 필름이 필요해요."

"UFA 쪽에서 하는 말은 다르던데요," 하고 나는 말을 이었다.

"UFA 쪽에선 극장 상영에 필요한 사운드 믹스나 최종 편집 작업을 전혀 하지 않았어요. TV 시청용으로만 만들었을 뿐이에요. 현재 가지고 있는 것으론 필름 프린트를 뽑을 수가 없대요."

"우리가 비용을 지불할게요." 우군철이 힘주어 말했다.

"정말입니까? 그러려면 수십만 달러가 들어갈 텐데요."

"걱정 마세요. 돈은 우리가 냅니다."

그리고 그가 덧붙였다.

"어서 필름이나 구해다 주세요."

샥스핀 수프와 오리구이로 식사를 마친 후 우군철은 냅킨으로 입을 닦았고, 나는 담배에 불을 붙였다. 그가 프랑스제의 독한 블랙 타바코의 파란 담배 갑을 손에 들며 내게 물었다.

"항상 이걸 피우시나요? 볼 때마다 피우고 있던데."

"네, 한 대 태우시겠어요?" 하고 물었다.

"아, 아니에요. 전 담배 안 합니다. 김한철 씨라면 괜찮을지도. 그런데 저희는 외교관 전용 상점에서 담배를 싸게 살 수 있거든요. 담배 좀 싸게 구해다 드릴까요?"

"필터 없는 골로이즈$^{Gauloises}$를요? 이런 담배까지 팔지는 않을 것 같은데요."

"그럼, 빈 담배 값 하나 줘 보세요. 원하신다면 틀림없이 구해다 드릴 수 있어요."

"해보실 생각이라면 얼마든지요. 구해오시면 사겠습니다."

그가 담배 갑에서 담배를 빼 테이블 위에 올려놓고, 빈 갑을 호주머니에 넣었다.

우군철은 커다란 봉투에서 타자로 친 종이를 꺼냈다. 15편의 영화 목록은 거의 대부분이 일본어 제목이었다.

"제가 말이죠, 영화를 무척 사랑합니다. 당신은 일본 쪽에 인맥이 있죠." 하고 그가 말했다.

"이 영화들 좀 구해 주세요."

리스트를 보았다.

"저로선 듣도 보도 못한 영화뿐이군요. 조사는 해 보겠지만 어쩌면 일본에서만 구할 수 있는 영화일지도 모르겠는데요."

"그렇다면?" 그가 다소 초조한 기색으로 말했다.

"그러니까 이 영화들이 일본에서만 구할 수 있는 거라면 일본에서 비행기로 공수할 수밖에 없다는 말입니다."

"상관없어요."

우군철은 내 우려를 말끔히 씻어 주었다.

"아내가 일본 말을 하니까 영화 내용은 번역해 줄 거예요."

"하지만 제가 필름을 구할 수 있다고 해도 대여하고 배송 하는 데에만 수천 달러가 들 텐데요. 정말 그 비용을 부담하실 수 있어요? 사모님과 함께 영화를 보기 위해서요?"

"아, 다른 친구 몇 명도 불러서 함께 볼 거니까, 걱정 마세요. 돈은 문제가 안 돼요."

그는 품에서 종이 한 장을 더 빼 들었다. 거기에는 당시 베를린의 바빌론 극장에서 상영 중인 남한 영화들의 프로그램 스케줄이 적혀 있었다. 리스트 가운데 허진호 감독의 '8월의 크리스마스'에 표시가 되어 있는 게 눈에 들어왔다.

"그리고 여기 표시된 영화필름도 필요해요." 하고 그가 말했다.

"프린트로 구해주실 수 있을까요?"

"이거야 뭐, 제가 바빌론 극장으로 가는 지하철 노선을 알려드릴 테니 직접 가서 보시죠. 그 편이 나을 거예요."

"아뇨, 저희 대사관에서 봤으면 합니다."

그는 설득력이 떨어지는 어조로 말했다.

"그 편이 편하거든요."

"알았습니다. 리스트 주세요. 한 번 구해볼게요."

"한 가지 더 있어요."

우군철이 덧붙였다.

"베를린 영화 페스티벌이 곧 열리는데, 필름마켓에서 남한 영화 '쉬리'가 상영될 거라면서요. 그 영화 프린트도 구해주실 수 있습니까?"

"필요하시면 필름마켓 상영티켓을 구해드릴게요. 그런 영화는 큰 극장에서 보셔야죠."

나는 담배에 불을 붙였다.

"안돼요. 대사관에서 보고 싶습니다. 부탁이니 알아봐 주세요."

그로부터 얼마 후, '베를린 영화 페스티벌 2000'이 열렸고, 나도 베를린으로 돌아왔다. 페스티벌이 열리면 늘 그랬듯이 맨 처음 필름마켓으로 가서 '일본의 뉴시네마' 부스에 있는 친구들을 만났다. 이번엔 그들에게 특별히 부탁할 것이 있었다.

"여기 베를린에 있는 북한 '대사관'에서 나한테 이런 리스트를 줬는데, 여기 나온 영화들 중에서 뭐 아는 것 있어?"

한 명이 리스트를 보더니 말했다.

"아, 어렸을 때 본 영화 몇 편이 있네. 거의 전부가 시리즈 영화인데, 1980년대에 도에이에서 제작한 '고쿠츠마'란 영화야. 내용은 야쿠자 부인들에 관한 건데, 야쿠자 두목들이 죽고 나서 벌어지는 암투를 다룬 게 대부분이지."

그는 그런 영화들 중 유럽까지 상륙한 건 거의 한 편도 없다면서 결국 내가 직접 일본에서 구해야할 거라고 말했다.

이 정보와 새롭게 얻은 지식으로 무장한 뒤 나는 다시 우군철을 만났다. 이번에도 그는 내가 부지 안으로 들어가자마자 대사관 건물 밖으로 나왔고, 우리는 근처의 중국 식당으로 갔다.

"그래, 좀 진전이 있나요?"

오른팔이나 다름없는 김한철의 통역을 빌어 그가 물었다.

"네." 하고 나는 말했다.

"UFA측에선 당신이 '카트린느 대제'의 35mm 프린트에 드는 비용을 대겠다는데도 결정을 못 내리고 있어요. 한 편으로 당신의 제안을 반기면서도, 다른 한 편으론 그런 일에 에너지를 쏟아야할 이유를 모르겠다는 식이에요. 그 사람들한테 그런 일은 단순한 노동일뿐이고, 사실 그렇게 구미가 당기지 않는 눈치예요. 이미 TV에 판 영화고, 그거면 됐다 싶은 거죠."

"계속 알아봐 줄 거죠? 노고에 대해선 보상 하겠습니다. 영화를 구하면, 즉시 송장을 발부해 주세요. 가격도 뜻대로 정하시고."

"알겠어요. 그 일본 영화들에 대해서도 알아낸 게 있어요. 대부분의 영화들이 큰 시리즈의 일부이고, 내용은 야쿠자 부인들에 관한 거예요. 도에이 제작사에서 만들었죠. 알고 계셨나요?"

"누구의 부인들이라고요? 전혀요. 몰랐어요."

"모르는 영화를 주문하신 거예요?"

"그냥 궁금해서. 아, 그래도 그 영화들은 직접 꼭 보고 싶어요. 구해 주셔야 해요. 제가 얼마나 영화를 좋아하는데요. 그나저나 '쉬리'는 어떻게 됐죠? 프린트 구해주실 수 있나요?"

"상영회가 내일이에요. 그냥 직접 필름마켓에 가시지 그러세요? 제가 무료 티켓을 구해드릴게요." 하고 나는 말했다.

"안된다니까요. 그럴 수 없어요. 우리는 대사관 '안에서' 보고 싶은 거라고요."

즉 직접 '쉬리'를 구하되, 내가 당시 일하고 있던 뉘른베르크의 독립소극장에서 필요한 것처럼 거짓말을 하라? 그가 계속 설명을 하면서 나더러 말한 요지는 그랬다. 하지만 독일의 어떤 영화배급사도 그렇게 해서 성공한 적이 없었다. 게다가 '쉬리'는 그때까지 남한에서 만들어진 영화 중 가장 큰 성공을 거둔 작품이었다. 가장 중요한 건 당시 필름마켓에서 문제의 프린트 필름은 순수상영만을 허할 뿐, 어떤 경우에도 극장 측에서 대여하는 건 있을 수 없다는 점이다. 그의 부탁은 말도 안 되는 억지나 다름없게 느껴졌다.

나는 북한 입장에선 마음에 들어 하지 않을 수도 있다는 것을 알면서도 단도직입적으로 부딪쳐 봐야겠다고 마음먹었다. 그 길만이 우군철에게 영화를 구해줄 수 있는 방법일지도 모른다는 생각이 들었다. 필름마켓에서 영화를 본 후에 나는 '쉬리'를 대표하는 남한 기업의 부스로 가서 그곳에 있던 투박한 인상의 중년의 남자 대표에게 한국 영화, 특히 북한 영화에 관심이 많은 사람이라고 나를 소개했다. 그리고 유럽에서 북한 영화 상영회를 준비하는 중이며, 베를린에 주재하는 북한 외교사절과 연락을 주고받는 사이인데, 마침 그들이 대사관 관저 내 상영을 목적으로 '쉬리'의 프린트를 구하는 중이라고 말했다. 내 말에 판매 대표는 다소 당황한 것 같았다.

"프린트는 오늘 자로 LA로 배송될 거예요." 하고 그가 말했다.

"베를린에 둘 수는 없어요. 그리고 북한 대사관에서 상영한다고 말씀하셨죠? 그러려면 먼저 한국 정부의 승인부터 받아야할 겁니다."

바로 그 순간 전화벨이 울렸다. 전화를 한 사람은 '쉬리'의 감독 강제규였다. 전화통화가 끝난 후 대표는 강제규 감독이 자신의 영화를 북한 대사관에서 상영한다는 소리에 뛸 듯이 기뻐한다면서 개인 차원에서 상영에 관한 어떤 것도 허용해줄 수 있다고 말했다. 그럼에도 영화의 프린트를 LA로 보낸다는 사실에는 변함이 없었고, 그도 그 문제에 대해선 어떻게 손을 쓸 수 없는 입장이었다. 그에 대해 그는 미안하다고 말했다.

다음 날 같은 곳에서 우군철과 김한철을 다시 만났다.

"'쉬리'에 관한 소식은 없나요? 그 영화 꼭 필요해요!" 하고 우군철이 말했다.

"죄송해요. 어제 가서 보시지 그랬어요. 프린트는 LA로 갔어요."

나는 무심하게 어깨를 으쓱했다.

"그럼 일본 영화는요?"

나는 맥주를 한 모금 마신 후 대답했다.

"아직 알아보고 있는 중이에요."

"'카트린느 대제'는 어떻게 됐죠?"

"알아보고 있어요."

우 씨의 표정이 잠깐 어두워졌다가 이내 환해졌다.

"지금 2천 5백 마르크 가지고 있나요?" 하고 그가 물었다.

"없는데, 왜요?"

나는 놀라서 물었다.

"담배 가져왔거든요. 1천 갑이에요. 싸죠? 한 갑에 독일 돈으로 2마르크 50페니밖에 안 해요. 반값이죠!"

"뭐라고요?" 하고 나는 말했다.

"1천 갑이라고요? 전 한 20갑 정도 갖고 오시나 보다 했어요. 담배를 1천 갑이나 갖고 어쩌라고요? 3년은 피우겠네요!"

"조금이라도 사실 생각은 없는 거예요?"

실망한 기색이 역력한 우군철이 말했다.

"왜요, 1백 갑 주세요. 지금 그 정도 살 돈은 있어요. 나중에 더 살게요."

나는 1백 갑 정도는 살 돈이 있다는 걸 보여주려고 지폐를 꺼내 세면서 말했다.

"친구 분들 중에 사실 분이 있지 않을까요? 2마르크 50페니에 담배 한 갑이면 어떻게 봐도 이익인데······."

우군철이 풀이 죽은 목소리로 말했다.

"아뇨. 제가 아는 한 그 담배를 피우는 사람은 저 밖에 없어요. 제가 아는 사람들은 제가 이걸 피우기가 무섭게 전부들 창문을 열어요. 냄새가 지독하다나요. 아주 진저리를 쳐요."

우군철이 자기 차의 트렁크에 있는 담배를 가지러 나갔다.

"그런데 정말 무엇 때문에 그 영화들을 찾으시는 거죠?"

난 김한철에게 물어볼 기회를 놓치지 않았다.

"대사관 안에서 별도로 상영한나는 이유 히나로 그렇게 많은 돈을 쓰는 게 이해가 안 가요."

"혼자서 보려고 그러는 게 아니에요. 대사관 사람들 전체가 보는 거죠."

"그래요, 그렇다고 칩시다, 대체 얼마나 많은 사람들이 보는데 그래요?"

"현재는 열 가구가 있어요. 애들까지 포함해서 한 3, 40명 될 걸요. 전부 영화라면 사족을 못 써요."

우군철이 돌아와서 나에게 담배가 잔뜩 든 비닐봉지를 주었다.

"아, 감사합니다." 하고 나는 말했다.

"대사 관저 내의 영화 상영에 대해 이야기하던 중이었어요."

"그렇군요."

우군철이 말을 이었다.

"전 비디오로 보는 걸 좋아하지 않아요. 어떻게든 35mm로 보는 게 좋아요."

이해할 만했다. 내 주변의 영화 컬렉터들의 취향도 비슷했다. 하지만 우군철이 수십만 달러를 쏟아 부으며 사적인 상영회를 여는 가운데, 북한의 주민들은 굶어 죽어가고 있지 않은가? 그리고 그가 그 정도로 높은 자리에 있는 사람인가?

"당신은 대사관의 경제부서 비서이시죠." 하고 나는 물었다. "그게 어떤 건가요? 어떤 일을 하시죠?"

"아," 하고 그가 미소를 지었다.

"전 조국과 독일 간의 사업을 주선하는 일을 합니다. 이번 주에만 독일 돈으로 2만 마르크에 달하는 거래를 성사시켰죠."

그의 표정으로만 판단하건데 그에겐 말할 수 없을 정도로 자랑스러운 거래인 것 같았다. 하지만, 지금 장난 하나? 그가 영화 거래에 쏟아 붓는 돈에 비하면 2만 마르크는 푼돈이나 다름없지 않은가 말이다! 이 모든 것의 배후엔 도대체 뭐가 있는 걸까? 정말로 우군철은 자신의 사적인 취미 하나 때문에 그 많은 돈을 쏟아 버리고 있는 것일까?

"어린 시절부터 정말로 액션 영화를 좋아했습니다."

그가 계속해서 말했다.

"그리고 늘 커다란 화면에서 그런 영화를 보고 싶었죠. 비디오 따윈 집어 치우라지요! 비디오 화면으론 훌륭하게 제작된 결과물을 세세히 누릴 수가 없지요!"

잠깐! 우 씨 정도의 영세 외교관이 그런 생각을 뒷받침할 만큼 경제적인 힘을 가지고 있다면, 그 나라의 영화 애호가인 '최고 지도자' 김정일은 어떨까? 과연 그가 고작 비디오를 보는 정도로 만족할 수 있을까? 절대 아니지! 그렇대도 어디에서 영화를 구할 수 있을까? 북한 대사관이 있는 나라들 중에서 베를린만큼 영화 프린트를 쉽게 구할 수 있는 곳도 없을 것이다. 우군철은 혹시 '위대한 령도자' 동지 개인의 영화 상영을 위해 영화를 조달했던 건 아닐까?

"김정일 지도자도 영화광이라 정말 많은 영화를 본다던데요."

내가 질문을 꺼내기가 무섭게 우군철이 말을 잘랐다.

"그런 건 모릅니다. 내가 아는 한 우리의 '위대한 령도자' 수령께선 자나 깨나 나라를 위해서 일을 하시는 분이니까요. 영화를 보실 시간 같은 건 없으십니다."

이쯤하면 공식적인 당의 강령이라고 할 수 있을 것이고, 그 말은 곧 입 다물라는 뜻이었다.

만약 정말로 위대한 령도자를 위해 우군철이 이곳에서 영화를 수집하는 게 맞다면 어떻게 필름들을 평양까지 보냈다가 단 2주 만에, 혹은 그보다 더 빨리 되돌려 받을 수 있는 걸까? 베를린과 평양 간 정규항공편도 없는 마당에. 하지만 위대한 령도자라면 전용 특별 고속 교통편이 분명히 있지 않을까? 베이징 행 항공편은 하루에도 몇 번씩 운항을 하니까 베이징에서 평양까지 추가 정규 항공편으로 갈 수 있다. 우군철도 김한철도 이런 이야기에 대해선 입도 뻥긋하지 않았고, 염불을 외듯 "우린 다만 '대사관'에서 영화를 보는 겁니다"란 말만 되풀이했다.

마지막 맥주를 비우자 김한철이 갑자기 말을 건넸다.

"그 일본 영화들을 이곳에서 구하면, 우군철 씨가 자기 안부인까지 당신한테 내줄 겁니다."

"네?"

나는 당혹감을 감추지 못하며 말했다.

"무슨 뜻이죠?"

"농담이에요. 그만큼 영화 필름이 그에게 중요하다는 뜻이에요." 김한철이 활기찬 어조로 말했다.

"그 말을 들으니 안심이네요." 하고 나는 말했다.

"저번에 사모님을 뵌 적이 있는데, 그리 젊지 않으신 것 같던데요. 설마 이 말까지 통역하는 건 아니겠죠!"

"안 할게요."

김한철이 씩 웃었다. 우군철이 호주머니에서 돈을 꺼내 술과 음식 값을 지불하는 동안 김한철은 계산서를 가져온 젊고 귀여운 중국인 여자와 다정하게 이야기를 나누었다.

"번호판을 보라고! 외교관의 번호판이야!"

우군철은 내가 머물고 있던 친구네 집까지 차로 바래다주면서 신호를 어기고 질주할 때마다 그렇게 말하고는 낄낄댔다. 그들에게 베를린의 내 은신처를 알려주고 싶지 않았던 까닭에 친구 집 근처의 술집에서 내려달라고 했다.

그때가 2000년 2월이었고, 내가 상영하려고 하는 북한 영화들이 이미 도착한 후였다. 첫 번째 상영회도 이미 치러졌고, 또 얼마 안 있어 유럽으로 가서 페스티벌과 극장에서 10편의 북한 장편 영화들을 상영할 예정이었다. 더 이상 우군철과 만나고 그를 위해 영화 회사와 연락을 취할 시간적 여유가 없었다. 사실, 그런 현실에서 벗어났다고 생각하니 홀가분했다. 얼마 안 가 우군철에게 연락하는 일은 흐지부지 되었지만……. 그래도 베를린에 갈 때마다 북한 외교 사절로부터 골로이즈 담배를 헐값에 1백 갑씩 샀다.

2001년에 독일과 북한 간의 외교수립이 이루어지면서 '조선인민민주공화국 대사관'은 다시금 본연의 모습을 되찾았다. 우군철은 평양으로 돌아갔고, 가자마자 한국영화수출입사의 고위직을 배정받았다. 이런 우연이 다 있담?

우군철의 후임으로 온 사람은 현재까지도 매주 빠짐없이 독립 영화 극장 사무실을 찾고 있다. 그 역시 잘 모르는 영화들, 대개는 B급 미국 액션 영화들과 베를린에서 구할 수 있는 최신 남한 영화들을 주문하고 있다. 그 사람은 그 영화들을 가져다가 어디에 쓸까?

# 텐젠, 페르디난도 발디의 최후의 미션
_ 북한에서 만들어진 유일한 서구 영화의 메이킹 스토리

## Johannes Schönherr
요하네스 쇤에어(독일)

북한이 국제적인 영화 촬영 로케이션지로 각광받는 나라라고는 말할 수 없을 것이다. 1980년대 당시 소비에트 연방 체제에 있던 프로덕션 등 정치적인 동맹관계를 맺고 있는 나라들이 몇 차례 북한과 합작한 적은 있었다. 그렇다면 북한이 서구 유럽의 영화 제작자들과 손을 잡은 적은 없었을까? 딱 한 번, 1988년에 있었다. 그 기이한 합작의 결과가 어땠는지 지금부터 이야기해주겠다.

공중 장면 : 섬들이 점점이 박혀있는 들쭉날쭉한 해안선

장면 전환 : 두 대의 수륙양용기가 물살을 헤치며 이동한다

오프닝 크레디트 : AMERINDA 제공

주연 : 프랭크 자가리노, 마크 그레고리

"텐젠, 최종 미션"

극본 · 감독 : 테드 카플란

출연 : 사브리나 사이언, 롬 크리스토프, 찰스 보로멜

장면이 바뀌면 군복을 입은 한 무리의 아시아 남자들을 태운 수륙양용기가 초가지붕에 진흙 벽돌로 지은 오두막이 보이는 한 가난한 마을의 해변에 상륙하고 있다. 수륙양용기가 멀리 마을이 내려다보이는 모래 언덕 꼭대기에 멈춰 선다. 여러 대의 탱크 중 하나에 있던

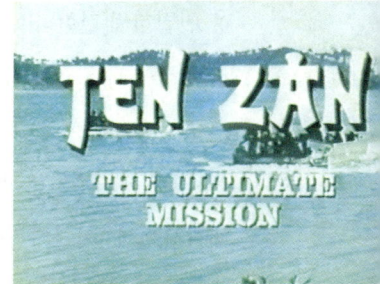

영화 '텐젠'의 첫 장면

두 명의 군인이 원통 하나를 밖으로 집어 던진다. 통은 마을을 향해 천천히 굴러 가다가 헛간의 나무 벽에 부딪친다. 사악하게 생긴 아시아 남자 한 명이 기관총으로 원통을 조준해 맞춘다. 원통이 폭발하면서 헛간에 불이 붙는다. 군인들이 미친 듯이 총을 사방으로 난사하면서 마을로 돌진한다. 마을 주민들이 비명을 지르며 도망을 친다.

군인들이 2명의 여자를 쫓아간다. 여자들을 붙잡아 착륙한 운송기 중 한 대에 등을 대고 서게 한다. 헬리콥터 한 대가 착륙하고 이윽고 제복차림에 험상궂은 표정을 한 젊은 백인 남자 한 명이 내린다. 그는 곧장 그 여자들 쪽으로 걸어간다.

"이 여자가 아니야."

그가 영어로 말한다. 영화에서 최초로 등장하는 대사이기도 하다. 남자는 여자를 옆으로 밀친다.

"바로 이 여자야."

그는 다른 여자의 턱을 부여잡고 여드름이 가득한 여자의 얼굴

을 면밀히 관찰한다. 운송기 위에 타고 있던 군인들 몇 명이 그 여자를 잡아 태우고는 차로 나무를 마구 깔아뭉개며 사라진다.

서양 관객들이 이 장면을 본다면 필경 미국의 싸구려 모험영화 제작사에서, 어딘지 알 수도 없지만, 아시아의 한 신비한 세계를 배경으로 만든 영화라고 짐작할 것이다. 영화 내내 들리는 말이 영어니까 무리는 아니다. 이탈리아 익스플로이테이션Exploitation(상업적인 목적으로 제작된 저예산 영화들을 일컫는 말로 폭력, 마약, 성도착, 살인, 괴수 등 자극적인 소재를 적극적으로 끌어들이는 B급 영화) 영화광이라면 알겠지만, '테드 카플란'은 이탈리아의 저예산 영화감독 페르디난도 발디가 '페르디 볼드윈'이나 '프리 볼드윈' 혹은 '샘 리빙스톤' 같은 이름들과 함께 즐겨 쓰던 가명 중 하나였다. 뿐만 아니라 그의 배우들과 스태프들 역시 영어식 발음으로 표기한 가명을 썼다. 이런 경향은 1970년대부터 1980년대에 이르는 이탈리아 익스플로이테이션 영화에서는 하나의 관례였다. 이 분야의 진정한 고수라면 '마크 그레고리'가 사실은 마르코 디 그레고리오이고, '사브리나 사이언'은 사브리아 시아나라는 것도 알 것이다. 모두 이탈리아 B급 영화의 주역으로 알려져 있다. 반면 '자가리노'는 실제 미국인이라는 점 때문에 눈에 띈다. 그는 요즘에도 연기를 하고 있고, 그가 출연한 영화는 어떤 극장에서도 상영된 적이 없지만 비디오, DVD 영화를 보는 이들 사이에선 꽤 유명하다. 하지만 그런 쓰레기 영화광들이라고 해도 지금 이 영화의 촬영지가 어디인지 맞출 수 있는 사람은 없을 것이다. 절대 못 믿겠지만… 북한이다!

이탈리아 익스플로이테이션과 북한의 만남! 유럽의 기차역 극장과 미국의 그라인드하우스Grindhouse(1960~1970년대 미국을 풍미했던 익스플로이테이션 영화 전용극장으로 3, 4편의 영화를 한꺼번에 연속 상영하는 것이 특징이었다. 때문에 부랑자와 노숙자들의 소굴이 되기도 했다 ─ 편집자)의 후원자들로부터 신속하게 푼돈을 챙기는데 혈안이 되어있는 이 흉포한 이탈리아인들에게 누드와 폭력, 식인의 배경으로 하기에 북한만큼 이국적인 곳도 없을 것이다.

하지만 현실은 사뭇 다르다. 세계 어느 곳을 가든, 아무리 흉폭하고 끔찍한 내용의 대본을 가져가더라도 영화화에 있어 거의 절대적인 자유를 보장받는다. 반면 북한은 그렇지 않았다. 북한에 온 이탈리아의 저예산 영화제작팀은 북한의 국가원수, '위대한 지도자 동지' 김일성의 아들이자 영화에 미친 '위대하신 령도자'인 김정일의 엄중한 원칙에 따라 제작의 모든 것을 진행했던 전문적인 영화 산업과 만나게 되었다.

제작 비화를 듣기 전에 문제의 영화 스토리에 대해 더 알고 싶은 분도 있을 것이다. 하지만 직접 영화를 찾아서 확인해 보고 싶은 사람도 있을지 모르니, 세세한 이야기는 아끼도록 하자.

악당들이 여자를 데리고 사라진다. 백인 괴짜 교수인 라슨(찰스 보로멜)이 리키(마크 그레고리)와 리키의 파트너 루(프랭크 자가리노)를 고용하여 "신제품 흥분제의 연구 및 개발을 목적으로 젊은 여자를 납치한 사악한 용병을 제거하라."고 말한다. 영화는 빠른 속도로 루가 납치당했다가 다시 풀려나는 과정을 보여주는데, 그런 후 이해가 안 갈 만큼 느린 속도의 자동차 추격 장면이 등장한다. 박제 동물로 가득한 라슨의 실험실에서 라슨이 루를 만나 전보다 더 긴 연설을 늘어놓으며 의무사항을 전달한다. 악당들은 젊은 여자들을 납치해 목구멍(?)에서 '세포의 핵(DNA를 말하는 것이다)' 안에 주입할 수 있는 물질을 추출할 것인데, 이 과정에서 오로지 '가장 완전무결한' 인간만이 살아남고 다른 나머지 사람들은 자멸하게 될 것이란다. 이는 '위버멘쉬Ubermensch(니체 철학에서 말하는 초인, 슈퍼맨)' 즉, 새로운 초인형 인간을 만들어내기 위한 것이라고 한다. 그는 루에게 이 계획을 막아야 한다고 말한다.

그런 후 몇 번의 주먹싸움 장면이 등장한다. 석궁을 든 멋진 여자 매디는 루와 리키의 팀으로 있다가 지하철에서 납치를 당한다(그렇다. 평양의 지하철이다!). 나쁜 자식들이 글렌다(사브리나 사이언)라는 섹시한 블론드 미녀와 깡마른 용병 제이슨(롤 크리스토프)을 쫓아가 여자를 그들의 베이스캠프에 데려가서는 미리 납치한 다른 여자들과 함께 가둬놓는다. 하지만 캠프의 위치를 신속하게 알아낸 루와 리키가 그녀를 구출하기 위해 나선다.

이 장면까지는 그래도 말이 된다. 그런데 글렌다가 갑자기 제이슨에게 이렇게 말한다.

"저희 아버지가 당신을 보자시네요."

그녀의 아버지는 유서 깊은 절에 몸을 숨기고 있다. 그 절은 실제로 묘향산에 있는 보현사란 곳이다. 보현사에는 수백 개의 작은 종들로 장식된 아름다운 13층 석탑이 있는데, 북한에 있지 않았다면 불교도들의 중요한 성지이자 관광명소가 되었을 것이다.

어쨌거나 제이슨과 글렌다가 절에 도착한다. 글렌다는 '저기예요' 하고 말하고 뒤에 남는다. 절의 본관에서 제이슨이 만나는 사람은…… 다름 아닌 라슨 교수다. 한 손엔 책, 다른 손엔 돋보기안경을 들고 고대 벽화를 연구하는 모습은 영락없이 머리부터 발끝까지 사악한 감식가의 모습이다.

라슨은 제이슨에게 말한다.

"마석(북한에서 촬영했지만, 영화상의 배경이 북한으로 설정되었는지는 확실치 않다. 하지만 '마석'이라는 지형은 분명하게 등장한다 – 지은이)의 캠프에서 우리가 해온 모든 행적을 흔적도 없이 없애버리게."

제이슨은 말한다.

"그것으론 부족합니다. 마석 캠프를 완전히 박살내야 해요."

어찌된 일인지, 이 말을 듣고 라슨은 노발대발한다.

"내 평생을 바친 연구까지 다 없애버리겠다고? 약자는 소멸시키고 지도자형 인간을 탄생시키는 것은 내 필생의 꿈이었네!"

그는 제이슨에게 제이슨이 성불구라는 걸 알고 있다고 말하고, 이에 화가 난 제이슨은 라슨을 총으로 쏜다.

지금까지의 내용은 이렇다. 라슨은 루와 리키를 고용해 나쁜 놈 제이슨의 작전을 저지하도록 명령했다. 그런데 지금 보니 라슨이 그 작전의 우두머리라는 것이다. 왜 자기 작전을 저지하라고 사람

영화의 등장인물인 자가리노와 마크 그레고리가 지프를 타고 이동하고 있다.

까지 고용했을까? 영화감독한테 직접 물어봤지만 그 역시 헷갈린단다. 이 이야기는 뒤에 더 하겠다.

결국 제이슨은 베이스캠프로 돌아온다. 때마침 루와 리키가 여러 엑스트라들과 싸워 이기고 납치된 여자들을 전부 풀어주고 막 도망치려던 참이다. 매디와 두 명의 착한 남자들도 행복하게 재회한다. 이때 글렌다가 나타나더니 우리의 영웅들에게 뭔가 '고백' 해야만 한다는데, 뭔고 하니 바로 마석 캠프의 위치이다.

이쯤 되면 영화는 거의 끝날 때가 다 됐다. 루, 리키, 매디는 제이슨과 경쟁이라도 하듯 마석 캠프를 초토화시킨다. 그들 모두 폭발을 사랑하는 것 같다. 제이슨은 증거를 인멸한다는 명목으로, 착한 사람들은…… 글쎄, 나름대로 이유가 있을 것이다. 아무튼 그렇게 캠프 초토화에 임한다. 이러저러해서 착한 사람들이 제이슨을 포함한 나쁜 놈들을 모두 처단한다.

모든 사명은 완수되었다. 아무도 말이 없고, 새 한 마리가 유유히 하늘을 날고 있다. 리키가 말한다.

"최후의 해결!"

그러자 루가 대답한다.

"미해결이란 없다!"

보트를 타고 떠나기 전에 리키가 지프차를 운전하고 황혼 속으로 사라지면서 엔딩 크레디트가 오른다.

최후의 해결, 미해결이란 없다? 영화는 뒤죽박죽이고 전혀 말이 안 된다. 라슨은 왜 '착한 자들'을 고용해 일부러 자신의 왕국을 파괴한 걸까? 그리고 도대체 '텐젠'이란 게 뭐지? 후자에 관해선 영화에서도 전혀 언급이 없지만 딱 한 번, 루와 리키가 베이스캠프를 공격할 준비를 끝낸 후 나누는 짧은 대화에서 등장한다.

루 : 때가 됐어요. 텐젠에서 봐요. 이오지마에 있을 때 해군들한테 들은 얘기예요.
리키 : 낙원의 산이었죠. 하지만 이젠 지옥소굴로 변해 버렸어.
루 ; 그 말은 '행운을 기원하는' 뜻이었죠.
리키 : 그럼 '텐젠에서 봅시다.'

텐젠Ten Zan(영어 문서에는 주로 'Tenzan'으로 표시되어 있다)은 이오지마의 작은 언덕에 붙여진 이름으로 제2차 세계대전 때 태평양의 작은 섬에서 미군과 일본군이 전투를 벌였을 때 '천상의 산'이라는 별명으로 불렸다. 그곳은 일본군이 패하기 직전까지 수호하던 최후의 거점이었다. 일본군들은 그 언덕을 '텐젠'이라고 부른 반면, 미군들은 '악마의 봉우리(Devil's Peak)'라고 불렀다.

그게 영화하고 무슨 상관이 있는 걸까? 젊은 두 영웅이 이오지마 전투에 참전했다면 어불성설이다. 영화의 시간적 배경은 1980년

대이고, 영웅들의 나이는 고작 이십대에서 30대이니……. 미 해군이 이오지마를 공격했을 때라면 그들은 태어나지도 않았다!

영화가 워낙에 낯설고 엉뚱한 괴벽으로 점철되어 있으니, 기왕 이렇게 된 김에 그 배후를 좀 더 면밀하게 파헤쳐보자.

### 페르디난도 발디

발디는 이탈리아 익스플로이테이션 영화 안에서는 노장 역군으로 통했다. 1927년에 태어난 그는 1960년대에 로마제국 치하의 삶을 다룬 '검과 샌들' 시리즈를 수 편 찍었고, 유명한 작품인 '다윗과 골리앗David and Goliath' 에서는 사울 왕Saul(이스라엘의 초대 왕) 역에 오손 웰즈를 캐스팅하기도 했다.

익스플로이테이션 장르가 인기를 잃자 그도 다른 이탈리아 감독들처럼 스파게티 웨스턴 장르에 손을 대기 시작했다. 그 장르에서 알려진 그의 걸작은 프랑코 네로를 캐스팅해 만든 '텍사스, 아디오' 로, 이는 '어벤저' 란 제목으로도 잘 알려져 있다. 다른 주목할 만한 작품으로 테렌스 힐, 호스트 프랭크, 조지 이스트먼이 출연한 '비바 장고' 혹은 '장고, 관을 짜다' 와 다소 이상한 영화이긴 했지만 전 비틀즈 멤버인 링고 스타를 기용한 '블라인드맨' 이 있다. 하지만 얼마 안 가 스파게티 웨스턴 장르도 구식이 되었고, 이탈리아어로는 '지알로Giallo', 영어로는 '슬래셔/사이코패스 영화Slasher/Psychopath(이상성격의 살인마가 이유 없이 무차별적인 살인을 저지르는 내용을 다룬 영화)' 들이 엄청난 붐을 일으키기 시작했다. 발디는 이 장르에 있어서도 이름을 남겼는데, 특히 베르너 포차스 Werner Pochath가 갱의 두목 역을 맡아 밤기차 한 칸을 탈취해 승객들을 강간하고 고문하는 내용의 '테러 익스프레스'가 유명하다. 웨스턴 영화인 '네게로 가주마'와 활극 영화 '네 광대의 보물'에서 발디는 3D 영화에도 도전한다. 하지만 그즈음 이탈리아 익스플로이테이션은 사양산업이 되었다. 루게로 디오다토와 루치오 풀치처럼 극단적인 고어영화로 계속해서 운을 탄 감독들도 있었지만, 나머지는 싸구려 액션 영화로 연명해야 했다. 그리고 발디는 후자 쪽이었다.

그는 초특급 저예산 영화들의 늪지대에서 미국의 지원을 받아 필리핀에서 베트남전을 배경으로 한 싸구려 액션 영화 '전쟁버스'를 찍기도 했다. 평단의 지지를 받지는 못했지만 영화는 비디오 시장에서 잘 팔렸고, 수익도 어느 정도 올렸다. 1988년 본 칸 영화 페스티벌 필름마켓에서 영화는 작품성을 인정받았고, 마침 북한에서 보낸 파견단이 그 영화의 상영회에 참석했다.

## 1980년대 북한의 상황

1980년대 중반 북한 영화계는 매우 활발하게 돌아가고 있었다. 노동당의 정치 강령에 따른 영화는 물론이고 지극히 오락적인 영화들도 제작되었는데, 종종 외국의 재원과 기술진을 끌어들여 최고의 오락거리를 보여주었다. 검술 영화인 '홍길동'은 홍콩의 무술감독들을 초청해 제작한 영화였다. 신상옥 감독은 북한에서 감독한 괴수영화 '불가사리'를 위해 일본에서 '고질라' 시리즈를 담당했던 실력 좋은 스태프 일부를 고용했을 뿐 아니라, 일본 배우인 겐파치로 사추마에게 고무로 제작한 모형 슈트를 입혀 영화의 괴수 연기까지 시켰다.

1986년이 되자 상황은 완전히 바뀌었다. 원래 남한의 영화감독이었던 신상옥은 의문스러운 정황 속에서 김정일의 명령으로 납북되었다가 다시 탈출했다. 미하일 고르바초프가 소비에트 연방의 실권을 잡은 후 로날드 레이건의 표현을 빌리면, '사악한 왕국'의 실체를 밝히기 시작한 때였다. 또 중국은 시장지향적 자본주의 경제체제로의 변화를 진지하게 고려하기 시작했다.

북한의 지도자들은 이런 모든 위협적인 상황에 대처할 수 있는 유일한 방법은 새로운 '은둔 왕국'의 껍데기 속으로 퇴각하는 것뿐이라고 보았다. 그러나 그 껍데기 안에서도 부패한 냄새가 진동하고 있었다. 심각한 지경에 이른 경제적 문제까지 합쳐져 북한 국민들은 '위대한 지도자' 김일성의 교조주의로부터 멀어지게 되었다. 모든 선전영화들이 기울인 노력은 바야흐로 문제점만 더욱 도드라져 보이게만 했다.

'홍길동'과 '명령 027호' 같은 흥미로운 무협 영화들은 동부지구 Eastern Bloc의 시장 어딜 가도 장사가 된 반면 '도라지꽃'처럼 새롭게 내수용으로 제작한 영웅물은 칸 영화제 같은 국제적 영화시장에서도 북한의 초라한 부스 선반에 처박혀 있는 신세를 면치 못했다. 그런 영화를 반기는 이는 아무도 없었다. 심지어 북한의 가장 가까운 동맹국에서도 마찬가지 신세였다. 정작 동맹국들은 자기네 나라에서 '이 시대 최고의 영웅담'이라는 선전구호와 함께 새롭게 등장한 북한 영화들의 사회주의적인 배경을 어떻게든 없애려고 혈안이 되어 있었기 때문이다.

자금이 궁해진 북한 영화산업 입장에선 이런 상황을 타개할 방법이 절실해졌다. 그래서 혁명적이고 혁신적인 방법을 찾아 나섰으니, 바로 '서양식 액션 영화'를 찍는 것이었다.

### 미스터 발디를 만나다

내가 영화 '텐젠'을 처음 본 건 1999년이었다. 당시 평양에 머물면서 유럽의 여러 영화 페스티벌에서 북한영화 상영회를 열 준비를 하던 중에 한국의 영화 수출입사의 사내 극장을 찾았다. 그 영화를 상영 목록에 포함시키는 게 어쩐지 석연찮았지만, 결국 다른 영화들과 함께 2000년 스웨덴에서 열린 '구텐베르크 영화 페스티벌'에서 최초로 상영했다. 하지만 관객의 커다란 반향을 불러일으킨 건 이탈리아 우디네Udine에서 열린 '파이스트Far East 영화 페스티벌'에서였다. 이유는 명백했다. 이탈리아 관객들은 자국의 감독이 철저히 봉쇄된 나라에서 영화를 촬영했다는 사실에 열광했다. 영화제 팸플릿에선 '전 세계를 무대로 쉴 새 없이 발품 파는 이탈리아 감독들의 열정을 증명하는 진정한 작품'이라고 호들갑을 떨었다. 페스티벌 관계자들은 발디를 초청했지만 영화제가 시작되기 전 병에 걸리는 바람에 결국 발디 없이 상영해야 했다.

2002년에 만난 페르디난도 발디 감독은 여전히 정정하고 건강했다.

난 언제나 이 영화의 배후가 궁금했다. 2002년 2월 말, 비가 내리는 어느 금요일 밤에 일본인 친구 도모코 카타야마와 함께 뮌헨에서 로마로 가는 밤기차를 탔다. 로마에 도착하니 이미 일요일 아침. 우리는 이탈리아의 국영 방송국인 RAI 근처의 술집 '바니'로 갔다. 도착하기 전에 발디와 통화했는데, 그의 말이 자긴 '노인네'라서 알아보기 쉬울 거라고 했다. 하지만 바니의 옥외 의자에 앉아 카페에 들어서는 손님들을 바라보고 있노라니, 죄다 노인네들만 들어오는 것이었다. 돌아보니 한 사람이 우리 가까이 서서 길가를 내려다보는 모습이 누군가를 기다리는 것 같았다.

"실례합니다만, 혹시 발디 감독님이세요?"

"아, 네, 접니다!"

그가 심하게 성마른 목소리에 이탈리아 억양이 강한 영어로 대답했다. 우리는 그 즉시 카페 안으로 들어갔다. '노인네'는 원기가 왕성해 보였다.

"저희는 독일에서 밤기차를 타고 지금 막 도착했습니다. 기차역에 오기 전에 감독님의 영화 '테러 익스프레스'를 봤습니다."

"그랬어요? 죽여주네!" 하고 그가 말했다.

"지금까지 어느 누구도 그걸 봤다는 사람은 못 만났는데! 그래, 그 영화를 보고서도 기차를 탈 용기가 나던가요?"

"당연하죠."

"보통 사람이 아니구만, 미친 거지, 자네."

그가 고개를 절레절레 흔들면서 말했다.

첫 번째 카푸치노가 나왔다. 나는 발디 씨에게 북한 여행에 관해 장황하게 쓴 글이 실려 있는 잡지 〈버그Bug〉 5호와 2000년도 구텐베르크 영화페스티벌의 카탈로그를 건네주었다. 그리고 그에게 물었다.

"혹시 '텐젠'을 비디오테이프로 가지고 계세요?"

그는 서글프게 고개를 저었다.

"그 영화에 관해서라면 나에게 남은 건 하나도 없어요."

"제가 복사본을 하나 떠 왔습니다." 하고 말했다.

"가지세요."

그는 정말로 기뻐하는 것 같았다.

"당장 보고 나서 지금 시점에서 생각하는 바를 편지로 써서 보내 주리다. 촬영한 지 14년이나 지났으니……."

갑자기 그가 물었다.

"로마의 북한대사관 쪽에 아는 사람이 한 명이라도 있나요?"

"아뇨, 베를린의 북한대사관에는 아는 사람이 몇 명 있긴 했는데요. 그 사람들도 지금은 다 북한으로 되돌아갔어요."

"그래요, 그쪽은 사람이 바뀌죠, 많이 그러더라고요."

그가 다소 쭈뼛거리며 도모코를 의심에 찬 눈으로 쳐다보았다. 그래서 난 그에게 도모코는 일본 사람이고, 여기에 온 것은 다만 여행 때문이라고 말해 주었다. 그녀는 인터뷰 때 사진을 몇 장 찍었을 뿐이다. 발디는 그제야 내 말을 믿고 마음을 놓았다. 곧 나는 녹음기를 꺼내어 질문을 하기 시작했다.

### 발디와의 일문일답

**쇤에어** : 감독님은 '전쟁버스'란 영화를 만드셨는데요. '전쟁버스'에도 북한 사람들이 출연합니다. 어떻게 북한인과 연락을 취하셨는지요?

**발디** : 우린 '전쟁버스'를 프랑스 칸에서 상영했습니다. 북한 사람들도 거기 왔었죠. 영화를 보려고요. 내 영화를 좋아하더군요. 그 사람들 말이 '북한에서 영화를 찍어보지 않겠냐'는 거예요. 솔직히 말해서, 북한 같은 데 가서 영화를 찍는다는 건 이상하다고 생각했지만 일단 '알았다, 한 번 생각해 보겠다'고 말했죠. 그리고 여기 로마의 북한대사관 쪽하고도 이야기를 하고, 또 북한 영화사의 매니저하고도 얘길했어요……. 그러다가 내 제작자가 그들과 사업 조건에 대해 이야기하게 됐고…. 난 '앞으로 어떤 일을 하게 될 지 상당히 기대된다'라고 말했지. 그리고 리얼리티라곤 조금도 찾을 수 없는 대본을 들고 북한에 가게된 거죠.

**쇤에어** : 대본의 내용은 태평양 전쟁에 관한 것이었나요?

발디 : 네. 텐젠 전투에 관한 내용이었어요. 텐젠은 하나의 고전이에요. 미국군이 일본군과 대전을 치른 태평양의 섬에 있는 산이거든요. 북한에 도착하고 보니 대본은 그냥 한 방향을 정해놓은 것뿐이더군요. 그러니까 그 프로젝트의 방향을 정하고, 또 북한 사람들이 영화에 관심을 가질 것인지 살펴보기 위해 가정한 방향이었던 셈인 거죠. 그 문제를 놓고 그 사람들이 한국말로 다시 의논을 하기 시작했어요. 북한인들은 영어는 안 쓰더라고요. 몇 명이 프랑스어를 하긴 했지만. 얼마 안 가 그들이 저에게 한 젊은이를 소개시켜 주기에 나는 '알겠습니다. 조감독군이요' 라고 말했어요. 그 사람들 말이 '대본을 좀 더 살펴봐야겠습니다' 그럽디다. 그리고는 여기 저기 전화를 걸어요. 한 달 정도는 대본의 원래 색깔을 지키려고 노력했어요. 하지만 그러는 동안에 그들이 완전히 다시 쓰더라고. 그러다가 결국 어느 선에서 합의를 보게 된 거지. 나는 최종 대본을 쓰기 전에 로케이션 장소부터 살펴보면 안 되겠냐고 물었어요. 그 사람들, 머리만 긁적거려. '뭘 어쩌시게요?' 하기에 '딱 한 번이면 돼요' 했죠(발디는 프로덕션 매니저 니노 밀라노와 함께 먼저 평양을 찾았고 스태프 및 배우들은 4주가 지난 후 촬영을 위해 평양에 도착했다 — 지은이).

**쇤에어 : 그러는 내내 평양에 계셨던 겁니까?**

발디 : 네. 평양의 한 호텔에 묵었죠. 평양을 아나요?

**쇤에어 : 알죠. 거기에서 고려호텔에 묵었어요.**

발디 : 고려호텔, 맞아요. 나도 거기에 있었어요. 아무튼 결국

로케이션지를 보러 갔어요. 정말 힘들었지. 트럭 한 대 구하는 데에도 어마어마하게 시간이 걸리더라고. 툭하면 일정이 연기됐죠. 우리 쪽에서야 잘된 일이었다고 생각해요. 그 사람들과 친분을 쌓을 시간을 번 거니까. 특히 조감독하고 그랬죠. 그 친구는 착하고, 또 젊었어요. 어느 날 사람들이 우릴 초대했는데, 거기 가서야 상황이 어떻게 돌아가고 있는지 알게 됐어요. 그리고 비로소 촬영에 들어간 거죠. 촬영기간은 8주였어요. 촬영하면서도 얼마나 고생을 했는지. 아침에 정부관리가 나타나선 '여기선 촬영이 금지되어 있습니다' 라는 거야. 그러면 하는 수 없이 장소를 바꿔야 했어요. 또 트럭을 네다섯 대 준비해 달라고 하면 딱 두 대만 보내는 식이었어요. 그래도 촬영은 어떻게 마칠 수 있었어요. 진짜 대단한 경험을 한 거지……. 믿을 수 없을 정도로 엄청났어요. 거기에서 함께 일했던 사람들은 죽어도 잊지 못할 거예요. 북한은 인생 최대의 충격을 안겨준 나라이지만, 함께 일했던 사람들에 대해선 추억이 있어요. 여기 로마에서 '텐젠'을 상영할 때 그들을 초청한 것도 그래서였어요. 조감독이랑 디렉팅매니저 등 여섯 명을 초청했죠. 흔쾌히 오더라고요, 정말 좋아했어요. 그리고 다시 북한으로 돌아갔어요. 이후로 그들에게 전화를 거는 것도, 편지를 쓰는 것도 안 되더군요. 그걸로 연락이 딱 끊겼어요. 그러면서 모든 게 끝났죠.

**쇤에어 :** 대본 이야기로 돌아가죠. 처음엔 태평양 전쟁에서 시작했는데 결말에 가서는 시점이 현대가 되던데…….

발디 : 그건 북한 쪽에서 바꿔서 그래요.

**쇤에어** : 대본상으로 전혀 이해가 안 가는 장면들이 몇 군데 있습니다. 라슨 교수가 두 명의 용병을 고용하죠. 프랭크 자가리노가 연기한 캐릭터랑 그의 동료를 시켜 자신의 계획을 저지하게 하잖아요. 그리고 결말에 가선 모든 게 다 파괴되고 맙니다. 자신의 계획을 스스로 망쳐버린 이유가 뭔가요?

발디 : 자, 내가 아까 문제가 있었다고 말했죠. 정확하게 기억은 안 나요. 제작 상의 문제였는데. 우리가 뭔가 잘못 했나 봐요. 그런데 우린 러시(제작 중의 편집 프린트)도 못 봤거든요. 보질 못 하게 했어요. 어느 한 사람도 '대체 여기서 뭘 하고 있는 거지?'라는 말도 못 꺼냈어요. 나도 상황을 전혀 알지 못 했고 말이지. 하지만 지금 생각해 보면 뭔가 일이 터지긴 터졌던 거예요(그는 내가 준 비디오테이프를 톡톡 두드렸다). 어쩌면, 어쩌면 해서 하는 말인데 나중에라도 그 이유에 대해 말해줄 수 있을지 몰라요. 진짜 이유를 알게 되면 전화로라도 이야기해 드리리다. 그때 분명 뭔가 있었겠지만, 영화를 다시 봐야만 말할 수 있을 것 같아요, 알았죠?

**쇤에어** : 오프닝 크레디트를 보면 '아메린다 제공'이라고 나오던데, 그게 뭔가요? 이탈리아 회사인가요? 일종의 공동제작 영화였던 거예요?

발디 : 이탈리아 회사 이름 맞아요. 그 회사와 북한이 공동제작한 영화였죠. 아메린다는 대기업 계열사로 알고 있는데, 그쪽에서 공동제작 자금을 댔어요.

**쇤에어** : 그런데도 이탈리아에서 이 영화를 개봉한 적이 없나요?

발디 : 없었어요. 자금 문제로 싸웠거든요. 아메린다와 북한 사

람들이랑. 영화를 놓고 내 소관이다, 네 소관이다 하면서……. 독일이나 프랑스, 이탈리아에서 어느 쪽이 사업을 도맡을 건지에 대해 티격태격했던 거겠죠. 사실 뭣 때문에 싸웠는지도 다 까먹었어요.

**쇤에어 : 평양에 가셨을 때 첫 인상이 어땠던가요?**

발디 : 끝내줬어요. 진짜, 진짜 깨끗하던데요.

**쇤에어 : 교통체증도 전무하죠.**

발디 : 그러게요. 매연도 없고. 그리고 굉장히 넓잖아요. 보고 심란했던 게 딱 하나 있긴 했어요. 촬영 차 평양 외곽으로 가는데, 하루도 빼놓지 않고 사람들이 길게 늘어서서 길을 걷고 있는 걸 봤어요. 수천 명은 되는 사람들이 거리에 나와 걷고 있는 거예요.

**쇤에어 : 저도 본 적 있어요.**

발디 : 그렇군요. 왜 그런지 이해가 안 가서 조감독에게 물어봤어요. 그 사람들이 전부 임무 분담 군인이라더군요. 임무란 게 길을 닦는 공사라는데, 매일매일 거리에 나와 끝도 없이 무작정 걸어가면서 손으로 길을 닦는다니! 그런데도 사람들이 참 맑더군요! 정말 착하더라고. 열을 흩뜨리는 일도 전혀 없고……. 거 참. 죄다 걸으면서 그게 뭐 하는 짓인지!

**쇤에어 : 늘 가이드와 같이 다니셨나요?**

발디 : 그랬어요.

**쇤에어 : 저도 어딜 가든 가이드가 따라붙더군요. 정작 외국인들은 어떻게든 그들을 따돌릴 생각으로 별 짓을 다 하던데요.**

당연하죠. 하지만 하도 감시가 삼엄해서 옴짝달싹 못 했어요.

얼마 지나고 나서야, 좋아요, 알았어요, 같이 나갑시다, 하더군요. 하지만 결국 똑같았어요. 그들은 정말 철저하게 우릴 통제했으니까. 그리고 뻔한 게, 나가봤자 어딜 가겠어요? 어디 가게가 있길 하나? 뭘 사려면 일일이 물어봐야 했죠. 우린 매일 호텔에서 식사를 했거든요, 늘 한국 음식만 먹었죠. 그래서 어디 슈퍼마켓에 가서 먹을 걸 사고 싶다고 했더니 슈퍼마켓 같은 건 없다는 거예요. 그래서 그냥 외출하는 것도 안 되냐고 물었더니 '안돼요, 안돼요' 라는 거예요. 그러다 어느 날 기차역 부근 광장에서 대형 백화점을 발견하게 됐어요. 하지만 거기 갔더니 그냥 여자들만 한 줄로 쭉 서 있더군요. 이유가 뭔지 궁금하더라고요. 정작 그 사람들은 우리가 외국인이라는 걸 눈치 채자마자 '가요, 가. 여기에서 당신들이 살 건 아무 것도 없어요!' 하더군요. 우린 재빨리 그 줄의 맨 앞으로 가서 그들이 파는 게 뭔지를 봤어요.. 딱 두 개만 팔더군요. 빨간 립스틱이랑 하얀 립스틱!

**쇤에어** : 왜 여자들만 줄을 서 있었는지 알만 하네요.

**발디** : 정부에서 올해는 '입술의 해'로 정한 거겠죠. 우리 딴엔 '진짜 웃긴다!' 했지. 오직 입술만을 위해 수천 명의 사람들이 줄을 서 있다니, 입이 떡 벌어지죠. 하지만 재미는 있었어요.

**쇤에어** : 저도 그 기차역 근처의 백화점에 간 적이 있어요. 하지만 그때는 손님이 한 명도 없더라고요. 판매원 아가씨는 '호텔로 가세요, 호텔로 가세요, 여긴 오지 마세요'라고만 하고. 어차피 아무 것도 안 팔 거면서……

**발디** : 호텔에서만 살 수 있었죠? 우리도 마찬가지였어요. 그래

도 우린 평양에 대해 이것저것 많이 물어봤어요. 식당 종업원에게 사는 게 어떠냐고 물어보면, 잘 대답은 안 해주더군요. '결혼 하셨어요?' 하니까 '네? 저요? 결혼했냐고요?' 해요. 대답이 뭐 그런가, 했는데 나중에 가서 안 게, 북한 사람들은 27세가 되어야 결혼을 할 수 있다더라고. 조감독한테도 결혼했냐고 물었더니 안 했대요. 그래서 '스물일곱이 될 때까지 뭘 할 거냐, 약혼자가 있냐' 했더니 있대요. 같이 사는 거냐고 물었더니 아니라고 하고, 언제 약혼자를 만날 수 있냐 했더니 여자도 스물일곱이 되기 전까진 못 만난대. 그래서 여자가 그때까지 기다려줄 수 있냐, 가끔 낮이나 밤에 약혼자를 만나고 싶은 생각 안 드냐고 물어봤어요. 뭐 가끔 만나기는 하는지 모르지만 그 사람 대답은 '아뇨' 더군요. 정말 이해가 안 되더구만.

**쇤에어 : 배우에 관해 한 가지 여쭙겠습니다. 영화를 보니까 서양 배우들을 쓰실 수도 있었을 텐데 아시아 배우들을 많이 쓰셨더라고요. 모두 북한인들입니까? 직접 고르신 건가요?**

발디 : 맞아요. 북한 사람들이에요. 북한에는 제작사 에이전시가 딱 하나밖에 없더라고요. 누굴 쓸 건지 정해준 건 에이전시 사람들이었어요. 직접 '이 사람, 이 사람, 이 사람' 하고 골라주더군요.

**쇤에어 : 프랭크 자가리노는요? 미국인이잖아요.**

발디 : 자가리노요, 거기서 말썽 많이 피웠죠. 워낙에 사진 찍는 걸 좋아하는 친구라……. 미국인들은 꼭 그래, '사진! 사진! 사진!' 머릿속에 사진 생각밖에 없지. 어느 날 북한 쪽에서 사람들을 불

러 그를 잡아가 버렸어요. 그래서 내가 북한 사람들에게 말했죠. '이유가 뭡니까? 이건 말도 안돼요!' 그랬더니 그 사람들 말이 '미국인이잖아요! 스파이예요!' 라는 거예요. 결국 베이징의 이탈리아 대사관이 나서서 이틀 만에 그를 감옥에서 풀어주었다니깐.

**쇤에어 : 감옥은 어땠는지, 자가리노가 이야기해 주던가요?**

발디 : 별로요. 그냥 길길이 날뛰기만 하던데요.

녹음테이프를 바꿀 때 발디에게 반은 농담으로 물었다.
"김정일은 만나 보셨습니까? 엄청난 영화광이라던데요."
정작 그의 표정이 심각해지기에 재빨리 녹음기를 다시 켰다.

발디 : 하루는 영화사 사장이 와서 '저희 수령님께서 일요일에 여러분들을 초대하셨습니다. 그분과 힘께 하시지요' 라더군요.

**쇤에어 : 김일성이었나요, 김정일인가요?**

발디 : 더 나이든 사람.

**쇤에어 : 김일성이군요.**

발디 : 그날 우릴 트럭에 태우고는 그 사람이 태어난 곳부터 어렸을 때 살았던 곳, 다녔던 학교에 데려갔어요. 그리고 아주 큰 나무도 봤는데, 그 나무 밑에서 김일성이 자기의 정치적 사상을 탄생시켰다고 하더군요. 그 뭐죠…….

**쇤에어 : 주체사상이요.**

발디 : 아, 그래요? 그리고 작은 농가에 갔는데 부모가 살았던

곳이래요. 그렇게 쭉 투어를 하더니 다음으로 큰 박물관으로 데려가더군요. 산 속에 있었어요. 진짜 크던데.

**쇤에어 :** 묘향산 아니었나요? 보현사 근처에 있는 우정박물관 말입니다.

**발디 :** 그런 것 같군. 거기에서 다른 나라 대통령들이 김일성에게 준 선물들을 보여주었어요. 그렇게 몇 시간 지나서 우릴 데리고 김일성 사저로 갔어요. 정부관료 하나가 나와서는 김일성의 메시지를 전달해 주겠대요. '위대하신 지도자는 여러분을 환영합니다. 감사를 표하지만 직접 만날 수 없음에 유감을 표합니다.' 라더군요. 그때 중국대사가 와 있나 뭐 그랬을 거예요. 그가 또 이런 말도 했어요. '김일성 수령 동지께서 여러분 모두에게 수령 동지의 초상화를 하사하시겠답니다.'

발디는 손짓으로 사진 크기를 가늠해 보여 주었다. 북한의 관청 벽마다 걸려 있는 김일성의 초상화와 같은 크기인 것 같았다.

**쇤에어 :** 김정일은요? 김정일이 영화를 그렇게 좋아해서 영화 촬영 현장도 즐겨 찾는다던데요. 감독님의 촬영지에도 왔었나요?

**발디 :** 네. 배우들 보려고 불쑥 나타나대요. 그래도 친절했어요. 그렇게 몇 번 왔었죠.

**쇤에어 :** 직접 왔다고요?

**발디 :** 네, 네.

**쇤에어 :** 통보도 없이요?

발디 : 그냥 무작정 나타났어요. 하지만 그때만 해도 아직 젊었던 때여서 그랬을 거예요. 1980년대였잖아요.

쉰에어 : 직접 이야기도 해 보셨나요?

발디 : 아뇨, 배우들하고만. '헬로, 헬로' 하고 인사하던데…….

쉰에어 : 그럼 '이러저러하게 영화를 찍어라' 이런 말도 안 했나요?

발디 : 안 했어요.

쉰에어 : 북한 영화에 대해선 시시콜콜하게 참견하는 걸 좋아한다던데요.

발디 : 아뇨, 안 그랬어요. 하지만 조감독은 김정일이 올 때마다 '네, 문제없습니다, 맞습니다' 란 말만 했어요.

발디는 이 얘기를 하는 게 영 내키지 않는 눈치였다. 그의 말대로 김정일이 정말 외국인 영화 스태프들 앞에 모습을 드러냈던 걸까? 영화 '불가사리'에서 고질라 모형 의상을 입고 연기를 했던 겐파치로 사추마는 인터뷰에서 김정일은 촬영을 구경하러 오긴 했어도 외국인들하고는 철저히 거리를 두었다고 했다.

쉰에어 : 조감독 이름이 백종주였죠?

발디 : 한국 이름에 대해선 묻지 말아요. 그때만 해도 그 사람 이름을 정확하게 기억하고 있었는데……. 백이었나?

쉰에어 : 백종주요. 북한 사람들한테서 들은 이름이에요. 그 사람이 감독님에게 북한 사람들이 원하는 식으로 영화를 찍으라고 종용했어요?

발디 : 안 그랬어요. 무엇보다, 북한 사람들은 배우고 싶어 했으

니까. 또 그 사람은 아주 만족스럽게 조감독 일에 임했어요. 착한 친구였어요. 가족과는 좀 문제가 있었어요. 한 방에서 15명이 같이 살았으니까……. 안쓰러웠죠. 그래도 그를 도와줄 수는 없었어요.

**쇤에어 : 촬영장에서의 언어 문제는 어땠나요?**

**발디 :** 나는 보통 영어로 말했어요. 그리고 많은 경우 통역을 써서 한국 배우들이랑 소통을 했고요. 그리고 두 번째 조감독은 불어로 말했고……. 백 감독하곤 영어로 이야기해 보려고 했지만, 알죠? 그 사람들 영어 못 하니까…… 고생할 수밖에.

**쇤에어 : 영화를 보니까 흥미로운 촬영지가 꽤 많이 등장하더군요. 고려호텔도 나오고. 뒷벽에 세계지도를 붙여 놓은 리셉션 데스크도 나오던데…….**

**발디 :** 그게 다른 데에선 촬영을 할 수가 없어서 거기서 한 거예요. 우리가 묵었던 호텔에서 촬영한 거죠.

**쇤에어 : 지하철에서도 촬영하셨죠.**

**발디 :** 지하철이 최고였죠. 러시아 정부에서 준 선물이라고 말해도 될지…. 거대하잖아요. 그 정도 규모는 유럽에서도 못 보죠.

**쇤에어 : 그 절도 알아보겠던데요, 보현사요. 거기에서 라슨 교수가 제이슨한테 총을 맞잖아요. 그 영화를 보고 나서 그 절에 가 봤거든요. 저랑 영화를 본 다른 친구들 몇 명이랑 같이요. 북한 사람들이 우리에게 '이게 무슨 부처고, 저게 무슨 부처고'라며 설명해 주고 싶어 하는데, 정작 전 같이 온 모두에게 '봐, 라슨 교수가 이쪽에, 제이슨이 저 쪽에 서 있었지?'라고 말하느라 바빴죠.**

**발디 :** [박장대소하며] 재미있었겠군.

**쇤에어 : 영화 첫 장면에 등장하는 바다는 어디에 있나요?**

발디 : 아래쪽이요. 휴전선 아주 가까이에 있는 곳이에요.

쇤에어 : 개성 쪽인가요?

발디 : 맞아요.

쇤에어 : 그곳 경치 정말 좋죠. 북한에 대한 마지막 인상은 어떠셨는지요? 북한을 떠날 때 홀가분하셨나요? 마지막에요.

발디 : 하! 막판에는 정말 괴로웠어요. 하루하루가 생고생이었지.

쇤에어 : 저도 평양을 떠나 베이징 공항 밖으로 나오는데, 가이드 없이 자유롭게 돌아다닐 수 있다고 생각하니까 '다시 자유의 세상으로 돌아왔다!' 하는 심정이 되더라고요.

발디 : 맞아요, 진짜 딱 그런 기분이 들죠! 세계 곳곳에서 영화를 찍어 봤지만 북한 같은 곳은 생전 처음이었어요.

쇤에어 : 그렇다면 사후 제작은 전부 로마에서 하신 건가요?

발디 : 그렇죠.

쇤에어 : 그런 다음, 여기에서 북한인들을 위해 영화를 개봉하고, 그들한테 필름을 보내주는 것으로 끝이었나요?

발디 : 네.

쇤에어 : 다른 작품과 비교할 때 '텐젠'에 대해 어떻게 생각하세요?

발디 : 힘든 작업이었어요. 원하는 방향으로 작업할 수가 없어서.

쇤에어 : 다시 가셔서 또 다른 영화를 만들 의향은 있으세요?

발디 : 예전에는 '네'라고 했지만, 지금 생각하면 못할 것 같군요. 이젠 너무 늙어서 그런 상황에서는 일을 못 하지. 그때만 해도 지금보다야 훨씬 젊었으니까 웬만큼 견뎠던 건데…….

'텐젠'의 일본판 비디오 재킷

쇤에어 : 요즘에도 북한 소식을 들으세요? 저 말고도 북한을 방문했던 제 친구들은 요즘도 북한 소식을 꼭꼭 찾아 봐요. 남한 신문에서 북한의 실정을 다룬 기사도 찾아보고요. 북한을 방문하는 사람들은 한 편으론 매우 곤혹스러워하면서, 또 마음 한 구석에선 그곳에 매혹되는 것 같아요.

발디 : 그렇게 희한하고, 유별난 곳이 또 어디 있겠어요?

한 시간 정도 이야기를 나눈 후 나는 녹음기를 껐다. 발디는 RAI 텔레비전 센터와 약속이 있다며 서둘러 자리에서 일어섰다. 마지막으로 함께 사진을 한 장 찍은 후 그는 테이프를 본 다음 다시 연락하겠다고 약속한 후 떠났다.

한 주가 지난 후 그에게 전화를 하자 그는 내가 준 테이프를 봤다며 매우 심난해 했다.

"보면서 정말 놀랐어요! 우리가 필름을 주고난 후에 그쪽에서 재편집을 한 게 분명해요. 내가 진상을 밝혀내고 말겁니다. 이탈리아 제작자에게 원본을 부탁해 놨어요. 원본 보고나서 한 번 더 이야기합시다."

　몇 주 더 지난 후에 그에게 다시 전화를 했지만, 원본 필름을 보지 못한 이유만 구구절절이 늘어놓을 뿐이었다.

　'텐젠'은 1980년대에 몇몇 국가에서 극장개봉이 되었고, 다른 시장의 경우 곧장 비디오 시장으로 직행했다. 나는 수소문 끝에 일본판 비디오 버전을 구할 수 있었다. 출시된 타이틀은 '나사케 무요 센시'로 '잔혹한 투사들'이란 뜻이다. 원제와 전혀 다른 제목과 일본식 부제는 둘째 치고, 그 버전 역시 평양과 훗날 유럽에서 북한판 35밀리 프린트로 본 것과 하나도 다르지 않았다. 내가 발디에게 준 것과 똑같은 것이었다. 일본회사도 북한이 아니라 이탈리아에서 필름을 구입한 게 분명했다.

　영화의 내용이 모순으로 가득 차 있는 것에 대해선 한 가지 설명만이 가능했다. 발디가 애초에 말도 안 되는 상황 속에서 영화를 찍은 것이다. 낯선 땅, 납득하기 어려운 엄중한 정부의 삼엄한 감시 아래에서 말이다. 첫 장부터 모호한 대본, 오역의 안개, 제한된 로케이션에 맞게 대본을 몇 장이고 뜯어 고쳐야 하는 상황……. 그는 끝도 없이 방향을 잃었다. 이탈리아의 사후제작 시스템이 모든 최첨단의 방법을 동원한다고 해도 그가 찍은 필름을 '정상적으로' 복원할 수 있는 길은 전혀 없었다. 하지만 애초에 '정상성'과 '합리성'은 이탈리아 익스플로이테이션 영화감독들과 거리가 멀지 않았던가. 결국 발디는 지구상에 존재하는 가장 불친절한 나라에 가서 자기 깜냥대로 영화를 만든 것이다. 그야말로 '전 세계를 무대로 쉴 새 없이 발품 파는 이탈리아 감독들의 방약무인한 열정'의 산증인이 아닌가. 페르디난도 발디는 2007년 향년 80세의 나이로 세상을 떠났고, '텐젠'은 그의 유작이 되었다.

4장

Essays _ 문화건달 스콧 버거슨의 더 발칙한 한국학

# 종로의 이방인

종로에서 산 지도 어언 10년, 어느새 바람직하지 않은 버릇이 생겼다. 종로가 마치 내 집처럼, 혹은 한국 사람들이 말하듯 '우리 동네'처럼 느껴진다는 것이다. 1996년 9월 처음 한국에 왔을 때, 나는 세종문화회관 뒤편 내수동에서 1년 가까이 살았다. 당시 그곳은 아름다운 한옥과 저층의 빌라가 자리한 동네였지만, 이제 그런 집들은 오래 전에 사라져버렸고 대신 거대한 오피스텔이 끝없이 펼쳐져 있다. 그 후 종로1가 쪽으로 이사하여 또 몇 년간 지냈는데, 처음에는 청진동의 피맛길 윗동네에서 살다가 나중에는 조계사 맞은편의 수송동으로 옮겨갔다. 2002년에는 내가 살던 건물이 재개발로 철거되는 바람에 이사를 가야했다. 기분전환 삼아 낙원동에서 얼마간 살아 보자고 결정을 내렸지만, 1년 반 가량 지난 뒤 건물의 주인이 바뀌게 되자 다시 수송동으로 보금자리를 옮겼다. 그러나 얼마 후 수송동 집도 철거되는 통에 나는 돌고 돌아 결국 청진동에서 지내게 되었다.

그렇다. 1996년 이후 무던히도 이사를 다녔지만, 나는 항상 이곳 종로에 있는 것이 편안했다. 여기 종로에는 많은 추억이 있고 친구들이 있다. 1997년 처음 만난 독일인 친구 올리버와 그의 여자 친구 지영 씨는 근처 내수동에 살고 있는데, 집 근처 횟집에서 회와 함께 마시는 소주 한 잔을 무척 즐긴다. 지영 씨는 웹디자이너여서 내 웹사이트를 디자인해 주기도 했는데, 마음에 쏙 들었다. 사진작가인 안영상도 종로에서 여러 해 동안 살았다. 1997년 인사동 길거리에서 내가 발행한 잡지 〈버그〉를 팔다가 처음 만났는데, 당시 인사동에 멋진 4층짜리 사무실과 아파트를 갖고 있던 그는 종종 녹차 한 잔 하라며 나를 초대하곤 했다. 지금은 경복궁 근처의 백 년 된 한옥에 살고 있긴 하지만. 이 책을 내면서 인터뷰를 하기도 했던 친구 케빈Kevin도 여러 해 동안 사랑스러운 아내 은경 씨와 귀여운 아들 마이런과 함께 북촌에 살았었다. 나는 짬날 때마다 '순두부 박사' 인 케빈과 함께 근처의 순두부 맛집들을 탐방하기도 하고, 마이런이 쑥쑥 크는 모습을 지켜보기도 했다.

나는 종로에 있는 가겟집 주인이나 상인들도 많이 알고 있다. 지난 30년 내내 종로1가의 신문가판대를 운영해 온 이남주 할머니는 내가 매일 점심시간에 들러 〈인터내셔널 헤럴드 트리뷴〉지를 살 때면 언제나 친절하게 인사를 건네준다. 수송약국에서 20년 동안 일해 온 윤영미 약사는 내가 병이 나서 전문가의 의견을 필요로 할 때 여러 번 도와주었다. 게다가 내가 마감에 쫓겨 원기가 필요할 때면 항상 싸구려 병에 담긴 에너지 덩어리, '원비-디'

를 주곤 한다. 약국 건너편에는 끝내주는 돼지고추장 불고기를 단돈 오천 원에 파는 '산내들'이 있다. (보리밥 순두부도 꽤 맛있다.) 항상 기운 넘치는 주인 김애경 씨는 나한테 왜 밥을 다 먹지 않느냐며 들들 볶는다. (그럴 때면 "살찐단 말예요!"라고 답하곤 한다.) 나는 또 '종갓집 추어탕'의 열혈 팬이기도 하다. 이 가게는 청진동에 위치한 오래된 한옥으로, 추어탕을 먹을 때면 국수만 먹어도 배가 불러서 밥은 건너뛰곤 한다. (애초에 "밥은 빼 주세요."라고 말한다.) 그러면 주인장 김형명 씨는 밥 대신 버섯부각, 단무지 볶음, 물엿을 묻힌 무화과 같은 추가 반찬을 갖다 준다. 그리고 박근홍 씨를 빼놓을 수 없다. 그는 내가 처음 그곳에 들렀던 1990년대 말 훨씬 전부터 종로1가에서 샌드위치 전문점을 운영해 왔다. 내가 갈 때면 '서비스'로 공짜 쿠키나 나초를 주곤 한다. 1주일 넘게 못 가다가 다시 찾아가면 그는 항상 상처받은 눈길로 농담을 던진다. "너무 오랜만에 온 거 아니에요? 어디 있었던 거예요?"

마지막으로, 노점상과 길거리 사람들이 있다. 예컨대 지난 수년간 알고 지낸 종각역 명물 '디스코 뽕짝' 엿장수인 노 씨 아저씨. 그는 내가 그 근처에서 〈버그〉를 팔던 시절 신참들이 내 구역을 뺏으려 했을 때 내 자리를 여러 번 맡아 주었다. 또 전남 구례 출신의 손 씨 할머니도 계신다. 20년 동안 조계사 근방 붐비는 길거리에서 미역과 건어물 등을 팔아 오신 분으로, 내가 지나칠 때면 항상 따뜻한 미소와 친절한 인사를 던져 주시곤 한다. 내가 특히 마음에 들어 하는 사람은 인사동에서 골동품 노점상을 하는 점잖은 김 씨 아저씨이다. 밤에 일이 끝나면 조계사 앞에서 기도하는 그의 모습을 종종 보게 된다. 예전 내가 장기간 일본에 가게 되었을 때는 행운을 가져다주는 조그만 천수관음상을 선물해 주기도 했다. 그 외에 거리에서 어슬렁거리는 약간 맛이 간 친구들도 있다. 예컨대 40대의 또 다른 김 씨 아저씨는 만성 알코올중독자인 노숙자이다. 그는 나를 보면 약간 딱딱한, 거의 군대에서나 쓸 것 같은 말투로 내 안부를 소리쳐 묻곤 한다. "저녁 먹었나?", "이제 귀가하나?" 김 씨에 대해 존경스러운 점은 내가 한국말을 잘 알아듣지 못할 거라는 생각을 전혀 하지 않은 채 언제나 일상에서 쓰는 한국어로 스스럼없이 말을 건다는 것이다. 대개 한국 사람들은 자신이 모르는 외국인을 대할 때 그들이 한국말을 모를 거라고 생각하곤 한다. 외국인으로 하여금 스스로가 받아들여지지 못하는 이국적인 존재라고 느끼게 만드는 이 나라에서 보통 사람처럼 대우받는 느낌, 사회가 나를 받아들인 것 같은 이 느낌은 너무나 유쾌하다.

그렇지만 최근에, 내가 지난 10년 동안 스스로를 속여 왔을 뿐이라는 사실을 억지로 깨우쳐 주는 일들이 일어났다. 나는 나 자신에게 현실과 완전히 동떨어진 이야기를 계속 주입시켜 왔던 것이다. 이토록 많은 사람들이 내가 이곳에서는 아무것도 아닌, 그저 이방인에 지나지 않는다는 사실을 말해 주고 그런 느낌을 일깨워 주는데, 어떻게 종로가 진정으로 '우리 동네'가 될 수 있겠는가.

\*\*\*

프랑스의 기호학자이자 문화평론가인 롤랑 바르트Roland Barthes 는 『신화론』이라는 기념비적 에세이집에서 우리가 현대의 신화로 점철된 세상에서 살아가고 있다고 주장했다. 신화의 주요 기능은 사회적 진실을 감추고 왜곡하는 데 있다는 것이다 (myth라는 단어는 신에 대한 이야기뿐 아니라 미신에 가까운 근거 없는 믿음이라는 뜻을 지니기도 하며 본 글에서는 후자의 뜻으로 사용되었다 – 편집자). 신화는 세상에 대한 편협하고 이데올로기적인 해석이 마치 순수하고 꾸밈 없는 진실인 것처럼 착각하게끔 만듦으로써 이런 효과를 창출한다. 짧게 말해, 신화는 특정 집단의 가치와 신념을 자연스럽게 보이도록 만들거나 널리 보편화시키는 한 방법이며, 그와 동시에 경쟁관계에 있는 집단의 신념과 가치를 소외시키는 것이다. 더 세력이 강한 이익집단에서 만들어내는 신화는 이야기 자체도 더 강력하고, 이를 통해 현재의 사회적 위치를 더욱 영속화시킨다. 허나, 현대의 신화를 만들어내고 조장하는 게임이 개인에 의해, 혹은 최상위 집단의 일원이 아닌 이들(그러나 언젠가 권력을 손아귀에 쥐고자 하는 사람)에 의해서도 행해진다는 점 또한 사실이다. 놀랄 것도 없다. 인터넷이 기존의 주요 미디어를 대체하고, 강력한 영향력에도 불구하고 비교적 재재를 받지 않는 미디어로 대두되면서 이런 현상은 흔히 일어나고 있다. 사실, 인터넷은 마치 마법처럼 무한한 신화들을 생산해내는 최강의 공장이나 마찬가지이다.

한국 현대사를 훑어보면 이렇듯 신화의 작용이 현실화된 예를 볼 수 있다. '한국 민족주의 역사 편찬의 아버지' 단재 신채호는 1908년 『독사신론』을 펴냈다. 단재는 이 책에서 한민족이 고조선의 시조 단군까지 거슬러 올라가는 반만 년의 긴 역사를 지닌, 다른 민족의 피가 섞이지 않은 단일민족이라고 적고 있다. 한민족을 한국사의 중심에 위치시킴으로써 신채호는 잠식해 들어오는 일본 제국주의에 저항함과 동시에 한국이 중국으로부터 기원했다는 설로부터도 자유로운, 자주적 사료편찬을 하고자 하였다. 물론 오늘날 단군은 옛날 옛적 분위기를 물씬 풍기는 신화적 존재로서 인식되고 있다. 그러나 바르트의 관점에서 바라보면, 신채호가 전개한 단일민족의 개념 그 자체가 신화의 전형적인 예에 속한다. 사실 '민족'이라는 용어는 신채호가 『독사신론』을 썼던 시기에 생겨난 신조어라 할 수 있다. 이 말은 일본 메이지시대에 처음으로 쓰이기 시작했고, 이후 1890년대 말에서 20세기 초에 들어서야 한국 작가들과 지식층이 이를 차용하여 사용하였다. 그러나 신채호는 한국의 지역적, 사회적, 문화적으로 다양했던 과거를 급진적으로 균질화시키는 현대의 이데올로기적 구성체로서 민족이라는 용어를 사용한 것이 아니었다. 단재는 그 과정에서 한국인의 순수 혈통에 속하지 않는 소수민족을 의식적으로 배제하기도 했다. 대신 그는 수천 년에 이르는 한국의 과거사를 거슬러 올라가는 '민족'의 이미지를 사람들이 손쉽게 투영해볼 수 있도록, 민족이라는 개념을 역사와 무관한 자연스러운 존재로서 제시하였다. 그로부터

100년이 지난 오늘날, 순수한 혈통을 유지하는 한민족이라는 신화는 아직도 상당한 영향력을 행사하고 있다. 아이러니하게도 신채호 자신은 이후 무정부주의에 심취하여 민족주의를 초월하게 되면서 '민족' 대신 더 개방적인 개념인 '민중'을 자신의 순수혁명을 향한 투쟁의 민주적 중심으로 삼았는데 말이다.

한국이 독립을 이룬 뒤 이번에는 38도선을 사이에 두고 한반도에 두 개의 대립된 정권이 들어섰다. 이는 북한과 남한 양쪽에서 민족주의가 확산되는 데 직접적인 영향을 미쳤다. 그리고 '미제 침략자'가 종종 그 희생양이 되곤 했다. 예컨대, 김일성은 자기 자신을 1930년대 만주에서 항일운동을 펼친 지도자로 선전했지만, 그렇다고 그가 북한이 공식적으로 퍼뜨린 신화에 나오듯 '한손으로 일본군을 무찔렀던' 이른바 '대한의 해방 영웅'은 결코 아니잖은가. 김일성은 1941년부터 1945년까지 소련의 비호 아래 하바로프스크 근방의 캠프에 숨어 있었다. 소련 측의 기록에 따르면 김일성은 그 시기에 만주에서 독립운동을 벌인 적도 없고, 광복 선언이 이뤄진지 한 달도 더 지난 1945년 9월 19일에야 한반도로 돌아왔다. 사실 미국이 내린 원폭 투하 결정이야말로 일본의 항복과 그 결과로 이루어진 한국의 광복에 훨씬 더 큰 연관이 있을 것이다 (소련의 뒤늦은 태평양 전쟁 참전 결정 또한 결정적 요인이 되었다). 그러나 북한 정권이 정당성을 지닌 한반도의 유일한 정권이라는 주체성을 확립하는 데 있어 김일성을 '조국의 해방 영웅'으로 묘사한 신화적인 이야기는 매우 중요했다. 그와 더불어 북한 당국은 남한과 동맹 관계인 미국을 악마처럼 묘사했는데, 이를 통해 남한 '괴뢰 당국'에 불명예를 안길 수 있었다. 심지어 북한은 모든 역사적 증거에도 불구하고 미국이 한국전을 시작했다는 누명을 씌우기도 한다. (2005년 평양에서 북한 당국이 출간한 영어 책을 산 적이 있는데, 제목만 봐도 북한 당국이 어떤 선전을 펼치고 있는지가 여실히 드러난다 — 바로 『미제국주의자들이 한국전쟁을 개시하였다』이다.) 사실, 1950년 6월 25일 북한이 전면적 공격을 시작하기 1년여 전, 이승만과 그의 군사령관들은 전쟁에 목말라 있었다. 북에 대한 남측의 선제공격을 막았던 것은 바로 '사악한 미제 야수'였다. 북한 당국이 이처럼 재미나는 이야깃거리를 퍼뜨리면서 세부적인 진실들을 죄다 없애버린 이유는 자명하다. 북한은 '평화로운 통일'을 원했을 뿐, 피로 이어진 남한의 형제자매를 아무 이유 없이 해치려 하지는 않았다는 주장을 펼치기 위해서이다.

북한에서 이렇게 지지고 볶는 동안, 남한에서는 신화가 민족주의적 이데올로기에 연루되어 이용되지 않았으려니, 하고 생각했다면 오산이다. 전체주의국가인 북한의 경우보다 좀 더 애매하고 정교하게 작용했을 뿐, 신화가 작용했다는 점은 똑같으니까. 북한의 프로파간다propaganda(선전)가 역사를 다시 쓰는 대담한 시도를 펼쳤다면, 남한에서는 애국적 신화를 창조하기 위해 똑같은 역사를 극도로 축소시키는 경향을 보였다. 태평양전쟁 종식에 있어 미군이 세운 공로에도 불구하고 (태평양전쟁은 거의 4년간 섬에서 섬으로 옮겨 다니며 지속된 잔인한 전쟁이었고, 800만 명가량의 미군이 참전, 10만

명이 넘는 인원이 전사했다), 6종의 중학교 및 고등학교 국정교과서를 조사한 결과, 미국이 주도한 연합군의 승리는 축소되거나 무시되어 광복의 불씨를 당긴 독립운동에 대한 긴 설명 말미에 따라붙은 각주 정도로 다루어지고 있었다. 이로써 역사는 뒤집어졌고, 실제 역사는 그저 의기양양한 한국 민족주의의 부산물 혹은 세부 효과 정도로 축소되었다. 그 결과로 '국내외에서 꾸준히 전개한 독립운동은 광복의 밑거름이 되었다' 라든가, '궁극적으로 광복은 우리 민족이 국내외에서 줄기차게 일제와 싸워 온 독립투쟁의 결실이었다' 같은 내용이 교과서에 실리게 된 것이다.

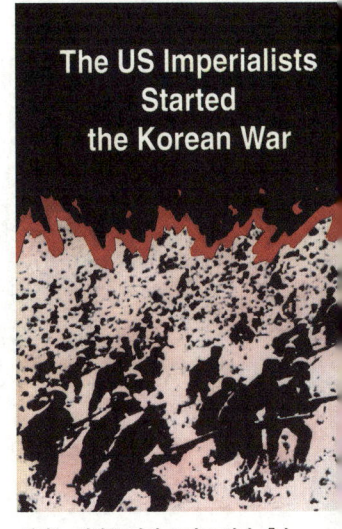

신화는 역사를 다시 쓰기도 한다. 『미제국주의자들이 한국전쟁을 개시하였다』(외국어출판사, 1977년 출간, 1993년 재발행)의 표지.

더욱이 매년 돌아오는 광복절에 남한 미디어나 국가지도자의 연설 내용을 보면, 마치 한국이 어떻게 광복을 맞게 되었는지 언급하는 것 자체가 금기시되는 듯 보인다. 가능한 모든 완곡한 표현을 동원하여 당연히 공적을 인정받아야 할 이에게 공적을 돌리지 않고 있다 (2008년 이명박 대통령의 63주년 광복절 기념연설 또한 이와 마찬가지여서 미국이나 연합군은 전혀 언급하지 않았다). 이런 과정을 통해 한반도 해방의 일차적 원인은 모종의 '존재하지 않는 존재'처럼 되어 버렸다. 비록 남한 국민 다수가 이를 깨닫거나 인정하려 들지는 않겠지만, 이런 모습은 북한의 선전 활동과 상당히 유사하다.

  이만큼 견고하면서도 널리 알려진 신화가 한 가지 더 있다. 특히 남한 좌익세력과 386세대 가운데서 반향을 얻고 있는 이 신화의 내용은 미국이 1980년 5월에 일어난 광주민주화운동 당시 유혈 탄압의 공범이거나 그에 대한 책임이 있다는 것이다. 그러나 역사적 자료는 이러한 해석에 정면으로 반하고 있다. 미군은 그때 광주에 투입된 한국군에 대한 어떤 작전통제권도 없었고, 탄압 전이나 초기에는 상황을 몰랐으며, 소식을 받자마자 긴급히 '자제'와 '대화'를 반복 촉구했다. (이런 사실은 당시 군부정권 하에서 국가의 통제를 받았던 미디어에 의해 무시, 혹은 왜곡되었다.) 물론 이 신화의 용도가 무엇인지는 너무나 자명하다. '미제'와 남한에 있는 반동 '앞잡이'들을 악마처럼 보이게 만들고 신용을 떨어뜨리며, 이를 통해 특정 종류의 '진보적' 민족주의를 조장하기 위한 것이다. 그렇지만 현실적으로 살펴보면, 미제 승냥이가 갖고 있다고 하는 절대적 권력과 영향력은 너무나 과대망상적인데다 억지로 가득해서 말도 안 되는 논리 그 자체가 실제가 되어버리는 경우가 많다. 사실 미국은 단순히 광주의 무력탄압을 '방관하고 아무 조치도 취하지 않았다'는 이유 하나로 비난받고 있지만, 이런 식의 책임 추궁이 갖고 있는 문제는 단 하나뿐이다. 미국이 만약 광주항쟁의 후반기에 정치적으로든 군사적으로든 직접적으로 관여했다면 어땠을까. 개입 그 자체만으로도 남한의 주권을 명백히 침해하는 결과를 낳지 않았겠는가? 즉, 전두환이 미국의 '자제'와 '대화' 촉구에 귀를 달아 버린 상황에 미국이 그 비극을 빨리 끝낼 수 있는 유일한 방법은 말 그대로 '제국주의 침략국'이 되어 남한의 주권을 짓밟는 것이었다. 이젠 미제침략자가 침략국 노릇에 충실하지 않았다고 비난을 퍼부을 셈인가?

짚고 넘어가자면, 여기서 미제국을 대신해 모종의 옹호를 하려는 것은 아니다. 미국은 세계 곳곳에서 제국주의자 침략국 노릇을 해온 길고도 부끄럽기까지 한 역사를 가지고 있다. 최근 근현대사에서 몇 가지 주요 예를 꼽아 보자면 베트남전쟁을 비롯하여 파나마 침공, 이라크 전쟁에 이르기까지 다양하다. 내 의도는 그런 미국을 옹호하는 것이 아닌, 종종 희미해져가고, 간과되고, 혹은 단순히 잊혀져버리는 사실에 사람들의 주의를 끌어 모으고 강조하는 것이다. 진실은 그저 진실로 위장한 신화의 짙은 거미줄에 가려져 있는 것이 아니다. 특정 신화가 갖추고 있는 이데올로기적 기능이 그 신화를 만든 이와 그 신봉자들에게 필수적인 것이 될 때, 신화는 종종 '진실'로 굳어져버리곤 한다.

북한의 경우를 예로 들어 보자. 북한 당국은 단군 신화를 너무나 기정사실화해버림으로써, 심지어 1993년 평양 북동쪽 근방의 능에서 단군과 부인의 유해를 발견했다. 게다가 그 유해의 연대를 '과학적으로' 측정해본 결과 정확히 5,011년 전의 것이었다고 주장했다. 단군에 대해 언급한 가장 오래된 역사적 문헌이 13세기의 『삼국유사』라는 점을 감안하면 – 단군이 3,500년 전 고조선을 세웠다고 적고 있다 – 이 신적인 인물이 과연 진정 존재했는지에 대해 내가 약간 회의적으로 생각하는 것을 이해해주리라 믿는다.

그런 한편 또 다른 극단적인 예를 들면, '사실'과 '실제'로 거듭 나버린 신화가 위험을 초래하거나 심지어 생명을 위협하는 경우도 있다. 이라크전의 경우, 사담 후세인과 그가 가지고 있다던 '대량살상무기'와 알카에다의 9.11 테러 간에 관계가 있다는 신화를 만들어내기 위해 부시 행정부는 의도적으로 거짓을 주입하고 정보를 조작했다. 이런 식으로 실제로는 이라크전쟁이 신식민적 전쟁이었음에도, 그리고 전쟁의 일차적 목표가 엄청난 석유매장량을 자랑하는 중동의 중심지에 미국의 지배권을 심어놓으려는 것이었음에도 불구하고 이 전쟁을 '테러와의 전쟁'으로 정당화할 수 있었던 것이다. 물론 정작 침략하고 보니 대량살상무기는 전혀 발견되지 않았고 사담 후세인과 알카에다 혹은 9.11과의 관계에 대한 결정적인 증거도 없었다.

그럼에도 불구하고 부시가 만들어낸 이야기는 아이러니하게도 자기달성적인 예언이 되어 버렸다 (부시는 자신이 일으킨 불법적 전쟁을 합리화하기 위해 여러 번 이를 들먹이곤 했다). 2003년 3월 20일, 미국이 이라크를 침공하자마자 이라크의 권력구조에 공백이 생겨나고 치안이 완전히 붕괴되면서, 외국의 지하드주의자jihadist(이슬람의 성전주의자)들, 알카에다와 연합한 세계 전역의 테러리스트들이 이라크로 몰려들기 시작했다. 그리고 2004년에 이르러서는 '이라크 내의 알카에다'가 폭력 행위와 유혈 폭동의 선봉에 서게 되었다. 비극적이게도, 신화는 이라크에 진정한 '공포시대'를 불러왔

신화는 사실이 되기도 한다: '실제' 단군의 유해와 단군의 아내의 유해가 평양 외곽에서 '발견' 되었다. 『단군왕릉』, 문화유물출판사, 1995

다. 이라크전쟁으로 인해 100만 명이 넘는 이라크인이 사망했다고 추산된다. 이 점을 고려해 보면, 신화를 만들어낸 장본인인 조지 W. 부시가 오사마 빈 라덴보다 더한 테러리스트라고 말해도 과언이 아닐 듯싶다.

부시는 어떻게 전쟁의 필요성에 대해 그토록 효과적으로 설파할 수 있었을까? 도대체 어떤 방법으로 구슬렸기에 80퍼센트에 이르는 미국 상원의원이 이라크에 대한 무력 사용에 찬성표를 던졌을까? 세계 각국이 전쟁에 강경히 반대했음에도 불구하고, 침략 개시 몇 달 전 설문조사에 응했던 다수의 국민이 '이라크의 정권교체'를 지지한 이유는 무엇일까? 결국 미국은 이라크에 대한 무력 개입과 관련하여 유엔의 지지를 얻어내는 데 실패했고, 2004년에 코피 아난Kofi Annan 유엔사무총장은 부시의 전쟁을 '불법'이라 선언했다. 2003년 2월 15일, 대규모 반전운동이 일어났고, 서울을 포함한 전 세계 800개 도시에서 수백만 명의 사람들이 시위에 합류하였다. 자칭 '자유진영의 민주주의 지도자'는 어쩌다 이토록 망가지게 된 것일까? 어떻게 자유를 상징하던 아메리칸 드림이 이라크전쟁이라는 끔찍한 악몽으로 바뀌게 된 것일까?

  2008년 5월 20일, 광우병 촛불시위가 한창 벌어지고 있을 즈음 당시 통합민주당 대표 손학규는 이명박 대통령에게 다음과 같은 말을 던졌다. "이성적, 합리적 판단 못지않게 국민의 생각이 중요하다." 그의 발언이야말로 문제의 핵심을 좀 더 가까이에서 보여준다고 생각한다. 당시 손학규는 미국산 쇠고기의 안전성을 둘러싼 남한 내의 염려에 대하여 이야기했다. 비록 그 발언에 일말의 진실이 담겨져 있기는 했지만, 손학규 또한 대중의 인기를 얻고자 쇠고기 수입협상에 대해 반대함으로써 신화를 만들어내는 데 일조했다는 느낌을 지울 수 없다. 이유인즉슨, '국민의 생각'은 손학규가 다소 불순한 의도로 표현했던 것처럼 그저 진공 상태에서 존재하는 것이 아니다. 뭣보다 '국민의 생각'이란 특정 문화적 맥락 안에 존재하며, 그러한 맥락은 계속해서 변화하는 가치, 태도, 신념을 갖고 있을 뿐 아니라 우리가 앞에서 보았듯 자기 스스로 되뇌곤 하는 수많은 신화에 의해 구성되고 또 재구성된다.

  사실 신화는 주어진 사회 안에서 공명하다가 특정 시점에 다다르면 자신의 이미지 자체와 일치되거나 그 이미지를 기정사실로 만들곤 한다. 부시 행정부가 중동에 대한 제국주의적 행위에 앞서 활용한 것은 바로 이 같은 힘이었다. 그랬기 때문에 9.11 직후 미국을 뒤덮었던 정신적 충격과 분노의 분위기 속에서 부시는 국방 운운하는 애국적 메시지를 들먹이며 '국민의 생각'을 손아귀에 그러쥐고 제멋대로 부릴 수 있었던 것이다. (부시의 애국적 메시지는 이후 미국이 이끄는 '자유세계'와 '급진적 이슬람교도' 간의 '문명의 충돌'로 개조되었다. 2001년 9월 20일 부시는 "이라크 전쟁은 문명 간의 전쟁이다. 진보와 다원주의, 관용정신과 자유를 믿는 모든 이들의 전쟁인 것이다."라고 했다.) 이 과정에서 부시는 미국인의 정체성의 핵심에 자리하고 있는, 익숙하면서도 결정적으로 위험한 신화, 바로 '미국 예외주의'에 호소하였다. '미국 예외주의'에 따르면 미국의 가치와 국가적 이익만이 유일선이며, (부시가 했던 유명한 주장, "모든 국가, 모든 지역은 이제 결단을 내려야한다. 우리 편에 서는 것이 아니라면 테러리스트의 편으로 간주할 것이다."에서 알 수 있듯이) 이러한 선善은 세계국가사회에 심리적으로 투사되고 보편적으로 받아들여져야 한다. '테러와의 전쟁'을 '미국 예외주의'의 독선적 망토로 가림으로써, 부시는 9.11 테러가 띠고 있었던 명확한 정치적 성격 – 9.11 테러는 일차적으로 미국이 중동에서 펼치는 제국주의적 정책에 반대를 표시했다 – 을 흐리고자 했다. (오사마 빈 라덴은 항상 이 점을 명확히 했다.) 실제로 '문명의 충돌'은 그저 자신의 이익만을 도모하는 신화에 지나지 않았던 것이다. 알카에다가 미국 영토 내에서 대규모 테러를 자행한 만큼, 부시가 (논란의 여지가 있기는 해도) 아프가니스탄에서 알카에다를 추적할 만한 이유가 아주 없는 것은 아니었다. 그러나 부시는 뒤이어 사담 후세인에게 눈을 돌려 자신의 윤리적 권력을 뒤틀어 남용함으로써 '국가를 지켜내고자' 했다. 이쯤 되자, 많은 국가들이 '테러와의 전쟁'은 기실 이라크를 노린 훨씬 더 사악하고 제국적인 계획을 덮는 신화일 뿐임을 확신하게 되었다. 그럼에도 불구하고 '테러와의 전쟁'이라는 부시의 신화적 웅변이 어떻게 미국의 일반 대중으로부터 지지를 얻었는지 설명하자면 맥락이 매우 중요하다. 사실상, 이 전쟁은 '미국식 생활방식'의 방어 그 이상도 이하도 아니었다. 민족주의에 편승한 전체주의적 논리가 미국을 뒤흔들었고, 빤한 결과들을 가져왔다. 미국 정부의 반테러리즘 정책에 대한 이의제기와 비판에는 '비애국적'이라거나 '반역적'이라는 꼬리표가 붙었으며, 이는 이라크 침략의 정당성에 대한 공개토론의 급격한 제한으로 이어졌다.

모든 민주주의 국가의 미디어가 지녀야 할, 너무도 중요한 감시견으로서의 역할은 바로 '권력에 맞서 사실을 이야기하는 것'이다. 미국의 주요 미디어는 이라크와의 전쟁 준비 기간 동안 이 근본적인 책임을 간단히 저버렸다. 이 문제를 손학규의 말을 빌려 표현하자면, 이 시기 미국의 공개적 담론에서는 '이성적, 합리적 판단'이 거의 사라져 버렸던 것이다. 부시는 '국민의 생각'을 제멋대로 재단할 자유를 얻은 것이나 다름없었다. 이러한 상황 때문에 이라크 침략 한 달 전에 타임지와 CNN에서 실시했던 여론조사에서 72퍼센트의 미국인이 "사담 후세인이 9.11 테러와 직접적으로 연관되어 있다고 생각하는가?"라는 질문에 "매우 그렇다" 혹은 "어느 정도 그렇다"라고 답변했던 것이다. 분명, 미국의 미디어는 부시가 만들어낸 편집증적이고 공포로 점철된 내러티브 – 사담 후세인을 몰아내는 것이야말로 미국을 방어하는 필수적인 대책이라는 – 를 자세히 살펴보고 조사하는 데 실패하였다. 바르트라면 돌아가는 꼬락서니를 올바로 이해했을 것이다 – 부시는 신화를 사용하여 전형적인 유인 상술을 펼친 것이라고. 미국의 민족주의는 제국주의적 목적에 모조리 약탈당했다. 그리고 만약 미국민의 '국민의 생각'이 부시의 진정한 의도를 알아차릴 수 없었다면, 그것은 바로 부시가 '국민의 생각' 그 자체도 약탈해버렸기 때문일 것이다. 무엇보다 미국민이 이처럼 제대로 된 인식을 하지 못한 탓에 결국 이라크의 비극적인 운명이 결정된 것이다.

부시가 이라크전쟁과 관련해 어떻게 국민을 설득했는지 길게 설명하고 분석한 것은 다분히 의도적이다. 손학규의 발언과 광우병 촛불시위를 소개한 것도 우연은 아니다. 사실 2003년 이라크 침략과 2008년 광우병 촛불시위 간의 유사성은 놀라울 정도다. 이라크전쟁이 파시즘 비스무리한 권위주의의 손아귀에서 놀아난 미국 민주주의의 모습을 반영했듯, 광우병 촛불시위 운동 또한 이데올로기적 전체주의와 그에 발맞춘 민족주의에 의해 점령당한 대한민국의 민주주의를 보여준다고 믿기 때문이다. 그리고 이라크전쟁의 과정에서 내 조국에게 여러모로 환멸을 느꼈듯, 2008년 여름, 내가 한때 순진하게 '제2의 조국'이라고 불러왔던 한국에서 목격한 많은 일들은 내게 씁쓸함을 안겨 주었다. 속을 터놓고 이야기하자면, 나는 광우병 촛불시위를 통해 한국 사회의 기본적 근간을 이루는 본질을 보았다고 느꼈다. 그리고 적어도 오늘날의 한국 사회 전체를 놓고 보았을 때, 그 안에서 하나의 인간으로서 존중받고 받아들여질 수 있을 거라 믿었던 내 생각은 그저 신화일 뿐, 사실이 아니라는 것을 깨달았다. 무엇보다 나는 한반도가 매우 슬픈 나라임을 깨달았으며, 어째서 한반도가 이렇게나 신화에 둘러싸여 있는지 설명하는 데 이러한 깨달음이 크게 도움이 되리라 생각한다. 신화는 한반도가 현실과 자기 자신으로부터 도피하는 방법일 뿐 아니라, 한반도로서 존재하는 데 수반되는 슬픔으로부터 스스로를 보호하는 방법이기도 하기 때문이다.

\*\*\*

2008년 5월 초, 우리 집 인근은 거의 전쟁 통에 가까웠다. 그리고 그런 상황은 이후 몇 달간 계속되었다. 처음에는 다가오는 혼란을 알리는 전조처럼 무시무시한 소리와 성난 논쟁이 오갔다. 그리고 매일 저녁 희미한 확성기 소리를 타고 현 정권을 비판하는 연설이 들려왔고, 가로등에 나붙은 신랄한 스티커와 벽에 뿌려진 그라피티도 눈에 들어왔다. 한 건물 벽에 까만 스프레이로 써 있던 글이 기억난다. "조중동=뉴라이트=한나라당=친일파" 우와, 하고 나는 생각했다. 지난 대선 때 한나라당의 이명박 후보에게 표를 던졌던 국민 수백만이 모두 '친일파'나 '매국노'였다는 건가? 2008년 4월 한나라당 국회의원들에게 의석수를 몰아주었던 수백만의 유권자 또한 '사악한 일본 끄나풀'이라는 걸까? 그리고 나 또한 조선일보에 칼럼을 여러 편 썼으니 '친일파'인 건가? 친일파를 상대로 싸우다니, 이건 뭐 독립운동인 건가.

이런 갈등은 얼마 후 공공연하게 내전의 특징을 보이기 시작했다. 종로 여기저기에 전경이 들어찼고, 시청에서 광화문, 종각, 경복궁에 이르는 대로와 뒷골목에는 경찰 버스 수십 대가 줄지어 있었으며, 수천 명의 전경들이 거의 24시간 내내 인도와 지하도를 점령했다. 그 와중에 수십 명에서부터 때로 수백, 수천에 이르는 시위대가 거의 매일 종로 거리를 행진하고 저항적인 슬로건을 외치며 커다란 깃발을 흔들었다. 저녁 무렵 집을 나설라치면 안에 깃대가 들은 듯한 좁고 기다란 상자를 어깨에 걸머지고 무거운 배낭을 짊어진, 어쩐지 미심쩍어 보이는 사람들이 삼삼오오 모여 근처의 인도를 가득 메우고 있었다. 자전거를 타고 복면을 쓴 한패들과 의논하는 모습도 눈에 띄곤 했다. 나는 이 패거리가 근방을 정찰하고 감시하는 역할을 맡은 정찰병임을 알아차렸다. 그러더니만 대한민국 육군 군복을 입은 돌격대가 무리에 합류했다. 이 돌격대는 종종 최전방에서 경찰과 대치하고, 경찰 바리케이드에 돌진하곤 하던 사람들로, 스스로를 경찰과 시위대 사이에서 '완충장치' 노릇을 하기 위해 자원한 '예비군'이라 주장했다. 그러나 실제로 복면을 쓰거나 커다란 손수건으로 얼굴을 가린 시위대의 물결이 폴리스라인을 계속 자극하고 공격하면서 수십 명의 전경들을 끌어내거나 길고 두꺼운 밧줄을 이용해 경찰 버스를 길 한가운데로 끌어당길 때면 그들은 슬그머니 사라져버리곤 했다. 여러 밤 동안 경찰과 시위대 간에 일어났던 충돌은 극단적이고 폭력적이었으며

시위대 중 일부는 정차해 있는 경찰 버스를 물리적 힘을 동원하여 끌어내거나 쓰러뜨리기도 했다. 위쪽의 사진은 2008년 6월 21일 광화문에서 있던 모습이며, 바로 다음날 같은 곳에서 비슷한 일이 재현되었다.

유혈사태로 번지기도 했다.

여름 내내 경찰과 시위대 양측에서 수백 명의 사람들이 부상을 입었고, 광화문 지역의 수많은 건물이 반정부 선전물로 뒤덮였으며, 때로는 건물이 부서지기도 했다. 6월의 어느 밤, 시위대가 경찰 버스를 바리케이드 라인으로부터 끌어내 가게 바로 앞까지 끌고 와선 한 매장의 통유리 창을 박살냈다. 또 다른 6월 말의 밤에는 마구 날뛰던 일부 시위대가 조선일보 회장이 소유권의 일부를 갖고 있는 코리아나 호텔의 정문을 덮쳤다. 시위대는 호텔 앞에 수백 개의 스티커와 플래카드를 붙이고 현관과 로비 안쪽에 쓰레기와 뿌리째 뽑힌 풀을 집어던졌으며 심지어 건물에 대고 오줌을 갈김으로써 천박한 공격과 조롱의 피날레를 장식했다. 종당에 시위대는 치고 빠지는 식의 도시 게릴라로 타락했다. 마치 폭도 같았던 시위대는 종로와 중구를 미친 듯이 뛰어다니며 거리를 점거하고 교통을 차단했다. 뿐만 아니라 평범하고 죄 없는 몇몇 시민들까지 공격함으로써 잘못되어도 한참 잘못된 이 투쟁의 불운한 희생자를 늘리고 말았다. 종로에는 말 그대로 공포의 시대가 도래했고, 나는 이 곳을 더 이상 '우리 동네'라고 부를 수 없게 되었음을 깨달았다.

물론 2008년 광우병 촛불시위가 야전의 특징을 띠고 있었다는 점은 부인할 수 없겠지만, 전반적인 운동 자체를 설명하는 가장 정확한 표현은 아마도 '미수로 끝난 쿠데타'가 아닐까. 나는 여기서 쿠데타라는 용어를 가볍게 쓰는 것이 아니며, 바로 이 때문에 광우병 촛불시위는 기실 대한민국의 민주주의에 드리운 위험천만한 위협이었다고 생각한다. 2008년 광우병 촛불시위를 조직한 사람들과 참여자들이 '민주주의'야말로 시위의 목적이자 핵심 원칙이라며 쉬지 않고 큰 소리로 주장했다는 사실은 잘 알고 있다. 그러나 부시가 이라크에 대한 비민주적 점령을 정당화하고자 민주주의라는 단어를 이용했듯, 주요 관점에서 비추어 보았을 때 시위대가 펼친 운동 또한 민주주의와는 정반대에 위치하고 있었다. 사실 운동의 지도자나 조직자들이 '민주주의'라는 단어의 의미를 조금이라도 이해하고 있었는지 의심스러울 지경이다.

쿠데타란 과연 무엇인가? 엄밀히 말해 쿠데타는 국가기구 내부의 소규모 단체 혹은 계층이 돌연 정부를 전복시키는 사건을 의미한다. 흔히 쿠데타에는 군대 혹은 군사력의 위협이 작용하지만, 군대가 쿠데타의 필수적인 특징은 아니다. 운동 지도자를 비롯한 이데올로기적 동조자들이 이용했던 가장 근본적인 무기가 프로파간다, 이미지, 특히 신화였다는 점을 감안할 때, 광우병 촛불시위는 새로운 포스트모던적 쿠데타 시도라고 할 수 있다. 보도 자료나 경찰기록 등 공공기록을 통해 현재까지 알려진 바에 따르면, 이명박 정부를 쓰러뜨린다는 최종목표 아래 국가 체제와 직간접적으로 관련된 다수의 개인이나 단체가 결탁하여 모였다는 점은 확실하다. 예컨대 2008년 5월 2일, 청계광장에서 열렸던 첫 번째 대규모 광우병 촛불시위를 조직한 단체의 경우를 보자. 이름에서부터 단체의 목적이 여과 없이 드러내 보이는 'LMB 탄핵투쟁연대'는 여러 시위 포스터에서 두드러지게 눈에 띈다. 뉴스 보도에 따르면 'LMB 탄핵투쟁연대'의 다음 카페 웹사이트('이명박 탄핵을 위한 범국민운동본부' 혹은 줄여서 '안티 이명박')는 2007년 12월 19일 개설되었는데, 이 날은 바로 대선 날이며, 카페 운영진 중 14명은 전 열린우리당 당원이거나 현재 창조한국당 등에 속해 있다. 또한 광우병 촛불시위를 조직하고 이끄는 데 중심적인 역할을 했던 '한국진보연대'가 이미 2008년 1월부터 이명박 정권에 반대하는 모의를 해왔다는 사실도 잘 알려져 있다. 2008년 1월이라면 이명박이 쇠고기 협상을 승인하기 몇 달 전 시점이다. 2008년 7월, 경찰이 '한국진보연대' 본부를 불시 단속하여 압수한 서류에 따르면 연대의 조합원들이 1월에 열린 회의에서 이미 다음과 같은 결정을 내렸음을 알 수 있다. '이명박 정부의 저돌적 추진 과정에서 대중의 공분을 불러일으킬 수 있는 고리를 포착, 대중적 저항전선을 형성해 투쟁을 전개하자.' 이에 이어진 회의에서 '우리의 목표는 이명박 정부를 주저앉히는 것'이라며 공표했을 때, 그들의 의도는 더할 나위 없이 명확한 것이었다.

공동연대를 이루는 37여 개 단체 중에는 '남북공동선언실천연대', '한국대학총학생회연합'과 같은 단체들도 포함되어 있었으며, 민주노동당 또한 이 연대의 일원이었다는 사실 역시 괄목할 만하다. 사실 민주노동당의 깃발은 주요 광우병 촛불시위의 최전방에서 휘날리고 있었으며, 민주노동당의 강기갑은 스스로 운동의 간판 노릇을 도맡아 집회에서 연설을 하거나 종로 거리에서 연좌시위를 이끄는 등 활약을 보였다. 2008년 4월 총선에서 민주노동당이 5석밖에 얻지 못했다는 점을 감안할 때 (2004년 총선 때는 10석), 민주노동당의 국회의원들을 일러 '국가기구 내부의 소규모 당파'라고 해도 문제가 없을 듯싶은데, 이는 위에서 살펴본 바와 같이 전형적인 쿠데타의 주된 특징 중 하나이다. 게다가 시위 기간 중에 민주노동당 소속 정치가와 당원은 통합민주당(2008년 7월 민주당으로 개명), 창조한국당 등 여타 정당의 국회의원이나 당원들과 정기적으로 같이 행동했는데, 그 수가 때론 수백 명에 이르곤 했다. 이와 동시에 시위 기간 동안 두 주요 공중파 방송사인 KBS와 MBC는 촛불시위의 가상 치어리더 노릇을 했다. 이들 방송사의 활동적인 지원이 없었다면, 시위가 이처럼 대규모로 이뤄지거나 장기간 지속되었을지 의문이다. (비록 MBC는 법적으로 민영방송사에 속하지만, MBC의 주요 주주는 공영단체인 방송문화진흥회로서 정부가 운영하는 방송통신위원회에서 3년에 한 번씩 임명하는 이사회의 감독 하에 있다.) 좀 더 가까이에서 살펴보면, 다른 단체나 시위 참여자 다수가 직간접적으로 '국가적 구성요소'임을 알 수 있다. 예를 들어

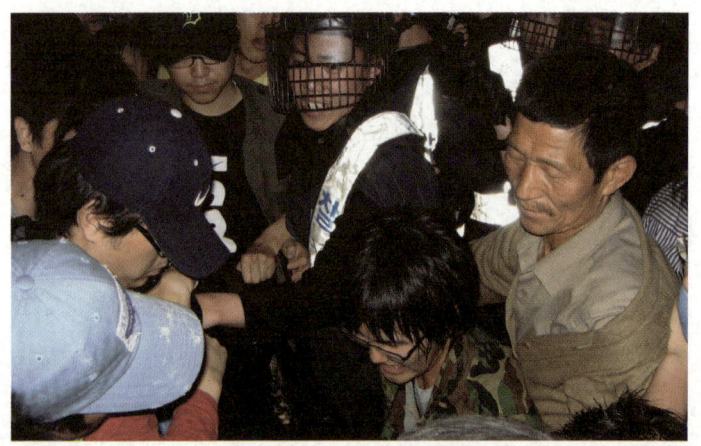

한 예비군이 전경으로부터 방패를 빼앗고 있다. 2008년 6월 7일 새벽 2시 45분 경 광화문 근처 새문안길에서 일어난 일이다.

광우병 촛불시위 초기에 두드러지게 활동했던 단체인 '전국교직원노동조합'에 속한 수만 명의 교사들은 현재 공립학교에서 근무하고 있으며, 따라서 국가가 고용하고 있는 것이나 마찬가지이다. 심지어 아까 언급했던 예비군조차도 35세까지 정기적 훈련에 참가해야 하므로 따지고 보면 국가의 군사적 관할 하에 놓여 있는 셈이다. (사실 시위 기간 중에 이들 예비군의 눈에 확 띄는 모습은 전형적인 쿠데타를 무의식적으로 떠올리게 했다. 전형적인 쿠데타에서는 정부에 등을 돌린 군부세력이 종종 집권당에 맞서는 경우가 많다.) 그리고 '광우병국민대책회의'에 공식적으로 합류한 1,800여 개 시민단체와 NGO의 면면을 살펴보면 직접적으로 국가 산하에 있지는 않더라도 그 중 다수가 국가로부터 재정 지원을 받고 있었다. (심지어 촛불시위에 여러 번 참가하고 대책회의에 합류한 '전국민주노동조합총연맹'

또한 노무현 정권 시절부터 거액의 지원을 받고 있었다.)

이런 모든 사실들이 나를 하나의 생각으로 이끌었다. 물론 광우병 촛불시위의 선봉에 섰던 다양한 단체와 정치가들이 자신의 진보적 가치, 신념, 이유에 따라 그 자리에 선 것이라는 점은 의심치 않는다. 그러나 김대중과 노무현의 진보 정권 하에서 10년을 보낸 후, 이들 진보세력은 자신이 가지고 있는 기득권이 보수적 이명박 정권 하에서 상당한 위협을 겪게 될 것이라는 점을 잘 알고 있었을 것이다. 이명박과 여당인 한나라당이 공공기관을 (여당의 관점에서 보아 옳은 방향으로) 구조조정 및 개편하는 과정에서 지난 두 진보 정권 하에서 세워진 국가기관에서 근무하고 있는 수많은 공무원, 정부직원, 고용인을 물갈이하거나 해고할 것이란 사실은 자명했다. (예컨대 이명박이 취임 직후부터 MBC와 KBS를 민영화할 것이라는 루머가 떠돈 점을 고려했을 때, 이들은 반이명박 운동을 기꺼이 지원했으리라. 특히 한겨레신문에서 논설주간을 지내다가 노무현에게 발탁됐던 KBS 정연주 사장은 사장 노릇할 날이 얼마 남지 않았다는 것을 알고 있었을 것이다.) 다시 말해 한국의 진보세력은 최근 선거에서 세력을 상실한 마당에 스스로의 생존을 건 최후의 총력전에서 이명박에 대항할 방법을 찾아야 한다는 것을 알고 있었다. 그리고 'PD수첩'이 2008년 4월 29일 완벽한 선물을 진보세력의 코앞에 떨어뜨려주자 재빨리 발의하여 모든 것을 송두리째 바쳐 정부를 전복시키려 시도했던 것이다. 그리고 진보진영의 시도가 거의 성공에 다다른 것처럼 보이는 순간도 있었다. 때문에 광우병 촛불시위 운동을 쿠데타 시도라고 부르는 것은 결코 과장이 아니다.

물론 진보세력의 소수 분파가 최근 선거의 좋지 못한 성적에 불만을 갖고, 어떤 수단을 동원해서든 권력을 되찾고자 결심했다는 것을 인지하는 것은 중요하다. 그러나 또 하나의 문제가 남아 있다. 진보진영의 결심만으로는 어떻게 그토록 많은 대중 – 손학규의 표현을 빌리자면 '국민의 생각' – 이 그들과 함께 운동에 참여하도록 했는지 설명하지 못한다. 광우병 촛불시위는 1987년의 '6월 항쟁' 이후로 남한 역사상 가장 큰 규모의 거리시위였다. 광우병대책회의는 2008년 6월 11일, 이명박 정부에 다음과 같은 최후통첩을 보낼 만큼 대담해져 있었다. "정부가 주권자의 명령을 끝내 거부한다면 정부 퇴진 국민항쟁도 불사할 것." 국민의 '주권'은 고작 두 달 전에 열렸던 총선을 통해, 그리고 4개월 전 열렸던 대선을 통해 상당히 명백히 행사되지 않았던가? 사실 진보진영이 이명박을 청와대에서 몰아내려는 운동을 펼친 것은 고작 취임한 지 2개월밖에 지나지 않은 시점이었다. 이명박이 대체 뭘 했기에 정치적, 이데올로기적 반대파들로부터 이토록 오만하고 도발적인 수모를 겪어야 하는 것일까? 어떻게, 그리고 왜 진보진영의 반정부 메시지(메시지의 핵심은 봉기를 촉구하는 급진적 요구였다)는 일반 대중의 공감을 그리 널리 샀던 것일까? 광우병 촛불시위는 어떻게 백번도 넘게 일어났으며, 2008년 8월 이후까지 장기간 지속될 수 있었던 것일까? 어째서 민주적으로 선출된 정부가 이토록 심각한 정치적 위기를 맞게 됐을까? 그것도 국민에 의해 완벽히 권력을 이양 받은 지 얼마 지나지 않은 시점에서.

　미국의 부시 및 신보수주의 일당과 한국의 골수 반이명박 진보세력은 전체주의의 전형적 특징을 보여주고 있다. 부시가 침략을 정당화하기 위해 대량살상무기의 위협을 과장한 것처럼, 반이명박 정치세력은 미국산 쇠고기가 마치 한민족을 몰살시켜 버릴 만큼 끔찍한 대량살상무기인 것처럼 부풀렸다. 양쪽 모두 과대망상과 공포가 민족주의에 불을 붙였으며, 그를 통해 국민이 특정 정치적, 이데올로기적 이슈를 열광적으로 지지하도록 만들었다. 부시와 한국의 진보세력은 또한 정적이 절대 응할 수 없는 불가능한 요구를 했는데, 부시는 사담 후세인에게 '완전히 비무장화' 하거나, '모든 대량살상무기를 파괴했을 때에만' 미국의 침략을 피할 수 있을 것이라고 경고했다. (이라크에 파견된 유엔 감사관들이 전쟁 발발 전 몇 달 동안 이라크 내 대량살상무기의 존재를 파악하지 못했는데도 불구하고.) 그러나 사담 후세인은 자신이 아무런 대량살상무기를 보유하고 있지 않다는 사실을 알릴 수도 없는 입장이었다. 이런 식의 적나라한 자백은 스스로를 너무나 취약하게 만들기 때문이다.

　이와 마찬가지로 대책회의의 지도자들을 비롯하여 강기갑, 손학규, 문국현 등 수많은 한국의 정치인들 또한 이명박이 자신들의 요구 – 쇠고기 협상을 뒤엎고 재협상하라는 – 를 받아들일 수 없는 입장임을 분명 알고 있었을 것이다. 그런 행동은 국제사회 내에서 신뢰도 있는 무역국가로서의 한국의 신용을 땅에 떨어뜨릴 것이기 때문이다. 한편, 비록 미국 내 주요 미디어들이 이라크 침

2008년 6월 13일 태평로의 한국언론재단 빌딩 앞에서 발견한 이 만화는 무고한 한국인들에게 다가올 미국산 '대량살상무기'의 공포를 전달하고 있다.

략을 요구하는 부시의 주장을 무비판적으로, 무책임하게 지지하기는 했으나, 그들에겐 자기 눈으로 이라크가 사용가능한 대량살상무기를 가지고 있는지 여부를 밝힐 기회가 없었다. 사담 후세인은 미국 및 기타 서방세계에서 온 기자들에게 이라크 국방시설에 대한 가이드 투어를 시켜 줄 생각이 없었다. 따라서 실제 미국의 미디어는 이라크의 대량살상무기 존재 여부에 관한 한, 부시 행정부의 (이제는 신빙성을 잃어버린) 주장에 의존할 수밖에 없었다. 반면, 2008년 4월 29일 'PD수첩'이 방송한 '긴급취재! 미국산 쇠고기, 과연 광우병에서 안전한가?'의 경우를 보면 방송에서 주장한 미국산 쇠고기의 위험에 대한 근거 없는 주장 중 다수는 한국의 주요 미디어에 의해 보도되었다. (예를 들어 2008년 5월 8일 중앙일보에 난 기사를 보자. 'PD수첩'은 한림대 의대 교수인 김용선이 2004년 발표한 논문에서 한국인의 94.3%가 'MM'유전자를 가지고 있으며, 당시까지 인간 광우병에 걸린 것으로 밝혀진 환자 207명 모두가 동일 유전자를 가지고 있다'는 내용을 인용한 바 있다. 그러나 정작 김용선 교수 자신은 'PD수첩'이 자신의 논문을 오해하고 과장했다는 느낌을 받았으며, 심지어 개인적으로 미국산 쇠고기를 즐겨 먹는다고 보도하고 있다.) 5월 중순, 언론중재위원회는 미국의 '주저앉는 소'가 '광우병 소'로 잘못 정의되었다는 점,

인터뷰에서 한 미국인 어머니가 자신의 딸이 'CJD'로 죽었을 수 있다고 말했으나, 번역된 자막은 'vCJD(광우병의 인간 변종)'으로 되어 있다는 점 등 'PD수첩'의 주요 방송 포인트 두 가지가 근거 없다고 판결했다. 따라서 한국의 자유진보진영 미디어가 미국산 쇠고기 수입 건에 관해 더 공정하고 책임감 있는 접근을 하지 못한 이유는 바로 그들이 스스로의 이데올로기적 이슈를 고집했기 때문이다. 그런가 하면, 이라크 침략을 정당화하기 위해 세운 소위 '예방을 위한 전쟁'이라는 부시 행정부의 근본방침(실제 의도는 일방적인 군사도발을 '국외의 민주주의 장려'로 포장하는 것이었다)은 여러 면에서 한국의 진보세력이 이명박을 상대로 벌인 전쟁에 그대로 나타나 있다. 어떤 의미에서, 광우병 촛불시위는 '예방적' 성격을 띠고 있었다. 보통 철야 촛불기도의 상징적 의미는 죽음을 애도하는 것이기 때문에, 촛불시위를 지켜보던 외국인의 눈에는 촛불시위자들이 마치 '유독한' 미국산 쇠고기로 인해 죽어간 한국인을 애도하는 것처럼 보였다.

빗발치는 시위대의 요구에 못 이겨 2008년 6월 19일, 이명박 대통령이 TV뉴스를 통해 30개월령 이상의 미국산 쇠고기에 대해 자발적 한국수출금지조치를 취하겠다는 약속을 미국 정부로부터 받아내고, 국민의 뜻에 어긋나는 한 대운하 계획을 철회할 것이며, 공기업을 민영화하지 않겠다고 약속했음에도, 반이명박 세력은 정부에 대한 시위를 멈추지 않았으며 심지어 더욱 호전적이며 폭력적으로 변해갔다. 시위에 찬성하는 여러 한국인 친구들과 유명한 촛불소녀 로고를 디자인한 시각디자이너를 포함한 지인 등 몇몇 시위자들에게 왜 이명박이 타협하고 시위대의 요구를 반 이상 수용하겠다고 밝혔는데도 만족하지 않느냐고 묻자 똑같은 대답이 돌아왔다. "우리는 이명박을 믿질 못하겠어. 이명박의 약속은 믿을 수가 없어!" 즉, 이제 시위대는 이명박이 미래에 취할 것이라고 생각되는 위선적 행동에 대해 시위를 벌이고 있다는 것이다. 이거야 원, 이명박이 취임하기도 전인 2007년 12월 19일에 만들어진 '안티이명박카페'나 마찬가지이다 (이 역시 부시가 주장한 '예방 차원에서의 전쟁' 식의 생각을 바탕으로 한 탄핵운동의 예이다). 물론 상식이야말로 국가가 악의적 민족주의가 몰고 오는 전체주의의 수렁에 빠졌을 때 가장 먼저 사라지는 것 중 하나이다. 심지어 이라크전쟁 직전 미국에서는 두 명의 공화당 하원의원이 이라크 침략에 반대하는 프랑스에 분개하여 국회 식당 메뉴에 있는 '프렌치프라이'을 '프리덤프라이(자유의 프라이)'로 바꾸자며 웃기지도 않는 주장을 펼치기도 했다. 한국에서는 비과학적인 루머가 널리 돌기 시작한 순간부터 광우병에 걸린 미국산 쇠고기에 대한 공포가 히스테리의 절정에 이르렀다. 심지어 전교조 충북지부가 광우병이 화장품, 기저귀와 생리대를 통해 전염될 수 있다고 주장한 경우도 있었다. 이 모든 상황 하에서, '이성적, 합리적 판단 못지않게 국민의 생각이 중요하다'는 손학규의 발언은 민중의 의견을 반영한다기보다는 미쳐 날뛰는 민족주의를 부지불식간에 짚어낸 발언일 뿐이었다.

그러나 부시의 이라크 침략을 지지하는 프로파간다 운동과 광우병 촛불시위 운동 간에는 결정적 차이점이 있다. 바로 신화와 민족적 정체성 간에 자주 등장하는 공생적 관계에 관한 차이이다. 부시는 날조한 군사정보와 철저한 거짓을 통해 미국 대중에게 이라크전쟁을 과대 선전하기는 했지만, 적어도 미국 신화와 국가적 정체성의 '옳은' 쪽에 자리매김했기 때문에 그 시도에 성공하였다. 반면 이명박은 미국과 체결한 쇠고기협상에 대한 내용을 소극적으로 선전한 죄밖에 없는데도, 한국의 신화와 국가적 정체성의 '옳지 않은' 편에 섰기 때문에 커다란 대가를 치러야 했다. 당시 반이명박 진영에서 전개한 대부분의 왜곡되고 현혹된 주장에 관해 옳은 말을 했음에도 불구, 상황은 나쁘게만 돌아갔다. 따지고 보면, 한미 FTA 타결을 위해 처음 압력을 받고 최종적으로 서명한 사람은 노무현이었고, FTA 협약의 조항에 따라 노무현은 2007년 4월, 부시에게 국제수역사무국(OIE)의 지침에 맞추어 남한의 미국쇠고기시장을 재개방하겠다는 언질을 주었다. (그리고 국제수역사무국에서는 2007년 5월, 미국을 '광우병 위험통제국'으로 인증하였으며, 이는 곧 미국이 모든 연령의 쇠고기 수출에 있어 '안전' 등급을 받았다는 것을 의미한다 – 특정 위험 부위의 경우 소규모 제한 규정이 있다) 이명박은 그저 진보진영의 전임 대통령이 했던 약속을 완결지은 것뿐이었다. 이명박은 미국과의 쇠고기협상을 재빨리 마무리해 버리고 국회와 미국 의회의 공식 비준을 받는 과정에 정치적 위험이 따르지 않을 것이라고 계산했던 것이다. 물론, 한국 축산업자나 FTA의

2008년 6월 7일 시청 근처 길거리에서 한 청년이 반이명박 구호를 걸고 기타를 연주하고 있다.

반대자들이 쇠고기협상을 반대하고 우려와 불평의 목소리를 낼 것이라는 것은 예상했겠지만, 보다시피 쇠고기협상 때문에 나라 전체가 뒤집힐 줄은 - 그리고 그 와중에 정부를 붕괴시키려 할 줄은 - 상상하지 못했을 것이다. 이명박은 어떻게 그리 치명적인 오산을 범했던 것일까? 도대체 무엇이 잘못되었던 것일까?

내 생각에 이명박의 가장 큰 실수는 한국의 민족주의를 이용하는 반대파의 역량을 과소평가했던 것이라고 본다. 물론 김용선 교수의 논문 내용을 전해 듣고 (논문을 읽어본 사람이 과연 몇이나 되겠는가?) 바로 '미국인' 이나 '영국인' 보다 한국인이 유전적으로 '두세 배' 더 광우병에 취약하다고 믿어 버리는 한국인의 모습에는 '미국의 예외주의' 의 그림자 또한 서려 있었다. (과학 자체를 떠나, 이같은 '한국의 예외주의' 는 말이 안 되는 것처럼 느껴졌다. 미국인은 특정 '인종' 혹은 '민족' 이 아니기 때문이다. 그리고 미국에는 많은 한국인이 살고 있으며, 이들이 살아 있다는 사실 자체가 이처럼 축소된 이원적 대립에 문제가 있다는 점을 보여준다.) 그러나 한국의 자유진보세력은 한국사회의 이데올로기와 계층뿐 아니라 세대 간의 틈과 현대 한국 민족 및 주변 세계와의 관계에까지도 깊이 파고들었다. 더 구체적으로 말하면 이명박의 앞을 가로막은 것은 멋대로 신화적 내러티브를 지어내고, 그 내러티브를 민족의 이름으로 내세워 기만하려는 386세대의 능력과 외골수적 결심이었으며, 결과적으로 이명박 진영은 기가 질려 버렸던 것이다. 이 운동을 2008년 길고 더운 여름 내내 지속된 광범위한 사회적 현상으로 바꿔놓은 것은 다름 아닌 자유진보진영의 능력이었다. 시위대의 목적이나 전략에는 찬성하지 않는다 해도, 적어도 그들의 프로파간다가 종종 미친 천재성을 보였다는 점 – 이는 (어쩌면 계획적이었을 수도 있지만) 광우병 촛불시위 조직자 대부분이 머리에 꽂은 플라스틱제 해바라기에서 가장 잘 상징화되어 있었다 – 은 인정해야 할 것 같다. 여기서 염두에 두어야 할 것은 바로 이 해바라기 자체(한국 문화권에서 머리에 꽃을 꽂고 대로를 돌아다니면 미쳤다는 뜻이다)도 가짜였다는 점이다.

  그렇다면 대중이 쉽사리, 그리고 극적으로 정부에 반대하게끔 만든 신화석 내러티브는 무엇이었을까? 이 운동은 정신분석학 이론에서 '퇴행'이라고 불리는 현상의 특징을 띤다. 퇴행이란 장애물, 갈등 혹은 용납할 수 없는 자극에 맞닥뜨렸을 때, 개인의 발전 단계 상에서 이전 단계로 회귀하고자 하는 방어기제의 일종이다. 심리학적 설명에 따르면 '억압된 자의 회귀(이성에 의해 억제되었던 특정 감정, 욕망 혹은 생각이 일그러진, 그리고 종종 파괴적인 형태로 다시 나타나는 현상)'의 징후로 보이기도 한다. 간단히 표현한다면, 사실 광우병 촛불시위를 이끈 신화적 메커니즘은 이미 지나가버린 과거를 향한 현실도피였다. 최근 선거를 통해 정치적으로 형편없이 붕괴되어버리고, 한국사회를 변화시키려는 유토피아적인 꿈이

(적어도 지금 이 순간에는) 실패로 돌아갔으며, 결국 재앙과 패배로 끝났다는 것을 깨달은 386세대의 직접적 반응이 바로 이번 시위였다고 나는 생각한다. 과거의 산업 발전과 정치적 민주화의 토대 위에 가장 진보적이고 미래지향적 타입의 사회적 발전과 경제적 민주화의 가치를 쌓아올림으로써 한국의 현대적 발전을 완성하고, 이를 통해 최종적으로 북한과의 통일과 오랫동안 키워온 소원인 '한반도, 한민족'을 현실화하려고 했던 이들은 바로 386세대였기 때문이다. 그러나 이라크를 하룻밤 새 중동 한복판에 자리 잡은 민주주의의 오아시스로 바꿔놓으려던 부시 행정부의 신보수주의적 이데올로기와 마찬가지로, 386세대의 웅장한 포부와 정치적 지도자 다수는 팍팍한 현실과 조화를 이루지 못했다. 부시의 경우에서건 386세대의 경우에서건, 이상주의, 고립성, 오만에서 생겨난 폭력이 거의 불가피하게 도를 넘어섰다.

386세대의 어원은 잘 알려져 있고 386세대라는 세대적 명칭이 갖는 독특한 느낌은 순수한 장점을 지니고 있다. 1980년대 내내 386세대는 민주화운동의 선봉에 서서 6월 항쟁을 일궈내고 전두환 군사정권을 몰아냈다. 그러나 이들은 또한 비밀리에 마르크스-레닌주의 스터디에 참여하거나 거리에서 민주주의를 위해 투쟁하는 것이, 오늘날의 복잡하고 격렬한 글로벌화 상황 하에서 오천 만에 이르는 국민과 1조 달러 규모의 경제를 갖춘 국가 전체를 운영하는 일과는 천양지차라는 것을 깨닫게 되었다. 김대중은 1997년 386세대의 강력한 지원을 바탕으로 대통령에 당선되었고, 뒤이은 노무현 정부는 이러한 개혁정신을 갖춘 세대와 가까이 연관되어 있어서 심지어 '386행정부'라고 불리기도 했으나, 10년간의 '진보적' 집권 하에서 386세대의 희망과 꿈 대부분은 그저 꿈인 채로 남아있었다. 특히 노무현은 대통령 선거운동 시절, '참여민주주의', '평등주의', '사회정의'를 기치로 내걸었다. 그럼에도 불구하고 소득불균형과 불평등 현상이 그의 집권 시절 증가했다는 점은 많은 386세대들이 간과한 슬픈 아이러니이다. (또한 이명박의 '신자유주의 정책'을 반대하는 것이 광우병 촛불시위의 주요 목적이었음에도, 정작 김대중과 노무현은 신자유주의 경제정책을 전폭적으로 채택했다는 점은 너무나 아이러니하다. 김대중은 취임하자마자 IMF의 과격한 시장재조정안을 받아들였고, 노동조합을 약화시키고 한국의 비정규직을 엄청나게 확대시켰으며, 한국의 은행을 팔아넘기고, 글로벌투기자본에 대한 염려를 불식시켰다. 또 한국을 농북아시아의 '금융허브'로 바꿔놓으려는 노무현의 계획은 국내경제를 국제금융에 더욱 노출시키는 데 단초를 두고 있었으며, 노무현이야말로 미국과의 FTA를 애초에 체결한 사람이었다는 점은 말할 필요도 없을 것이다.) 이와 더불어 사회적 갈등과 양극화 현상은 노무현 정부 시기에 격화되었고, 노무현 행정부의 이데올로기 선동자 - 대부분 386세대와 전직 학생 운동가였다 - 는 오히려 2008년 대선에서 이명박이 승리를 거머쥐도록 돕는 결과를 불러왔다. 대중의 민심을 정확히 읽은 이명박은 스스로를 해낼 수 있는 사람, 중도우파적 '실용주의자'로서 유권자의 눈에 각인시켰다. 유권자 대부분은 노무현의 '급진적' 개혁 정책이 불붙인 끝없는 이데올로기적 논쟁에 지쳐 이런 인물을 바라 왔던 것이다. (즉, 이명박은 유권자를 사회의 일부인 이상적 '사회구성원'이 아니라 기본적으로 호주머니 걱정을 안고 사는 현실세계의 '소비자'로서 파악하고, 그 호주머니에 전적으로 초점을 맞춤으로써 어필하였다.)

한편 자신의 이데올로기적 정체성을 흐리게 만드는 능력이 이명박의 근본적 장점이었던 반면, 동시에 큰 약점으로 작용하기도 했다. 이 때문에 이명박은 좌파의 과녁이 되었다. 즉, 더 강하고 더 잘 정의된 이데올로기적 위치를 지닌 정적들로부터의 공격에 노출되어 있었던 것이다. 진보진영은 기회가 찾아오자마자 이명박을 내러티브의 거미줄로 감싸버림으로써 '재브랜드화' 시킬 수 있었으며, 위에서 본 이명박의 특성 때문에 효과는 훨씬 더 컸다. 짧게 말해, 자유진보진영은 국가 전체를 상대로 지금의 상황이 2008년이 아닌 1980년대를 방불케 하는 것처럼 사기를 칠 수 있었던 것이다. 자유진보세력은 이명박이 민중을 경찰의 힘으로 내리누르는 '독재자'이고, 촛불시위대는 미국의 헤게모니와 한국 내 미국 앞잡이에 맞서 나라를 지키는 민주주의 '자유의 수호자'라고 외쳐댔다. 이는 한국의 과거사로 떠나는 심리적 시간여행의 일종이었으며, 놀라운 것은 그렇게나 많은 한국인들이 주저 없이 그 여행에 동참하려 했다는 점이다.

물론 이 내러티브는 오늘날 한국의 현실을 반영한 것이 아니었기 때문에, 순수하게 신화적인 것에 지나지 않았다. 게다가 이명박을 독재자라 하는 것은 터무니없을뿐더러 솔직히 말해 철없는 주장이었다. 심지어 진보주의자들조차도 마음속으로는 오늘날 한반도에 남은 유일한 폭군은 김정일밖에 없다는 사실을 알고 있었을 텐데 말이다. 이명박 정부는 시위대가 서울 한복판에서 촛불시위를 세 달에 걸쳐 매일, 어떤 때는 다음날 동틀 무렵까지 열도록 허가했다 (시위에 대한 공식적 허가나 등록도 하지 않았다). 그뿐 아니라 이명박은 두 번이나 TV에 나가 미국산 쇠고기에 대한 국민의 염려를 충분히 고려하지 못한 데 대해 대국민 사과를 전했으며, 시위대의 주요 요구에 타협하기까지 했다. 이것은 한국의 진보주의 미디어가 끊임없이 비판하듯 독재자의 행동이 아닐 뿐더러 민주주의적인 '민중의 소리'를 '억압'하는 행동은 더더욱 아니다. 그러나 부시의 이라크 침략과 마찬가지로 광우병 촛불시위의 신화적 내러티브가 갖고 있는 매력은 어떤 사실적 기반에도 뿌리를 두고 있지 않았으며, 설사 사실적 근거가 있었다 해도 사상누각에 지나지 않았다. 이 신화적 내러티브는 우선 1980년대의 정당한 투쟁 중에 이데올로기적으로 탄생한 386세대의 근본적 정체성을 확인해주는 데 성공했다. 그와 동시에, 민주주의가 실망을 안겨주는 일상의 현실이 아니라 아직 수평선 저 멀리 빛나는 완벽한 유토피아였던 시절, 한국 현대사에서 좀 더 단순했던 시절을 상기시키며 큰 반향을 불러일으켰다. 그 시절엔 도덕적 확신과 절대성에 빠져드는 것이 훨씬 간단했다. 왜냐하면 정부는 분명 '나빴고', 민중은 명백히 '옳았기' 때문이다. 게다가 북한을 두고 자주적인 노동자의 천국이라며 낭만적으로 묘사하는 거짓말을 믿는 것도 가능했으며 (북한의 현실을 알 수 있을 만한 채널이 없었으므로), 만약 미군이 중간에 가로막지 않고 미국으로 꺼져 주기만 한다면 통일을 이룰 수 있을 거라는 꿈을 꾸는 것도 가능했다.

어쩌면 한국은 이미 절정기를 맞았고 오를 수 있는 만큼 올랐기 때문에, 이제부터는 내리막일 거라는 희미하고 막연한 느낌이 사회 전반에 퍼져 있었는지도 모른다. 소규모 고임금 국가인 한국이 치열한 경제적 경쟁 속에서, 그리고 하이테크를 자랑하는 일본과 저임금으로 무장한 거대 중국 사이에 점점 더 끼어가는 상황 아래서, 과연 미래에도 이러한 생활수준을 유지할 수 있을 것인가? 그리고 통일의 오래된 꿈이 악몽으로 변하는 것은 아닐까? 통일이 마침내 일어났을 때 한국인이 짊어져야 할 엄청난 경제적 부담을 고려해보았을 때 통일의 꿈이 악몽으로 변하지 않을 거라 장담할 수 있는가 말이다 (분명, 북한에 대한 십여 년에 걸친 짝사랑 이후, 남한에서는 김대중과 노무현 행정부의 햇볕정책은 본질적으로 실패로 돌아갔다는 여론이 증가했다). 사실, 이명박이 대통령에 당선되었다는 사실 자체가 한국 민주주의가 품은 가장 고귀한 포부의 뺨을 갈기는 짓이나 마찬가지였다. 물질적 가치에 이끌려서 그의 윤리적으로 의심스러운 과거를 기꺼이 제쳐 두고 이명박에게 표를 던졌기 때문이다. 그게 다였던가? 한국은 그저 더 꿈꿀 만한 높은 이상 – 영혼이 빈 미국식의 '멋진 신세계' – 이 없는 초경쟁적인 사회에 지나지 않는 것일까? 아마도 당시 상황은 그랬을 것이다. 그럼에도 386세대와 노무현 정부의 진보세력은 한국의 현재, 그리고 가까운 미래에 대해 믿을 만한 대안적 비전을 만들어내고 이행할 만한 능력이 없었다. 이 점을 고려해 보면, 더 나은 사회를 위해 투쟁하는 것이 훨씬 간단했고 오늘날처럼 힘에 부칠 만큼 복잡하지 않았던 시절, 이 땅의 진보세력들이 실제 정치의 요구와 불가피한 타협과 패배에 오염되지 않은 순수한 의도를 띠고 있었던 시절, 국가적 발전이라는 국민 전체의 과제가 그토록 거대한 희망과 기대를 안겨줄 수 있었던 시절, 그리고 만약 '올바른' 진보적 가치를 지닌 '올바른' 사람들이 책임 있는 자리에 올라 나라를 이끌기만 한다면 모든 게 완벽할거라 생각했던 시절인 1980년대에 존재했던 심리적 안전감으로의 도피를 통해 왜 그렇게나 많은 사람들이 위안으로 느꼈는지 이해할 수 있다.

이런 식으로 바라보면, 광우병 촛불시위를 '억압된 자의 회귀', 혹은 '억압 3종 경기'로 해석하는 것이 가능해진다. 결국 노무현 행정부의 실패는 특히 386세대의 커다란 희망과 꿈을 억압시켜 버렸다. 그 동안 김정일은 한반도 통일이라는 유토피아적 프로젝트를 이기적으로 좌절시켜 버림으로써, 많은 386세대들이 가슴에 품었던 '진보적 민족주의'라는 최종목표를 수렁에 빠뜨렸다. 더 폭넓은 관점에서 보면 현실 자체야말로 386세대가 품었던 한국을 소위 '아시아의 허브'로 만들고 발전을 도모하겠다는 꿈을 무너뜨린 장본인이었다고 봐도 좋을 것이다. 의심할 바 없이, 지난 몇 년간 진보 386세대의 무의식 속에는 상당량의 낙담, 죄책감, 수치심이 쌓여 왔고, 2007년 12월과 2008년 4월 선거에서 보수 세력에 압도적 패배를 당하면서 그런 감정이 정점에 달했다는 것은 부정할 수 없다. 게다가 위에서 잠깐 언급했듯, 의식 속에서 특정 충동이나 욕구가 봉쇄될 경우, 그것은 왜곡되고 파괴적인 형태로 다시 나타나는 경향이 있다. 이렇듯 갇혀 있는 감정과 가라앉아 있는 심리적 에너지를 풀어놓는 데 필요한 것은 작은 자극일 뿐이며, 미국산 쇠고기 수입이라는 이명박의 결정이 자극제 역할을 했음은 두말할 필요도 없다.

사실 '안티이명박' 카페는 2008년 4월 26일 이미 소규모 반정부시위를 가진 바 있다. 시위를 위해 나붙은 포스터에는 '굴욕외교'와 '미친소'라는 글들이 두드러지게 씌어 있었다. 사흘 후 'PD수첩'이 미국산 쇠고기의 '위험한 위협'에 대한 방송을 내보내자마자, 광우병 촛불시위에 대한 미리 준비된 신화적 내러티브가 전국민적 무대에서 선보이게 되었던 것이다. '미국을 등에 업은' 권위주의적 지도자의 혐오스러운 모습과 '미국의 꼭두각시 들러리'가 386세대의 집단적 정신체계 속에 박힌 주요 원형이었고 (북한의 경우와 똑같다), 이명박의 정적은 이명박이 실제로 그런 원형에 맞든 안 맞든 이러한 원형 안에 그를 재빨리 끼워 맞출 수 있었다. 시위대와 한국 자유진보진영 미디어 내부의 동지들은 이 점을 반복적으로 주장했다. 이명박과 미국 간의 쇠고기 협상은 미국 정부에 대한 '굴욕적인 양보'이며, 남한 주권에 심대한 손상을 입혔고, '죽음에 이르게 하는' 미국산 쇠고기를 죄 없는 한국인의 목구멍 속으로 처넣도록 했다는 것이었다. 짧게 말해, '사대주의'

의 전형적인 예라는 것이었다. 이러한 주장의 특징인 감정에 호소하는 어필 자체도 속이 빤히 들여다보이지만, 감정에 휘둘리지 않은 중립적 시점에서 바라보면 주장의 논리 자체도 정말이지 말도 안 되는 내용이었다. 이명박은 그저 노무현(결코 국가적 자존심이 없다는 비난을 받을 일이 없는 대통령일 것이다)이 했던 약속을 지킬 뿐이었으니까 말이다. 그리고 '굴욕외교'의 측면에서 보면, 2008년 4월 27일, 수천 명의 중국 교환학생들이 서울 한복판에서 친티베트 시위대와 북한인권운동가들을 폭력적으로 공격했던 때가 더 '굴욕적'이고 '창피한' 것 아닌가? 중국은 이 사건에 대해 "분리주의자 세력의 방해와 파괴에 맞서 정의를 존중하는 몇몇 학생들이 성화의 존엄을 지키기 위해 거리로 나섰다 – 이는 정당한 처사다"라고 했다. 나는 이런 제국주의적 오만을 비판하는 촛불시위를 본 기억이 없다. 또 2008년 7월 11일, 한국인 주부가 금강산관광리조트에서 북한 군인에 의해 사살되었을 때, 북측은 그녀의 죽음에 대해 남한 정부의 책임을 물었을 뿐 아니라 심지어 공식 사과를 요구하기까지 했는데, 이것은 '굴욕적'이고 '창피하지' 않단 말인가? 나는 이렇듯 말도 안 되고 냉혹한 거만함에 반대하는 진보진영의 촛불시위를 본 기억이 없다. 좀 더 요점에 접근해보자면, 한우가 광우병 안전에 관한 한 국제수역사무국(OIE)으로부터 더 낮은 레벨 '미확인 위험' 등급을 받은 마당에 '광우병에 오염된 미국산 쇠고기'의 근거 없는 위험에 대해 시위를 벌이는 것이 '민망한', 그리고 '치욕적'이기보다는 '파렴치한' 것 아닌가?

1980년대 386세대가 강력히 표방했던 반식민주의 담론은 정작 두 개의 특정 국가에만 해당되며, 1945년 해방 이후 한반도의 실제적인 정치군사적 상황에 대해 이야기할 경우에는 오직 한 나라만을 의미한다. 즉, 광우병 촛불시위의 신화적 내러티브의 첫 단계는 한국이 갖고 있는 미국에 대한 '반식민적'이고 '반사대주의적' 원한을 활성화시켰기 때문에 이토록 커다란 스케일로 번져나갈 수 있었던 것이다 (최근 한국이 미국을 상대로 기록한 엄청난 무역 흑자를 감안하면 오히려 미국이 한국의 경제적 식민지나 다름없는데도 불구하고 상황이 이렇게 돌아가고 있다). 이러한 내러티브는 시위대가 5월 말경 거리를 점거하기 시작하면서, 전경을 직접적으로 자극하기 시작하면서, 그리고 386세대가 스스로를 규정하고 이해하는 데 필요불가결한 원형들을 내세움으로써 좀 더 확고한 두 번째 단계로 들어서게 된다. 구체적으로 말하자면, 이 내러티브의 첫 번째 단계가 처음에는 반사대주의 정서에 의해 힘을 얻었다면 (특히 'PD수첩'의 주장이 방송을 탄 직후 신빙성이 떨어진다는 지적을 받자마자), 두 번째 단계는 한국의 미디어와 인터넷 공간을 통한 '경찰 폭력' 조작의 밈meme(재현, 모방을 되풀이하여 재생산되는 사회 관습 혹은 문화)이 그 특징이다. 이처럼 조작된 '경찰 폭력'을 통해 시위대는 스스로를 억압적 '독재 정권'에 대항해 '민주주의'를 지키고 발전시키려는 영웅적인 '자유의 용사'처럼 보이게 만들었다. 이 밈의 문제는 바로, 그 내용이 대부분 허구였다는 점이다.

나는 2008년 여름 내내 벌어진 주요 광우병 촛불시위에 빠짐없이 참가했는데, 한 번도 경찰이 시위대를 먼저 자극하거나 공격하는 것을 보지 못했다. 실제 상황은 항상 그 반대였다. 핵심은 늘 전경으로 하여금 어떤 반응을 보이게 자극함으로써 한국의 자유진보세력 미디어(및 그들과 한통속인 수많은 아마추어 '시민기자')가 '보도 자료로 남기는' 것이었다. 파렴치한 몇몇

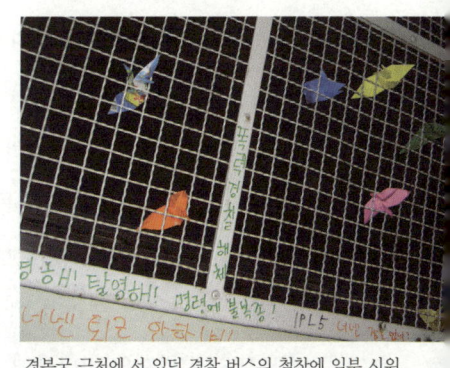

경복궁 근처에 서 있던 경찰 버스의 철창에 일부 시위대가 종이학을 꽂아 두었다. 이날은 2008년 6월 1일로 시위대와 전경 사이에 처음으로 심각한 물리적 충돌이 일어난 날이다.

건의 경우 심지어 날조되기도 하였다. 이런 자료는 미디어 곳곳으로 번져나가 '경찰 폭력'의 '충격적' 예로서 보도되었다. 그뿐 아니라 (최소한 진보적 매체의 경우) 애초에 시위대가 보인 자극적 행동은 거의 모두 편집되었다. 나는 이러한 전략이 실행되는 것을 2008년 5월 29일 처음 목격했다. 주요 시위 조직책 한 명을 포함한 몇몇 40대 아저씨들이 광화문 우체국 앞의 전경 라인을 향해 거의 한 시간 동안 가능한 모든 욕설과 외설적 말들을 쏟아 부었다. 거기에는 수십 명의 기자들이 카메라를 손에 들고 경찰이 '반응'하는 순간을 기다리고 있었다. 그러나 경찰은 그 모든 욕설을 참으며 시위대가 부딪쳐올 때마다 가볍게 밀어내었다. 기자들과 시위대 모두 지루해져 마침내 자리를 뜰 때까지 경찰들은 묵묵히 그런 행동을 이어갔다.

며칠 지난 6월 1일, 경복궁 옆 바리케이드에서 어떤 여대생이

전경에 의해 땅에 끌려 다니고 머리를 발로 두 번 차이는 등 처음이자 아마도 가장 악명 높을 '경찰 폭력' 사건이 일어났다. 이 장면을 담은 비디오는 즉시 바이러스처럼 퍼져나가 광화문으로 대규모의 성난 시위대를 불러들였다. 이날 시위에서 시위대는 처음으로 경찰 버스를 바리케이드에서 끌어내고, 훨씬 더 공격적으로 경찰과 대치했다. 그러나 이 유감스러운 사태에 이르기까지의 과정, 그리고 문제의 비디오에 포함되지 않은 부분 또한 되돌아보아야 할 것이다. 시위대가 처음으로 청와대에 그만큼 가까이 접근한 것은 6월 1일 아침의 일로, 경찰은 훨씬 더 '강력한' 방어체제를 펼칠 수밖에 없었다. 그리고 사실 시위대는 이미 전날 밤 경찰 버스를 흔들고 전복시키거나 심지어 그 위로 기어오르려는 시도를 펼쳤다. 게다가 나는 직접 목격했다. 시위대가 전날 저녁 바로 그 경복궁 바리케이드에서 최소 한 명의 전경을 끌어내어 둥글게 둘러싼 채 때리고 차는 모습을. 그 모습은 분명 바리케이드 뒤에 있는 동료 전경들을 자극했을 것이다. 게다가 그 여대생이 발로 차이는 장면을 담은 비디오를 자세히 보면, 그녀는 분명 폴리스라인을 돌파해 들어갔으며 – 수십 명의 다른 시위대와 함께 혼란 속을 돌진하면서 – 실제로 바리케이드 뒤쪽에 자리하고 있었다. 도대체 그 여대생은 청와대 코앞에서 일어나고 있는 폭동을 방불케 하는 혼란 와중에 폴리스라인을 말 그대로 강행 돌파하면 무슨 일이 벌어질 것이라 생각했는지 궁금하지 않을 수 없다. 아마도 이런 이유 때문에 그날 밤 그 자리에 있었던 다른 시위대들이 해당 전경을 대상으로 제기한 소송에 그 여대생은 끼지 않겠다고 했던 것이 아닐까. 그 사건에 직접적으로 관련된 경찰 대여섯 명은 징계를 받거나 정직처분을 받았다. 그 이후로 경찰은 끈질긴 인내심을 보여 주었고, 시위대가 점점 더 도발적이고 폭력적으로 변해갔는데도 불구하고 시위대에 대한 반응을 억제해 왔다.

사실 그 여름 동안 나는 젊은 전경 수십 명이 폴리스라인에서 끌려나오고, 가끔은 흠씬 두들겨 맞는 모습을 목격했다 ('경찰 폭력' 어쩌고 하는 밈을 떠올려 보면 엄청나게 아이러니한 주객전도가 아닐 수 없다). 그러나 이런 사건들은 자유진보진영의 미디어에서는 고의적으로 무시되었다. 왜냐하면 이것들은 그들 자신이 창조에 일조했던 신화적 내러티브에 맞지 않기 때문이다. 사실상 광우병 촛불시위의 첫 단계에서 언급되었던 '진보적 민족주의'는 광주민주화운동, 6월 항쟁, 박종철이나 이한열을 비롯한 1980년대 민주화운동의 열사 등, 1980년대의 원형과 상징 여럿을 거듭 환기시키고 눈길을 끄는 독선적 '반권위주의' 수사학을 이용해 보강되었다. 따라서 우리는 시위대의 프로파간다 노력에 있어 '경찰 폭력' 밈이 얼마나 중요한지 충분히 이해할 필요가 있다. 이를 통해 자유진보진영은 이명박을 마치 전두환과 같은 민주주의를 얕보는 '독재자'의 이미지로 부각시키고, 이명박 행정부 전체에 대한 불신을 심어 주었으며, 그를 대통령 자리에서 몰아내려는 운동을 전개하면서 주요 시점마다 대중을 불러내는 쓸모 있는 도구로 삼을 수 있었기 때문이다. 그러나 '경찰 폭력' 밈이야말로 시위대가 주

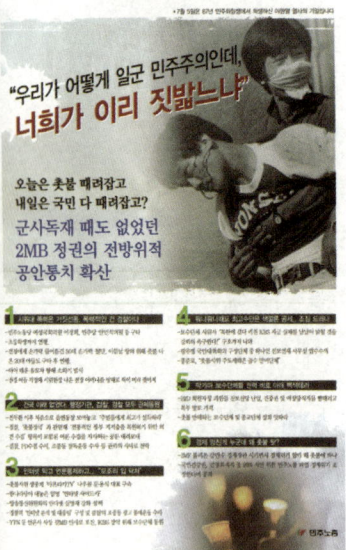

1980년대의 원형(原型)을 악의적으로 이용한 대표적인 전단지. 광주민주화운동과 이한열, 특히 6월항쟁은 2008년 여름 광우병 촛불시위 기간 중에 시위대와 자유진보진영의 미디어에 의해 자주 언급되었다.

객전도의 모습을 보인 전형적인 예이다. 앞에서 보았듯, 시위대의 기본적 목표는 항상 경찰을 먼저 자극함으로써 스스로를 '경찰 억압'의 희생자로 비추는 것이었다. 오늘날의 전경을 한국의 권위주의적 과거의 상징으로 바꿔놓으려는 이런 거짓된 시도야말로 광우병 촛불시위 운동 전체를 대변하는 표상이라고도 할 수 있을 것이다. 광우병 촛불시위의 본질은 실제 상황을 대변하는 것이 아닌 '민주주의'의 환영에 지나지 않았으므로.

'경찰 폭력' 이슈와 마찬가지로 미국산 쇠고기의 광우병 '위협'이 대부분 조작이라는 점을 인정하고 나면, 남는 것은 이명박과 한나라당이 세운 정책 전반에 대한 시위대의 반대뿐이다. 그러나 2007년 12월과 2008년 4월의 선거는 국민이 원하는 방향을 명확히 보여주었다. 다수의 국민이 나라를 이끌라며 선택한 대표에 대해, 소수의 유권자가 동료 시민 대다수가 민주적으로 표시한 뜻을 꺾고 탄핵하려 한다면 그것은 과연 '민주적'인가? 그에 대한 답은 하나뿐이다.

현대의 신화는 세계에 대한 특정 관점을 마치 진실의 '자연스럽고 보편적인' 모습인 양 가장하는 도구라는 바르트의 정의를 떠올려 보면, 2008년 광우병 촛불시위의 내러티브가 거의 모든 측면에서 신화적이었다는 것이 드러난다. 촛불시위의 내러티브가 전 민족의 '큰 뜻'을 표현한다고 지속적으로 주장했으되, 실제로는 매우 구체적이고 편파적인 이데올로기적 관점을 대변하는 데 지나지 않았기 때문이다. 2008년 5월 2일, 첫 촛불시위에서부터 8월 15일 열렸던 여름의 마지막 대규모 시위이자 '운동'에 이르기까지 시위 조직책과 지도자들의 기본 전략은 그대로인 채였으며, 사실 상당히 단순했다. 수도인 서울 거리를 물리적으로 점거함으로써, 시위대는 실제 '증거'와 '내용'을 만들어낼 수 있었다. 그리고 이 '증거'와 '내용'을, 함께 '이유'를 공유하고 있는 자유진보 진영의 미디어와 인터넷을 통해 '스스로 선보이고 퍼뜨렸다'. 이들이 자기 입맛대로 만들어낸 내러티브는 너무나 '자연스럽게 느껴지고', '자명해져' 그들이 추구했던 '정권교체'가 어쩐지 '불가피한' 일인 것처럼 느껴질 때까지 나라 전체를 '속여 넘겼으며', 대중의 눈앞에 계속 아른거렸다. (시위대가 '조중동'과 싸웠던 이유가 이것이다. 시위대의 진정한 '이슈'는 시위대가 지속적으로 주장해 왔듯 조중동이 '거짓'을 보도하는 것이 아니었다. 오히려 '조중동'이 시위대가 만들어낸 내러티브에 대항하는 효과적이고 강력한 반내러티브를 만들어냄으로써 시위대의 내러티브를 해체하고 훼손할 수 있다는 점이었다. 이런 관점에서 보면, 2003년 이라크 침략 준비 기간 동안 민주주의를 지키는 데 실패했던 미국의 외견상 '진보적인' 주류 미디어와 반대로, 아이러니하게도 소위 '보수언론'이 남한의 순수 민주주의를 지켜내는 데 일조했음을 알 수 있다.) 이러한 신화적 내러티브의 상징적 중심은 386세대의 자유진보세력에 속해 있었다. 이 내러티브는 386세대가 겪었던 최근의 정치적 패배에 반응해 만들어진 것이며, 그들 세대 특유의 심리적 동역학에 의해 생명력을 띠게 되었기 때문이다.

물론 촛불시위에는 사회의 여타 계층도 참가하였다. 가장 유명한 예로 촛불시위 초기 다수의 여중생과 고등학생들이 참여한 것을 들 수 있겠고, 다수의 대학생도 시위에 참여했다. 그러나 그들은 그저 386세대가 만들어내고 규정한 상징적 공간 안에서 움직였으며, 진보적인 손위세대가 가부장적으로 제공한 더 큰 내러티브에 포섭 당했을 뿐이었다 (실제로, 386세대가 대부분인 전교조 소속 교사들이 학생들에게 촛불시위에 참가하라고 '독려'한 사실이 보도된 적도 있다). 또한 1980년대 민주주의 투쟁 이야기를 들어만 봤지 겪지 못했던 대학생에게는 '향수'가 강력한 동기부여제가 되었을 것이며, 한국 민주주의를 '파괴하고자' 마음먹은 또 하나의 '독재자'에 맞서 투쟁함으로써 386세대의 발자취를 따라 스스로를 '증명할' 기회를 얻은 것이다. 물론 한국의 젊은이들이 진정한 독재자 아래서 살아가는 것이 어떤 것인지 이해하거나 그에 대한 직접적인 기억을 갖고 있지 않았다는 점은 확실히 해 두어야겠지만. 전경이 남한의 권위주의적 과거를 대변하는 주된 원형이었던 것처럼, 한국인의 집단의식 속에는 올바른 학생 시위대의 이미지 또한 중요한 원형으로 자리 잡고 있다. 그렇기 때문에 촛불시위에 학생들이 참여했던 것은 확실히 운동 전체에 '도덕적 합법성'을 한 겹 덧씌워 주는 데 한몫했다. 그러나 현실적으로 그 학생들은 그저 자유진보진영의 386세대가 국가를 무대로 연출한 배배꼬인 심리극의 '엑스트라'나 배경, 혹은 조연에 불과했다.

정치심리학 용어를 다시 한 번 사용하자면, 광우병 촛불시위를 이끈 메커니즘은 다음과 같이 최종적으로 요약할 수 있다. 386세대는 최근의 정치적 몰락에 대한 스스로의 좌절감과 실망감을 이명박과 전경(이명박 행정부의 권위를 가장 직접적이고 시각적으로 나타내는 존재)에 전가하고 뒤집어씌움으로써, 이명박과 정부를 그들 자신의 정치적 결점 및 실패의 희생양으로 삼았다. (6월 초에 이르자 시위대는 전경을 비판하는 내용을 골자로 한 노래를 쇠고기협상을 재협상하라는 요구를 담은 노래만큼이나 자주 불렀으며, 이런 모습은 6월 말 이후 계속되었다.) 이런 행동은 전적으로 반응적이며 이기적인 것으로, 종당에는 좀 더 성숙하고 책임감 있는 방식으로 현실을 마주하지 못하는 자신의 무능력을 엄청나게 파괴적인 대체물, 즉 시위를 통해 대신하는 결과를 불러왔다. 광우병 촛불시위 운동의 지도자와 조직책은 분명 자신의 동기와 행동에 대해 상당히 다른 생각을 하고 있었을 것이다. 아무리 그들이 이라크 침략을 준비하던 부시만큼이나 스스로의 정당성과 이데올로기적 열정에 의해 현혹되었다 할지라도 말이다.

만약 촛불시위가 충분한 수의 국민을 설득하는 데 성공하고, 청와대에 있는 미국의 '꼭두각시 독재자'에 맞설 그들의 결심 덕에 자유진보진영만이 민족을 이끌 '도덕적 권위'를 부여받는 결과가 나왔다면, 그들은 필리핀 식의 '민중의 힘 혁명'을 통해 이명박 정부를 몰아낼 수 있었을 것이다. 그렇게 함으로써 스스로를 자기 자신의 관점에서 보았을 때 '회생시킬' 수도 있었을 것이다. 그러나 더 기본적이고 근본적인 차원에서 자유진보진영이 진정으로 하고 있던 것은 보수진영이 제시하는 관점보다 스스로 보기에 더 '합법적'이고 '옳다고' 느끼는 특정 관점을 제시하고 논쟁하는 일 뿐이었다. 남한의 모든 자유진보진영의 사람들은 스스로에게 질문을 던져야 할 것이다. 그들이 지녔던 관점이 진정 21세기 한국을 발전시키는 것과 관련이 있는, 신빙성 있고 미래지향적인 비전이었는지, 아니면 스스로가 너무나 과거에 깊이 뿌리박혀 있어 한때 가지고 있었는지도 모를 '옳은' 목적을 성취하고자 이미 구식에 지나지 않는 신화에 너무 의존했던 것은 아닌지 말이다.

*** 

광우병 촛불시위에 대한 내 생각과 느낌은 대략 3단계에 걸쳐 변화했다. 촛불시위는 장장 몇 달에 걸쳐 진화했고, 예측 불가능한 우여곡절을 겪어 왔기 때문이다. 애초에 나는 미국산 쇠고기로 인한 광우병에 대한 한국사회의 공포가 말도 안 되고 과장된 것이라고 생각했다. (영어권 원어민인 탓에 미국뿐 아니라 영국과 호주 및 세계 곳곳의 믿을만한 출처를 통해 미국축산업계의 광우병 실태를 조사할 수 있었던 것이 도움이 되었다.) 나는 개인적으로 공장에서 키워진 미국산 소에 투여되는 성장호르몬과 항생제가 이슈를 불러일으키기에는 더 타당하다고 생각했다. 그렇지만 다시 생각해 보면, 호르몬과 항생제는 한우에도 널리 쓰이므로 이런 식의 접근은 무위로 돌아갈 가능성이 높다. (게다가 선동의 관점에서 보면 뇌를 녹인다는 광우병의 공포보다는 덜 충격적일 테고.) 그러나 무언가 중요한 일이 여기에서 일어나고 있다는 느낌을 받았던 나는 특히 5월 말 촛불시위가 일종의 정점에 다다르고 시위대가 종로의 큰길가를 점거한 이후 시위대와 많은 대화를 나누기 시작했으며, 이 모든 일들이 어떻게 풀려나갈지 궁금해지기 시작했다. 내가 이처럼 관심을 갖게 된 요인 중 하나는 촛불시위가 한국사회의 보편적 현실을 뚫고 나타난 일종의 불화였기 때문이다. 보통 대부분의 국민은 너무 조심성이 많거나 바빠서 다른 사람들과 오랫동안 대화하는 데 별 관심이 없다. 그렇지만 별안간 나는 다양한 계층의 사람들과 더불어 정치와 사회적 이슈에 대해 자유롭게 이야기를 나눌 수 있었다. 이것은 상당히 신선한 경험이었다. 시위 초기 주요 시위 슬로건에 들어가는 한국어 "독재타도!", "협상무효, 고시철회!", "폭력 경찰, 물러가라!' 등을 가르쳐 주었던 40대 초반의 은행원과의 긴 토론은 흥미로웠다. 또 다른 40대의 초등학교 교사와의 토론도 즐거웠다. 이분은 나에게 손으로 쓴 수많은 플래카드의 영어 표현을 고쳐 달라고 부탁했다 ('2MB는 타고난 사기꾼! 사기꾼은 뒈져라!', 'NR이 죽어야 나라가 산다!' 등이었는데, 외국인들이 NR-뉴라이트의 약자-를 알까 싶기는 했다). 6월 말 촛불시위에 참여하기 위해 어머니에게 거짓말을 하고 혼자 서울로 올라왔다는 대전 출신의 대학원생은 심지어 완벽한 메이크업에 하이힐까지 갖춘 차림에도 불구하고 광화문 경찰 바리케이드에서 버스를 끌어내는 데 일조하기도 했다. 나 또한 진보주의자로서 이명박의 팬이 아니라는 점은 분명히 해두어야겠다. 한동안 나는, 비록 시위가 초기에는 애매하게 시작하긴 했지만, 나중에는 이 시위들이 현 정권에 대한 '계급 불균형 반대 투쟁'의 일종으로서 합리화되지 않을까 하는 생각을 했다. 당시 〈인터내셔널 헤럴드 트리뷴〉지의 칼럼니스트 중 하나가 촛불시위대를 강력히 비판하고 다음과 같이 끝맺은 글을 보고 ("쇠고기 데모는 국민건강의 미명 하에 반미주의를 외치는 자리였을 뿐 아니라, 민족주의의 극단을 보여주었다.") 심지어 촛불시위를 부분적으로 옹호하는 편지를 투고하기도 하였다. 내가 투고한 편지는 2008년 6월 19일자에 다음과 같이 실렸다:

　　남한에 오랫동안 살아온 미국인으로서, 나는 종종 비무장지대를 사이에 둔 남북한 양측이 보여주는 민족주의의 극단적 표현에 당혹하곤 한다. 그러나 나는 '힘 있는 골칫거리 민족주의(6월 16일자 논평)'라는 글이 미국산 쇠고기 반대 시위의 반미적이고 민족주의적 측면을 과장함으로써 사태의 초점을 놓쳤다고 생각한다. 광우병 쇠고기에 대한 공포는 – 사실 그런 공포가 어느 정도 근거가 없는 것도 아니다 – 한반도 전역에 걸친 더 광범위한 항의의 대폭발에 불을 붙인 불씨였을 뿐이었다. 사실, 미국산 쇠고기는 새로 취임한 이명박 대통령이 표방하는 신자유주의 정책을 억제하기 위해 정적들이 개발한 비밀스러운 무기의 일종으로 사용되었을 뿐이다. 이명박의 신자유주의 정책에는 여러 국영회사 및 서비스의 민영화가 포함되어 있다. 이런 시위에 매일 참가해본 사람으로서 말하건대, 이 시위는 주로 한국 내부정치와 사회분열에 관한 것으로서, 반미 감정은 거의 없다고 해도 될 것이다. (중략)

그러나 지금의 나로선 이런 초기 분석이 너무 순진했구나, 싶다. 그리고 개인적인 정치적 신념이 이 시위를 분석하는 데 너무 큰 영향을 미친 결과, 이 시위를 너무 낙관적으로만 바라보았다는 생각이 든다. 비록 광우병 촛불시위가 반미를 정면에 내세우지는 않았지만, 앞에서 언급한 바와 같이 미국에 대한 반사대주의적 민족주의 감정이 시위를 뒷받침하고 있다는 점은 부인할 수 없다. 그런 감정이 없었다면 이 시위가 이토록 빨리, 이처럼 대규모로 진행될 수는 없었을 것이다. 그리고 전교조, 한총련, 민주노총 등 광우병국민대책회의 주도적 참여자 다수는 미국에 대해 그다지 '우호적이지' 않다 (대책회의에 참여한 단체의 면면을 살펴보면 '반미여성회' 등 좀 더 조직의 목적을 전방에 내세운 단체도 있다). 사실 촛불시위가 벌어지는 기간 동안 두어 번 내 자신이 반미감정의 타깃이 되었음을 느낀 적도 있었다. 5월 9일 저녁, 청계광장에서 한국인 친구와 이야기를 나누는 중에 웬 나이든 남자가 우리 앞에 갑자기 나타나선 한국말과 영어를 섞어 가며 소리치기 시작했다. "미국 사람이 북한의 인권에 대해 이래라저래라 하는 잔소리 따윈 필요 없어! 양키 고 홈!" 7월 중순에는 청계천 근처에 있던 소규모 시위대가 반정부 프로파간다를 외치는 커다란 스크린을 너무나 큰 소리로 틀어 놓아 행인들을 놀라게 하고 있길래 그들에게 소리가 너무 크다고 말해 주고는 가던 길을 갔다. 그러나 곧 대여섯 명의 시위대가 나를 둘러쌌고, 한 40대의 여자가 "양키 고 홈!"이라 소리치며 내 얼굴에 침을 뱉었다. (다른 시위자 중 하나는 심지어 나를 금방이라도 때릴 듯이 주먹을 공중에 휘두르려 했으나 다행히 근처에 있던 교통경찰이 끼어들어 내가 도망칠 수 있도록 해주었다.)

  2008년 광우병 촛불시위를 가로지르는 잠재적 반미감정의 암류는 유명한 '촛불 든 소녀' 로고를 살펴봄으로써 가장 잘 이해할 수 있을 것 같다. 이 로고는 잠깐 사이에 광우병 촛불시위 운동의 상징으로 거듭났다. 지난 2002년 한국에서 일어난 대규모 촛불시위는 신효순, 심미선 학생의 죽음이 그 불씨가 되었다. 그 촛불시위는 횡포를 휘두르는 미제국과 학생들의 죽음에 책임이 있는 미군을 적절히 처벌하지 못한 것(적어도 한국인이 보기에는)에 반대하여 '효순과 미선'을 기억하고 그 존엄성을 지킨다는 주장을 펼쳐 시위의 '도덕적 정당성'을 끌어냈다. 내가 보기에 2008년의 '촛불 든 소녀' 로고는 도상학적 측면에서 너무나도 비슷해 2002년 촛불시위를 노골적으로, 적어도 잠재적으로 환기시켰다. 이로써 또 한 번 미국 헤게모니의 사악한 음모와 약탈에 맞서 지켜내야만 할 한국의 '무구함'과 '순수함'을 표현한 친숙하면서도 마음을 울리는 심리학적 원형이 활용되었던 것이다.

광우병 촛불시위가 지닌 모종의 전체주의적 측면 또한 나를 괴롭혔다. 촛불시위는 시간이 흐르면서 더욱 강경해졌으며, 그로 인해 위선적으로 보이는 내부적 모순이 계속해서 생겨나기 시작했다. 가령 시위대는 이명박이 국민과 '소통'하려는 노력을 보이지 않는다며 끊임없이 책임을 물었다. 그러나 내가 보기에 정작 대안적인 관점에 귀를 닫고 있는 것은 다름 아닌 시위대였다. 5월 말 어느 저녁, 청계광장에서 어느 젊은 기자와 이야기를 나누던 와중에 'PD수첩'의 방송에 대해 김용선 박사 자신조차도 비판을 가했다고 말했다. 순간 열누어 명의 시위대가 끼어들더니 도대체 어디서 그런 말을 들었는지 물어왔다. 중앙일보에 보도된 적이 있다고 대답하자 시위대는 껄껄 웃으며 "중앙일보를 믿을 수는 없지! 항상 거짓말만 하는데!"라며 조소하는 것이었다. 그 이후 한 달여 동안 덩치 크고 위협적인 아저씨들 덕에 시위대와 나누던 대화가 끊긴 적이 많았다. 덩치 좋은 아저씨는 나와 이야기하고 있던 사람들에게 "그 사람 말 듣지 말아요! 중앙일보를 읽는다잖소! 그 사람 말은 믿을 게 못 된다니까!"라고 소리쳐댔다. 사실 성난 시위대가 중앙일보나 조선일보의 기자들에게 고함치는 모습을 본 것도 여러 번이었다. 이유는 뻔했다. 시위대는 항상 스스로가 '평화적'이고

'순수' 하게 보이기를 원했으니까. 시위 말엽에 이르러서는 조선일보와 동아일보 기자 여럿이 물리적으로 구타당했다는 보도가 나곤 했다. '민주주의' 와 '언론의 자유' 를 기본 원칙으로서 설교하던 운동치곤 참여자 다수가 다른 이의 주장이나 관점을 용납하지 못한다는 사실이 훤히 들여다보였다. 이명박더러 '권위주의적' 이라는 비판을 퍼붓고 있었음에도 도리어 시위대가 더 권위주의적으로 느껴졌다. 다른 시민들에게 미국산 쇠고기를 살지 말지 결정할 개인적 자치권조차 허락하지 않으려는 태도는 이 땅의 보통 사람들에 대한 노골적인 거만함을 드러내 보이고 있었다. 마치 시위대들만이 무엇이 나라를 위한 일인지 알고 있다는 듯, 그리고 그 문제에 대한 어떤 토론이나 융통성도 용납하지 않겠다는 듯이.

시간이 흐르면서 나는 점점 더 시위와 시위대가 만들어낸 내러티브에 회의를 갖게 되었다. 그리고 한국의 자유진보 미디어가 만들어낸 수많은 왜곡이나 허위사실을 실제로 목격하기도 했다. 예컨대 시위 초기에 한 방송국이 청계광장에서 쇠고기 수입과 관련해 내 미국인 친구를 인터뷰한 적이 있었다. 그는 미국산 쇠고기의 광우병 발병 가능성에 대해 손톱만큼도 걱정하고 있지 않았으므로 그들이 유용하게 써먹을 만한 이야기라고는 전혀 갖고 있지 않았다. 결국 그들은 내 친구더러 한국말로 "나는 믿어요!"라고 말하게끔 시키고서, 그의 의견과 정반대되는 보도를 내보낼 때 그 장면을 써먹었다. 또한 나는 소위 '기자' 라는 사람들이 자기 의견에 동조하도록 '압박' 하거나 유도하는 장면을 수도 없이 봐 왔다.

기자들이 이미 결정된 답변을 듣길 원한다는 것은 자명했다. 7월의 어느 토요일 밤, 한 지방 방송사에서 나온 세 명의 남자들이 척 보기에도 시위대의 일원이 아닌 여성 2명을 불러 세워 말 그대로 구석에 몰아붙인 채 계속 질문을 던졌다. "미국산 쇠고기 협상을 재협상해야 한다고 생각하지 않으십니까?" 그 여성들이 상당히 소심하게 "그런 생각은 별로 안 해봤는데요."라고 대답하고 계속 길을 걸어가려 하자, 리포터는 자리를 뜨지 못하도록 물고 늘어졌다. (결국 내가 끼어들어선 한국말로 "이 분들 인터뷰하기 싫어하는 거 안 보여요!"라고 말하면서 그들이 탈출할 시간을 벌어줬다.)

이뿐만 아니다. 숫자놀음 속임수도 있었다. 주의 깊게 관찰한 결과 나는 시위대와 미디어 동지들이 시위 참여자 수를 평균 세 배에 가깝게 부풀리고 있음을 깨달았다. 시위대 측에서 광우병 국민대책회의에 '1,800여 개'의 시민단체와 NGO가 속해 있다고 주장한 것 또한 과장된 수치였다. 1,800이란 숫자는 개별 단체를 헤아린 것이 아니라 전국적 단체의 지역 지부나 분회 또한 포함시킨 숫자였기 때문이다 (따라서 민주노총 한 군데에서만 50개가 넘는 지역 지부를 따로따로 리스트에 올렸으며, 환경운동연합이나 몇몇 다른 단체들도 마찬가지였다). 이런 방법을 동원하여 진실과 사실은 '억지로 구부려져' 예정된, 사실이 아닌 내러티브에 맞추어 재단되기도 했다. 내러티브 자체의 본질부터가 신화적이었으니, 이 모든 것은 필연적이었다.

가장 큰 왜곡은, 실제로는 정반대였음에도 불구하고, 전경을 '폭력적'이고 '잔인하다'고 묘사한 시위대와 자유진보미디어에

 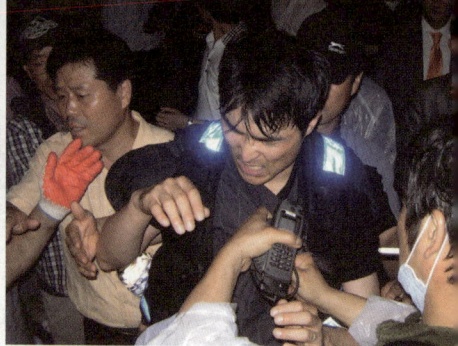

전경들은 종종 시위대에 의해 폴리스라인에서 끌려나왔고, 순식간에 시위대에 둘러싸인 채 폭행을 당하기도 했다. 2008년 6월 22일 새벽 광화문 사거리에서 한 전경이 흠씬 맞은 채 쓰러져 있는 모습과 2008년 6월 26일 새벽 폴리스라인에서 떨어져 고립된 전경의 모습이다.

의해 이루어졌다. 미국인의 한 사람으로서 말하건대, 나는 모든 남한 국민들에게 이 땅의 전경은 전체적으로 보아 인내와 극기, 참을성의 귀감이라고 확언할 수 있다. 특히 전경이 운수 나쁜 젊은이에 불과하다는 것, 의무 병역을 마치기 위해 어쩔 수 없이 그 자리에 서게 된 사람들임을 고려하면 말이다. 전경 중 다수가 매일 밤 시위대의 물결을 두려워하는 모습도 자주 눈에 띄었다. 나 자신도 1991년 샌프란시스코에서 걸프전에 반대하는 시위를 벌이다 체포된 적이 있었는데, 내가 만일 한국인 시위대가 했던 것처럼 나를 체포하던 경찰을 때리거나 욕설을 퍼부었더라면 나는 아마도 곧장 머리를 곤봉으로 얻어맞았을 것이다. 미국의 경찰은 훨씬 나이가 있고, 덩치가 크며, 거리에서 마주치는 어떤 식의 저항에 대해서도 무지막지하게 대응하기 때문이다.

사실 남한의 전경은 박정희나 전두환 시절의 권위주의적 시대에 빚어진 과거의 평판을 잘 알고 있다. 아마도 이 때문에 시위대에게 폭력적으로 구타당하고 있는 와중에도 조심할 수밖에 없었을 것이다. 시위대가 이명박 정부를 흔들어 놓으려는 주 목적을 달성하고자 반(反) 경찰 선전을 양산하기 위해 각색된 언론플레이에 엮여 있다는 것을 알고 있었을 테니. (어떤 시위자는 심지어 '피를 좀 흘리지 않고는 자유나 민주주의를 얻어낼 수 없다'고 내게 직접 말했다.) 물론 모든 시위나 시위자가 폭력적인 것은 아니었고, 낮 동안에는 보통 평화가 유지되곤 했다. 그렇지만 해가 지고 평범한 시위자가 집으로 돌아가고 나면 대규모의 극렬 시위대가 광포한 무리로 돌변했다. 특히 6월 10일, 6월 항쟁 기념주간으로 이어지는 기간 동안, 그리고 정부가 미국산 쇠고기 수입을 공식적으로 발표한 6월 말의 며칠 동안에는 그 기세가 하늘을 찔렀다. 시위에 실제로 참가하지 않은 수많은 한국인 친구나 지인을 포함한 대부분의 한국 대중이 시위대가 먼저 폭력을 시작하고 경찰을 자극했다는 사실을 잘 모른다는 것은 이해하기 힘들었다. 하긴 이 땅의 진보주의 미디어의 본연의 임무는 시위를 객관적으로 보도하는 것이 아니라 시위대의 신화적이고 반정부적인 내러티브를 강화하는 데 도움이 되는 편향적인 선전을 창출하는 것이었으니까. 일반 대중이 시위 기간 동안 현장에서 무슨 일이 일어나고 있었는지, 진실을 잘 모른다는 데 놀란 내가 순진했던 건지도 모른다. 아니면 단순히 남한 사회에서 신화가 갖는 파급력을 과소평가하는 우를 범했던 건지도.

  2008년 6월 28일 저녁, 태평로를 메운 시위대는 특히 폭력적이어서 경찰 버스 여러 대를 속속들이 파괴하고 안에 타고 있던 경찰을 긴 쇠파이프와 삽으로 공격했다. 심지어 전경을 향해 소화전에

잇댄 고압 물대포를 뿌려대는 극단적인 모습을 보여주었다. 이는 경찰이 버스 바리케이드 뒤에서 나와 평소보다 좀 더 전투적으로 대응하게 하는 계기가 되었다. 그리고 흩어지지 않는 군중을 곤봉으로 때리는 모습도 분명 눈에 띄었다. 또 하나 내가 목격한 것은 시위대가 전경 몇몇을 생포, 머리에서 피가 줄줄 흐를 때까지 무자비하게 구타하는 모습이었다. 28일 저녁의 극단적인 대치로 인해 그 다음 주에는 서울광장의 시위대에 수많은 종교단체가 합류, 폭력행위를 규탄하고 광우병 촛불시위에 상당한 도덕적 신망과 정당성을 더해 주었다. 이런 행동은 열기와 일반 대중의 지지를 잃어가는 듯하던 순간에 운동을 다시 회생시키는 데 일조하였다. 그럼에도 나는 28일 저녁 폭력을 행사한 것은 시위대였다는 사실을 보도한 진보자유진영 미디어의 방송은 하나도 보지 못했다. 도리어 그 반대로 그들은 가장 강렬한 수식어를 동원해 경찰을 깎아내리기에 바빴으며, 앰네스티인터내셔널이 경찰의 '인권유린'과 '폭력 행사'에 대한 수사를 진행하기 위한 특별조사관을 2주간 파견하기로 결정했다는 사실을 떠벌리기에 급급했다. 2008년 7월 4일, 이 조사관은 인천국제공항에 도착하자마자 발표했다. '촛불시위대는 매우 평화로워 보였다. 시민들은 자신의 주장을 자유롭게 표현할 권리가 있으며, 정부는 이를 보장해야만 한다.' 만약 그 조사관이 그 시위를 '평화적'이라고 느꼈다면, 조사관은 아마도 시위에 대해 노골적 편견을 갖고 있거나 시위를 전혀 모르고 있었거나 둘 중 하나일 것이다. 그리고 2008년 7월 18일 공표된 최종 보고서는 처음의 의견과 본질적으로 똑같은 결론을 읊어대고 있었다. '남한 경찰은 정부의 무역정책에 반대한 시위를 벌이던 평화로운 시위대에 과도한 폭력을 행사하였다'. (특히, 조사관은 5월 31일과 6월 1일 '대부분 평화로운 모습이었던 시위대를 향해 근거리에서 물대포를 발사한 행위'를 비판했다.

한 시위대가 쇠막대기를 든 채 전경에게 돌진하고 있다. 2008년 6월 8일 광화문 근처.

정작 그날 밤 그 자리에 있었던 나로서는 경찰이 물대포를 곧 쏠 거라는 것이 너무나 빤히 보였기 때문에 물대포를 피하는 것이 전혀 어렵지 않았다.) 이 보고서는 시위대가 자아낸 신화적 내러티브가 너무나 강력하고 효과적이어서 앰네스티인터내셔널과 같은 저명한 국제기구조차도 홀려낼 수 있었다는 것을 보여주는 증거일 뿐이었다.

내가 웹사이트를 통해 이 시위대가 어떻게 폭력 밈을 이용하고 있는지, 그리고 자신들의 주장과 달리 순진한 희생양이 아니라는 점에 대해 쓴 일련의 글을 올리기 시작한 것은 그 즈음부터였다. 심지어 내 르포 몇몇을 앰네스티인터내셔널에 보내기도 했다. 비록 앰네스티에서는 무시당했지만 이 르포는 남한, 일본, 영국과 미국 각지의 영어 웹사이트에 링크되어 많은 댓글이 달렸다. 개인적으로 이명박의 지지자라서가 아니라, 민주주의와 진실의 중요한 원칙이 위험에 처해 있으며, 나 자신의 개인적 정치 신념에 상관없이 이를 지켜낼 필요를 느꼈기 때문에 나는 이런 일들을 했다. 특히 6월 30일, 서울광장에서 시위대들을 지지하는 천주교 신부들의 미사가 집전되었던 기간 동안 나는 이 점을 통렬히 느낄 수 있었다. 한 젊은 한국 여성이 영어로 된 전단지를 외국인에게 돌리고 있는 것을 보았다. '한국의 진정한 민주주의는 어디에 있는가?', '한국의 정치인은 이 촛불시위에 참가하고 있는 결백한 한국 국민에게 잔인한 행동을 일삼고 있다'는 내용이었다. 내가 그 시점에서 깨달은 또 한 가지는 시위대 다수가 그저 모든 행동의 이유를 잃어버린 채 무모한 행동을 일삼고 있다는 것이었다. 28일 저녁 어떤 시위자는 "남은 4년 반 동안 시위를 할 준비가 되어 있다"고 했고, 7월 초 다른 어떤 시위자는 "이명박은 암살되어야 마땅해!"라고 말했다.

한국의 자유진영미디어에게 시위대의 폭력이 바로 눈앞에서 벌어지고 있는데도 불구하고 보도하지 않는 이유가 무엇인지 물어본 적도 있다. 가령 7월 19일 저녁 시위대는 종로 1가를 점거하고 원통형 폭죽을 전경들에게 발사하고 있었는데, 모 방송국에서 나온 카메라 팀은 이 모든 일이 일어나는 동안 그저 땅바닥에 앉아 있었다. 그러나 전경이 폭죽을 발사해대는 시위대를 해산시키기 위해 살수차를 준비하자마자 전경대를 찍기 시작했다. 경찰은 살수차를 최대 강도로 쏘지 않기로 결정하고 두어 번 찍찍 뿌린 끝에 꺼버렸지만 말이다. 그들에게 왜 전경의 '도발적인' 모습만 보도하고 훨씬 더 도발적인 시위대의 행동은 보도하지 않느냐고 묻자 군색한 대답이 돌아왔다. "아, 시위대는 아까 찍었거든요."

7월 26일, 시위대는 다시금 종로를 점거하고 모든 교통을 통제했다. 전경 한 무리가 종각역으로부터 청계천 근처의 좀 더 방어하기 쉬운 위치로 후퇴하자 시위대는 퇴각중인 전경에게 돌격했는데, 그 와중에도 '폭력 경찰 물러가라!' 따위의 구호를 외치고 있었다. 그 일로 전경 한 명이 말 그대로 기절하고 말았다. 그럼에도 불구하고 또다시 그곳에 있던 자유진보진영의 미디어는 이 불운한 젊은 청년이 보도에서 15분 동안이나 들것에 실려 있는 동안 전혀 사진을 찍지 않았다. 바로 그날 밤 여러 명의 전경이 또 시위대에 사로잡혀 구타당했다. 최소한 내가 목격한 바에 의하면 전경이 시위대를 전혀 때리지 않았는데도 불구하고. 그날 보수진영과 진보진영 미디어 모두가 보도하지 않은 사실은 시위대가 그 지역에 있었던 일반 시민을 구타하기도 했다는 것이었다. 그 전경이 기절한 지 얼마 지나지 않아, 나는 다음의 사건을 목격했다.

갑자기 보신각 근처에서 소요가 일어났다. 흰 와이셔츠에 안경을 쓴 뚱뚱한 아저씨 한 명이 시위대에 둘러싸여 있었다. 시위대 측 주장은 그가 어떤 불쌍한 할아버지를 '공격했다'는 것이었는데, 정작 그 할아버지는 보이지 않았다. 사람들은 그 남자를 향해 고함치고 소리쳤다. 이 아저씨는 살짝 취해 있었고, 똑같이 와이셔츠 차림의 친구 두 사람과 있었다. 그 뚱뚱한 아저씨는 계속 "저리 가 버려!"라고 말했지만 시위대는 비켜나지 않았다. 그러자 그는 조용하고 차분하게 핸드폰을 꺼내 경찰에 전화해서는 "제가 지금 조금 위험한 상황에 처했는데요."라고 했다. 그렇게 말하자마자 시위대는 광폭해졌고 분홍색 셔츠를 입은 남자 하나가 달려들더니 그의 머리를 내리쳤다. 빨간 손수건으로 얼굴을 가린 2명의 다른 남자가 비겁하게도 뒤에서 아저씨의 머리를 두 번 내리쳤다. 다행히도, 시위대 중 한 명이 그 아저씨를 가로막고 선 채 평정심을 찾기를 부탁했다. 처음 그 아저씨에게 주먹을 날린 남자는 분노의 고함을 지르면서 다른 시위대에 의해 끌려갔다. 1초 후에 다른 어린애가 그 아저씨를 때리려고 했으나 주먹이 빗나가서 가슴을 쳤다. 그리고선 길게 이어진 토론 끝에 아저씨가 '그 할아버지에게 사과해야 한다'는 쪽으로 뜻이 모아졌다. 그래서 그들은 할아버지를 찾아내서는 아저씨가 무릎을 꿇고 용서를 빌도록 시켰다. 할아버지는 괜찮아 보였으며 둘은 곧 화해했다. 그러나 시위대는 그들을 둘러싸고 둥글게 무리지어 서서 아저씨가 '아무 이유 없이 불쌍한 할아버지를 때렸다'며 왁자지껄 이야기하고 있었다. 몇 분이 지나고 세 아저씨들은 가도 좋다는 허락을 받았다.

나는 그들을 쫓아가 진짜 사정은 어찌된 것이었는지 들어보았다 (적어도 내가 듣기에는 그 이야기가 맞는 듯 싶었다.) 아저씨가 말하기를 "나는 예전에 전경이었는데, 그 할아버지가 전경 앞에 서서 소리 지르면서 때리려고 합디다. 나도 예전에 전경이었으니까 화가 났지요. 그래서 앞으로 나서서 팔로 전경이랑 할아버지 사이를 가로막았을 뿐이오. 그게 다란 말이요! 그런데 갑자기 시위대가 몰려들더니 내가 그 할아버지를 '때렸다'고 하지 뭐요. 사실은 그게 아닌데". 그는 "이 사람들 정말이지 미쳤어!"라고 말을 맺곤 서둘러 사라져 버렸다.

그는 이야기를 자기 쪽에 유리하게 각색했던 것일까? 아저씨는 정말 할아버지를 '때렸던' 것일까? 내가 보기에 아저씨는 상당히 침착해 보였고 경찰을 부르려 했을 때도 마찬가지였다. 뭣보다 죄를 지었다면 과연 애초에 경찰에 전화를 하려 하겠는가 말이다.

또 다른 한쪽에는 입으로는 '폭력 경찰!' 이라고 외치면서도 도리어 경찰을 구타하는 시위대가 있었다. 도대체 누굴 믿어야 하는가? 실로 어려운 결정이 아닌가. 내가 아는 것이라곤 아저씨를 여러 번 때렸던 시위자들과 맞으면서도 주먹을 들지 않았던 그 아저씨의 모습뿐이다. 나로서는 그가 진실을 말하고 있다고 여겨졌다.

이 시위대가 자신이 투쟁하고 있는 대상 그 자체, 즉 억압적이며 권위주의적이고 어떤 반대의견도 수용하지 못하고 폭력적으로 대응하는 집단이 되어버렸다는 것은 자명했다. (위에서 쓴 아저씨가 할아버지에게 무릎 꿇고 사과하는 동안, 또 다른 아저씨가 내게 다가와 삿대질하면서 완벽한 영어로 "다음 희생자가 되고 싶은 거야?"라고 소리쳤다. 분명 내 '죄'는 시위대의 신화적 내러티브에 모순되는 추한 행동을 목격하고 있었다는 것일 게다. 내가 한국말로 "왜 평화적으로 시위하지 않는 거요?" 라고 차분히 대꾸하자, 그는 대답하지 못했다.) 물론, 몇몇 사람들은 이런 행동을 '부수적인 요소' 라거나 '경찰 측의 밀정이 벌인 짓거리' 쯤으로 치부해 버릴지도 모른다. 그러나 나는 7월 26일 시위에 참가했던 단체들이 이 운동의 '핵심' 과 진정한 얼굴을 대변한다고 생각한다. 민주노동당, 진보신당, 민주노총, 전교조, '안티 이명박' 카페와 '아고라 네티즌'은 26일 밤 모두 그곳에 있었다. 2008년 여름 내내 그랬던 것처럼. 그리고 8월 5일 조지 W. 부시가 서울을 방문하자 시위대는 종로에서 너무나 괴기스러운 증오와 폭력의 표현을 풀어놓아 나는 진정 아연실색할 수밖에 없었다.

이른 저녁, 청계천 모전교 근방에서 시위대 몇 명이 작은 '한미동맹 강화!' 플래카드를 들고 있는 아줌마 한 명을 발로 차고 때리는 모습을 목격했다. 한편 '안티 이명박' 복면을 얼굴에 뒤집어쓴 다른 시위대는 소주병이나 달걀 등을 전경 부대를 향해 집어던지고 있었다. (이와 동시에, 집에서 컴퓨터로 한겨레의 '생방송'을 보고 있던 내 한국인 친구 또한 나와 똑같이 놀랐다. 한겨레 리포터가 이 청계천의 폭동을 '촛불문화제'라고 이름 붙였기 때문이다.) 나중에 시위대는 전경에 밀려 종로3가로 후퇴했는데, 이즈음에 이르자 소위 '촛불 문화제'는 그 근방 동네 전체를 삼켜버리려 위협하는 분노의 불길처럼 보였다. 인도에서 시위대를 향해 감히 한 마디 던진 행인은 즉시 수십 명의 시위대들에게 공격당했다. 어느 할아버지가 현명치 못하게도 시위대를 '빨갱이'라고 폄하하자마자 한 떼의 시위대들이 할아버지를 '매국노!', '쪽바리!'라고 조롱하면서 걷어차고 후려쳤다. 다행히 인도에 있던 시민 여럿이 끼어들어 할아버지를 구해내 경찰서로 모셔갔다. (몇 분 후, 나는 '안티이명박' 카페의 리더 중 하나인 작달막한 아저씨가 거대한 '안티이명박' 깃발 주변에 모여든 자기 동료들에게 자기가 할아버지를 여러 방 먹였다고 자랑하는 것을 들었다. 그리고 실제 내 눈으로 그가 그렇게 때리는 것을 목격했다. 며칠 후, 나는 그가 경찰의 체포에서 벗어나고자 피신하고 있던 조계사에서 시위 조직자 여럿과 의논하며 껄껄 웃는 것을 보았다.) 이러한 대규모 난리가 일어나는 도중 자유진보 미디어는 참으로 편리하게도 어딘가로 사라져 있었다. 바로 그 때문에, 나는 험상궂어 보이는 시위자 두 명이 술에 절어 혼잣말을 중얼거리던 노숙자 뒤로 다가갔을 때, 본능적으로 카메라를 꺼내 사진을 찍었다. 그들은 노숙자를 공격하기 위해 막 그의 어깨에 손을 얹은 참이었다. 만약 다른 누구도 내 주변에 휘몰아치고 있던 그 모든 광기를 기록하지 않겠다면, 적어도 나 스스로라도 그렇게 해야 한다는 의무감을 느꼈던 것이다.

플래시가 터지자마자 나 자신도 타깃이 될 수도 있다는 것을 깨닫고 급히 걷기 시작했으나 때는 이미 늦었다. "저놈이 사진을 찍었어!"라는 소리가 등 뒤에서 들려왔고, 순식간에 누군가가 내 등을 타고 올라앉아서는 목을 할퀴었다. 첫 번째로 든 생각은 우선 카메라가 부서지기 전에 케이스에 넣어야 한다는 것이었다. 그러나 내가 카메라를 호주머니에 넣었을 때쯤에는 더 많은 시위대가 몰려와 내 셔츠를 찢고 팔을 움켜쥐었다. "이 자식 스파이야! 경찰 끄나풀이라구!" 누군가 큰 소리로 외쳤다. 일단 카메라를 호주머니에 간수하고 나자 내 목을 감고 있던 팔을 떨쳐내고 그가 누구인지 보았다. 상대방에 비해 키도 덩치도 내가 훨씬 컸으므로, 본능적으로 든 생각은 얼굴에 한 방 먹이고 줄행랑치는 것이었다. 그러나 나는 왼손 주먹을 치켜들었다가 곧바로 내리고 말았다. 설령 자기방어일지라도 남한에서 외국인이 한국인을 때리면 정당 방어가 될 수 없다는 것을 알고 있었기 때문이다. 이제 6명 가량 되는 사람들이 나를 둘러싸고 있었다. 어떻게 해야 좋을지 생각하면서 주변 사람들을 둘러보다가 마침 우리를 향해 길을 달려오는 낯익은 얼굴을 발견했다. 내가 촛불시위에서 여러 번 만나 이야기를 나누곤 했던, 그리고 우연찮게 내 글의 독자이기도 했던 어느 환경단체의 젊은 직원이었다. 그는 시위대에게 나를 안다며, '경찰 끄나풀'이 아니라는 것을 확인해 주었다. 그가 나를 시위대 패거리에게서 떼어내 탑골공원 쪽으로 데리고 온 후에도 좀 전의 그 아저씨는 줄곧 따라오며 이제는 내가 자기를 때렸다며 소리를 질렀다. 내 지인이 그를 붙들고 있는 동안, 나는 길 한가운데로 뛰어 들어가 전경 한 무리에게 방금 시위대의 공격을 받았음을 알리고, 찢어진 셔츠와 팔과 목 사방에 난 상처들을 보여주며 인도의 아저씨를 가리켰다. 그러나 경찰은 도우려는 생각이 없었고, 나는 그저 무시당했다. 지인에게 다시 돌아가서 경찰이 아무 조치도 취하려 하지 않는다고 전한 다음, 우리는 그 아저씨가 계속 쫓아오며 욕지거리를 퍼붓는 동안 탑골공원으로 걸어갔다. 마침내 행인 한 무리 사이를 뚫고 지나가면서 그를 떼어 버릴 수 있었다. 그리고 탑골공원 사거리를 건너자마자 인도 근처에 대열해 있는 전경들과 마주쳤다. 이번에는 지인이 먼저 내게 일어난 일을 설명했는데, 자초지종을 들은 경찰 대장은 전혀 관심이 없는 듯 보였고 상당히 무례한 태도로 "가서 다른 사람한테 말해요!"라고 했다. 지인 또한 화가 나서 그 경찰과 말다툼을 벌이기 시작했지만 나는 "괜찮아, 그냥 가자!"라고 했다. 전경들의 무관심에 나는 상당히 화가 났다. 무엇보다 종로3가의 시위대는 위협적이었으며 그들이 다른 사람에게 심각한 상해를 입히기 전에 막아야 한다고 생각했다. 그래서 나는 그곳을 떠나며 한국말로 말했다. "전 종로에 살아요. 여기는 더 이상 법이 있는 곳 같지 않군요!" 그런데 한 무리의 사람들이 곁에서 우리의 대화를 듣고 있다가 갑자기 환호를 지르며 박수를 치기 시작했다. 지인이 상황이 너무 위험한 듯하고 시위대가 나에게 '린치'를 가할지도 모르니 집으로 돌아가자고 했다. 종각역에서 헤어지면서 그에게 왜 우리 뒤에 있던 구경꾼들이 환호성을 질렀는지 물어보았다. 그의 대답은 이랬다. "그 사람들은 당신이 '우리 편'이라고 생각했으니까." "'우리 편'이 누군데?" 하고 내가 묻자 "시위대지"란 대답이 돌아왔다.

바로 그 순간, 나는 내가 소위 '우리 동네'라고 부르던 곳, 내 '집'이어야 할 이 곳에서 실은 진정 '존재하지 않는 사람'이었음을 깨달았다. 나는 시위대 편에 선 것이 아니었다. 경찰 편에 선 것도 아니었다. 이 땅의 진보진영을 지지하지도 않았으며, 그렇다고 보수파를 지지하는 것도 아니었다. '코리아'의 편에 선 것도, 심지어 '아메리카'의 편에 서 있는 것도 아니었다. 나는 어떤 '편'에도 속해 있지 않았다. 만약 어느 '편'에도 속해 있지 않다면, 이 땅에서는 존재하지 않는 것이나 매한가지였던 것이다. 이 사회는 그 무엇보다도 일련의 편이나 그룹으로 이루어져 있다. 가족, 학교, 회사, 종교, 지역, 그리고 종당에는 '민족' 자체가 그 편을 가르는 잣대가 된다. 편을 가른 무리 사이에 교집합이 형성되는 경우도 종종 있긴 하지만, 이런 편 가르기가 주로 만들어내는 것은 '우리 편'과 '반대편', '인사이더'와 '아웃사이더', '친구'와 '적'을 갈라놓는 경계와 분리인 경우가 많다. 즉, 한국인의 정체성은 '통일' 이나 '전체의 조화' 만큼이나 분리와도 직접적인 관련을 맺고 있는 것이다. 물론 가장 넓은 의미의 '편'은 '민족'일 것이다. 허나 기본적 문제는 한국인 대다수가 대체적으로 '한민족'이라는 공통적 대의에 따라 결정을 내리지는 않는다는 것이다. 그보다는 주로 더 좁고 한정되고 다양한 '편'이나 그룹에 충성하기 위해서 결정을 내리는 수가 많다. 사실, 오늘날 한국이 그저 '두 개'로 분단되어 있다고 생각한다면 그 역시 신화에 불과하다. 적어도 세 개, 아니면 그 이상의 한국이 존재한다. '북한', '진보적 남한'과 '보수적 남한'. 그리고 각각의 무리는 자신이 지향하고 있는 한민족의 정체성에 대한 특정 개념이야말로 다른 무리가 제시하는 개념보다 더 '낫고', '정당하다'고 생각한다. 광우병 촛불시위는 그저 '한민족' 내의 라이벌 파벌 간의 장기적인 갈등을 극단적으로 보여준 예일 뿐이었다. 이 땅의 진보주의자는 자신이 만들어낸 버전의 '한국'이 보수주의자가 제시한 '한국'보다 더 정당하다고 생각했던 것이다. 그리고 진보주의자는 그 정체성을 지키고 그 '편'을 지켜내기 위해 이 땅의 대다수가 천명한 민주주의적 의지를 전복하려는 시도를 벌일 만큼 극단적 행동을 기꺼이 취했다. 그러나 우리가 보았듯이, 이런 류의 민족적 정체성이 갖는 정당성의 원천은 종종 '사실'로 굳어져버린 신화인 경우가 많다. 그리고 이런 경우, 그룹이나 '편'의 생존이 걸려 있거나 하면 진실은 부차적 요소가 되어버리거나 심지어 무시된다. 광우병 촛불시위 운동이야말로 그런 경우였다. 광우병 촛불시위 운동은 진실 자체를 폭력적으로 부정하기 위해 신화를 이용하려는 시도에 지나지 않았다. 그리고 말 그대로 그러한 신화가 탄생하기까지의 파괴적 힘을 내 몸으로 직접 느낄 수 있었다. 오늘날 갈라진 3개의 한국이 과연 언젠가는 하나로 합쳐질 수 있을까? 이다지도 많은 신화가 그 사이를 가로막고 있는데도? 어쩐지 회의가 든다. 그러나 만약 그런 일이 일어난다면, 한국을 진정 '한국적으로' 만드는 범국민적 합의에 이르는 길은 먼 여정이 될 것이다. 특히 '우리 의식'이 진실과 관용으로 향하는 길에 계속 끼어들어 방해한다면 그 길은 더욱 멀어질 것이다. (개인적 생각으로는 한반도에 주둔하고 있는 미군이 짐을 싸서 돌아간다면 그것이 일종의 바람직한 시작이 되지 않을까 한다. 미국에 대한 입장 차이야말로 이 땅의 진보 혹은 보수주의자로서의 정체성에 있어 매우 중요한 측면을 차지하고 있기 때문이다. 또 공동적인 한국적 정체성은 남한이 진정 자족적인 국가가 되었을 때 더 쉽게 만들어낼 수 있기 때문이다.) 지난 몇 년간 수많은 한국인들이 남한은 이제 '다문화사회'라고 주장해왔다. 그러나 내 생각으로는 그것 또한 하나의 신화에 불과하다. 남한 국민은 먼저 자기 스스로 안에서 앙금을 풀어야 하고, 관용과 차이를 존중하는 태도에 기반을 둔 공동적인 국가적 정체성을 창조해내야 한다. 그리고 전반적인 한국사회는 이 땅의 비한국인에게 진정한 인간으로서 존재하는 자율성을 허용하기 위한 정신적 공간을 마련해야 한다. '우리 의식'은 과연 이런 일이 일어나도록 허용할 것인가? 물론 그것은 한국인만이 결정지을 수 있는 문제이다.

  어쩌면 이 모든 것에 대한 내 생각이 틀렸는지도 모를 일이다.

2008년 6월 30일 한국언론재단 근처 도로에서 발견한 그라피티. "거리를 학교로"라고 쓰여 있다.

그러나 이것이야말로 후덥지근하던 8월의 밤, 내가 왜 종로에서 그런 기분에 휩싸였는지 설명할 수 있는 유일한 방법이다. '우리 의식'은 멀거니 건너다보던 구경꾼들이 진정한 나를 꿰뚫어보지 못하게 만든 걸림돌이었다. 그들은 그저 자신이 보고 싶은 방식대로 나를 바라보았던 것이다. 자신에게 유용한 방식, 자신이 속한 '편'에 유용한 방식으로. 그런가 하면 경찰 또한 나를 돕는 데 관심이 없었다. 경찰 또한 소위 '보호'해야 하는 거리를 지키는 데만 관심을 두었기 때문이다. 전쟁에 휘말린 두 '편' 사이에 낀 채, 나는 온전한 한 사람으로서 존재하지 못했으며, 거리에서 물리적으로 사라지는 것 말고는 다른 선택권조차 없었다. 한국에서 보냈던 나날을 되돌아보면, 어째서 이곳에 도착한 초창기가 가장 행복했던 시간이었는지 이해가 간다. 그 시절 나는 갓 한국에 도착한 사람이었으며 나를 이방인으로 대하는 한국인의 시각을 기꺼이 받아들였던 것이다. 그러나 스스로를 이 사회의 일원으로서 여기려 할 때마다, 나는 몇 번이고 실망의 쓴 잔을 맛보아야 했다. 사실 내가 그날 종로에서 겪었던 일은 극단적이기는 하되 그다지 특별한 일은 아니었다. 이 땅에서 살아가면서, 큰일에서든 작은 일에서든 내가 '존재하지 않는 사람' 처럼 내 존재가 '사라져버린' 적이 적어도 천여 번은 되었으니까. 그날 밤 '집' 으로 걸어가면서 당연히 분노와 울적함이 밀려왔지만, 마음 속 깊이에는 실로 오랜만에 마음의 평화가 찾아왔다. 적어도 내가 누구인지 깨닫게 되었으니까. 나는 종로에서 그저 이방인일 뿐이었다. 이제 곧 떠나가 버릴.

**참고문헌**

바르트, 롤랑.『신화론』, 뉴욕:힐앤왕, 1972.
커밍스, 브루스.『브루스 커밍스의 한국현대사』, 뉴욕:W.W.노튼앤컴퍼니, 1997.
커밍스, 브루스.『북한』 뉴욕: 뉴프레스, 2004.
음, 헨리 H.「민족주의, 후기민족주의와 신채호」, 서울:한국저널, 1999년 여름호.
일연,『삼국유사』하태흥 외 공역. 서울:연세대학교 출판사, 1972.
마틴, 브래들리 K.『수령님 아버지의 사랑 아래』, 뉴욕:토머스던북스, 2004.
슈미트, 안드레.『제국 사이의 한국』, 뉴욕:컬럼비아대학교 출판사, 2002
『단군, 한민족의 시조』, 평양:외국어출판사, 1994.
『미제국주의자들이 한국전쟁을 개시하였다』, 평양:외국어출판사, 1993.
『단군왕릉』, 평양, 문화재출판사, 1995.
국사 편찬 위원회.『국사』(중학교). 서울: (주)두산, 2002, 2008.
김광남 외 4인.『한국근・현대사』(고등학교). 서울: (주)두산, 2003, 2008.

## 한국에는 사랑의 여름이 없다

가끔 나는 한국이 안타깝게 느껴질 때가 있다. 지난 45년간, 한국은 경제 발전을 이루고자 땀 흘려 일했지만 서양의 다른 선진국들이 과거에 누렸던 진짜 즐거움을 누릴 기회는 거의 없었다. 발전이라는 게 지루하고 김새는, 일차원적인 것이라면 도대체 무엇을 위해 발전을 하는가?

최근에 나는 홍익대학교에서 재기발랄한 학생들을 앞에 두고 작문강의 2개를 개설한 적이 있었다. 학기 초에 서양의 1960년대에 대해 강의했는데, 거기서 나는 잭 케루악Jack Kerouac(미국 비트 제너레이션의 대표적 작가)의 소설 『길 위에서On the Road』(1957)가 자유로운 정신을 지닌 1960년대 미국 젊은이들의 성서나 다름없다고 했다. 강의를 시작할 때 1960년대 서양문화에 대해 아는 게 있는지 물어봤을 때, 내가 본 것은 멍한 얼굴과 침묵이었다. 놀랄 노자였다.

한국의 교육 시스템은 도대체 뭐가 문제일까? 교사들이 일을 제대로 하지 못하는 걸까? 서양의 1960년대는 전 세계를 뒤흔들었는데, 여기서는 아예 그런 일이 일어난 적도 없는 것처럼 군다. 믿을 수 없다.

1960년대에 미국과 서유럽과 일본에서는 근대 문명의 발전 과정에서 정말로 특별한 일이 일어난 바 있다. 수백만의 보통 사람들이 자기들을 정말로 챙겨주지도 않는 회사를 위해 일생동안 일하는 것보다, 그리고 바로 그 회사들이 만드는 쓸모없는 상품들을 끝없이 구매하는 넋 나간 소비자로 사는 것보다 더 나은 삶이 있다는 결론을 내렸다. 즉 인류가 존재하는 진정한 의미가 무엇인지에 대한 재정의가 내려졌던 것이다.

어쩌다 이런 일이 일어났는가? 간단히 말하면, 성해방과 정치 혁명이 동시에 일어나면서 폭발적인 시너지효과를 창출해낸 것이다. 일종의 문화적 빅뱅이랄까. 예를 늘면 사회학자이자 정치철학자인 헤르베르트 마르쿠제Herbert Marcuse는 자신의 저서 『에로스와 문명Eros and Civilization』(1955)에서 해방된 성적 에너지가 억압된 자본주의 사회를 변화시키는 도구로서 물꼬를 틀 수 있고 사용될 수 있다고 주장했다. 이런 사상은 1960년대에 등장하여 기존 질서에 대항하는 반문화적 반란을 기도하던 젊은 세대들 사이에서 광범위한 공명을 불러일으켰다. 물론 로큰롤은 이 짜릿한 새로운 운동의 사운드트랙이었는데, 그건 정말로 섹시했다.

여성을 위한 먹는 피임약이 1960년대 초반에 등장하면서 발생한 급진적인 프리섹스 역시 여기에 한몫했다. '자유로운 사랑'이라는 관념이 전통적인 사회 관계를 변화시키고 억압적 가부장제에서 벗어난 자유로운 여성들을 키워내면서 기독교적 성도덕과 핵가족 개념 전체가 의문시되었다. 많은 사람들에게 '자유로운 사랑'은 초보적인 차원에서는 '자유로운 섹스'였지만, 사실 그 이상이었다. 섹스는 개인들 사이에서 벌어지는 사적인 행위일 뿐 아니라 더욱 큰 사회적, 정치적 의식의 일부이기도 했다. 개인적인 것이 정치적인 것이 되었다. "사랑을 합시다, 전쟁 말고."는 미국의 베트남전 참전을 끝내려는 사람들 사이에서 인기 있는 주문이었다. 성교는 별안간 혁명적인 행동이 되었다.

1967년, '자유로운 사랑'이라는 철학은 샌프란시스코에서 벌어진 '사랑의 여름Summer of Love'에서 결정적으로 대중화되었다. 전 세계에서 온 수만 명의 히피들과 젊은이들이 샌프란시스코의 그 유명한 헤이츠-애쉬베리Haight-Ashbury(히피문화의 본거지로 유명한 거리)로 모여들었다. 같은 해 5월에 발표된 스캇 매킨지Scott McKenzie의 히트곡 '샌프란시스코(모자에 꽃을 꼭 달아요)'는 이 사랑스러운 분위기를 완벽하게 표현했다:

> 온 나라를 가로 지르는 기묘한 물결
> 사람들이 움직이고 있어
> 새로운 견해를 가진 한 세대 전체가
> 움직이고 있네 움직이고 있어

이 '기묘한 물결'은 곧 서양 주류 문화의 근간을 뒤흔들었고, 그것을 혼란에 빠뜨렸다. 1969년 여름, 50만의 '플라워 칠드런flower children(히피족을 부르는 또 다른 명칭)'이 뉴욕 베셀에서 4일간 열린 '우드스탁 뮤직&아트 페스티벌'에 모여들었다. '더 후'와 '지미 헨드릭스' 같은 전설적인 존재들이 사랑과 평화의 가치를 찬양하며 세상을 놀라게 했다. 그러는 동안 프랑스에서는 급진적인 학생들이 1968년 5월에 나라 전체를 무릎 꿇렸고, 백만 명의 노동자들이 전국적인 총파업을 벌이며 영혼 없는 관료사회에 대항하는 학생들을 지지했다. 베르나르도 베르톨루치Bernardo Bertolucci(이탈리아 출신의 영화감독)의 '몽상가들'(2003)은 1968년 5월의 이상적인 에너지와 정신에 대해 다루고 있는데, 제목이 모든 것을 말해 준다. 혁명이 이토록 재미있고 섹시했던 적은 한 번도 없었다.

아, 한국이 과연 자신들만의 사랑의 여름을 맞게 될지, 혹은

1967년의 여름은 종종 '사랑의 여름'이라고 불리는데, 당시 샌프란시스코에서 발생한 히피 문화 운동이 빠르게 전국으로 퍼져나갔다. 이 사진은 1967년 6월 4일 밀턴 벨이 촬영한 것으로, 미국 메인 주의 아카디아 공원에서 열린 '사랑의 모임(love-in)'의 모습을 보여준다.

전 세계가 '사랑의 여름'에 빠져있던 1960년 한국은 4.19혁명이라는 혁명의 계절을 맞이했다.

1960년대 서양에서 보여준바 있는 반(反) 문화에 필적할 만한 것을 갖게 될지 의심스럽다. 1960년의 4.19 혁명은 직후 이뤄진 20년의 박정희 독재 하에서 침묵을 지켰고, 1980년대의 민주화 운동은 이 나라의 근간이 되는 자본주의 체제에 어떤 심각한 도전이나 지속적인 위협이 되기는커녕 성해방도 이뤄내지 못했다. (자유 시장? 좋지! 자유로운 사랑? 뭐가 어째?) 내가 가르친 학생들이 중고등학교 시절에 서양의 1960년대에 대해 배운 적이 없다는 게 놀랄 일이 아니다. 그 10년 동안의 반(反)제도적 가치들은 한국에서 가장 중요하고 가장 잘 팔리는 개발지상주의 이데올로기와 근본적으로 배치되는 것이니까 말이다.

물론 인터넷과 이른바 '세계화(라 쓰고 '미국화' 라 읽는다)' 덕에 일종의 성해방이 여기 한국에서도 최근 몇 년 동안 벌어졌지만, 그건 혁명적인 것과는 눈곱만치도 관계가 없는 것이었다. 허섭스레기 같은 디스코가 1970년대의 진짜 록 음악을 뒤엎어버린 것과 똑같이 시장은 1970년대와 1980년대에 섹스를 착취해서 그걸 자기들의 채워질 수 없는 욕심을 위해 사용할 수 있는 방법을 발견했다. 오늘날 서양에서와 마찬가지로 한국에서도 섹스란 대체로 시장의 논리를 따르고 있다. 기본적으로 무자비한 경쟁과 충동적인 소비에 의해 추동되는 바로 그 논리 말이다. 거기서 반문화적 에너지나 혁명적 잠재력은 깡그리 뽑혀 나갔고, 섹스는 끝없이 진행되는 시장의 전략으로, 얄팍한 일회용 삶의 방식이 구입하는 것으로 변형되었다. 홍대 앞은 이러한 모든 과정의 완벽한 상징이다. 1990년대에 주류 문화에 반기를 든 진정한 반문화적 대안이 있던 이곳은 이제 완전히 시장에 의해 식민화되어 한국의 개발 패러다임에 성공적으로 통합되었다. 그곳은 시간의 압박에 시달리는 노동 대중을 위한 효율적이고 재빠른 – "빨리 빨리, 오빠!" – 성적 소비보다 더 큰 개념은 제공하지 못한다. 하여 여기는 이제 술에 쩔어 벌어지는 '원나잇 스탠드'와 도피적이고 익명적인 섹스가 누구에게나 – 싼 가격에 욕망을 해결하려는 이들 – 밤새 활짝 열려 있는 시장이 되었다.

진정한 사랑의 여름 이후 40여 년이 지난 지금, 다른 여름이 여기 한국에 왔다 갔다. 2008년 여름의 짧은 순간 동안, 종로 거리는 신명나는 음악과 기묘하고 새로운 공동체적 기쁨으로 생생하게 살아났으며, 나는 애매하고 단순했던 소비자 권리 운동이 어떤 식으로든 전면적인 혁명으로, 마술처럼 변할 것이라고 생각했다. 그러나 그것은 곧 시원찮게, 다소 슬프게 끝나버렸다. 이유가 분명치 않은가? 다시 한 번, 사랑의 정치는 언제나 똑같았던 증오의 정치에 맞설 기회를 잃어버린 것이다.

자기 자신보다 더 높이 있는 무언가를 꿈꿀 이는 과연 누구인가? 혁명적인 사랑이 무엇보다 위대한 선물임을 꿈꿀 수 있는 이는 누구인가?

## 한국말로 이야기해요

외국에 나갈 때는 불편한 것들이 있다. 그리고 언어는 그 불편한 것들의 목록 중 제일 위에 있다. 처음 한국에 왔을 무렵이 기억난다. 도움을 받지 못하는 아이 같다는 느낌이 들었는데, 내 나라 말에 익숙하지 않은 사람들을 상대로 가장 간단한 요구나 욕망조차 표현할 수 없었기 때문이다. 심지어 "화장실이 어디에요?" 같은 단순한 질문조차, 재난이 임박해서야, 한국어 용어사전을 뒤져 정확한 표현을 찾아낸 뒤 그걸 때맞춰 가리키는 능력에 의존해야 했다.

그게 10년 전이다. 하지만 지금도 한국에서 가장 큰 두통을 불러일으키는 것 중 하나는 여전히 언어 문제이다. 하지만 이제 그 문제는 내가 한국말을 할 수 없다는 것 때문이 아니다. 이 나라에서 10년쯤 살다 보니 어느 정도의 한국어는 제법 구사할 수 있게 되었다. 반면에 많은 한국인들이 나처럼 한국말을 할 줄 아는 외국인들에게 한국말을 하지 못하거나, 아예 하려고 하지 않는다는 점을 발견한다. 수많은 토착민들보다도 이방인이 더 열심히 토착

언어를 말하려 애쓴다는 건 정말 혼란스러운 일이다!

　내가 이야기하고 있는 것은 지역의 서비스 산업에서 흔한 종류의 일이다. 은행, 식당, 슈퍼마켓이나 편의점에 가 보라. 커다란 코와 접시처럼 둥근 눈을 한, 털이 수북한 팔다리를 가진 서양인 손님과 맞닥뜨리게 되면 종종 패닉 상태가 벌어진다. 오래 전 일본에서 살았을 때 나는 종종 똑같은 현상에 조우한 나머지 거기다 이름도 붙여줬다. '외국인 충격 붕괴현상(Gaijin Shock Meltdown, gaijin은 일어로 외국인을 뜻한다)', 줄여서 GSM. 나는 때때로 내 앞에 선 사람의 뇌세포가 타버리는 바람에 귀에서 하얀 연기가 피어오르는 걸 볼 수 있지 않을까, 하는 생각마저 든다. 물론 그 원인은 급격한 차이[외국인과 외국 문화]를 눈앞에서 맞닥뜨리기 때문일 텐데, 그건 정말로 당황스러운 경험이다. 나뿐 아니라 정통으로 GSM을 맞닥뜨린 내가 알고 있는 다른 외국인들에게 그렇다.

　계속되는 세계화 덕에 GSM은 일본의 거대하고 코스모폴리탄적인 도시에서는 점차적으로 사라지고 있지만, 여기, 스스로를 '아시아의 허브'라 스스로를 규정하고 있는 (다른 말로는 '아시아의 영혼Soul of Asia' 혹은 '다이나믹 코리아Dynamic Korea'라고도 한다) 곳에서는 OSM(Oegugin Shock Meltdown, 외국인 충격 붕괴현상)이 끈질기고 광범하게 남아 있다. 심지어는 내가 매일매일 충돌하는 부산스러운 자본주의의 심장부[종로]에서조차도 말이다. OSM은 의심의 여지없이 완벽하게 훌륭한 한국인들을 꿀 먹은 벙어리로 만들거나 자기들이 원래 쓰던 언어로 의사소통하지 못하게 만든다. 나는 이 문제에 대한 가장 훌륭한 해결책이 내 머리에 문신을 새기는 것이라는 결론에 도달하게 되었다: "나 한국말 할 줄 알아요! 외계인 괴물처럼 말고 일반 손님처럼 대해 주세요!"

물론 오로지 외계인 괴물만이 그런 짓을 할 수 있을 테지만. 이런 상황은 나 같은 엑스팻expat, 즉 정당하고 언행이 일치하는 대접과 약간의 다이나믹하고 영혼이 담긴 고객 서비스를 바라는 사람에게는 즐거운 시추에이션이 아니다. 가령 종각 근처의 한 편의점 같은 경우가 있겠다. 밖에는 "Friendly! Fresh! Fun!"이라는 기분 좋은 영어 문구가 붙어 있고, 안에 들어가 보면 냉장음료 코너 위에 한글로 "항상 친절하겠습니다"라는 커다란 배너가 붙어 있다. 그러나 지난 5년간 거의 매일 그곳을 들락거리면서, 나는 거기서 '프렌들리' 하거나 '편' 한 서비스의 기쁨을 누려본 적이 별로 없다. 우선, 그 편의점을 운영하고 카운터 업무도 자주 보는 나이든 부부는 처음 몇 년 동안 나한테 말도 붙이지 않으려 했고, 내가 반쯤 가려진 계산기에서 액수를 확인하느라 애쓰는 동안 나를 조용히 노려보는 쪽을 선호했다. 다행히도, 내가 그들의 지독히도 어려운 언어를 이용해 기초적인 숫자 처리 정도는 할 수 있는 놀라운 능력을 갖고 있다는 것을 보여주기 위해서는 완벽한 한국말로 "얼마예요?" 하고 수백 번 정도만 물어보면 됐다.

야간에 일하는 비쩍 마른 어린 파트타이머 친구는 내가 물건 값을 계산하러 다가올 때마다 바싹 긴장해서 몸을 떨곤 했다. 그가 자기의 OSM을 충분히 극복하고 다른 한국 손님들에게 말하듯이 한국말로 "봉지 드릴까요?"라고 물을 수 있게 된 건 6개월 전이다. 그 전엔 내가 방금 산 물건들을 카운터 위에 내려놓고 정확한 한국어 발음으로 예의바르게 "봉지 주세요."라고 말할 때까지 나를 절망적인 눈길로 바라보곤 했다. 나는 가끔씩 "왁!" 내지는 "돈 다 내놔!"라고 소리치고 싶은 기분이 들었는데, 그 친구는 마치 내가 야밤의 괴물이라도 되는 것처럼 느끼게 만들었기 때문이다.

공정하게 말하자면, 작년에 일하던 투실투실하고 기분 좋은 인상의 젊은 친구는 내가 들어올 때마다 밝은 표정으로, 언제나 꾸벅 인사하면서 한국말로 "어서 오세요!"라고 외쳤지만 겨우 한 달만 근무했다. 혹시라도 그가 잠재적인 강도들[나 같은 외국인]에게 너무 프렌들리하고, 프레쉬하고, 편하게 굴어서 해고된 건 아닌지 의심스럽다.

여기서 문제는, 내가 봐 온 바에 따르면, 2가지가 겹쳐져 있다. 첫 번째는, 모든 증거가 그 반대를 가리키고 있기는 하지만, 사람들 사이에 한국에 살고 있는 모든 백인이 영어로 말하는 미국인이며, 그들은 유전적으로 한 가지의 언어만 말하도록 만들어졌고, 대부분은 잠시 있다 가는 사람들 아니면 세상의 특별한 조각인 이 나라를 그저 스쳐가는 관광객이라는 고정관념이 존재한다는 것이다. 내 생각에 여러분 뒤뜰에 50년 동안 버티고 있던 할리우드 영화와 미군은 그렇게 하겠지만, 이 나라에서 한국어로 말하는 수많은 러시아인들, 유럽인들, 캐나다인들, 오스트레일리아인들, 뉴질랜드인들 — 그리고 심지어 미국인들 — 은 그런 구닥다리에다 쓸모없는 추측에서 오래 전에 벗어났다는 데 동의할 것이다.

둘째로, 김영삼 대통령이 '세계화'를 부르짖던 시기 이후, 보통의 한국 사람들은 지자체와 미디어와 산업계가 '글로벌'이 된다는 것은 영어를 말하는 것을 뜻한다고 쉼 없이 소리치는 것을 귀에 못이 박히도록 들어왔는데, 그건 영어를 할 줄 모르는 한국인들이 무척 많다는 사실을 제외한다면, 아주 반가운 일이었을 것이다. 그러니까 할 줄만 알면 반가운 일이라는 것이다. 내 생각에는 영어를 할 줄 모른다는 건 문제가 아닌데, 왜냐하면 여기는 한국이고 한국인은 여기서 통하는 말을 하는 사람들이기 때문이다. 하지만 영어를 할 줄 모르는 한국인이 한국어를 하는 백인을 만날 때는 굉장히 큰 문제가 벌어지고, OSM이 기본적인 의사소통을 작동 불능 상태로 만들어 버리는 것이다. 그저 자기 영어 실력이나 그게 모자란다는 사실에 비합리적이고 불필요하게 부끄러움을 느낀다는 이유로, 여기서 시간을 보내며 당신들의 언어를 배우는 데 어려움을 겪는 외국인 거주자들에게 무례하게 군다는 것은 변명의 여지가 없다. 솔직히 웃긴 일이다!

내 개인적인 의견인데, 정말로 글로벌화된 한국이란 모든 한국인들이 영어를 꼭 해야 한다는 것을 뜻하는 게 아니다. 정 반대로, 그것은 많은 외국인들이 한국에서 살아가는 것을 택하고 여기서 삶을 꾸려가는 것을 뜻하는 것이며, 결과적으로 한국어를 배우고 싶은 욕구를 발견하게 된다는 것을 뜻한다. 결국 진정한 세계화란 두 갈래 길이다. 안 그런가? 실제로, 오랫동안 이방인으로 살아온 내 입장에서는, 확실히 내가 동네 가게나 식당에 들어갔을 때 거기 직원들이 자동적으로 영어로 말을 거는 것이나 자기네들이 멋대로 바꾼 영어, 그러니까 반말이라기보다는 예의 없는 말투로 말을 거는 것 둘 다 주제넘은 일이고 피곤한 일이다. 그런 일이 일어날 때마다 나는 다음과 같이 물어본다. (물론 한국어로) "왜 영어로 말해요? 여기 어느 나라예요? 영국이에요? 미국이에요? 여기 한국 아니에요?"

이제 마지막으로 한 번만 더 말해 보자면, '종각'은 런던 지하철의 역 이름도 아니고, 한국은 미국의 51번째 주도 아니다. 이 당연한 이유만으로도 한국 사람들은 이곳에서 행해지는 공적인 상호작용의 모든 형태들에 대한 기본 세팅을 그냥 놔둬야 한다. 그 세팅에는 한국어가 아닌 언어, 영어와 같은 다른 언어들이 필요하거나 요구될 때만 쓰여야 한다는 것도 포함되는 것이다. 오로지 이래야만이 한국인과 한국이 훨씬 더 글로벌하게 될 텐데, 왜냐하면 그럼으로써 점점 더 많은 비(非)한국인이 한국어를 쓸 용기를 갖게 될 것이며, 그것은 또한 OSM을 뿌리 뽑는 데도 일조하게 될 것이다. 여기서 살고 있는 한국인들과 외국인 모두의 삶을 힘들게 하는 것 말고는 아무 쓸모가 없는 그것 말이다. 만약 뭔가가 제대로 작동하지 않고 수리도 어렵다면, 그걸 왜 계속 쓰는가?

지금까지 말한 모든 것들은 내가 정말로 바라는 무언가를 말하기 위해 다소 먼 길을 돌아온 것이다. 그건 정말 단순하고 평균적인 한국인들에게는 무척 쉬운 일이다. 제발 한국말 쓰세요, 네?

더 발칙한 한국학

1판 1쇄 인쇄 2009년 10월 7일
1판 1쇄 발행 2009년 10월 14일

지은이·J. 스콧 버거슨과 친구들
펴낸이·주연선

편집·이진희 이신혜 김준하 박은경 윤지현
디자인·정혜욱
마케팅·김호 장병수 윤우성 노재용 김류미
관리·구진아

도서출판 은행나무
121-839 서울특별시 마포구 서교동 384-12
전화·02)3143-0651~3 ㅣ 팩스·02)3143-0654
등록번호·제10-1522호(1997. 12. 12)
www.ehbook.co.kr
ehbook@ehbook.co.kr

잘못된 책은 바꿔드립니다.

ISBN 978-89-5660-286-8  03300